中央司法警官学院特色专业系列教材

矫正教育学

Corrective Pedagogy

王雪峰　主编

法律出版社
LAW PRESS·CHINA
北京

图书在版编目(CIP)数据

矫正教育学 / 王雪峰主编. -- 北京 : 法律出版社, 2022

ISBN 978-7-5197-6610-8

Ⅰ. ①矫… Ⅱ. ①王… Ⅲ. ①犯罪分子-监督改造-中国 Ⅳ. ①D926.7

中国版本图书馆 CIP 数据核字(2022)第 055513 号

矫正教育学
JIAOZHENG JIAOYUXUE

王雪峰 主编

责任编辑 慕雪丹
装帧设计 汪奇峰 臧晓飞

出版发行 法律出版社
编辑统筹 法商出版分社
责任校对 赵明霞
责任印制 胡晓雅
经　　销 新华书店

开本 710 毫米×1000 毫米 1/16
印张 20 **字数** 353 千
版本 2022 年 7 月第 1 版
印次 2022 年 7 月第 1 次印刷
印刷 永清县金鑫印刷有限公司

地址:北京市丰台区莲花池西里 7 号(100073)
网址:www.lawpress.com.cn
投稿邮箱:info@lawpress.com.cn
举报盗版邮箱:jbwq@lawpress.com.cn
销售电话:010-83938349
客服电话:010-83938350
咨询电话:010-63939796

书号:ISBN 978-7-5197-6610-8
定价:54.00 元

矫正教育学

主　编： 王雪峰

副主编： 宋秋英

参编人员： 王红星　刘　燕　赤　艳　李　艳
张　凯　周雨臣　高　畅　高海平
谢　薇　樊国福

前　言

矫正教育学是《普通高等学校本科专业类教学质量国家标准》规定的监狱学专业核心课程，也是中央司法警官学院法学专业（矫正教育方向）和监狱学专业（矫正教育方向）的必修课程。中央司法警官学院法律硕士（监所管理和罪犯矫正方向）开设的矫正教育原理与实务课程也与矫正教育学有着密切联系。编写本教材就是为满足相关课程的教学需要。

从广义上说，罪犯教育学也可以归入矫正教育学课程大类当中。或者说，罪犯教育学也是一种特殊的矫正教育学。从实践来看，对罪犯的教育改造也属于矫正教育。因此，《普通高等学校本科专业类教学质量国家标准》将矫正教育学纳入监狱学专业核心课程可以从这个角度得到合理解释。1985 年，司法部劳改专业教材编辑部组织编写的《改造教育学》（力康泰主编，群众出版社出版）可视为新中国成立后首部罪犯教育学著作，其书名立意与矫正教育学大体一致。可以说，编写矫正教育学教材是加强监狱学、矫正教育学学科专业建设的重要工作。

根据目前所能查询到的材料，国内以“矫正教育学”命名的著作共有 6 个版本：（1）司法部劳教局编（党国卿撰稿）：《矫正教育学》，群众出版社 1998 年版；（2）夏宗素主编：《矫正教育学》，法律出版社 2002 年版；（3）崔玉平主编：《矫正教育概论》，黑龙江教育出版社 2005 年版；（4）高莹主编（中央司法警官学院组织编写）：《矫正教育学》，教育科学出版社 2007 年版；（5）夏宗素主编：《矫正教育学》，法律出版社 2007 年版；（6）夏宗素主编：《矫正教育学》，法律出版社 2014 年版。为保持知识的延续性，此次编写教材吸收了前辈学者著作中大量合理内容，并参考了多种版本罪犯教育学教材，在此一并致以诚挚谢意。

本教材由王雪峰教授担任主编，宋秋英副教授担任副主编，各章编写人员包括（按章节次序）：中央司法警官学院王雪峰教授、中央司法警官学院赤艳教授、中央司法警官学院樊国福教授、中央司法警官学院宋秋英副教授、中央司法警官学院张凯副教授、中央司法警官学院高海平副教授、武汉警官职业学院王红星副教授、辽宁警察学院李艳讲师、浙江警官职业学院周雨臣教授、河北司法警官职业学院刘燕讲师、湖南司法警官职业学院谢薇讲师、中央司法警官学院高畅教授。各章具体编写分工如下:

第一章　绪论(王雪峰)
第二章　矫正教育的理论基础(赤艳)
第三章　矫正教育的本质、功能和目的(王雪峰)
第四章　矫正教育原则(王雪峰、樊国福)
第五章　矫正教育者(宋秋英)
第六章　矫正教育对象(张凯)
第七章　思想教育(高海平)
第八章　文化教育(王红星)
第九章　职业技术教育(李艳、王雪峰)
第十章　劳动教育(周雨臣)
第十一章　集体教育(王雪峰)
第十二章　分类教育(刘燕)
第十三章　个别教育(谢薇)
第十四章　监所文化建设(赤艳)
第十五章　社会教育(高畅)
第十六章　矫正项目(宋秋英)
第十七章　矫正教育评估(宋秋英)

20 世纪 30 年代,孙雄在其编著的《监狱学》一书中论及感化教育时曾经说:“教育原有一般与特殊之别,一般教育,系专对普通幼年人而设。至于低能、残疾、不良、犯罪、各种之幼年,则为特殊教育之任务。”并且,孙雄认为“以感化教育现今发达情形论之,其范围日广”,对于“不良或有堕落及犯罪危险之幼年人”“幼年犯罪者”“成年犯罪者”等“所施之教育,皆谓之感化教育”。今日,将监狱中对罪犯的教育改造、对社区矫正对象和强制隔离戒毒人员的教育矫正都纳入矫正教育范畴讨论,似乎与彼时感化教育或者特殊教育用意近似。但是,三者的特点和法律依据毕竟有所区别,讨论中难免左支右绌。不当之处,尚请方家不吝赐教,以期补正。

目录
Contents

第一章　绪　　论

矫正教育是一种特殊的教育活动，主要是针对监狱中的罪犯、强制隔离戒毒所的戒毒人员、社区矫正对象开展的教育。从这个意义上来说，矫正教育学就是把教育学的基本理论和方法针对特殊对象应用于特定环境的知识体系。如果把监禁也视为矫正，那么自从有了犯罪活动，就出现了针对犯罪的矫正。但是矫正教育却是在人类社会发展到特定阶段才出现的，它是人类社会文明进步的反映。矫正教育学是对矫正教育实践的理论总结，经历了一个发展完善的过程。矫正教育学作为一门交叉学科和综合性学科，与法学、监狱学、教育学等有着密切联系。

第一节　矫正教育学的基本概念

概念、判断和推理是思维的基本形式，其中概念又是基础。进行学术思考和讨论的前提是廓清概念。为了讨论矫正教育问题，为了学习矫正教育学，有必要对一些基本概念进行界定和讨论。这些基本概念涉及教育、矫正与改造、矫正教育和矫正教育学。

一、教育

教育作为一种社会现象，为人们所熟知，人的成长和发展离不开教育。

在中国古代的甲骨文中就出现了“教”和“育”两个字，《说文解字》中对“教”的解释是：“上所施，下所效也。”对“育”的解释是：“养子使作善也。”

英文的“Education”一词源自拉丁语 Educare，该词是从动词 Educêre 变成的。在拉丁语中，E 有“出”的意思，ducêre 有“引”的意思，合在一起的意思在拉丁语中为“引出”。其含义是“教育要用引导的方法以发展儿童身心各方面”①。根据中西

① 罗廷光：《教育概论》，世界书局 1933 年版，第 2 页。

方教育的差异，有学者提出，中西方教育理念存在“外铄论”和“内发论”的差异。

教育的定义大同小异，比较权威的解释是从广义和狭义两个层面来展开的：

> “从广义上说，凡是增进人们的知识和技能、影响人们的思想品德的活动，都是教育。狭义的教育，主要指学校教育，其涵义是教育者根据一定社会（或阶级）的要求，有目的、有计划、有组织地对受教育者的身心施加影响，把他们培养成为一定社会（或阶级）所需要的人的活动。”①

以上的狭义解释把教育主要视为学校教育，这主要是为了研究方便。实际上，学校（包括各级各类学校，如小学、初中、高中、大学，以及职业学校等）当中发生的教育活动内容丰富，形式多样，涵盖“增进人们的知识和技能、影响人们的思想品德”的方方面面。

尽管提及教育，我们首先想到的是学校教育，教师、学生、学校、课堂是这类教育的最典型的标志。但是，学校教育显然不是教育的全部。教育是人类社会的永恒命题，有了人就有了对人的教育，在学校没有出现之前教育已经存在。神农氏“制耒耜，教民农作”，燧人氏“教民钻木取火”，这些虽然是传说，却说明“学校不可能承担人的教育的全部任务”，学校教育“从来没有而且也不可能是‘周全’的”。因此，也就有必要放宽教育的视野，从广义上审视作为“人类学事实”的全部教育现象。②

从上述定义来看，广义的教育既包括学校教育这种制度化的教育，也包括家庭和社会中的非制度化教育，两者的差异主要表现在目的性、计划性和组织性方面。也就是说，有目的、有计划、有组织是学校教育的突出特点，而家庭教育和社会教育则具有一定的随机性特点。

但是，也有的学者不同意上述定义方式，而将广义的教育定义为“凡是有目的地增进人的知识技能，影响人的思想品德，增强人的体质的活动，无论是有组织的还是无组织的，系统的或是零碎的，都是教育”③。这一定义，将所有的教育都视为“有目的”的活动，并认为学校教育与广义教育的区别在于，前者是“有组织”和“系统”的。

虽然不同学者关于教育的认识不同，但是从广义上看，监狱、强制隔离戒毒所、社区矫正机构对特定的工作对象（罪犯、戒毒人员、社区矫正对象）施加的影

---

① 中国大百科全书总编辑委员会、《教育》编辑委员会等编：《中国大百科全书·教育卷》，中国大百科全书出版社 1985 年版，第 1 页。

② 参见项贤明：《泛教育论——广义教育学的初步探索》，山西教育出版社 2000 年版，第 1 页。

③ 王道俊、王汉澜主编：《教育学》，人民教育出版社 1999 年版，第 41 页。

响，都发挥着增进知识技能、影响思想品德或者增强体质的作用，因此都可以称作教育。需要注意的是，这种教育与人们熟悉的学校、家庭教育不同，其发生的场所和作用的对象是不同的，是一种特殊类型的社会教育，这也就是本书所说的矫正教育。

当然，理解监狱、强制隔离戒毒所、社区矫正机构针对罪犯、戒毒人员、社区矫正对象开展的矫正教育，除了从对象、场所的不同来进行分析外，还可以从教育功能方面分析。德国学者沃尔夫冈·布列钦卡曾经给出了教育的如下定义：

> "所谓教育，就是人们尝试持续在任何一方面改善他人心理素质结构，或者保留其心理素质结构中有价值的部分，或者避免不良心理素质形成的行动……该定义的最简洁表达方式就是：教育是人们尝试在任何一方面提升他人人格的行动。"①

在这个定义当中，沃尔夫冈·布列钦卡将"提升他人的人格"视为教育的关键。但是，这显然是不够的。因为，在人的发展或者用沃尔夫冈·布列钦卡的说法，"人格的形成"，或者如社会学家所说的人的"社会化"过程中，人会形成一些不良习惯，形成不良的心理素质，这就需要进行矫正。因此，不能仅仅从"增加"人的某些素质的角度来看教育。

教育是改变人的心理素质结构的一种努力，这种改变可能是"保留"、可能是"避免"、可能是"增加"、也可能是"减少"。从这个意义上来理解教育，我们就能把握教育的多重特征，也就能更好地理解矫正教育的内涵。② 这里所说的"减少"，主要是从矫正的层面上来说的，通过引导矫正教育对象（罪犯、戒毒人员、社区矫正对象）认罪悔罪，转变观念，达到矫正恶习，成为守法公民，重新社会化的目的。在这个意义上，矫正教育活动本身就是教育的一部分，甚至可以说矫正教育丰富了教育理论的实践基础。

二、矫正与改造

（一）矫正

在矫正教育实务和理论研究方面，除了教育之外，另一个关键词就是矫正。

---

① ［德］沃尔夫冈·布列钦卡：《教育科学的基本概念：分析、批判和建议》，胡劲松译，华东师范大学出版社 2001 年版，第 75 页。

② 参见王雪峰主编：《罪犯教育学》，法律出版社 2019 年版，第 2 页。

在中文语境下,矫正的基本含义是“纠正”。[①]《说文解字》对“矫”的解释是:“揉箭箝也,从矢,乔声。”[②]对“正”的解释是:“是也,从止,一以止。”而“是”的含义则为:“直也,从日正。”[③]由此可见,矫正的最初意思就是“使箭变直”,引申出“使曲者改变为直”,[④]对于人的矫正也就是要使其改过自新、弃旧图新。

在学术界,矫正有两个比较经典的解释,一个来自美国的学者巴特勒斯。他在《矫正导论》当中对矫正的解释是:

> “是指法定有权对判有罪者进行监禁或监控机构及其所实施的各种处遇措施。”[⑤]

另一个比较经典的解释,来自我国学界20世纪90年代对矫正的认识:

> “纠正罪犯不良心理倾向和行为习惯的行刑制度。‘矫正’一词源于西方国家,主要指通过监禁隔离、教育感化、心理治疗和技术培训等措施,使罪犯逐步适应社会生活而进行的活动。”[⑥]

在西方学者的视角下,矫正既指一个学科的名称,也指一种“政府部门的一个机构系统”,相关的技术或者某种活动。在最广泛的意义上,矫正可能指涉的范围包括下述成分以及这些成分之间的互动过程:[⑦](1)矫正事业(correctional enterprise)的目的和目标;(2)看守所、监狱、矫正机构(correctional institutions)和其他机构(agencies);(3)缓刑、假释、替代计划和转处计划(diversionary program);(4)联邦、州、地方和国际性的矫正机构(office and agencies);(5)咨询、教育、保健、营养和许多其他服务;(6)矫正对象(correctional clients);(7)矫正志愿人员;(8)矫正专业人员;(9)财政拨款(fiscal appropriation)和资金(funding);(10)刑事法律和民事法律的各个方面;(11)有效的和负责的管理;(12)社区对矫正实践的期望(expectation);(13)死刑机构(machinery of capital punishment)。

“矫正”一词在我国学界流行,始于20世纪90年代,这一词汇的频繁使用是学

---

① 参见辞海编辑委员会编:《辞海》,上海辞书出版社1989年版,第1953页。

② (汉)许慎撰、(宋)徐铉校定:《说文解字》,中华书局1963年版,第110页。

③ (汉)许慎撰、(宋)徐铉校定:《说文解字》,中华书局1963年版,第39页。

④ 《辞源》中还收入了“矫揉”一词,其释义为:“使曲者变直为矫,使直者变曲为揉。”参见广东、广西、湖南、河南辞源修订组、商务印书馆编辑部等编:《辞源》,商务印书馆1988年版,第1210页。

⑤ [美]克莱门斯·巴特勒斯:《矫正导论》,孙晓雳等译,中国人民公安大学出版社1991年版,第27页。

⑥ 中国劳改学会编:《中国劳改学大辞典》,社会科学文献出版社1993年版,第621页。

⑦ 参见吴宗宪:《当代西方监狱学》,法律出版社2005年版,第6页。

术交流国际化的结果。在此之前,我们多把矫正看成西方监狱制度的特有概念。尽管我们可以赋予其"刑罚执行系统"的含义,但是作为一个中文用词,在中文语境中对矫正难免出现本土化的理解。

(二)改造

与矫正相对应,改造是中国监狱学界独具特色的概念。

《诗经》中已出现"改造"一词,《诗经·郑风·缁衣》有"缁衣之好兮,敝予又改造兮"的表达方式,改造在这里做"重新制作"讲。《荀子·议兵》云:"中试则复其户,利其田宅,是数年而衰,而未可夺也。改造则不易周也。"这里的改造是"重新选择"之意。①

在20世纪90年代之前,我们习惯强调改造和矫正的区别,认为改造是中国监狱工作特有的概念,矫正则是西方监狱制度的特有概念。例如,《中国劳改学大辞典》对改造的解释是:

> "从根本上改变旧的、创造新的活动。劳动改造学中的改造,特指我国劳动改造机关依法执行刑罚的过程中,为使罪犯成为拥护社会主义制度的守法公民和对社会主义建设的有用之材,对罪犯实施具有法定强制性的监管劳动、教育等全部活动。"②

从这个定义来看,改造涵盖监狱当中针对罪犯开展的管理、劳动和教育等各项活动。可以说,监狱的工作除了监禁(惩罚)就是改造,改造已经成为中国监狱工作最重要的目的。这就是"以改造人为宗旨"的要义。

除了矫正、改造,矫正教育领域还使用康复、矫治、更生等概念。"在英美著述中,改造(Reform)、康复(Rehabilitation)、矫正(Correction)与矫治(Treatment)并无绝对的界限,而是往往可以作为互换的概念使用。"③

虽然有些学者乐于对矫正和改造作出区分,但是也有些学者将其视为同一概念,认为类似的概念还有处遇。④ 陈兴良指出:"霍华德的著作及其对英格兰、欧洲和美国的影响,导致了对罪犯的改造(今天可以称之为'矫正')。"⑤他一方面承认

---

① 广东、广西、湖南、河南辞源修订组、商务印书馆编辑部等编:《辞源》,商务印书馆1988年版,第722页。

② 中国劳改学会编:《中国劳改学大辞典》,社会科学文献出版社1993年版,第408页。

③ 邱兴隆:《关于刑罚的哲学:刑罚根据论》,法律出版社2000年版,第6页。

④ 这三个概念都是"用来指旨在促使受刑人不再犯罪的制度、措施和活动"。参见王云海:《监狱行刑的法理》,中国人民大学出版社2010年版,第10页。

⑤ 陈兴良:《刑法的人性基础》,中国人民大学出版社2006年版,第365页。

“矫正这一术语是指法定有权者对判有罪者进行监禁,或监控机构及其所实施的各种处遇措施”,另一方面又指出,“矫正的目的是对犯人进行再教育,重新培训和行为治疗,使之再社会化”。① 从这些论述可以看出,作者已经默认两个概念可以互换。虽然后者偏重于纠正这一含义,而前者指称整个处遇措施。另一位学者王云海也指出,“行刑的目的是预防或矫正犯罪”,所以多数国家或时代的行刑活动虽包括惩罚却不止于惩罚,有着惩罚之外或者之上的其他内容和目的,其中以受刑人的矫正(“改造”及“复归社会”等)最为突出。一般将这些旨在促进受刑人“改造”或“复归社会”的行刑矫正活动称作“处遇”(treatment)。由此可见,矫正在这里已经被理解为整个的“改良性”处遇措施了。

三、矫正教育和矫正教育学

(一)矫正教育

根据前面的讨论,教育当中天然包含着矫正的成分,例如,家庭教育当中对儿童不良习惯的纠正、学校教育当中对后进生的转化,都可以视为矫正教育。这样的矫正教育显然是从广义上来理解的,也就是对一些不符合社会主流价值取向或者教育者要求的思想认识、行为习惯的影响和纠正。作为理论研究对象的矫正教育,是一种专门的教育,也是一种特殊的教育,是在监狱、强制隔离戒毒所、社区矫正机构等场所发生的,对特定人员实施的教育。将这种特殊的教育称为“矫正教育”时间还不长,从20世纪90年代末出版的第一部著作算起,仅有二十多年时间。至今,共计出版了四部著作。因此,关于矫正教育如何定义,不同学者的认识还不统一。

群众出版社1998年出版的由党国卿撰稿的《矫正教育学》是第一部用“矫正教育学”命名的著作。该书认为,

> “矫正教育,专指劳动教养场所、监狱、看守所、收容教育所、工读学校等部门,对违法犯罪人员的教育……从教育的广义来说,矫正教育同社会上的所有教育一样,都是教育者有组织、有目的、有计划地对受教育者进行思想影响,增进知识和技能的活动。从狭义来讲,矫正教育,是一种有目的、有计划的矫正受教育者错误思想,矫正不良行为与习惯,造就新人的影响活动”②。

2002年,夏宗素主编的全国高等教育自学考试指定教材《矫正教育学》对矫正

① 陈兴良:《刑法的人性基础》,中国人民大学出版社2006年版,第368页。
② 党国卿:《矫正教育学》,群众出版社1998年版,第1页。

教育的定义为：

> “矫正教育，是指矫正机构以罪犯、劳动教养人员、收容教养人员等违法犯罪分子为对象，从改造人、挽救人的目的出发，结合生产劳动有计划、有组织、依法实施的转变思想、矫正恶习、灌输知识、培养技能的系统影响活动。”①

2005 年，崔玉平主编的《矫正教育概论》一书也从广义和狭义两个维度对矫正教育进行了定义：

> “广义的矫正教育是一种对学习行为不良者、一般越轨者或违法犯罪者实施的补偿教育措施。”“狭义的矫正教育是指合法矫正机构以违法犯罪人为对象，从挽救人、转化人、塑造人的目的出发，按照法律要求，有目的、有计划、有组织地实施的以转变思想、矫正恶习、灌输知识、培养德行、增强技能为基本活动内容的系统影响活动。”②

2007 年，高莹主编的《矫正教育学》对矫正教育进行了更为理论化的定义：

> “矫正教育，是以特定设施为主要条件的一种特殊教育形式，是以实现矫正教育对象的再社会化为本质，系统地影响和改变受教育者思想观念与行为方式的策略、方法和手段。”③

夏宗素主编全国高等教育自学考试指定教材《矫正教育学》(2014 年版) 对原有定义进行了修订，将原定义中的三类对象删除：

> “矫正教育，是指矫正机构以违法犯罪分子为对象，从改造人、挽救人的目的出发，结合生产劳动有计划、有组织、依法实施的转变思想、矫正恶习、灌输知识、培养技能的系统影响活动。”④

1984 年，美国矫正教育协会 (Correctional Education Association, CEA) 曾经发布过一个关于矫正教育的定义：

> “矫正教育是一项干预非社会或反社会行为的组织化和个别化的自助策略，其目的在于通过职业教育和知识学习活动，培养那些受刑事司法

---

① 夏宗素主编：《矫正教育学》，法律出版社 2002 年版，第 3－4 页。

② 崔玉平主编：《矫正教育概论》，黑龙江教育出版社 2005 年版，第 4－5 页。

③ 高莹主编：《矫正教育学》，教育科学出版社 2007 年版，第 8 页。

④ 夏宗素主编：《矫正教育学》，法律出版社 2014 年版，第 80 页。

系统限制的学生的社会态度、武装他们的头脑，使之成为有社会责任感的社会公民。”①

虽然上述定义的表述不尽相同，但其共同点是，都强调了矫正教育是针对特殊对象、出于特殊目的的特殊教育活动。在此基础上，我们给出一个关于矫正教育的认识：

矫正教育是针对监狱罪犯、强制隔离戒毒人员以及社区矫正对象等违法犯罪人员开展的，以转变思想、重塑价值观、矫正恶习、提升重新融入社会能力为目的的系统影响活动。

(二)矫正教育学

矫正教育学是在矫正教育实践基础上发展起来的系统理论，是在监狱、强制隔离戒毒场所、社区矫正领域教育矫正服刑人员、强制隔离戒毒人员、社区矫正对象经验的基础上逐步形成的学说体系。

矫正教育学可以区分为“分开讲”与“合并讲”的两种矫正教育学。对于20世纪90年代以前的罪犯教育学、劳动教养教育学，可以称为“分开讲”的矫正教育学；而以“矫正教育学”命名的矫正教育学，则可称为“合并讲”的矫正教育学。换言之，在1998年党国卿撰稿的《矫正教育学》出版前，中国并没有以“矫正教育学”命名的著作，但关于罪犯、劳动教养人员的教育，已经开展了广泛研究，相关的成果，如《改造教育学》《罪犯教育学》《教育改造学》《劳动教养教育学》等，都属于矫正教育学的范畴，也就是我们说的“分开讲”的矫正教育学。1998年以来出版的几部以“矫正教育学”命名的著作，将监狱中的罪犯、强制隔离戒毒所中的戒毒人员（包括2013年之前劳动教养管理所中的劳动教养人员）、社区矫正对象作为一类共同的违法犯罪特殊教育对象进行统一考虑，提出了矫正教育学这一新的理论体系，这是“合并讲”的矫正教育学。

总之，矫正教育学就是针对特殊的教育对象开展研究，讨论矫正教育的基本问题，探索矫正教育一般原理的学科。

第二节　矫正教育的历史

矫正教育包括对监狱罪犯、强制隔离戒毒人员、社区矫正对象等特殊对象的矫

---

① Thom Gehring, *CEA Executive Board Approves Resolutions, Begins Implementation*, Journal of Correctional Education, Vol. 35(4): 138(1984).

正,从历史发展来看,监狱刑罚出现的最早。因此,追溯矫正教育的历史就首先要追溯监狱对罪犯的刑事矫正。

一、欧美国家的矫正教育发展

根据刑罚学的观点,西方刑罚发展经历了四个阶段,即复仇时代、威吓时代、博爱时代和科学时代。奴隶制社会的刑罚脱胎于原始复仇习惯,带有浓厚的复仇色彩,这是所谓的复仇时代。封建社会的刑罚崇尚威吓性,在刑罚史上称为威吓时代,其刑罚以严酷为主要特征。进入自由资本主义时代,刑罚呈现出刑罚法定、刑罚等价、刑罚人道等特征,这就是所谓的博爱时代。19 世纪末 20 世纪初,刑罚走向目的化,进入了科学时代,行刑呈现个别化特点,并且注重对罪犯的教育和感化。①

如果按照上述学者的观点,对罪犯的改造和矫正是在 19 世纪末 20 世纪初才出现的。但是,也有学者认为,16 世纪出现的英国的布莱德威尔劳动所(Bridewells Workhouse)是人类历史上"第一所通过劳动改造罪犯的机构",建立该劳动所的目的是向"流浪者"、不劳而获的罪犯"注入犹太教、基督教(Judeo – Christian)所共有的道德、劳动与节俭的道德"。并且,"这种道德主张体力劳动有利于人的灵魂升华"。②

论及现代西方资本主义国家监狱发展,一般认为进入了 19 世纪以后,随着行刑目的转向矫正,对罪犯的教育成为一项重要的普遍矫正措施。教育的内容设置大体可以分为三个方面——道德方面的教育、文化知识方面的教育和社会教育。③ 以英国为例,监狱中除了进行宗教教诲之外,还开展世俗文化教育活动,其教育的主要内容是读和写。1863 年,英国对监所的教育进行了改革,把原定每周一天的教育改为每晚 6—8 时进行。从 1868 年 5 月开始,进行犯人的系统教育考试制,每六个月举行一次考试,并规定凡不具备书写和阅读能力的不准假释。④

在矫正教育发展史上,约翰・霍华德的名字是绕不开的,"早在 18 世纪末,欧

---

① 关于刑罚的发展历史,参见邱兴隆等:《刑罚学》,中国政法大学出版社 1999 年版,第 15 – 24 页。

② Schmalleger, F & Syykla, *J. O. Corrections in the* 21st *Century.* New York: McGraw – Hill, 2007, p. 52. Carlson, N. A., Hess, K. M., Orthmann, C. M. H., *Corrections in* 21st *Century: A Practical Approach.* Belmont: Wadsworth Publishing Company, 1999, p. 47. 转引自翟中东:《矫正的变迁》,中国人民公安大学出版社 2013 年版,第 4、5 页。Bridewell 劳动所,过去有的学者将其称为感化院,其位置在伦敦福利特街(Fleet St.)和泰晤士河(Thames River)之间,于 1863 年被拆毁。该劳动所原为官邸,是亨利八世时期所建,1553 年爱德华六世将其送给伦敦作为训练无家可归者的学校。

③ 参见潘华仿主编:《外国监狱史》,社会科学文献出版社 1995 年版,第 13 – 14 页。

④ 参见潘华仿主编:《外国监狱史》,社会科学文献出版社 1995 年版,第 101 页。

洲国家在刑事古典学派的刑罚理论的鼓舞下,由约翰·霍华德和边沁率先打出行刑矫正的旗帜,掀起了刑罚制度改革的浪潮”①。

也有学者提出,在刑事古典学派中,无论是报应主义还是功利主义都不存在刑事矫正思想。刑事矫正思想来源于刑事实证学派,意大利犯罪学家菲利开始提出矫正的概念。② 菲利认为,“对于重犯的隔离,其管理的科学程度应该与现在的精神病院的程度一样……这类机构的管理必须是科学的,对于罪犯的矫正也必须是科学的,因为重罪常常表现为罪犯个人的病态”③。

当代西方国家的监狱中,对罪犯的矫正教育主要表现为矫正计划(correctional program)的形式。其中,关于教育计划(education program)的内容,不同文献的认识不同,有的认为监狱中的教育计划就是文化教育计划。有的认为,教育计划包括文化教育计划和职业培训计划。有的则认为,教育计划具有综合性,包括文化教育计划、职业培训计划和生活技能计划。④

监狱中的教育计划具有普遍性、多样性、优先性等特点,其种类包括扫盲、基础教育(literacy education)、中等教育(secondary education)、大学教育(college education)、特殊教育(special education)、生活技能教育(life skills education)等。⑤

二、中国对罪犯的矫正和改造

在中国,矫正罪犯的观念可以追溯到西周时期。《周礼·秋官·大司寇》记载:“以圜土聚教罢民,凡害人者,寘之圜土而施职事焉,以明刑耻之。其能改过,反于中国,不齿三年。其不能改而出圜土者杀。”《周礼·秋官·司圜》记载:“司圜掌收教罢民,凡害人者弗使冠饰,而加明刑焉。任之以事而收教之。”⑥这种思想被一些学者认为是“明德慎罚”的政治法律思想。⑦

沈家本根据“夏曰夏台”“殷曰羑里”“周曰囹圄”的旧制,在《狱考》中做出如下判断:“惟所言三代命名之意,设狱原非以害人,其‘幽闭思愆’、‘改善为恶’二语,以感化为宗旨,尤与近世新学说相合。”⑧

---

① 孙晓雳等:《劳改法学理论探新》,中国人民公安大学出版社 1991 年版,第 3 页。
② 参见陈兴良:《刑事矫正论》,载《中央政法管理干部学院学报》1995 年第 2 期。
③ [意]菲利:《实证派犯罪学》,郭建安译,中国政法大学出版社 1987 年版,第 52 页。
④ 参见吴宗宪:《当代西方监狱学》,法律出版社 2005 年版,第 646-647 页。
⑤ 参见吴宗宪:《当代西方监狱学》,法律出版社 2005 年版,第 648-653 页。
⑥ 薛梅卿主编:《中国监狱史》,群众出版社 1986 年版,第 19 页。
⑦ 参见杜雨主编:《监狱教育学》,法律出版社 1996 年版,第 7 页。
⑧ 沈家本:《狱考》,载《历代刑法考》,中华书局 1985 年版,第 1160 页。

从上述史料来看,中国古代监狱管理从立意上是教育犯罪人,使其改恶从善、悔过自新,这一点毋庸置疑。但是从监狱管理的实际效果来看,这样的立意是缺乏制度保障的。在封建时代的监狱管理中,也有悯囚、录囚、颂系等制度乃至"听妻入狱""纵囚还家"的仁政举措,但是重刑惩囚(或者说惩罚主义)却是其基本特点。虽然统治者也标榜"德主刑辅""明刑弼教",但是系统的感化和矫正制度无从谈起。

19 世纪 40 年代,西方侵略者用"坚船利炮"敲开了清政府的大门,中国的历史进入半殖民地半封建社会时期。随着国门洞开,西方的思想文化不断进入,中国传统的观念受到了前所未有的冲击,时人叹为"三千年未有之大变局"。在这样的社会背景下,中国传统的狱政思想和监狱制度也在悄然发生着变化。从大的方面说,近代狱政思想和监狱制度变革主要有两方面:一是从固守传统的报复刑转向接受教育刑思想;二是试办新式监狱,以贯彻这种思想。①

沈家本在《监狱访问录序》中指出,"一言以蔽之曰:监狱者,感化人而非苦人、辱人者也"。"感化之说",经过学人的研究"定厥宗旨"。② 这是中国人首次明确提出监狱感化论思想。并且,这种思想在其改良监狱的主张中得到了体现,因为"犯罪之人歉于教化"者居多,所以应当"籍监狱之地,施教诲之方",这样才符合"明刑弼教"的监狱本义。③

1908 年,在沈家本的主持下,日本的监狱学家小河滋次郎受聘起草监狱法。1910 年《大清监狱律草案》制定完毕,"为改革中国封建狱制绘制了第一张蓝图"。该草案"分则"13 章,对收监、拘禁、管束、作业、教诲及教育、给养、卫生及医疗、出生及死亡、接见及书信、赏罚、保管、特赦、减刑及假释、暂释、释放等作了具体规定。有学者认为,该草案建立了"以感化主义为宗旨的教诲教育制度"④。

民国时期的学者已经认识到教育与犯罪之间的关系。"教育为指导国民,使成为共同生存适格者之重要方法,教育程度之高下与有无,在犯罪之数量上,显示不同之现象,即教育程度高,则犯罪者少,教育程度低,则犯罪者多,而未受教育之人,其犯罪之倾向尤大。"⑤

1923 年,江苏第一监狱拟在监狱中实行平民教育,选择年龄较大、刑期较长、不

---

① 参见白焕然等:《中国古代监狱制度》,新华出版社 2007 年版,第 481 页。

② 参见《寄簃文存》卷六《监狱访问录序》,载李光灿:《评〈寄簃文存〉》,群众出版社 1985 年版,第 379 - 380 页。

③ 参见《前修律大臣大理院正卿沈家本奏请实行改良监狱折》,载薛梅卿等编:《清末民初监狱改良专辑》,中国监狱学会印,第 26 页。

④ 薛梅卿主编:《中国监狱史》,群众出版社 1986 年版,第 210 页。

⑤ 赵琛:《少年犯罪之刑事政策》,商务印书馆 1945 年版,第 78 页。

能识字的72名犯人,分成两班,进行四个月的教育。等到刑期结束后送到南京平民教育促进会进行考试,考试合格则颁发文凭。①

光绪三十三年(1907年),湖广总督张之洞在"奏陈省城模范监狱开办情形折"中对"湖北省城模范监狱"教养工作进行了介绍。所谓"教"主要是指教诲工作。监狱设有教诲师,在和犯人歇工的时候"教以改过迁善之道,寓劝于惩"。对于幼年犯人"并教以小学课程,以迪愚顽"。② 修订法律大臣沈家本则指出,"犯罪之人歉于教化者为多,严刑厉法可惩肃于既往,难望湔祓于将来,故籍监狱之地,施教诲之方,亦即明刑弼教之本义也"③。

中国共产党领导下的监狱工作与以往的任何时代都不同。根据史料考证,中国共产党创建的第一所监所是1928年方志敏亲自命名的江西"弋阳县劳动感化院"。1928年5月,弋阳县苏维埃政府成立,方志敏担任赣东北苏区第一个苏维埃政权的政府主席。当地的土豪劣绅勾结地痞流氓、盗匪小偷扰乱社会治安,甚至刺杀苏区干部,为国民党军队提供军事情报。为巩固新生政权,一些委员提出要将这些反动分子统统杀掉。方志敏提出,"除少数罪大恶极不杀不足以平民愤者之外,其余的可抓起来集中在一起劳动改造,使他们悔过自新、重新做人"④。

20世纪30年代,毛泽东在中华苏维埃共和国中央执行委员会与人民委员会对第二次全国苏维埃代表大会的报告中指出,"苏维埃法庭一方面严厉镇压反革命分子的活动,苏维埃对于这些分子绝不应该有丝毫的姑息。但另一方面,对于已经就逮的犯人,却是禁止一切不人道的待遇,苏维埃中央政府已经明令宣布废止肉刑,这亦是历史上的绝大的改革,而国民党政府的法庭则至今充满着中世纪惨无人道的酷刑"。苏维埃的监狱"对于死刑以外的罪犯是采取感化主义,即是用共产主义的精神与劳动纪律去教育犯人,改变犯人犯罪的本质。而国民党监狱则是纯粹的封建野蛮的虐杀,法西斯蒂的酷刑,劳苦群众与革命者的人间地狱"⑤。此处既生动地揭示了两类监狱的差别,同时也使我们看到共产党人使命担当的思想萌芽。

---

① 参见张东平:《近代中国监狱的感化教育研究》,中国法制出版社2012年版,第159页。

② 以下内容参见《湖广总督张之洞奏陈省城模范监狱开办情形折》,载薛梅卿等编:《清末民初监狱改良专辑》,中国监狱学会印,第34-37页。

③ 《修订法律大臣沈家本奏实行改良监狱宜注意四事折》,载薛梅卿等辑:《清末民初监狱法制辑录》,中国政法大学出版社2017年版,第41页。

④ 杨云:《方志敏创办的我党第一个劳改农场》,载《历史大观园》1994年第11期。

⑤ 毛泽东:《中华苏维埃共和国中央执行委员会与人民委员会对第二次全国苏维埃代表大会的报告》,载《苏维埃中国》,中国现代史资料编辑委员会1957年翻印,第265-266页。

20 世纪 40 年代,陕甘宁边区监所对罪犯除了开展劳动改造外还进行思想文化方面的教育。"犯人每天必要认字、读报及听课,""倘有专门学识的,也准许专门研究或写作。""犯人进监狱,虽然被限制了自由,但就他们所过的教育生活来说,入监狱就是入学。"犯人在狱中有"三大课程":生活教育、政治教育、文化教育。其中文化教育的主要内容是教识字、讲卫生、学算术、阅书报、写墙报和社会常识等,其目的在于增强犯人的文化知识。①

新中国成立后,在中国共产党的正确领导下,逐步探索出独具特色的监狱行刑理念和监狱制度。在"人是可以改造的"理念、"我们的监狱其实是学校"理念、教育改造是监狱的中心工作理念、系统综合的教育理念的指引下,构建了以罪犯教育理念论、目的论、内容论、方法论、载体论等为主体的罪犯教育理论体系。②

第三节 矫正教育学的历史

从广义上看,20 世纪 90 年代以前作为独立形态存在的罪犯教育学(教育改造学)、劳动教养教育学都属于矫正教育学范畴;而 90 年代末期之后出现的以"矫正教育学"命名的矫正教育学,则是狭义的矫正教育学。③ 或者按照前文的说法,将前者理解为"分开讲"的矫正教育学,将后者称为与"合并讲"的矫正教育学。因此,追溯矫正教育学的历史,应当从广义矫正教育学视角出发。

矫正教育学与监狱学有着不解之缘,梳理矫正教育学的发展史无疑要涉及监狱学的出现和发展。一般认为,监狱学诞生于 18 世纪。在监狱产生的过程中,有三位代表性的人物,他们是贝卡里亚、约翰·霍华德和边沁。意大利的贝卡里亚于 1764 年撰写了《论犯罪与惩罚》一书,提出"刑罚要对人们产生教育的效用",④该书的出版标志着"在刑法与刑事司法领域近代改革的开端"。英国慈善家、监狱改良运动始祖约翰·霍华德于 1777 年出版了《英格兰和威尔士的监狱状况》(*The State*

---

① 参见中华人民共和国司法部编:《中国监狱史资料汇编》(下),群众出版社 1988 年版,第 278、303 - 304 页。

② 参见王雪峰等:《罪犯教育理论专题研究》,法律出版社 2014 年版,第 17 页。

③ 曾有学者将前者称为"分开讲 "的矫正教育学,而将后者称为"合并讲"的矫正教育学。参见王雪峰:《矫正育学的价值、困境和出路——以现有的矫正教育学著作为中心的考察》,载《犯罪与改造研究》2008 年第 4 期。

④ 参见中国劳改学会编:《中国劳改学大辞典》,社会科学文献出版社 1993 年版,第 75 页。

of *the Prisons in England and Wales*)一书,[①]该书的问世被认为是监狱学诞生的标志。在这本书里,约翰·霍华德提出:“对于罪囚不仅以驱逐、监禁,而且必须以劳役、教诲、善导而感化之。”[②]1791年,英国功利主义哲学家边沁提出,“对罪犯的惩罚,就是使其感到痛苦,受到教育和改造,以预防犯罪行为的再发生”。[③] 他认为,“执行刑罚的目的在于对罪犯进行教育,使他们反省,领悟刑罚的痛苦,促使他们悔改”[④]。边沁还主张对罪犯进行分别监禁,“根据罪犯的年龄、刑期、犯罪原因的不同,分别监禁,针对他们的不同特点,施行不同的教育,为他们复归社会打下基础”[⑤]。可以说,在监狱学诞生的早期,学者们已经在其著作中渗透了罪犯矫正的思想。

诚如前文所述,中国古代虽然有“明刑弼教”之类的刑狱思想,但是对罪犯教育的专门研究仍暂付阙如。以至于清末修律大臣沈家本做出了如下论断:“欧洲各国监狱为专门之学,设立万国协会,穷年研究,精益求精,方进未已……中国从未有人讲求此学。”[⑥]在他看来,清末之前,中国有监狱之事而无专门的监狱之学。可以说,西方的监狱理念以及西学模式的监狱学在中国出现,乃是西学东渐的结果。中国的罪犯教育学的发展,大致经历了三个阶段。[⑦]

一、萌芽阶段

从矫正教育学发展来看,这一阶段可以称为“合”的阶段。这个阶段的特点是,关于罪犯教育的思想观念“融合”在相关监狱学著作中。独立形态的矫正教育学著作尚不多见,但是罪犯教育的思想萌芽已经在监狱学相关著作当中体现出来了。这一阶段具有代表性的监狱学著作有日本学者小河滋次郎的《监狱学》、王元增的《监狱学》、孙雄的《监狱学》、芮佳瑞编著的《监狱法论》以及李剑华的《监狱学》等。

日本学者小河滋次郎著《监狱学》(区枢翻译)三卷本于1906—1907年问世,该书第十四章、第十五章分别讲述了教诲和教育问题。北京监狱典狱长王元增所著

---

① 该书的书名还有一种说法,是也有的介绍为 State of the Prisons in England and Wales, With Preliminary Observations, and an Account of some Foreign Prisons,其中文译名以及出版时间不同文献多有差异,本书参考 Bosworth, Mary. *Encyclopedia of prisons and correctional facilities*, Sage Publications, Inc., 2005, p. 451。

② 夏宗素:《现代监狱制度催生现代监狱学》,载《中国监狱学刊》2013年第1期。

③ 参见潘华仿主编:《外国监狱史》,社会科学文献出版社1995年版,第55页。

④ 潘华仿主编:《外国监狱史》,社会科学文献出版社1995年版,第55-56页。

⑤ 潘华仿主编:《外国监狱史》,社会科学文献出版社1995年版,第56页。

⑥ 《中国监狱史料汇编》(上册),群众出版社1988年版,第409-410页。

⑦ 参见王雪峰主编:《罪犯教育学》,法律出版社2019年版,第13-15页。

的《监狱学》(1924年版)一书在第十三章论述了感化教育,李剑华著的《监狱学》(中华书局1936年版)的第十三章是教诲与教育。

民国时期著名监狱学者孙雄的《监狱学》(商务印书馆1937年版)第三编为感化教育:第一章概论、第二章感化教育史、第三章感化教育之实施制度及处遇规程、第四章感化教育之各国最新立法。孙雄在书中指出,“广义的感化教育不唯针对监狱关押的对象。除了成年犯罪者,它还包括不良或堕落及犯罪危险之幼年人、幼年犯罪者、娼妓、游民流氓、政治思想谬误者”①。芮佳瑞编著的《监狱法论》(上海商务印书馆1934年版)的第五章为教诲及教育,内容共十一节,涉及教诲与教育之区别、教诲与教育之关系、教诲与教育之必要、教诲之方法与种类等。②

独立形态的矫正教育著作在清末已有雏形,如邵韵笙编的《教诲浅说》(1931年司法行政部印行)、陆人骥著的《感化教育》(上海商务印书馆1934年版)等,从这两部著作的书名就能看出,它们讨论的重点是对罪犯的教育。

二、独立阶段

与前一个阶段相比,这个阶段可以称为“分”的阶段,罪犯教育问题从监狱学当中独立出来,称为一个专门的研究领域。以罪犯的教育改造为专门研究对象,并在此基础上出版著作,这成为罪犯教育学独立的标志。

1983年1月,公安部党组批准成立了劳改专业教材编辑部,由原劳改局局长李石担任总编,编辑部计划编写12部教材或专著,“改造教育学”为其中之一。1985年,由力康泰主编、徐觉非和兰洁担任副主编的《改造教育学》一书由群众出版社出版。该书是新中国正式出版的第一部罪犯教育学著作,该书的出版可以视为矫正教育学(罪犯教育学)独立的标志。

在《改造教育学》出版之后,各种版本的罪犯教育学著作相继问世,名称则有罪犯教育学、教育改造学和监狱教育学三大类。代表性的著作包括:李俊杰编著的《罪犯教育学》(群众出版社1984年版),夏宗素主编的《教育改造学》(西南师范大学出版社1987年版),臧福太主编、王悌编写的《教育改造学》(吉林人民出版社1987年版),杜雨主编的《罪犯教育学》(陕西人民出版社1989年版),董春来、耿峰等编著的《罪犯教育学》(东北财经大学出版社1989年版),杜雨主编的《监狱教育

---

① 郭明:《中国监狱学史纲——清末以来的中国监狱学术述论》,中国方正出版社2005年版,第148页。

② 参见郭明:《中国监狱学史纲——清末以来的中国监狱学术述论》,中国方正出版社2005年版,第350页。

学》(法律出版社 1996 年版),兰洁主编的《教育改造学》(全国高等教育自学考试教材,法律出版社 1999 年版),王明迪主编的《罪犯教育概论》(司法部监狱专业教材编辑部编审,收入“监狱学知识丛书”,法律出版社 2001 年版)等。

这一时期,还出版了高宪杭主编的《劳动教养教育学》(中国人民公安大学出版社 1999 年版)一书,专门讨论了对劳动教养人员的矫正教育问题。

三、发展阶段

在这个阶段,研究者探索了罪犯教育、劳动教养人员教育、社区矫正对象的矫正乃至于回归社会人员矫正的共性,进行新的“整合”,提出了“矫正教育学”这一概念。因此,可以把这个阶段称为新的“合”的阶段。

中国出现以“矫正教育学”为题的著作是在 1998 年,该年 7 月司法部劳教局编(党国卿撰稿)的《矫正教育学》一书由群众出版社出版。该书将矫正教育对象界定为有违法犯罪行为人员,并认为劳动教养场所、监狱、看守所、收容教育所、工读学校等都是矫正教育场所。该书共计十八章,前三章将监狱和劳动教养工作结合讨论,后十五章内容则主要是“以对劳动教养人员的矫正教育的实践经验为典型”进行分析。① 三年之后,全国高等教育自学考试指导委员会将《矫正教育学》列入“监所管理专业”独立本科段教学计划。2002 年,与该计划配套的《矫正教育学》(夏宗素主编)教材由法律出版社出版。

从教学实践来看,2001 年,中央司法警官学院将“矫正教育学”列为该院教育学专业(矫正教育方向)的必修课程,并正式招收教育学(矫正教育方向)普高本科学生。2007 年,教育科学出版社出版《矫正教育学》(高莹主编)一书作为该院普高本科教材。2007 年 7 月,经司法部组织专家评审,“矫正教育学”被列为部级重点建设学科。

到目前为止,我国共出版了四部以“矫正教育学”命名的著作:②(1)司法部劳教局编(党国卿撰稿):《矫正教育学》,群众出版社 1998 年版;(2)夏宗素主编:《矫正教育学》,法律出版社 2002 年版;(3)崔玉平主编:《矫正教育概论》,黑龙江教育出版社 2005 年版;(4)高莹主编(中央司法警官学院组织编写):《矫正教育学》,教育科学出版社 2007 年版。

进入 21 世纪,虽然狭义矫正教育学著作问世,但是对广义矫正教育学(这一阶段主要是罪犯教育学)的探索并未终止。这一阶段仍然有大量教材和专著问世。

---

① 司法部劳教局编:《矫正教育学》,群众出版社 1998 年版,第 1 – 2 页。

② 夏宗素主编的《矫正教育学》一书目前已经进行了两次修订,最新版为 2014 年版。

其中具有代表性的包括:王祖清、赵卫宽主编的《罪犯教育学》(司法部监狱专业教材编辑部组织编写,全国高等法律职业教育监狱管理专业统编教材,金城出版社2003年版),王秉中主编的《罪犯教育学》(普通高等教育监狱学专业本科教材,群众出版社2003年版),贾洛川主编的《罪犯教育学》[上海高校本科法学专业(刑事司法方向)教育高地建设系列教材,广西师范大学出版社2008年版],魏荣艳主编的《罪犯教育学》(当代中国司法警官院校"十一五"规划教材,中国民主法制出版社2008年版),夏宗素著的《罪犯矫正与康复》(中国人民公安大学出版社2005年版),周雨臣著的《罪犯教育专论》(群众出版社2010年版),王雪峰等著的《罪犯教育理论专题研究》(法律出版社2014年版)。

与此同时,还出现了一批用"矫正"命名的著作,如许兴荣著的《罪犯矫正的理论与实践》(贵州教育出版社2006年版)、于爱荣等著的《矫正技术原论》(法律出版社2007年版)、张晶著的《走向启蒙:基于监狱·矫正的视角》(法律出版社2008年版)、于爱荣著的《四维矫正激励——基于未成年犯的视角》(中国长安出版社2009年版)、张婧著的《监狱矫正机能之观察与省思》(中国人民公安大学出版社2010年版)、翟中东著的《矫正的变迁》(中国人民公安大学出版社2013年版)。

2012年开始,在司法部的大力推动下,循证矫正理念逐渐进入监狱学理论研究者和实际工作者的视野。[①] 在上述因素的共同影响下,"矫正"一词在监狱工作和监狱理论研究中频繁出现。代表性著作包括:夏苏平、狄小华著的《循证矫正中国化研究》(江苏人民出版社2013年版),马立骥编的《罪犯心理与矫正》(中国政法大学出版社2013年版),张爽著的《罪犯心理与矫正》(光明日报出版社2013年版),连春亮、张峰著的《罪犯矫正模式论》(群众出版社2014年版),连春亮、李玉成、殷尧著的《罪犯矫正形态论》(群众出版社2014年版),连春亮著的《罪犯矫正契约化论纲》(郑州大学出版社2017年版),韩啸著的《意大利实证学派罪犯矫正理论研究》(中国法制出版社2019年版),钱洪良著的《罪犯的矫正主体性研究》(燕山大学出版社2020年版)。

---

① 参见王雪峰:《从"改造"到"矫正"——基于循证矫正理念对罪犯改造问题的思考》,载《犯罪与改造研究》2013年第8期。

第二章　矫正教育的理论基础

矫正教育学是研究矫正教育现象、问题和规律的社会科学，目的是深化人们对矫正教育的认识，更新矫正教育观念，并为矫正教育实践和发展提供决策依据，为提高矫正教育质量提供理论选择。作为独立的学科，矫正教育学要回答一些基本问题：矫正教育是什么？矫正教育的目的有哪些？矫正教育有哪些形式、途径和方法等。许多相关学科，如哲学、心理学、社会学的理论对这些问题做出了不同的解释，并成为矫正教育学的理论基础。

第一节　矫正教育的马克思主义哲学基础

在矫正教育工作中，认识矫正教育的本质、分析矫正教育对象存在的问题与缺陷、制订有效的矫正教育方案，均离不开科学的世界观和方法论。哲学是理论化、系统化的世界观，方法论则是世界观原则在认识和实践过程中的贯彻和应用。马克思主义哲学是关于自然界、人类社会和思维发展一般规律的科学，为人们认识世界、改造世界提供科学的世界观和方法论，也为矫正教育工作的开展提供了理论依据和科学方法。

一、马克思主义认识论与矫正教育

（一）马克思主义认识论基本观点

马克思主义哲学将实践的观点即实践观引入认识论，对认识的本质这一认识论关键问题争论中的唯心主义先验论、不可知论以及旧唯物主义的直观反映论进行了深刻反思与批判，最终实现了认识论历史上的伟大革命和变革，建立了真正科学的认识论，这就是以实践为基础的、能动的、革命的唯物主义反映论。[①] 马克思主

---

① 参见欧阳康：《马克思主义认识论研究》，北京师范大学出版社2012年版，第3－6页。

义认识论的基本原理可概括为以下内容：

1. 实践是认识的基础和来源

马克思在《关于费尔巴哈的提纲》中全面深刻阐述了马克思主义的科学实践观，从而为马克思"新唯物主义"发生革命性变革、实现哲学革命奠定了坚实基础。列宁在继承马克思实践观点的基础上进一步指出："生活、实践的观点，应该是认识论的首要的和基本的观点。"①这一论断深刻揭示了实践在人类认识世界和改造世界过程中的重要作用。1937年，毛泽东的《实践论》科学分析了认识的发生、发展及其辩证运动过程，深刻阐述了认识和实践的辩证关系，丰富和发展了马克思主义认识论。在毛泽东看来，一切真知的获得都来源于直接经验。任何人要想获得对事物本质和规律的全面认识，就要到那个事物所生存的环境中去体验、去实践。甚至要亲自参与到变革事物和现实的复杂斗争中去，才能走进现象，获得暴露事物本质的机会，进而理解这些事物。②

2. 实践是检验认识的标准和依据

马克思指出："人的思维是否具有真理性，这不是一个理论的问题，而是一个实践的问题。人应该在实践中证明自己思维的真理性，即自己思维的现实性和力量，自己思维的此岸性。"③列宁在《哲学笔记》中提出："理论由实践赋予活力，由实践来修正，由实践来检验。"④由此可见，理论来源于实践，同时还需要在实践中进行修正和检验。实践是检验真理的唯一标准。没有经过实践修正和检验的认识，就不是科学的认识。

3. 实践是认识的目的和归宿

毛泽东认为，实践、认识、再实践、再认识，这种认识运动的方式会一直循环往复并呈螺旋式上升，以致无穷，从而使人类认识运动不断走向更高级别，这就是整个辩证唯物论的全部认识论和知行统一观。⑤ 每一认识的完整过程必须经历两个阶段：第一阶段是实践到认识；第二阶段是认识到实践。第一阶段是认识的形成阶段，第二阶段是认识的运用阶段。单就认识的形成阶段来说，它经历了"具体—抽象—具体"的过程。理论的本质属性在于它的实践性，新的实践催生新的理论，给予理论以生命力，理论也因此更好指导实践并推动着实践不断发展，这是人类认识运动

---

① 《列宁全集》（第18卷），人民出版社1988年版，第144页。

② 参见《毛泽东选集》（第1卷），人民出版社1991年版，第286－288页。

③ 韦建桦主编：《马克思恩格斯选集》（第1卷），人民出版社2012年版，第138页。

④ 《列宁选集》（第2卷），人民出版社2013年版，第381页。

⑤ 参见《毛泽东选集》（第1卷），人民出版社1991年版，第296－297页。

的辩证过程和基本规律。

(二)马克思主义认识论在矫正教育中的应用

马克思主义认识论是科学理论体系,也是认识和改造世界的工具,为矫正教育工作的开展提出了如下启示:

1. 矫正教育对象的思想、意识具有可塑性

矫正教育对象是人,人的实践本质与人的可改造性是矫正教育的前提与基础。从认识论角度来看,实践是人类在一定社会关系中有目的地认识世界、改造世界的物质活动,人是以实践为其本质的存在。人作为社会性的存在物,只有在实践活动中才能生成和存在,离开社会实践,也就失去了人之为人的社会规定性。与此同时,实践又改变着人本身,人在按自己的目的和需要改变客观世界的同时,也在不断实现着对自身的发展和完善。矫正教育是众多实践活动样式中的一种,要坚持马克思主义的实践观,通过系统的矫正教育实践活动,使矫正教育对象矫正不良恶习和错误思维方式、行为方式,养成适应社会需要的生活习惯和生活方式,进而发生思想方式和行为方式的根本转变。

2. 矫正教育对象的转变是一个长期的过程

人的认识来源于实践,人的社会存在决定人的社会意识。矫正教育对象的违法犯罪思想,不是凭空产生的,而是由于其长期处于不良的环境中,受到不良思想的影响、熏染、渗透而逐步形成的。若想改变矫正教育对象的不良思想意识,同样需要在实践的过程中,通过实践、认识、再实践这样的反复过程,通过改变违法犯罪人员错误思想、恶习赖以产生的客观环境,通过教育、心理、管理、劳动等矫正手段,逐步剔除矫正教育对象原有的错误心理意识和恶习,引导他们在新型的社会实践中重塑自我,重构符合社会规范的认知体系。正如毛泽东同志曾指出的,“犯了罪的人也要教育”“你如果采取帮助他们的方法,慢慢来,不性急,一年、两年、十年、八年,绝大多数人是可以进步的”。

3. 矫正教育的方法手段要通过实践来检验

人们的观念、观点和思想认识,即人们的意识随着人们的生活条件、人们的社会关系、人们的社会存在的改变而改变,而引起改变的实践过程就是人们的社会实践。实践也是检验真理的唯一标准,矫正教育的方法手段是否有效,需要实践来加以检验和修正。新中国成立以来,我们在治理犯罪、教育各类违法犯罪人员的实践领域,坚持“人是可以改造的”这一基本理念,贯彻以人为本、教育为主原则。组织矫正教育对象在机构或社区中,参加劳动和其他社会实践活动,学习文化知识和职业技术技能,在实践中不断吸收历史和国外矫正教育领域的有益经验,形成了一套

有中国特色的矫正教育体制、机制与模式，充分发挥了预防和减少犯罪、维护社会治安的作用。

二、马克思主义唯物辩证法与矫正教育

（一）马克思主义唯物辩证法的基本观点

从辩证法的角度来看，马克思主义哲学把世界看成是一个相互联系又不断发展的整体，事物在矛盾作用下实现着质变与量变的相互转化和从肯定到否定再到否定之否定的发展变化。

1. 事物之间是相互联系的

恩格斯指出："当我们深思熟虑地考察自然界或人类历史或我们自己的精神活动的时候，首先呈现在我们眼前的，是一幅由种种联系和相互作用无穷无尽地交织起来的画面。"①一切社会因素，包括经济、政治、法律、哲学等都是普遍联系、相互作用的，从而构成一个有机的整体。

2. 世界是不断发展变化的

人类社会是运动的、发展的，构成历史进程中的各种社会现象也是运动、发展的，没有一成不变的社会现象。恩格斯指出："世界不是一成不变的事物的集合体，而是过程的集合体。"②自然、社会、精神三个领域的一切事物都是作为过程的动态系统整体而存在和发展的，是事物自我扬弃、自我完善、波浪式前进、螺旋式上升的过程。

3. 矛盾的存在是普遍的

矛盾存在于一切过程中，并贯穿于一切过程的始终。任何事物都是一个矛盾体，整个世界都是由相互矛盾的事物构成的，事物之所以是不断发展变化的，根本原因就在于事物本身包含矛盾运动。事物构成要素之间的对立统一关系是事物发展变化的根本矛盾，也称内因。事物之间的对立统一关系是事物发展的外部矛盾，也称外因。毛泽东同志指出，"这个辩证法的宇宙观，主要的就是教导人们要善于去观察和分析各种事物的矛盾的运动，并根据这种分析，指出解决矛盾的方法"。③

（二）马克思主义唯物辩证法在矫正教育中的应用

马克思主义唯物辩证法要求我们用发展的观点、联系的观点和矛盾的观点对待矫正教育实践。

---

① 韦建桦主编：《马克思恩格斯选集》（第3卷），人民出版社1972年版，第60页。
② 韦建桦主编：《马克思恩格斯选集》（第4卷），人民出版社1972年版，第240页。
③ 《毛泽东选集》（第1卷），人民出版社1991年版，第304页。

1. 坚持用发展的观点看待矫正教育对象。矫正教育对象违法犯罪的原因是复杂多样的,既有个体因素,也有社会、环境因素,在多种因素共同作用下形成了错误的思想和认知,并在这种错误思维方式的引导下产生错误的行为。但这种错误思想和行为并不是一成不变的,因为辩证法认为,一切事物包括人的思想意识都是在发展变化的,矫正教育对象的思维方式和行为方式同样如此。因此,绝不能形而上学地认识矫正教育对象,而是要用发展的眼光看待这个群体,只要我们有正确的方法,绝大多数矫正教育对象都是可以转化的。

2. 运用矛盾的观点指导矫正教育实践

毛泽东指出:“客观事物中矛盾着的诸方面的统一或同一性,本来不是死的、凝固的,而是生动的、有条件的、可变动的、暂时的、相对的东西,一切矛盾都依一定条件向它们的反面转化着。”矛盾的性质不同,因而解决的方法也不同。无产阶级“改造客观世界,也改造自己的主观世界——改造自己的认识能力,改造主观世界与客观世界的关系”。而“所谓被改造的客观世界,其中包括了一切反对改造的人们,他们的被改造,须要通过强迫的阶段,然后才能进入自觉的阶段”。在矫正教育实践中包含的主要矛盾就是矫正教育对象错误思想观念与矫正教育提出的教育要求之间的矛盾。矫正教育工作需要正确处理这种矛盾,通过以文化人的影响力、以理服人的教化力、依法矫正的强制力,促使矫正教育对象自觉接受矫正教育影响。

3. 充分发挥矫正教育对象的主观能动性

矫正教育对象违法犯罪的原因,除了环境和社会因素外,很大程度上还取决于行为人个体的生理和心理因素。行为人不但有决定是否违法犯罪的“自由意志”,还有心理上是否接受矫正的选择性。在矫正教育过程中,首先要对矫正教育对象进行科学评估,通过犯因性评估和矫正需要评估,制订有针对性的矫正教育方案。矫正教育者要创造各种有利于矫正教育对象思想转化的条件,通过各种矫正教育活动,扶植、强化、发扬矫正教育对象的积极思想意识,抑制、削弱其不良的思想意识。同时要充分发挥矫正教育对象的主观能动性,特别是充分调动行为人接受矫正教育的积极性、主动性,促使矫正教育对象违法犯罪的内因发生变化。

第二节 矫正教育的心理学基础

心理学是以人的心理现象和发展变化规律为研究对象的科学。心理学理论与矫正教育实践的结合,可以帮助我们充分了解矫正教育对象违法犯罪心理的产生及活动规律,了解和掌握违法犯罪人员在受到惩罚后的心理活动及其变化规律,从而针对其心理特征,寻求有效的方法和途径,促进其违法犯罪心理向良性心理、守法心理转化。本节主要介绍与矫正教育相关的精神分析理论、条件反射理论、社会学习理论、人本主义心理学理论,以及这些理论在矫正教育实践中的应用。

一、与矫正教育相关的心理学理论

(一)精神分析理论

19 世纪末,奥地利精神病学家弗洛伊德创立了精神分析理论,其理论主要包括潜意识论、人格结构理论、人格发展理论、本能论、焦虑论等。尽管弗洛伊德并没有系统地研究犯罪行为,但在他的许多著作中都涉及了对犯罪问题的分析。1915 年,他在《由于罪恶感而犯罪的人》一文中,初次应用精神分析学的观点解释犯罪问题,为犯罪学中精神分析学流派的形成奠定了基础。他的弟子阿德勒等人对犯罪及矫治问题的研究表现出了更浓厚的兴趣,他们把犯罪行为看成是病态过程的一种表现,并用精神分析学说来分析和矫治违法犯罪人员。

在弗洛伊德的理论中,人是一个整体,人格被视为从内部控制行为的一种心理机制。人格结构包括本我、自我和超我,这三者之间是在意识和无意识的活动机制下不断形成的心理关系,它们交织在一起,构成了完整的人格结构。“本我”指“潜在的我”,是人格中最原始的部分,属于遗传本能的范畴,是人格中的永久成分。“本我”是一个极为混乱的世界,奉行“快乐原则”,不会考虑道德伦理的现实约束,具有无序性、自发性等特点。“自我”是植根于本我的意识产物,是受环境等诸多方面的影响而产生的一种现实觉悟,是现实化的本能。“自我”是本我与外部世界沟通的桥梁,会根据“超我”的引领而规划“本我”,它奉行“现实原则”,在满足内心需要的同时,又要排除痛苦因素。“超我”是道德化的“自我”,会受到价值判断和道德伦理的约束,由道德理想和良心构成,是人格结构中专管道德的“司法部门”,是一切道德限制的代表,它遵循“理想原则”。

精神分析学家认为,不适当的超我是解释犯罪行为的核心,犯罪行为发生的主要原因是严厉的超我、薄弱的超我和越轨的超我。神经症性的犯罪人有一种惩罚性的超我,在超我处于主导地位的状态下,他们体验着被压抑的童年时期的罪恶感,这是对严厉超我的反映。由自我为中心、冲动性、缺乏同情心等引发的犯罪行为,实际上是一种薄弱超我的体现。儿童和少年在社会化的过程中,超我的内容中由于缺乏罪恶感的内容,含有对越轨行为的认同,也容易导致犯罪行为的发生,这就是越轨的超我。

（二）条件反射理论

1. 经典条件反射理论

俄国著名生理学家巴甫洛夫于20世纪初创立了经典条件反射理论。巴甫洛夫曾以狗为对象进行了大量人工的条件反射形成试验：狗吃食物时会引起唾液的分泌，这是先天的反射，称无条件反射。给狗听铃声，不会引起唾液分泌，但如果每次给狗吃食物前出现铃声，这样反复多次之后，铃声一响，狗就会出现唾液分泌。铃声本来与唾液分泌无关（称为无关刺激），由于多次与食物结合，铃声就具有引起狗分泌唾液的作用，铃声已成为狗进食的“信号”了。这时铃声已转化为信号刺激（条件刺激），这种刺激就是条件反射，也称应答性条件反射。由此可见，形成条件反射的基本条件就是无关刺激与无条件刺激在时间上的结合，这个过程称为强化。若条件刺激多次出现，而没有无条件刺激的强化，这个条件刺激就可能消退。在实验的基础上，巴甫洛夫提出条件反射是一种普遍的学习现象，学习过程就是对条件刺激产生泛化、分化和消退的过程。

2. 操作性条件反射理论

操作性条件反射理论是美国心理学家斯金纳提出的，是指必须通过自己某种操作才能得到强化所形成的条件反射，它是确定某种活动可以获得报酬而自觉进行的操作交替。斯金纳根据强化的性质和目的，将其分为正强化、负强化和自然消退三种类型。正强化，是指当人们采取某种行为时，能从他人那里得到某种令其感到愉快的结果，这种结果反过来又成为推进人们趋向或重复此种行为的力量。负强化，是指通过某种不符合要求的行为所引起的不愉快的后果，对该行为予以否定。惩罚是负强化的一种典型方式，即在消极行为发生后，以某种带有强制性、威慑性的手段给人带来不愉快的结果，或者取消现有的令人愉快和满意的条件，以表示对某种不符合要求的行为的否定。自然消退，是指对原先可接受的某种行为强化的撤消，由于在一定时间内不予强化，此行为将自然下降并逐渐消退。这三种类型的强化相互联系、相互补充，构成了强化的体系，并成为一种制约或影响人的行为的特殊环境因素。

（三）社会学习理论

美国心理学家阿伯特·班杜拉于1977年出版了《社会学习理论》一书，以大量的研究资料论证了社会学习理论的框架，对人类行为的决定因素、社会学习的类型、自我效能等核心理论要素进行了阐释。

1. 人类行为的决定因素

人类行为的决定因素有三个：（1）先行决定因素，如时间、地点、人物、事物、语言、文化背景等环境刺激;(2)继起决定因素,如成功、失败、奖赏、批评、表扬、开除、记过、赞许等;(3)认知决定因素,是指人的认知价值体系,认知过程通过影响人对环境刺激预测功能的理解,从而影响人的行为。班杜拉认为人、行为、环境之间存在一个互相作用、相互决定的过程,在这个过程中,各种因素都在特定的位置发挥作用,他把这称为人类行为相互决定论。

2. 社会学习的类型

班杜拉将社会学习分为直接学习和观察学习两种形式。直接学习是个体对刺激做出反应并受到强化而完成的学习过程。其学习模式是刺激—反应—强化,离开学习者本身对刺激的反应及其所受到的强化,学习就不能产生。观察学习是指个体通过观察他人(或榜样)所表现的行为及其结果所发生的学习。这种学习不必直接做出反应,也不必亲自体验强化,而仅仅是通过观察他人在一定环境中的行为,并观察他人接受一定的强化来进行学习。人类的大部分行为是通过观察学习而获得的,正因为人类具有观察学习的能力,所以人们才能很快地学到大量的复杂的行为模式。尤其是在青少年儿童的学习中,观察学习的地位就更为重要。观察学习需要特定的示范作用,班杜拉认为包括行为示范、言语示范、象征示范、抽象示范、参照示范、号召性示范、创造示范、延缓学习八种示范方式。

3. 自我效能理论

自我效能感,是指个体从事某一活动前对自己是否有效地实现这一行为的判断。班杜拉认为影响自我效能感形成的因素主要有四个:一是行为成败的经验。多次失败会使人灰心丧气,不断成功使人形成良好的自我效能感。二是替代性经验。有目的的观察学习可以培养良好的自我效能感。三是言语强化作用。暗示、建议、忠告也能改变人的自我效能感。四是情绪和生理状态。不同的心境对人的自我效能感的影响也不同。

(四)人本主义心理学理论

人本主义心理学是有别于精神分析与行为主义心理学的“第三种力量”,主张从人的直接经验和内部感受来了解人的心理,强调人的本性、尊严、理想和兴趣,认为人的自我实现和为实现目标而进行的创造才是人行为的决定因素。①

人本主义心理学理论以罗杰斯的自我理论为代表。他主张人的自我概念形成于与他人、环境的相互作用过程之中,在自我实现驱动下,儿童在环境中进行各种尝试活动并产生出大量的经验。通过机体自动的估价过程,有些经验会使他感到

---

① 袁振国主编:《当代教育学》,教育科学出版社 2004 年版,第 106 页。

满足、愉快,有些则相反,满足、愉快的经验会使儿童寻求保持、再现,不满足、不愉快的经验会使儿童尽力回避。在孩子寻求积极的经验过程中,有一种是受他人的关怀而产生的体验,还有一种是受到他人尊重而产生的体验。儿童这种受关怀和尊重的满足感完全取决于他人,而他人(包括父母)是根据儿童的行为是否符合其价值标准、行为标准来决定是否给予关怀和尊重。所以说他人的关怀与尊重是有条件的,这些条件体现着父母和社会的价值观,罗杰斯称这种条件为价值条件。儿童不断通过自己的行为体验到这些价值条件,会不自觉地将这些本属于父母或他人的价值观念内化,变成自我结构的一部分,渐渐的儿童被迫放弃按自身机体估价过程去评价经验,变成用自我中内化了的社会的价值规范去评价经验,这样儿童的自我和经验之间就发生了异化,当经验与自我之间存在冲突时,个体就会预感到自我受到威胁,因而产生焦虑。预感到经验与自我不一致时,个体会运用防御机制来对经验进行加工,使之在意识水平上达到与自我相一致。如果防御成功,个体就不会出现适应障碍,若防御失败就会出现心理适应障碍。罗杰斯的"以人为中心的治疗"成为人本主义心理治疗重要内容。治疗目标是将原本不属于自己的已经内化而成的自我部分去除掉,找回属于他自己的思想情感和行为模式,用罗杰斯的话说"变回自己""从面具后面走出来",只有这样的人才能充分发挥个人的机能。

二、心理学理论在矫正教育中的应用

(一)精神分析理论深化了对矫正教育对象的认识

犯罪学产生于18世纪后期,古典学派学者主要研究的是抽象犯罪行为,对犯罪人的关注较少。随着犯罪人类学派崛起,具体的犯罪人开始进入学者研究的视野。进入20世纪后,犯罪学的研究视角、研究方法日益多元化,心理学的介入让犯罪原因和犯罪人的研究越发立体和深入。从心理学精神分析理论的角度而言,矫正教育对象作为特殊的群体,其违法犯罪行为是在犯罪心理的驱使下进行的,矫正教育目标就是矫正罪错心理和不良行为习惯。矫正教育要研究对违法犯罪人员心理与行为的矫正,就必须了解导致其违法犯罪行为的动机、情绪、意志和人格特征等因素,同时还要了解和掌握违法犯罪人员在受到惩罚后的心理活动及其变化规律。从而针对其心理特征,寻求矫治的方法和途径,促进违法犯罪心理向良性心理、守法心理转化。因此,心理学是矫正教育者从事矫正教育工作必须掌握的理论基础,研究矫正教育学必须充分运用心理学的研究成果,同时,对违法犯罪人员心理及其矫治的研究又可以丰富心理学的内容。

(二)条件反射理论为矫正教育提供了技术手段

心理学理论不仅可以帮助我们深化对矫正教育对象的认识,还可以为矫正教育目标的实现提供技术手段和实践路径。在矫正教育过程中,需要对矫正教育对象进行有效的行为管理和行为塑造,对不良行为模式进行行为矫正。在行为矫正中使用的程序和方法,是以多年对人类行为的大量科学研究为基础的,这些理论主要包括经典型条件反射理论、操作性条件反射理论和社会学习理论等。矫正机构中常使用的代币强化法就是行为矫正的基本方法,利用分数、筹码、奖券等可以兑换为实物或者获得其他利益的代币或标记作为正强化物,以促使矫正教育对象形成良好的行为习惯。

使用代币强化法应当按照预先设定的程序步骤进行:首先是确定目标行为,在确定了需要鼓励和强化的良好行为之后,要进一步确定这些目标行为的操作标准,规定每种目标行为的具体操作定义,以便矫正教育对象能够按照这些操作定义指导自己的行为,尽可能地改善自己的表现,尽可能多地进行目标行为。在为矫正教育对象确立了努力的方向之后,就要确立如何促进其进行努力的强化规则。矫正教育对象能够通过良好的行为表现获得实际的好处,并且通过这些好处(正强化)巩固他们学会的行为方式和价值观念,进而达到矫正教育的目的。

(三)社会学习理论丰富了矫正教育的实现途径

行为主义理论强调直接强化,容易落入传统的刺激—反应学习论的窠臼,社会学习理论对行为主义理论进行了修正,把认知学习论引入刺激—反应过程,强调认知因素对人的行为的重要作用,行为影响认知,认知系统及相应的能力也影响人的行为。根据社会学习理论的观点,人类的大多数行为是通过榜样作用而习得的。个体通过观察他人行为会形成怎样从事某些新行为的观念,并在以后用这种编码信息指导行动。为服刑人员提供学习榜样,使服刑人员通过观察榜样的行为反应达到模仿学习的目的,并在此过程中建立良好的行为反应机制。在矫正教育过程中,矫正教育者应当充分利用社会学习理论做好教育矫正工作。一方面,矫正教育者要与矫正教育对象建立一种健康的、积极的人际关系,充分施展自身的人格魅力,用自己模范的行为去影响矫正教育对象;另一方面,真正落实直接管理,增加矫正教育者同矫正教育对象交往的机会,扩大矫正教育者的影响力,使矫正教育对象习得正确的世界观、价值观、生活态度和行为准则。

(四)人本主义理论更新了矫正教育者的观念

人本主义心理学理论建立在人性论的基础之上,强调自我态度、信念、情感等自我调节在学习中的作用,将学习看成学习者积极主动的建构过程,认为学习结果主要取决于学生的积极认知活动,教师则是引导学生进行积极、主动、有效的认知活动。根据人本主义理论,矫正教育者在矫正教育过程中要充分体现以人为本的思想,尊重矫正教育对象,把矫正教育对象看作是有生命的主体而不仅仅是接受知识的容器。正如李斯特所言,“就犯人的再社会化而言,尤其要强化他们的意志力,激励他们的责任感,总之,要唤醒和激活他们的积极的社会素质。只有保护和尊重犯人的自尊心,只有对犯人进行道德影响,提高他们的道德水平,只有当犯人守秩序、勤奋、准时、尊重监狱官员和监规纪律不是被迫而为之,只有当犯人能够自我尊重,这一目的才能够实现”。[①] 李斯特同时也指出,要实现这一目标不能依靠“旧式的警官”,只能依靠经过特别培训的能够胜任教育工作的官员队伍;就以教育影响为目的的刑罚执行而言,监禁制度的技术问题自然也就起着特别重要的作用;应当给予犯人尽可能无阻碍地重新找到重返自由社会的机会,应满足他们一些特定的要求和给予他们事实上的继续发展的可能性。矫正教育者应该有意识地学习、吸收人本主义心理学理论,将其应用于矫正教育实践中,不断提高矫正教育效果。

第三节　矫正教育的社会学理论基础

社会学是对人类社会各种现象、社会运行进行综合性研究的社会科学。犯罪行为是人类的社会行为,社会学理论中对犯罪原因、影响犯罪因素等问题的研究为矫正教育目标的设定、矫正教育方法的选择提供了理论依据和科学基础。本节主要介绍亚文化理论、标签理论、差异交往理论、社会控制理论的主要观点及在矫正教育实践中的运用。

一、与矫正教育相关的社会学理论

(一)亚文化理论

文化是指一个群体或社会所共同具有的价值观和行为模式,包括这些价值观和行为模式在物质实体上的具体化。亚文化,又称副文化,是指社会上所存在的与社会主流文化相区别的一个较小的文化系统。吴宗宪在《西方犯罪学史》一书中指出:“亚文化(Subculture)是一种既包含主流文化又具有自己独特内容的文化。”“亚文化”一词通常在两种意义上使用:其一,在一个社会的某些群体中存在的不同于主流文化的价值观和行为模式,这是“亚文化”一词的本来含义;其二,由奉行这些不同于主流文化的价值观念和行为模式的人组成的社会群体,这是“亚文化”一词

① [德]佛兰茨·冯·李斯特:《德国刑法教科书》,徐久生译,法律出版社2000年版,第431页。

的派生含义,在这个意义上,“亚文化”一词被翻译为“亚文化群体”。

西方学者在分析犯罪原因时,“亚文化”被认为是导致犯罪的原因之一。芝加哥学派的学者通过对吸毒者、流浪汉、城市移民等群体进行一系列的实证调查,最早对亚文化进行了体系化研究。美国犯罪学家艾伯特·科恩提出了少年亚文化群理论,理查德·克洛沃德和劳埃德·奥林提出不同机会理论,进一步发展了犯罪学中的亚文化理论。亚文化理论认为,在西方社会下层社会成员中存在许多不同的亚文化群,亚文化群的成员由于没有社会地位,被以中等阶层为代表的西方社会所排斥。持有相同思想和价值观念而又处境相同的亚文化群成员便聚集在一起,力图相互支持、相互保护以及相互满足其他各种需要,寻求一种与社会正统价值观不同,但能够使自己感到有价值的生活方式,这种方式包括参加犯罪团伙和从事犯罪行为。在亚文化群中,犯罪是可以接受的,甚至是值得赞赏的。

需要注意的是,在监狱等矫正机构中,既存在主流文化,同时也存在亚文化。监狱亚文化是监狱中的罪犯群体所特有的与社会主流文化相背离的价值观念和行为模式,也是服刑罪犯在监禁状态下所特有的一种文化现象。这种亚文化通常会以反社会意识、罪犯亚群体、罪犯隐语及脏话、文身、监禁反应等典型形式表现出来,对罪犯服刑和监管安全产生消极影响。美国社会学家克莱默于 19 世纪 30 年代中期在伊利诺伊州的 Menard 监狱从事罪犯亚文化现象研究,并将这种消极影响称为“监狱化”。克莱默认为,监狱化意指受刑人对于监狱内的社会风俗、习惯、独特价值观的适应与同化的过程。几乎所有囚犯都在一定程度上存在监狱化的过程,通过了解监狱的非官方结构、接受下等角色、发展新的社会习惯、选定各种生存技能以及采用新的语言等活动,罪犯逐渐适应监狱群体,极易造成自律力萎缩、意志力丧失、孤僻和颓废等监狱化人格现象。从本质上看,罪犯监狱化的过程是一种反社会化的过程,与矫正教育的目标背道而驰。

(二)标签理论

标签理论(Labeling Theory),又被译为“贴标签论”“标定理论”,是说明人们在初次的越轨或犯罪行为后,为什么会继续进行越轨或犯罪行为,从而形成犯罪生涯的一组理论观点。[①] 按照标定理论的观点,如果一个人被重要他人贴上“越轨者”或“犯罪人”的标签,很可能是导致其最终走向职业越轨或犯罪的重要原因。根据标签理论,成为一名职业越轨者的过程分为三个主要步骤:(1)重要他人(如校长、教师、朋友、法官、警察等)对越轨行为的察觉。(2)给越轨者贴标签。(3)加入越轨群

① 吴宗宪:《西方犯罪学史》,法律出版社 1999 年版,第 715 页。

体。在这一过程中,越轨者被其重要他人公开标签(正式地或非正式地)为越轨者或犯罪人可能是最重要的步骤。被成功地标签为越轨者或犯罪人的人就获得了一个不为他人或社会所接受的污名,被他人和社会归入另类,被拒斥和疏远。许多初级越轨者最后可能会加入一个由其他越轨者组成的群体,他们会在这个群体中获得情感和支持,最终成为一名职业越轨者。

标签理论的萌芽研究可以追溯到1938年坦南鲍姆的《犯罪与社会》一书。坦南鲍姆提出了"邪恶的戏剧化"概念,最初有轻微的不良行为的青少年,由于对社区施加给他们的消极反应产生认同而变得越来越坏,随后出现了与社会成员期望相反的戏剧化效果,这个过程就是"邪恶的戏剧化"。根据坦南鲍姆的观点,越轨行为是在一种社会互动过程中被界定出来的,制造犯罪人的过程,就是一个贴上标签、下定义、认同、隔离、描述、强调及形成意识的过程。在这个过程中,少年犯罪人逐渐意识到,无论就他自己来说,还是对环境而言,他都是一个犯罪人。社会强势群体对他们的文化定义和描述在某种程度上帮助他们建构了自己的群体认同。

莱默特(Edwin Lement) 于1951年出版了《社会病理学》一书,对标签理论进行了进一步的完善。莱默特将越轨划分为"初级越轨"(Primary Deviance)和"次级越轨"(Secondary Deviance),越轨行为是一种由"初级越轨"向"次级越轨"再向"习惯性越轨"的逐步发展过程,并突出此过程中标签的催化作用。他认为几乎每一个人都可能偶尔发生越轨行为,绝大多数的这类行为都是暂时的、试探性的、轻微的和容易隐瞒的。如果这样的行为被公布于众,而且行为者的朋友、父母、雇主或警察、法庭等也视这个人为越轨行为者,他就有可能发展成为再次越轨行为。当再次越轨行为出现时,不但别人这样看,而且行为者本人也会有意无意地接受了这些"标签"。一旦某人被贴上了越轨行为的标签,他周围的人会对他另眼相看,这就会迫使他与其他越轨行为者为伍,按照这种行为模式去做,并将此类行为变成自己的习惯,甚至终生沿着这条路走下去。

1963年,霍华德·贝克尔出版的《局外人:越轨的社会学研究》一书,系统阐述了标签理论的主要内容。贝克尔认为,社会群体通过制定那些违背它们就会构成越轨行为的规则来创造越轨行为,并且将那些规则适用于特定的人,给他们贴上局外人的标签。越轨者是被成功贴上了标签的人,越轨行为是人们如此标定的行为。依据贝克尔的观点,越轨既不是与生俱来的人性,也不是后天教化的产物,而是一些人将一些规则和制裁方式应用于"圈外人"的结果,是一种社会反应、他人定义的结果。由于某些"圈外人"被成功的贴上了标签,于是他们便成为越轨行为者。

(三)差异交往理论

美国犯罪学家萨瑟兰提出的差异交往理论(Differnial Association),也被译为不同交往理论、差异结交理论。萨瑟兰最初提出了以下9个命题来阐述他的理论主张:(1)犯罪行为是习得的。(2)犯罪行为是在交往过程中通过与他人的相互作用而习得的。(3)对犯罪行为学习的主要部分发生在亲密人的群体中。(4)犯罪行为的学习包括犯罪技术、动机、内驱力、合理化和态度的特定方向。(5)动机和内驱力的特定方向,是从赞成或者不赞成法典的解释中习得的。(6)一个人之所以变成违法者,是因为赞同破坏法典的解释超过了不赞同破坏法典的解释。(7)不同交往可能在出现频率、持续时间、优先性与强度方面有所不同。(8)通过与犯罪榜样或者反犯罪榜样的交往来学习犯罪行为的过程,涉及在其他学习中具有的全部机制。(9)尽管犯罪行为是一般需要和价值的表现,但是却不能用那些一般需要和价值来解释,因为非犯罪行为也是同样的需要和价值的表现。

萨瑟兰认为遗传不可能决定一个人是否犯罪,因为人类的所有行为模式只有在一定的文化环境中才能理解其意义。差异交往理论从决定论的角度出发来解释人类行为,认为习得过程产生于个人之外的社会条件与社会接触,具有明显的社会学特征。根据萨瑟兰的理论主张,犯罪行为是通过与违反社会规范者建立起来的交往而习得的,这种习得的过程不仅包括犯罪的技巧,还涉及赞同实施犯罪的动机、内驱力、态度和合理化。对某种特定的行为,个人会习得两种特定类型的解释,一种是赞同该行为的解释,另一种是不赞同该行为的解释。如果一个人习得的赞同破坏法典行为的解释超过不赞同破坏法典的解释,这个人实施犯罪行为的可能性就会增强。差异交往理论把主要的注意力放在人们与什么人交往,以及交往的频率、时间和强度等变数上,试图找出这些变量与犯罪行为的关系。萨瑟兰指出,一个人同教唆犯罪的人联系越密切,与之交往的次数越多、越频繁和越持久,且接触时的年龄越小,他成为犯罪者的可能性就越大。

萨瑟兰的理论往往被用来进行犯罪行为的预测和解释,其效果也获得了稳定的经验性支持。其后的罗纳德·艾克斯将行为心理学,尤其是操作性条件反射引进差异交往理论,通过差异交往、解释、不同强化和模仿四个核心理论要素的阐述,对萨瑟兰的理论进行了修正和改进,艾克斯的理论比萨瑟兰的社会学理论更具有决定论和实证主义色彩。

(四)社会控制理论

传统西方犯罪学在研究犯罪问题的过程中,关注的焦点往往是“一个人为什么会实施犯罪行为”。控制理论却转变了研究的视角,从“大多数人为什么不实施犯罪行为“的角度去探讨犯罪问题。根据控制理论的观点,人们之所以不犯罪,是由于存在抑制或控制不犯罪的各种因素;人们之所以犯罪,也是由于这些控制因素薄弱,而不是存在驱使犯罪力量。

最早的控制理论由美国犯罪学家阿瑟・比利于1935年在《控制犯罪的社会计划》一书中提出,杰克逊・托比、沃尔特・雷克利斯等人进一步发展了控制理论。在整合和吸收他人研究成果的基础上美国社会学家特拉维斯・赫希出版了《少年犯罪的原因》,在这本书中提出了社会控制理论。社会控制理论产生了重大的影响,成为犯罪学领域影响力最为广泛的理论之一,被称为控制理论的主导版本。这一理论的基本观点为,犯罪是个人与社会联系薄弱或者削弱的结果。任何人都是潜在的犯罪人,个人与社会的联系可以阻止个人进行违反社会规则的越轨和犯罪行为。当这种联系薄弱时,人们就会无约束地进行犯罪行为。可以看出,赫希社会控制理论的核心概念是“社会联系”,社会联系是由以下四个方面组成的:

1. 依恋(attachment)

依恋是个人对他人或者群体的情感联系,包括对父母的依恋、对学校的依恋和对同辈群体(Peer)的依恋。当个人对他人或者群体产生依恋时,就会在做出某种决定或者实施某种行为时,考虑他人的意见与情感。这种情感是控制犯罪的重要因素,情感联系越强烈,实施犯罪的可能性就越小。

2. 奉献(commitment)

奉献是指用于传统活动的时间、精力和努力。青少年奉献的传统活动表现在相互联系的三个方面:向成年人身份的转变、接受教育和获得地位更高的职业。赫希认为,如果人们为了顺应传统的社会干活方式而花费时间和精力,致力于传统的生活、教育等活动中,从事危及传统目标和地位的活动可能性就较小,因此,也就不大可能从事少年犯罪活动。但如何缺乏对传统价值观的奉献,就意味着个人会有可能选择犯罪等活动来替代传统活动,个人实施犯罪的可能性就会增加。

3. 投入(involvement)

投入是指花费时间和精力参加传统的活动。个人参加的传统活动主要包括两类:一是传统的工作、运动、娱乐和业余爱好;二是与学校有关的传统活动。赫希认为,传统活动总是和遵守工作时间、贯彻执行某种计划联系在一起,一个人在传统活动中投入时间和精力,就很难有进行越轨行为的机会,个人没有时间和精力受到诱惑,因为犯罪总是和游手好闲密切联系在一起的。赫希指出,对传统活动的投入与少年犯罪关系最为密切,打乒乓球、社区游泳、做家庭作业的儿童,就不会进行少年犯罪活动,许多少年犯罪预防计划中都包含让青少年从事这类有益活动的内容。

4. 信念(belief)

信念就是对共同的价值体系和道德观念的赞同、承认和相信。赫希并不认同文化越轨理论，这些理论认为在社会中存在不同于主流文化的亚文化，存在明确要求少年进行犯罪的价值与道德观念。他相信在社会群体中存在一种共同的价值体系和道德观念，生活在群体中的人们通常会相信并遵循这些价值和观念，但如果缺乏对这些价值和观念的信念，个人就有可能进行越轨和犯罪行为。为什么在具有共同信念的人群中，有人犯罪而有人不犯罪？赫希认为主要是由于两方面的原因：一是对信念的内化程度不同；二是对越轨和犯罪行为的合理化。

二、社会学理论对矫正教育的启示

（一）对矫正教育学研究的启示

社会学自诞生伊始便与“实证主义”相伴而行。1839 年，实证主义哲学家孔德在他的《实证哲学教程》第四卷中正式提出了“社会学”一词，西方社会学自此开端。作为实证社会学的创始者，孔德主张用科学的方法来研究社会现象，并借此建立一门与自然科学相类似的关于社会的实证经验科学。实证主义研究方法强调规范性、精确性和客观性，但从20 世纪 70 年代开始，这种在研究方法上以问卷和访谈相结合，并把数据统计作为主要路径的实证主义方法论开始面临危机，随着社会学研究方法的不断科学化与规范化，实证主义作为一种方法论，或者是一种研究立场，也在不断地丰富、修正和完善自身的思想体系。从目前社会学研究方法现状与发展趋势来看，汲取和融合某些人文主义的有效研究方法和价值观念，将实证主义研究方法与其他研究方法相整合，以多元化方法作为研究指导的思路正在逐渐取代一元化方法的思路。

矫正教育研究作为研究矫正教育现象、探寻矫正教育规律，促进矫正教育对象重新社会化的活动过程，具有鲜明的人文主义特色。社会学研究方法的变化趋势对矫正教育的方法论启示在于：要在方法的选择上坚持科学精神与人文精神的统一。因为矫正教育的对象是人，人作为最复杂的社会存在物，出现人格缺陷和行为偏差有着多种因素相互影响。要防止研究方法上的片面化倾向，不能企图通过对人的存在进行“网络化”组织，对人的活动进行“程式化”编排，对人的评价借助各种检测工具进行“数据化”的描述，就可以实现对人的全面控制和重塑。要正确认识通过实验和行为观察得出数据的科学价值和方法上的局限性，注意克服通过控制条件变量实现行为矫正过程中的绝对物化倾向。既要尊重科学，充分开发和利用科学技术手段的力量，又要以人为本，尊重行为人的主体性、能动性和创造性。

（二）对矫正教育实践的启示

社会学不仅为犯罪及越轨行为的发生提供了有力的理论解释，而且帮助我们更为科学的认识矫正教育对象，选择更有针对性的矫正教育内容及有效的方法手段。社会学理论对矫正教育的启示主要体现在以下几个方面：

1. 明确矫正教育目标

用社会学理论解释矫正教育，涉及人的社会化范畴。社会化是人们经过家庭、学校和社会等多种途径教育，成长为身心发展健康、适应社会需要的公民。但由于个体在与社会互动过程中的意识倾向水平和反应形式的差异性，一些人出现了社会化问题与缺陷。从个体发展和社会控制的角度，就面临一个再社会化的问题。再社会化，就是针对社会化过程中出现问题与缺陷的对象，用补偿教育或强制方式对个体实行与其原有的社会化过程不同的再教化过程。矫正教育可以被视为一个强制再社会化的过程，矫正教育的目标就是帮助矫正教育对象重新社会化。

2. 丰富矫正教育内容和方法

从社会学对犯罪的治理对策中，获得一些矫正教育的新措施、新方法。例如：增加基于社区的矫正教育项目，在矫正教育对象与社区、家庭之间重新建立牢固的联系，使其恢复家庭关系，重新归入正常的社会生活中；组织社会力量协助"教化善导"罪犯，组织社会知名人士、专家、学者，尤其是心理学家、精神病学家和教育学家协助监狱矫正罪犯。在矫正教育过程中，注意不同类型矫正教育对象的特点，通过分类、分级管理等措施，充分控制矫正教育对象的交往，减少或避免交叉感染与深度感染；对于未成年矫正教育对象，要避免贴标签的行为，应尽可能采取非机构化的做法，对违法犯罪少年以社会为基础进行矫正教育。

3. 强化监所文化建设

亚文化不仅是违法犯罪行为产生的重要原因，在监所中普遍存在的亚文化现象也阻碍了矫正教育目标的实现。陈士涵教授指出："对（罪犯）人格改造来说，监狱化是由监狱这一特定环境所造成的最基本、最棘手的难题之一。"为了尽可能消解监所亚文化的消极影响，就要重视监所文化建设，通过物质文化、制度文化和精神文化的改造和构建，促进矫正教育对象健康发展，实现环境育人、以文化人，监所良好的文化环境将对矫正教育对象发生深刻、广泛而持久的影响。

第三章　矫正教育的本质、功能和目的

矫正教育学主要是讨论对罪犯、强制隔离戒毒人员、社区矫正对象等违法犯罪人员进行教育矫正的学问。从实务层面来看，矫正教育既有对罪犯开展的“三课教育”，对社区矫正对象进行的法治教育、道德教育、职业技能培训、就业指导，也有对强制隔离戒毒人员进行卫生、法制、道德和形势政策等教育。教育活动的内容和形式是“可变的”“个性化”的，在其背后还有一些“稳定的”“共性的”东西。如果把“可变的”“个性化”的那一面视为“现象”，那么“稳定的”“共性的”那一面就可以视为“本质”。作为研究矫正教育领域一般问题和规律的理论体系，矫正教育学应当就矫正教育的本质、功能和目的等基本理论问题做出回答。这些基本理论问题包括：与普通教育活动相比，矫正教育有哪些基本特性？矫正教育的本质是什么？矫正教育在实践中的功能表现在哪些方面？矫正教育功能的发挥，矫正教育活动的开展受到哪些因素的制约？矫正教育要达到何种目的？对这些问题的回答形成了我们关于矫正教育的基本认识，也构成了矫正教育学学科体系的基础，可以称为矫正教育基本原理。

第一节　矫正教育的特征与本质

一、矫正教育的特征

（一）强制性

矫正教育的强制性是指矫正教育活动的开展都有一定的法律法规依据，它体现的是国家的意志，矫正教育的强制性主要体现为法定性。在我国，各种不同的矫正机构都是依据特定法律开展其教育活动的。正因为矫正教育活动都是依法开展的，所以矫正教育的实施和管理具有法律规定的必须执行的属性。

《监狱法》第3条明确规定：“监狱对罪犯实行惩罚和改造相结合、教育和劳动相结合的原则，将罪犯改造成为守法公民。”《监狱法》开宗明义揭示了对罪犯进行矫正教育这一我国监狱工作的重要特色。在接下来的第 4 条里,《监狱法》又进一步规定了矫正教育的内容:"监狱对罪犯应当依法监管,根据改造罪犯的需要,组织罪犯从事生产劳动,对罪犯进行思想教育、文化教育、技术教育。"《监狱法》还在第五章开列了专章,对"罪犯的教育改造"问题做出了具体要求。这些规定体现了罪犯矫正教育的法定性,也就是我们这里所说的强制性。2003 年,司法部制定了《监狱教育改造工作规定》这一规范性文件,规定"尚未完成国家规定的九年制义务教育,年龄不满 45 周岁,能够坚持正常学习的罪犯,应当接受义务教育"。要求年龄不满 50 周岁,没有一技之长,能坚持正常学习的罪犯,要参加技术教育。并规定"成年罪犯的教学时间,每年不少于 500 课时;未成年犯的教学时间,每年不少于 1000 课时。"2007 年,为进一步提高罪犯改造质量,司法部向全国监狱系统印发《教育改造罪犯纲要》,2008 年司法部又下发《监狱教育改造罪犯工作目标考评办法》和《考评细则》,对《监狱法》和《监狱教育改造工作规定》的要求做了进一步细化。

从社区矫正工作方面来看,2003 年最高人民法院、最高人民检察院、公安部、司法部联合印发《关于开展社区矫正试点工作的通知》(已失效),开始社区矫正试点。其后又先后印发《关于扩大社区矫正试点范围的通知》(已失效)、《关于在全国试行社区矫正工作的意见》(已失效)等指导性文件。2012 年,最高人民法院、最高人民检察院、公安部、司法部又联合制定《社区矫正实施办法》(司发通〔2012〕12 号,已失效),2020 年《社区矫正法》正式实施,进一步规范了社区矫正工作。

具体来说,所谓矫正教育的强制性体现在两个方面:矫正机构必须依法开展矫正教育活动,矫正教育对象必须接受矫正教育。

首先,矫正教育的强制性取决于我国的矫正机构的性质。我国的矫正教育主要发生在具有强制矫正功能的执法部门,是司法活动的组成部分。监狱、未成年犯管教所、强制隔离戒毒所、地方司法所等是实施矫正教育活动的部门,同时也是执法部门,不同程度地具有监管改造和强制性教育的性质,所开展的各项矫正教育活动受到法律保护。

其次,从教育过程的"权利—义务"关系上看,矫正教育不同于普通教育的一点在于,矫正对象接受教育更多地体现为一种必须履行的义务。无论是监狱服刑人员、戒毒人员还是社区矫正对象,都是具有不同程度主观恶性和罪错行为的人,他们文化程度普遍偏低,多数人缺乏社会责任感,没有外力的强制作用很难自我约束、弃恶从善。因此,必须在强制的条件下,采取多种办法进行渗透性的矫正教育。在这种条件下,接受矫正教育是矫正对象履行义务的一种体现。

最后,矫正教育的强制性是由矫正教育的根本目的决定的。对违法犯罪人员进行矫正教育，始终要把转变其错误的思想恶习、矫正其违法犯罪行为放在首位。这种破旧立新的矫正教育过程，不在限制甚至剥夺自由的强制性环境下，没有强制性措施，便无法达到预期效果和目的。

（二）针对性

所谓矫正教育的针对性，是指矫正教育始终是针对违法犯罪人员的不同类型和特点，侧重不同的内容，采取不同的教育方法和措施进行的。所以，矫正教育的针对性至少包含对象、内容、方法这三个层面，在实践中，这三个方面又是紧密结合，不可分割的整体。

首先，对象复杂是矫正教育工作不同于普通教育工作的一个非常重要的事实。从大的类型上看，矫正教育对象包括监狱服刑人员、强制隔离戒毒人员、社区矫正对象以及回归社会人员等。其中，在监狱服刑人员中，又因年龄不同分为成年犯和未成年犯，因性别不同分为男犯和女犯，因刑期不同分为轻刑犯和重刑犯，因为犯罪类型不同分为财产型、暴力型、淫欲型等，如果考虑到监管改造过程中的表现，又可以根据处遇级别分为从严管理的、一般管理的、从宽管理的。总之，矫正教育对象的复杂性远远超过了普通教育，因此在教育内容上就要求有所侧重，在方法上就要求有所创新。因此，矫正教育活动一定要针对不同的矫正教育对象展开。

其次，由于矫正教育对象的复杂性，矫正教育内容也必须具有针对性。虽然各类矫正教育对象在违法犯罪这一点上具有共性，但是不同类型的矫正教育对象又有其各自的问题，因此针对不同的对象矫正教育内容要有所侧重。以罪犯改造为例，注重文化知识教育目的是提高其文化层次；而劳动教育则重在矫正罪犯的劳动习惯和劳动观念；重视思想教育也主要是从其改造功能、塑造功能上着眼的。

最后，在教育方法上，矫正教育者多采取个别教育和分类教育方法，重视“因人施教”，多采用“因时施教”“因势利导”的策略。

矫正教育过程中的个别教育是矫正教育者针对违法犯罪人员个体进行的有组织、有计划、有目的、有针对性的教育活动，是矫正教育的基本形式和主要手段之一，是促使违法犯罪人员思想转化的有效方法。个别教育要针对违法犯罪人员的特殊问题及不同心理状况，有的放矢地采取不同的教育方式、方法和心理矫治策略，包括针对不同的年龄、不同的性别、不同的案情、不同的主观恶性程度、不同心理特征采取的个别教育。

对矫正教育对象的分类教育因其类型不同而不同，针对成年罪犯、强制隔离戒毒人员、社区矫正对象的矫正教育工作，在方针、内容、侧重点、方法等方面是不同的。这是分类教育的第一层面的含义。针对同一种类型的矫正教育对象，又在分类管理、分级处遇的前提下,在进行共同的思想道德教育的基础上,针对不同类型和不同表现的违法犯罪人员,进行不同内容与方式的教育。以罪犯为例,可以针对不同犯罪类型深挖犯罪根源,剖析犯罪危害,进行有针对性的矫正教育。例如,对财产型或经济型犯罪人员,要着重进行合法劳动光荣、做自食其力的、有社会责任能力的合法公民等方面的教育,使其逐步树立合法劳动,勤劳致富,助人为乐的人生观。对淫欲型罪犯,要着重进行法制、道德教育和性心理矫治,帮助其树立正确的道德观、审美观、恋爱观、婚姻观、家庭观。

在实践中,矫正方法和内容往往结合成为一种特殊的矫正教育模式,共同发挥教育矫正作用。例如,有的监狱系统针对罪犯个体差异性而研究制定的矫正计划书,对罪犯实施"个别化教育方案""一人一策"等就是提高罪犯矫正质量的有益探索。

(三)反复性

一般来说,矫正教育过程是一种破旧立新的过程。所谓反复性,是指在破旧立新的过程中,新旧因素此消彼长,违法犯罪人员的错误思想认识和恶习会多次复发,新的认识和新的习惯需要在反复的教导、熏陶和磨砺中才能确立和稳定。因此,矫正教育在实践中多表现为一种反复抓、抓反复的过程。

理论上,矫正教育工作存在反复性可以归因为两个方面:一是矫正教育的基本矛盾的存在;二是矫正教育与普通教育的认识规律不同。

1. 矫正教育的基本矛盾决定矫正教育的反复性

矫正教育对象原有思想认识、能力水平与矫正教育要求的矛盾,是矫正教育工作的基本矛盾,这一基本矛盾决定了矫正教育过程必将具有反复性。矫正教育过程一般表现为:矫正教育者依法向矫正教育对象提出要求,这些要求不断作用于矫正教育对象,使其由被迫转变逐步走向自愿转变,最终告别旧我,走向新生,改恶从善,成为新人。矫正教育工作是一个不断由强迫到自觉、由外因到内因、由认识到行动、由量变到质变的过程。在这个过程中,矫正教育对象会受到多方面因素的刺激和影响。其中有自身主观恶性的影响,也有周围消极因素的影响。在矫正教育的进程中,有旧的思想认识与新的思想认识的较量、有进步与落后势力的对抗、有守法守规与违法违规的冲突、有积极因素与消极因素的纠缠。这些对立双方相互作用,共同决定了矫正教育对象的思想和行为。当外部强大的撞击作用导致违法犯罪人员内部真、善、美的积极要素占据支配地位的时候,他们的思想行为就朝着符合法律和道德规范要求的积极健康方向发展;否则,当外因作用力度不够,内部消极的因素占据了主导地位,他们就会旧"病"复发,表现为倒退和反复。

2. 教育者与受教育者认识的矛盾性导致矫正教育的反复性

在普通教育工作中，教育对象是各级各类学校的学生，他们的思想认识与教师的思想认识绝大多数情况下是一致的。换言之，师生双方的努力方向统一于教育目标的方向。在矫正教育工作中，由于矫正教育对象都是带有一定恶习和错误认识的违法犯罪人员，所以他们的认识和矫正教育者的认识绝大多数情况下是不一致的：教育者要求其成为新人，而他们自己则留恋过去；教育者要求其守法守规，他们则希望肆意妄为。认识上的这种矛盾性，导致矫正教育过程充满反复性，矫正教育工作也由此比普通教育工作更加困难。矫正教育对象每一个正确认识的确立、每一个正确行为习惯的养成、每一次精神世界的重新塑造，都需要经过反复的思想斗争、反复的实践检验、反复的心理体验，才能最终内化为坚定的意志和稳定的行为习惯。矫正教育中破旧立新的过程不可能一帆风顺，不管清除错误的思想恶习，还是灌输正确的观点意识，培植良好的行为习惯，都不可能毕其功于一役，都必须反复教育、反复训练、反复巩固。针对矫正教育对象思想行为上的倒退与反复，持之以恒、有的放矢地从反复中抓反复，才能充分发挥矫正教育的功能。

实践中，矫正教育对象思想反复性的原因可以从主客观两个方面来分析。其中，主观原因主要有三方面：

一是主观恶性，抵触或仇视情绪大，是反复的首要原因；

二是心理情感脆弱和意志薄弱，承受不住批评与挫折，或抵挡不住歪风邪气的腐蚀或诱惑；

三是人格缺欠，心胸狭隘、锱铢必较、孤僻冷漠、脾气暴躁，都是导致反复的内在原因。

客观原因大致也有三方面：

一是违法犯罪人员之间的交叉感染和互相传教；

二是外界亲朋好友的不良刺激；

三是矫正教育者的执法行为或矫正措施不当引发矫正教育对象的倒退和反复。

矫正教育的反复性特征要求矫正教育者要有充分的思想准备，善于分析导致反复的各种原因，总结经验，机动灵活地开展矫正教育工作。

（四）综合性

所谓矫正教育的综合性，是指在矫正教育过程中，我们始终采用系统、综合的观点看问题，注重矫正系统与社会系统、矫正系统内部各个子系统之间的联系，综合运用设施内外诸种手段的合力，取得矫正教育的最佳效果。

矫正教育的综合性特点可以从设施内和设施外两个方面来分析。从设施内看，我们一般把劳动、管理等都看成是一种教育矫正工作，在监狱工作中经常称为“大教育观”。从设施之外来看，矫正教育工作实际是社会治安综合治理的一个方面，我们长期坚持的社会帮教、“三个延伸”等工作充分体现了综合性的特点。“上下左右共同动作，有关部门齐心协力，内外力量一起上阵”，设施内外协调一致，这些关于监狱工作社会性特征的概括正是矫正教育综合性特点的体现。

矫正教育综合性特征要求我们在矫正教育工作中必须做到“三个适应”：

1. 矫正教育要适应国家和社会依法治国、维护稳定的需要，社会主义建设需要保持健康、安全的政治、经济和文化活动的秩序。社会政治经济形势不断变化，导致违法犯罪情况也在不断变化，这需要根据不同时期矫正任务的不同要求，及时调整教育活动的内容和方法。

2. 矫正教育要适应不同违法犯罪类型、不同人格特征、不同行为表现的违法犯罪人员的情况，选择不同组合的教育措施。

3. 矫正教育要适应国际矫正领域理念和技术的发展，及时更新落后的矫正理念和矫正技术。

二、矫正教育的本质

（一）矫正教育本质的内涵

本质（essence）与现象（phenomenon）是相对应的范畴，是指事物本身所固有的、决定事物性质、面貌和发展的根本属性。矫正教育的本质是相对于矫正教育现象而言的，为了理解矫正教育本质的内涵，有必要对矫正教育现象加以说明。矫正教育现象可谓形式多样，层次不一：从矫正教育发生的场所，可以大致分为监狱、强制隔离戒毒所、社区矫正机构等场所中的矫正教育；从对象上看，可以分为对监狱服刑人员的矫正教育、对戒毒人员的矫正教育、对社区矫正对象的矫正教育，以及对回归社会人员的矫正教育；从属性上看，有刑事处罚条件下的矫正教育、有非刑事处罚条件下的矫正教育；即使从监狱内部看，矫正教育现象依然纷繁复杂。通过这些分析，我们认为矫正教育本质就是矫正教育现象背后共性的东西，是一种内在的联系，是矫正教育内部深刻的、一贯的和稳定的属性。

（二）关于矫正教育本质的不同认识

本质是通过现象表现的，认识矫正教育的本质也要透过矫正教育现象。由于矫正教育现象的复杂性、多样性，致使不同学者关于矫正教育本质的认识会有所差异。列宁曾经指出，人们对事物的认识过程是“从现象到本质，从不甚深刻的本质到更深刻的本质”的深化过程。[①] 事实上,关于矫正教育本质的不同认识,正是对矫正教育本质认识不断深化的过程。在理论界,关于矫正教育的本质,有以下几种不同认识。

1. 矫正教育的本质是其强制性

矫正教育的对象与普通教育对象有着重大差别,普通教育的对象一般是处于学龄期的儿童、青少年,还包括接受继续教育的普通公民,他们的世界观、人生观、价值观以及道德品质或者在形成当中,或者已经形成并基本符合社会要求。而矫正教育的对象,包括罪犯、强制隔离戒毒人员、社区矫正对象等,则是犯罪学意义上的越轨者,他们在世界观、人生观、价值观以及道德品质方面或多或少出现了偏差,或者实施了违背社会规范的行为。因此,对矫正教育多与司法活动关系密切,普遍带有强制性。然而,强制性仅仅是矫正教育活动不同于普通教育活动的特征之一,很难被认为是矫正教育“本身所固有的、决定事物性质、面貌和发展的根本属性”。

2. 生产性是矫正教育的本质

持这种观点的学者认为,生产劳动是教育改造违法犯罪人员,使之成为自食其力的劳动者的必要手段,也是我国教育改造罪犯和强制隔离戒毒人员、社区矫正对象的重要途径。然而,笔者认为,生产只是某些矫正教育的组成部分,并非全部矫正教育实践都包括生产劳动。即使在对罪犯的矫正教育中,生产劳动也只是矫正教育的外在表现,并非“根本属性”。对于未成年犯和老弱病残罪犯来说,过分强调生产性反而会影响矫正教育的效果。

3. 矫正教育属于或基本上属于司法行政活动

从法学的角度来看,可以将矫正教育归属于或基本归属于司法行政活动,但是从教育学或者社会学的角度来看,则会得出不同的结论。这样理解矫正教育本质,必然导致不同的学者争执不下,而不会对解决矫正教育的本质问题有更多的理论贡献。

4. 矫正教育的本质体现在三个方面

有的学者提出,本质都是通过现象表现的,必须透过现象掌握本质。因此有学者认为,矫正教育的本质从三个方面体现出来。第一,矫正教育是一种社会现象;第二,矫正教育是为社会主义的政治经济所决定的;第三,矫正教育是为社会主义政治经济服务的。[②]

---

① 《列宁全集》(第55卷),人民出版社1990年版,第191页。

② 参见党国卿:《矫正教育学》,群众出版社1998年版,第16-19页。

5. 矫正教育的本质是转化人、挽救人的社会活动

矫正教育学中所研究的矫正教育，是指由矫正机构组织实施的矫正教育，是针对违法犯罪人员的主观恶性和严重越轨行为而开展的有计划、有目的、有组织的系统影响活动，具有一般教育活动所具有的共同属性。但是，矫正教育的特殊性在于它是转化人、挽救人的补偿性教育活动，这是区别于普通教育的特点之一，也是其本质所在。

6. 矫正教育的本质是一种再社会化过程

做出这种判断实际上是基于这样一种认识，即矫正教育是教育的一种特殊类型，这种类型的特殊性取决于教育对象的特殊性。普通教育的目的是促进教育对象的社会化，而矫正教育的目的则具有再社会化的特征。矫正教育区别于其他活动的本质属性就在于此。

以上观点，都是从不同视角出发对矫正教育本质的一种概括。但是，上述观点都或多或少地存在一定的偏颇。例如，第一种观点虽然对矫正教育的特征进行了概括，但是执法活动几乎都具有强制性，强制性并不是矫正教育所特有的区别于其他事物的本质特征。第三种观点仅仅说明了矫正教育的归属，并没有说明矫正教育本身所固有的、决定事物性质、面貌和发展的根本属性。其他观点，也没有成为学界共识。这说明，虽然矫正教育本质问题的重要性毋庸置疑，但这一问题解决仍需不懈努力。

第二节　矫正教育的功能

功能是某一事物在环境中所发挥的作用和效力，是由该事物的结构所决定的，具有不以人的意志为转移的客观性。矫正教育的功能则是指矫正教育对社会和人的发展所起到的作用。由于矫正教育是具有一定的价值导向的活动，所以矫正教育的功能又带有一定的价值、职能的色彩，它不但要回答矫正教育是“干什么”的问题，还要回答矫正教育“实际干了什么”、“能够干什么”和“应该干什么”的问题。理论界关于教育功能问题有各种不同的观点，一般认为教育有育人功能（本体功能）和社会功能（工具功能）两种，据此我们提出矫正教育的个体发展功能和社会发展功能。

一、个体发展功能

矫正教育是对特定的矫正教育对象的身心施加影响的过程，其目的在于提高

知识技能、转变思想观念、矫正行为、完善矫正教育对象的人格。影响个体发展是矫正教育的基本功能之一，矫正教育对个体的影响是多方面的。但是从历史和现实来看，矫正教育的影响总体上是正向的，是使个体身心向着矫正教育者所期待的方向和程度发展的，对个体的发展具有促进作用。这正是矫正教育的价值所在。

人的发展是一个整体性的过程，是人的身心“各方面的潜在力量不断转化为现实个性的过程，也是充满着量变、质变、内容及结构变化的过程”①。矫正教育对个体发展的影响主要是对以下四个方面的影响。

（一）提高知识技能

矫正教育机构通过开设文化知识课程和职业教育课程，能起到增长矫正教育对象的文化技术方面的知识的作用，矫正教育机构向矫正教育对象传授的知识主要是社会生活所需要的一般文化知识，也包括道德和法律方面的知识以及生产劳动知识。不仅如此，矫正教育机构还通过组织矫正教育对象以参加生产劳动的形式使所学习的知识转化为一种实际的动手能力，以达到提高其技能的目的。

（二）转变思想观念

知识技能是实施矫正教育的基础，在对矫正教育对象进行知识技能教育的基础上，矫正教育机构还要进一步转变矫正教育对象的思想观念。过去，我们对罪犯的评价有“五观不正”（人生观、世界观、价值观、道德观、法制观不正确）、“三维颠倒”（是非、荣辱、苦乐颠倒）之说，这种说法虽有“一刀切”之嫌，但是从一定程度上说明了转变其思想观念的重要性。② 转变矫正教育对象思想观念的重点是法治观念和道德观念，只有端正“五观”、匡正“三维”才能达到使之遵纪守法的目的。

（三）矫正行为

矫正教育机构一般依据操作性条件反射的心理学原理，通过奖励和惩罚并重的措施达到矫正违法犯罪者行为的目的。在矫正教育机构当中，行为矫正的理想结果是使矫正教育对象的行为模式从原来与社会规范相悖转变为符合社会的要求。

（四）完善矫正教育对象的人格

个体的人格包括个性倾向性（需要、动机、兴趣、理想、信念和世界观）和个性心理特征（能力、气质和性格）两个方面，是一个人的整个心理面貌的反映，矫正教育

---

① 叶澜主编：《新编教育学教程》，华东师范大学出版社 1991 年版，第 79 页。

② 参见杨殿升、张金桑主编：《中国特色监狱制度研究》，法律出版社 1999 年版，第 197 页。

的效果最终体现在矫正教育对象的人格上。矫正教育以培养矫正教育对象健全人格为价值定位,通过各种手段增强矫正教育对象的社会适应性,使其行为方式符合社会要求,使之更加充分地社会化。

二、社会发展功能

矫正教育不仅具有个体功能,还有社会功能,其社会发展功能主要是通过其个体功能实现的。矫正教育机构如果做好了矫正教育个体的矫正工作,向社会输送了守法公民,自然也就实现了其社会功能。具体来说,矫正教育的社会功能主要有以下两项。

(一)维护社会秩序,巩固政权

矫正教育是历史发展的产物,在矫正教育产生之前,社会管理者对违法犯罪者主要采取消灭肉体、严酷刑罚或者单纯监禁等方式来处理。随着社会的发展,统治者逐渐发现对违法犯罪者进行矫正教育要比消灭其肉体、施以严酷的刑罚或者单纯监禁更加有效,也更加经济。在这种情况下,矫正教育活动便应运而生。以监狱为例,在奴隶制社会和封建制社会,报复主义和威吓主义刑罚观盛行。监狱被称为拘置场、威吓场、囚禁场或者人身保管场,在当时的条件下,对罪犯的矫正教育根本无从谈起。进入资本主义时代,随着刑事古典学派和刑事社会学派的出现,刑罚方法逐步由生命刑、身体刑为主体转向以自由刑为主体,矫正教育作为现代监狱重要理念的地位才逐步得以确立。

向矫正教育对象灌输一定的阶级意识,进行文化知识和道德教育,将其矫正成为一定阶级所需要的人,这是矫正教育维护社会秩序、巩固政权功能的主要实现途径。为达到这样的目标,中外矫正教育机构无不重视对矫正教育对象的文化、技术、思想教育(西方的思想教育往往以宗教教诲、生活指导、社会教育的形式出现)。

矫正教育机构通过各种教育手段促进矫正教育对象知识和技能的增长,转变其思想观念,改变其行为模式,最终使其人格特点发生改变,从一个消极的社会个体成为积极的社会个体,这对社会稳定、政权的巩固具有积极的促进作用。孔子曾经有一段经典的论述,说明了刑罚和教化之间的关系,他说:“道之以政,齐之以刑,民免而无耻。道之以德,齐之以礼,有耻且格。”(《论语·为政》)以此用来说明矫正教育的社会功能的这一层面。

(二)变消极因素为积极因素,促进生产力的发展

作为社会上的越轨者,矫正教育对象不仅对社会生活秩序产生了消极影响,同

时也对生产秩序造成了消极影响。功能学派的社会学理论认为,社会有其独特的结构和功能,社会当中的个体的生活是相互依赖、相互配合的。[①] 在这个有结构的社会中,每个人都扮演着不可或缺的角色,一个人因为违反社会秩序,不能很好履行其角色的功能,必然对社会的整体发展产生负面影响,其中一个严重的后果就是影响了生产力的发展。当矫正教育对象完成了矫正教育机构的“学习”,回归社会后,从一个好逸恶劳、游手好闲的人,转变成一个热爱劳动,甚至依靠诚实劳动发家致富的人,成为社会的“有用之材”,无疑会对社会生产力发挥积极的促进作用。

社会上的生产发展是一方面问题,违法犯罪者在矫正教育机构当中的生产则是另一方面的问题。我国矫正教育机构将生产劳动看作改造和教育的重要手段之一,实践证明生产劳动在矫正教育机构的确发挥着不可替代的作用。但是,服刑人员刚入监时还不熟悉监狱的生产项目,所以他们只是潜在的劳动力,还不是现实的劳动力。只有当他们经过了教育和培训,熟练掌握了生产技能之后,才能成为一个现实的劳动力。所以,矫正教育在矫正教育机构当中也同样发挥着对生产劳动的促进作用。

第三节　矫正教育目的

在教育理论中,教育目的问题是仅次于教育本质问题、教育规律问题的重大理论问题,教育目的是教育工作的出发点和归宿,一切教育活动都应围绕着教育目的而展开。因此,有的学者将其称为“一切教育学说的试金石”[②],当然在矫正教育领域也是如此。矫正教育目的说到底是通过矫正教育把矫正教育对象改造成或培养成什么样的人的问题,它具有导向、调控、评价等作用。从理论上考察,矫正教育目的具有不同的价值取向,这反映出不同的主体对于矫正教育根本问题的不同思考。

一、矫正教育目的的概念

矫正教育目的是指矫正教育者代表一定的社会或阶级的利益,对矫正教育活动结果的预先设计,其核心是要把矫正教育对象矫正成什么样的人的问题。

矫正教育目的是矫正教育实践工作的行动指南,是整个矫正教育工作的出发点和归宿。矫正教育目的具有教育目的的一般特征,同时它又有自身的特殊性。矫

---

① 参见费孝通:《乡土中国　生育制度》,北京大学出版社 1998 年版,第 226 页。

② 孙喜亭:《教育原理》,北京师范大学出版社 1993 年版,第 154 页。

正教育目的与教育目的(主要指学校教育的目的,下同)都在对人的发展产生影响,但这两种影响又有所区别。教育目的在于促进和保障人的某种素质的发展,而矫正教育目的则在于通过改变人的发展方向,从价值上限定人的某些素质的发展而挽救人、改造人和造就人。

目的性是人类实践区别于动物本能活动的重要特征之一,矫正教育活动作为有组织、有计划的教育活动的一种特殊类型,其目的性是不言而喻的。这一点与人类的其他实践活动具有一致性。正如马克思所说:"蜘蛛的活动与织工的活动相似,蜜蜂建筑蜂房的本领使人间的许多建筑师感到惭愧。但是,最蹩脚的建筑师从一开始就有比最灵巧的蜜蜂高明的地方,是他在用蜂蜡建筑蜂房以前,已经在自己的头脑中把它建成了。劳动过程结束时得到了的结果,在这个过程开始时就已经在劳动者的表象中存在着,即已经观念地存在着。"①由此可见,不管在现实的矫正教育活动中矫正教育者是否清晰地意识到代表一定国家意志的矫正教育目的的存在,他们在实施矫正教育活动之前都持有一定的目的,都是按照他们事先的"设计"在实施矫正教育活动,这种事先的"设计"就是教育目的的一般特征。

为了进一步明确矫正教育目的的内涵,我们有必要比较以下几对概念。

(一)矫正教育目的与矫正教育宗旨

教育宗旨是指"教育的主要目的和意图",因此矫正教育宗旨和矫正教育目的这两个概念在一定程度上是可以通用的。但严格来说,矫正教育目的这一概念更多地在学术领域使用,而矫正教育宗旨这一概念则更有政策性。

(二)矫正教育目的与矫正教育方针

一般来说,我们对于矫正教育目的的考察是通过矫正教育方针来实现的,或者说矫正教育方针体现着矫正教育目的。不同的人可能提出不同的矫正教育目的,这代表着他们对矫正教育的基本看法。但是,由于我们此处所讨论的主要是指代表着一定国家和社会的整体利益的矫正教育目的,所以矫正教育方针在一定程度上也就体现了矫正教育目的。但严格来说,两者还是有一定的区别的。首先,矫正教育目的更具学术意味,而矫正教育方针则一般在政府文件中使用;其次,矫正教育目的可能只代表一部分人的看法,对实践不具有约束力,而矫正教育方针则体现着国家和阶级的利益,对实践具有很强的指导性。

(三)矫正教育目的与矫正教育目标

这两个概念有一定的联系,也有一定的区别。从联系上看,两者都指向未来,都

① 《马克思恩格斯全集》(第23卷),人民出版社1974年版,第202页。

是对矫正教育对象发展的预先“设计”。两者的区别在于，矫正教育目的代表着总的方向，而矫正教育目标则仅代表着对一定阶段或特定层次的矫正教育对象发展的设计和构想。矫正教育目标是对矫正教育目的进行分解之后的结果，如可以把矫正教育目的分解为文化知识教育的目标、思想政治教育的目标、职业技术教育目标、心理矫治目标、行为矫正的目标等，但这些具体的目标都是为最终实现矫正教育目的服务的。

（四）矫正教育目的和矫正教育规律

矫正教育规律是客观存在的，是不以人的意志为转移的。其受到各种条件的限制，可能我们暂时不能完全、彻底地把握矫正教育规律，但是认识矫正教育规律并依据矫正教育规律来指导实践是进行矫正教育理论研究的目的所在。与矫正教育规律相比，矫正教育目的则是主观与客观的统一，从形式上看，矫正教育目的是主观的，因为它是人的主观意愿的一种表达；但从实质上讲，矫正教育目的又是客观的，因为它总是要竭力地反映已经揭示出来的那一部分矫正教育规律。

二、矫正教育目的的作用

理论的探讨是为了指导实践，这一特点在矫正教育目的的作用上体现得十分充分。此处讨论的矫正教育目的问题虽是一个理论问题，但它却是源于实践并最终要服务于实践的。矫正教育目的的作用是其在矫正教育实践当中所应发挥的实际功效，参照教育理论的分析，我们认为，矫正教育目的的作用主要体现在以下三方面。

（一）导向作用

矫正教育目的对矫正教育者和矫正教育对象都具有导向作用。对矫正教育者来说，矫正教育目的为他们的矫正教育工作指明了方向；对于矫正教育对象来说，矫正教育目的为他们的身心发展指明了方向。矫正教育目的的导向作用还体现在它对矫正教育工作的其他方面的制约上，如矫正教育内容的选择，矫正教育手段、方法的使用，矫正教育管理制度、教育模式的确定等都以矫正教育目的为依据。

（二）调控作用

如果说矫正教育目的的导向作用只是为矫正教育工作指明了方向，是一种静态的描述，那么矫正教育目的的调控作用则是指在矫正教育实践当中所发挥出来的作用，是一种对其作用的动态的描述。矫正教育目的的调控作用是指矫正教育目的在矫正教育手段、方法、模式、内容的选择方面起到调节、控制的作用，在矫正教育对象的发展方向上，矫正教育目的也起着随时调节、纠正其不良发展动向的作用。监狱、强制隔离戒毒所、社区矫正等矫正机构中,对罪犯、强制隔离戒毒人员、社区矫正对象的教育改造、矫正、矫治方法、措施的选择,对矫正效果的评估,无不以矫正教育目的为标准。

(三)评价作用

从动态上看,矫正教育目的既有起始环节的导向作用,也有中间环节的调控作用,还有终结环节的评价作用。矫正教育目的既是选择、调控矫正教育手段、方法、模式、内容的依据,同时也是评价矫正教育工作质量的标准。在矫正教育实践中,要对文化技术教学、思想教育、心理矫治、行为矫正的效果和质量进行评价,必须依据矫正教育目的来展开,评价矫正教育对象的发展进步水平也要以矫正教育目的为依据。矫正教育目的对矫正教育工作的全程都具有制约和导向作用。

三、我国的矫正教育目的

我国矫正教育目的的具体体现如下:

(一)罪犯的改造目标

1954 年 9 月 7 日公布施行的《劳动改造条例》第三章第 25 条规定:“劳动改造必须同政治思想教育相结合,使强迫劳动逐渐接近于自愿劳动,从而达到改造犯人成为新人的目的。”

1982 年 2 月 18 日施行的《监狱、劳改队管教工作细则》在第五章“教育改造”中专门申明了“教育改造的任务”,其中第 96 条规定:“监狱、劳改队应当结合劳动生产,对犯人实施政治思想教育和文化技术教育,把犯人改造成为拥护社会主义制度的守法公民和对社会主义建设的有用之材。”这一规定继承了《劳动改造条例》的精神,但更加精练和明确。

1994 年颁布的《监狱法》第 3 条中提出了“两结合”的原则:“监狱对罪犯实行惩罚和改造相结合、教育和劳动相结合的原则,将罪犯改造成为守法公民。”

2003 年 8 月 1 日施行的《监狱教育改造工作规定》要求:“监狱教育改造工作的任务,是通过各种有效的途径和方法,教育罪犯认罪悔罪,自觉接受改造,增强法律意识和道德素养,掌握一定的文化知识和劳动技能,将其改造成为守法公民。”

司法部 2007 年印发的《教育改造罪犯纲要》指出,教育改造罪犯的主要目标是:在罪犯服刑期间,通过各种教育改造手段和方法,使其成为守法守规的服刑人员。而守法守规的服刑人员的基本条件有四项:认罪悔罪、遵守规范、认真学习、积极劳动。

(二)社区矫正的目的

2003 年 7 月 10 日,最高人民法院、最高人民检察院、公安部、司法部联合下发的《关于开展社区矫正试点工作的通知》(已失效)提出:“通过多种形式,加强对社区服刑人员的思想教育、法制教育、社会公德教育,矫正其不良心理和行为,使他们悔过自新,弃恶从善,成为守法公民。”

2012年最高人民法院、最高人民检察院、公安部、司法部联合印发的《社区矫正实施办法》(已失效)中,再次重申了“将社区矫正人员改造成为守法公民”这一目的。

2020年实施的《社区矫正法》第3条明确规定:社区矫正工作坚持监督管理与教育帮扶相结合,专门机关与社会力量相结合,采取分类管理、个别化矫正,有针对性地消除社区矫正对象可能重新犯罪的因素,帮助其成为守法公民。

(三)强制隔离戒毒人员的矫正教育目的

2009年4月施行的《强制隔离戒毒教育工作规定(试行)》[〔2009〕司劳教(戒毒)字54号]第2条明确规定:“强制隔离戒毒教育工作的目的是,通过综合运用各种教育矫治方法和手段,帮助戒毒人员提高法律道德意识和对毒品危害的认知水平,改变不良心理,增强自觉抵制毒品和适应社会的能力,戒除毒瘾,回归社会,成为守法公民。”

2014年司法部印发的《强制隔离戒毒人员教育矫治纲要》(司发通〔2014〕75号)在教育矫治工作目标部分提出:通过综合运用各种教育矫治方法和手段,帮助戒毒人员认清毒品危害,树立法制观念,提升道德情操和文化素养,改善不良心理,掌握就业谋生技能,增强社会适应能力,戒除毒瘾,成功融入社会。

第四章　矫正教育原则

原则是指人们观察、处理问题的法则和标准。《辞海》将原则解释为“观察问题、处理问题的准绳”,并认为人在这个社会中做什么事情都要遵循原则,“原则是从自然界和历史规律中抽象出来的,只有正确反映事物的客观规律的原则才是正确的原则”。① 在教育学界,与教育原则相关的概念是教学原则,对此,一般解释为“教学工作遵循的基本要求”②或者“指导教学工作的基本准则”③。

矫正教育作为一种特殊的教育形式,也有其必须遵循的原则。矫正教育的原则,是指矫正机构开展矫正教育工作时所必须遵循的基本准则。它既是矫正教育工作本质属性的具体体现,也是我国矫正教育工作实践经验的科学总结,是矫正机构开展矫正教育活动,选择教育内容、教育方法等的指导思想和依据。根据矫正教育工作的规律,结合我国矫正教育工作的成功经验,矫正教育的原则应当包括因人施教、分类教育、以理服人和注重实效原则。认真理解和贯彻执行这些原则,对实现矫正教育目的、提高矫正教育质量,具有重要的意义。

第一节　因人施教原则

一、因人施教原则的含义

在普通教育学中,因材施教是一条重要的教育教学原则。矫正教育中的因人施教与因材施教在基本思想上是一致的。这一原则的基本内涵在于,矫正教育者在对矫正教育对象施加影响的过程中,应当注重其个别差异,从矫正教育对象的实

---

① 辞海编辑委员会编:《辞海》(上),上海辞书出版社 1989 年版,第 391 页。

② 中国大百科全书总编辑委员会、《教育》编辑委员会等编:《中国大百科全书 · 教育》,中国大百科全书出版社 1985 年版,第 156 页。

③ 教育大辞典编纂委员会编:《教育大辞典》(第 1 卷),上海教育出版社 1990 年版,第 194 页。

际情况出发，有的放矢地进行教育。

因人施教原则是处理矫正教育统一要求和个别指导之间矛盾的重要原则。如《监狱法》第五章第61条规定："教育改造罪犯，实行因人施教、分类教育、以理服人的原则。"《社区矫正法》第36条明确规定："社区矫正机构根据需要，对社区矫正对象进行法治、道德等教育，增强其法治观念，提高其道德素质和悔罪意识。对社区矫正对象的教育应当根据其个体特征、日常表现等实际情况，充分考虑其工作和生活情况，因人施教。"《社区矫正法实施办法》第43条第1款亦强调："社区矫正机构、受委托的司法所应当充分利用地方人民政府及其有关部门提供的教育帮扶场所和有关条件，按照因人施教的原则，有针对性地对社区矫正对象开展教育矫正活动。"

在教育过程中，根据不同受教育者的情况，采取不同的教育方法和措施，这在我国有悠久的历史传统。春秋时期的孔子在教育过程中就十分注意学生的个别差异，其教育人、培养人的一条基本经验，就是根据学生的能力、特长、性格、志向的不同因材施教。如在《论语·先进》上有这样一段记载：子路问"闻斯行诸?"子曰："有父兄在。如之何其闻斯行之?"冉有问："闻斯行诸?"子曰："闻斯行之。"公西华疑惑地问："由也问闻斯行诸，子曰，'有父兄在'；求也问闻斯行诸，子曰，'闻斯行之'。赤也惑，敢问。"孔子解释说："求也退，故进之，由也兼人，故退之。"以上是说，孔子教人，因为学生的个性特点不同，对同一问题的回答也是不同的，这是"孔子教人，各因其材"（朱熹语）的典型例子。孔子之所以能这样有的放矢地教育学生，是因为他对学生了解得很清楚。他曾说："柴也愚，参也鲁，师也辟，由也喭"（《论语·先进》），这个结论就是由于他对学生的个性差异进行了详细观察和分析，"视其所以，观其所由，察其所安"（《论语·为政》），"退而省其私"（《论语·为政》），然后得出的。他还说过："中人以上，可以语上也，中人以下，不可以语上也。"（《论语·雍也》）经过孔子的精心培养，他的许多学生成为各方面的人才。历史经验证明，因人施教不仅是教育人、培养人的基本经验，也是矫正教育的一条根本经验。开展矫正教育活动也必须遵循这个重要原则。

矫正教育对象与普通学生相比，问题复杂，情况千差万别。他们的年龄、经历、文化程度、违法犯罪性质、被限制人身自由的时限、表现情况、个性特点（包括兴趣、能力、气质、性格）等都有很大差异，要想用"公式化""一锅煮""一刀切"的办法是很难奏效的。因此，对他们进行教育时，必须区别对待，因人而异，对症下药，做到"一把钥匙开一把锁"，否则就无法实现矫正教育的目的。

二、贯彻因人施教原则的要求

在矫正教育实践中贯彻因人施教原则，应当从以下四个方面入手。

(一)深入调查研究,全面掌握矫正教育对象的基本情况

深入调查研究,全面掌握矫正教育对象的基本情况,是贯彻因人施教原则的前提和基础。我国古代军事家孙子说过"知己知彼,百战不殆"(《孙子·谋攻》)。毛泽东同志也强调指出,"一切实际工作者必须向下作调查"。"没有调查就没有发言权。"①只有通过深入细致的调查研究,才有可能全面掌握矫正教育对象的情况,而全面掌握矫正教育对象的情况,则是开展因人施教的前提和条件。矫正教育对象虽然被关押在监狱、强制隔离戒毒所,或在社区接受教育矫正,但是他们的年龄、家庭背景、知识状况、违法犯罪原因、刑期、刑种、主观恶性、改造表现、性格等情况各不相同。矫正教育者如果在开展教育活动之前不能充分掌握这些情况,就会在教育当中无的放矢,影响教育效果,甚至会丧失教育时机,造成不可挽回的损失。因此,矫正教育者应当深入矫正教育对象的学习、劳动、生活中,加强调查研究,采用查阅档案、外出走访、观察、问卷调查、个别谈话、心理分析、集体分析等方法,详细准确地掌握每个矫正教育对象的基本情况和个性特点,摸清其思想脉络和症结所在。这些情况是进行因人施教的重要依据。随着情况的变化,要经常熟悉掌握这些变化,积累矫正教育对象的系统资料,同时还要注意发现新的线索,及时核实新的情况,为因人施教打下坚实的基础。

例如,监狱中一般会要求人民警察掌握罪犯四个方面的基本情况,即"四知道",其具体内容包括:(1)罪犯的姓名、年龄、籍贯、文化程度、体貌体征;(2)罪犯的简历、罪名、主要犯罪事实和所判刑期;(3)罪犯的家庭情况和主要社会关系;(4)罪犯入狱后的思想状况和改造表现。②

也有的著作提出了所谓"新四知",即罪犯的历史、犯罪思想、个性特点、家庭变故。③ 这些情况的掌握会对教育改造罪犯起到积极作用。

(二)根据矫正教育对象的不同情况,有针对性地进行教育

"不同性质的矛盾,只有用不同性质的方法才能解决。"④孔子也曾提出:"视其所以,观其所由,察其所安。"(《论语·为政》)他要求教师要细心观察学生,根据学生的不同特点和存在各种问题的不同原因,有区别地进行教育。

在矫正教育过程中,了解矫正教育对象主观恶性、悔过表现、性格特点、气质类型等

---

① 《毛泽东选集》(第3卷),人民出版社1969年版,第749页。

② 参见兰洁主编:《教育改造学》,法律出版社1999年版,第61-62页。

③ 参见王明迪:《罪犯教育概论》,法律出版社2001年版,第12页。

④ 中国人民解放军总政治部编:《毛主席关于军队政治工作的论述摘录》,战士出版社1978年版,第127页。

各方面的情况，只是做到了“知彼”，要想打赢矫正教育的每一场仗，还要做到“知己”。

在开展矫正教育活动时，作为矫正教育者也应区别矫正教育对象的不同情况及特点，有针对性地进行教育。因此，深入调查研究，全面掌握矫正教育对象的具体情况后，要针对每个矫正教育对象制订具体的教育方案。方案是解决“如何做”的问题。合理可行的方案能够充分调动各方面的因素，有助于取得最佳的教育效果。制订教育方案应根据每个矫正教育对象的具体情况，选择不同的教育内容、方法、策略，因人而异。为了使方案完善合理、切实可行、能对症下药，制定时应集思广益，充分听取意见，认真研究讨论。

(三)善于发现矫正教育对象的特点，长善救失

《学记》(《礼记》中的一篇)中有这样一段话：“知其心，然后能救其失也。教也者，长善而救其失者也。”意思是说，帮助一个人改正缺点的前提是了解他的“心”，教育就是促使一个人发扬优点、克服缺点的过程。这句话对矫正教育工作具有重要的启示。

矫正教育活动与普通教育的一个不同之处就在于它是一种“救失”的教育，也就是要在“破”中求“立”，要剔除矫正教育对象思想当中的消极因素，然后再注入积极的因素。要做到这一点，就要求矫正教育者善于发现矫正教育对象的优点和缺点，帮助其发挥其积极因素，克服消极因素，并为其提供一种自我教育的有效方法。

(四)注意因势利导

因势利导，就是抓住矫正教育对象思想波动的契机，“借势”向好的方面加以引导。一般在奖惩大会、亲属探望、受到表扬或批评、矫正机构为其排忧解难之后，矫正教育对象思想上往往会受到触动或震撼，这就是“思想波动的契机”。抓住这样的机会进行教育，对症下药，一般会取得良好效果。这就要求矫正教育者善于从矫正教育对象的日常表现中，捕捉其思想变化，掌握其思想动态，因势利导，并及时进行教育。

第二节 分类教育原则

一、分类教育原则的含义

分类教育原则，是指矫正机构在分类管理的基础上，针对不同类型的矫正教育对象的特点，为达到深挖违法犯罪根源、剖析违法犯罪危害、矫正恶习、矫治违法犯罪思想的目的，而选择相应的内容和方法实施教育的原则。这一原则体现了矛盾的普遍性和特殊性的有机统一。与集体教育相比，分类教育重在解决特殊问题，而

与个别教育相比,分类教育则重在解决一般问题。

分类教育作为我国矫正教育工作的重要原则之一,在我国有关矫正工作的法律法规中均有明文规定。例如,《监狱法》第61条规定:"教育改造罪犯,实行因人施教、分类教育、以理服人的原则,采取集体教育与个别教育相结合、狱内教育与社会教育相结合的方法。"再如,2020年7月1日起施行的《社区矫正法实施办法》第21条规定:"社区矫正机构应当根据社区矫正对象被判处管制、宣告缓刑、假释和暂予监外执行的不同裁判内容和犯罪类型、矫正阶段、再犯罪风险等情况,进行综合评估,划分不同类别,实施分类管理。社区矫正机构应当把社区矫正对象的考核结果和奖惩情况作为分类管理的依据。社区矫正机构对不同类别的社区矫正对象,在矫正措施和方法上应当有所区别,有针对性地开展监督管理和教育帮扶工作。"

对矫正教育对象的分类最早是源于对其管理方面的原因。据有关资料考证,最早的分类产生于西班牙。西班牙从1519年开始把监狱里的男、女罪犯分开关押,①而将儿童和成年人分开则可追溯到1605年,当时的菲利普·弗朗西斯为了加强对他们的教育和训练,开办了一所感化院。② 经过数百年的发展之后,时至今日,对矫正教育对象进行分类的根本和主要意义早已不局限于管理而在于教育和矫正。

《社区矫正法实施办法》第43条进一步明确规定,"社区矫正机构、司法所应当根据社区矫正对象的矫正阶段、犯罪类型、现实表现等实际情况,对其实施分类教育;应当结合社区矫正对象的个体特征、日常表现等具体情况,进行个别教育。社区矫正机构、司法所根据需要可以采用集中教育、网上培训、实地参观等多种形式开展集体教育;组织社区矫正对象参加法治、道德等方面的教育活动;根据社区矫正对象的心理健康状况,对其开展心理健康教育、实施心理辅导"。

目前,在我国的矫正教育工作实践中,分类教育是"三分"工作的一个重要方面,它强调教育的针对性和实效性。通过分类教育,可以使矫正教育对象的法制观、道德观、人生观、价值观有一个根本的改变,思想上得到根本的改造,逐步使我国的矫正教育工作向专业化方向发展,使矫正教育对象真正做到认罪服法,积极改造,努力提高矫正教育质量。

实践证明,我国有分类教育的成功经验。从我国的监狱发展史来看,奴隶制社

① 参见郭颖慧:《试论罪犯的分类制度》,载孙晓雳等:《劳改法学理论新探》,中国人民公安大学出版社1991年版,第95页。

② 参见郭颖慧:《试论罪犯的分类制度》,载孙晓雳等:《劳改法学理论新探》,中国人民公安大学出版社1991年版,第95页。

会在囚禁罪犯时一般是不分类的,往往男女老幼共处一室。进入封建社会后,才出现了罪犯分类的现象。新中国成立之初,百废待兴,百业待举,但是新生政权却对罪犯实行了严格而科学的分类教育,如反革命犯、普通刑事犯和旧社会遗留下来的社会渣滓的划分,历史反革命和现行反革命的划分,伪满战犯、日本战犯和国民党战犯的划分,等等。新中国监狱在继承和总结解放区监所工作经验的基础上,逐步完善了罪犯分类制度,并提出了分类教育的重要原则。20 世纪 80 年代,个别监狱开始进行“三分”试点工作,在取得了初步成效的基础上,司法部劳改局于 1991 年下达了《对罪犯实行分押、分管、分教的试行意见(修改稿)》。文件提出,“对罪犯实行分押、分管、分教,是刑事执行制度发展的必然趋势,是提高改造质量的必由之路”①,文件对“三分”工作提出了具体的实施意见,从此分类教育也作为一种制度化的原则推广开来。正是由于在这种严格而科学的分类基础上进行了大量的针对性的教育工作,中国共产党人才取得了矫正教育工作的辉煌成就。

二、贯彻分类教育原则的要求

(一)正确处理分类教育和分押分管的关系

在矫正工作实践中,分类教育和分押分管是相互制约、相互依存、相互渗透、相互促进的两个方面,只有把二者有机地结合起来,才能做到寓教育于管理之中,以教育促进管理。

例如,关于罪犯分类的标准理论界有不同的看法,但现在的“三分”工作主要是依据犯罪性质将罪犯进行分类。笔者认为,分类教育与“三分”工作有一定的联系,但又不完全相同,分类教育的灵活性相比之下更大一些。在罪犯教育的实践中,可以依照犯罪性质分类,在此基础上实施教育活动;也可以根据主观恶性的深浅、文化程度等不同的标准来分类。相比起依照犯罪性质开展的“三分”工作,以上所说的其他的分类标准更多的是一种“虚拟”的分类。也就是说,在依照犯罪性质分类的前提下,监狱民警还可以根据其他标准对罪犯进行“虚拟”的归类,只要分类有利于提高罪犯教育改造质量,那么各种分类都是值得探索的。

具体到分类教育实践中,我们必须遵循以下要求:

首先,分押分管是分类教育的前提和基础。只有在分押分管的基础上进行分类教育,才能提高矫正教育活动的针对性,有效避免交叉感染等消极现象,抑制矫正教育对象违法犯罪技能在矫正机构内的传播,减少矫正教育对象从违法犯罪新

---

① 司法部劳改局编:《劳改工作手册(1987.3—1993.3)》,法律出版社 1993 年版,第 82 页。

手变成违法犯罪老手、从“专业户”变成“多面手”的可能。同时,通过依法严格的分押分管,可以迫使矫正教育对象体验到政策和法律法规的强制力和威慑力,使其不得不反省自己的违法犯罪行为及其社会危害,从而增强自控能力,自觉或不自觉地遵守矫正教育秩序,接受矫正机构的种种改造措施,逐渐地、潜移默化地矫正恶习,养成良好的行为习惯。

其次,分类教育是分押分管的必然要求和深化。矫正工作的目的和任务决定了教育在其中具有主导地位。对矫正教育对象的分押分管,其出发点和归宿均在于进一步采用分类教育的方法,提高矫正教育工作的成效。矫正教育工作实践证明,分押分管的有效实施离不开分类教育的积极配合。分类教育具有分押分管不能替代的功能和作用,并能促进分押分管的有效实施。要真正从根本上转变矫正教育对象的思想和行为,还必须晓之以理、动之以情,进而导之以行。

(二)正确处理分类教育与集体教育和个别教育的关系

分类教育类似于集体教育和个别教育之间的一种过渡类型,在普通教育中又没有这种教育原则和形式,对此许多矫正教育者缺乏足够的认识。所以,在矫正教育实践中容易出现重视集体教育和个别教育而忽视分类教育的现象。为了能切实贯彻这一原则,要求广大矫正教育者应把握住一个“类”字,始终保持对矫正教育对象“类型化”特征的敏感性,从个别教育的“集体化”和集体教育的“个别化”的角度来把握分类教育原则。

从分类教育与集体教育和个别教育的关系来看,他们是三种不同层次的教育形式,三者之间既有联系,又有区别,共同服务于矫正教育的目的与任务。

首先,集体教育是矫正教育的一种主要形式,也称普遍教育或共同教育,是指在矫正教育对象集体中进行的,以解决普遍性问题为目的的思想引导、知识传授和行为训练活动。它具有组织性、严肃性、群体效应性、权威性和迅速传播性等特点。

其次,个别教育是相对于集体教育而言的,是为解决矫正教育对象个体存在的特殊问题及促进罪犯个体思想、行为、心理健康发展而采取的教育活动。它具有较强的针对性、较好的保密性、较大的灵活性及较强的渗透性等特点。

最后,分类教育是介于集体教育和个别教育之间的一种不可缺少的教育形式。分类教育较之集体教育,更强调对某一类矫正教育对象教育内容的针对性,进而巩固集体教育的成果;较之个别教育,更注重对某一类矫正教育对象思想矫正的系统性,从而为个别教育创造有利条件。

在矫正教育工作实践中,分类教育既不能代替集体教育和个别教育,也不能脱离集体教育和个别教育而单独发挥作用,这就需要正确处理三者之间的关系,使三者相辅相成、互为补充,充分发挥矫正教育手段的整体功能。

(三)实事求是,从实际出发

实事求是,从实际出发,是我们党的思想路线,也是我们搞好分类教育工作的一项最基本的要求。第一,它要求我们首先要从本单位的实际情况出发,因地制宜地实施分类教育,既不生搬硬套别人的做法,也不能脱离实际,随心所欲,而是根据本单位矫正教育者队伍的素质现状,基层的工作状况,矫正教育对象的构成,各种类型的矫正教育对象的生理、心理、思想、行为特点以及历史所形成的工作基础等实际情况,制订科学、有效的分类教育实施方案。第二,从实际出发,要敢于突破不利于提高矫正教育质量的传统观念和条条框框,鼓励探索和创新,允许不同方案的比较和不同意见的讨论,从而推动分类教育工作向深度和广度发展。第三,从矫正教育对象思想认识的实际水平出发,选择合适的教育内容和方法。第四,把分类教育与解决矫正教育对象的实际问题相结合。

(四)加强分类教育的理论研究

与集体教育和个别教育相比,分类教育起步晚,基础差,属于教育手段的一个薄弱环节。分类教育在理论和实践上还有诸多问题没有得到很好地解决,完善分类教育体系的任务还很艰巨,这就需要在矫正教育工作实践中进一步探索,从理论研究的角度加以提炼和总结,进而以科学的理论指导分类教育的实践,丰富和完善分类教育工作的方法体系,使分类教育工作更加专业化、系统化、科学化。这是在矫正教育工作中贯彻分类教育原则的一个不可缺少的重要条件。

以罪犯的分类为例,按照司法部劳改局《对罪犯实行分押、分管、分教的试行意见(修改稿)》的规定,我国对罪犯一般分为以下几种类别,即财产型犯罪(又可分为盗窃罪和其他财产型犯罪)、性犯罪、采取暴力手段的犯罪、其他类型犯罪。但《对罪犯实行分押、分管、分教的试行意见(修改稿)》同时也指出,“要积极创造条件,按罪犯恶习程度作第二次分类,把同一犯罪类型的初偶犯和累惯犯分开,以避免深度感染”①。理论界对于罪犯分类的标准也进行了有益的探讨。实践表明,矫正教育对象的分类教育问题是一个值得深入思考和研究的问题。在矫正教育过程中,矫正教育者应本着提高矫正教育质量的思路,对分类教育问题作进一步的探索。与此同时,广大矫正教育理论研究者也应关注实践,对此问题做出深入的理论研究。

---

① 司法部劳改局编:《劳改工作手册(1987.3—1993.3)》,法律出版社1993年版,第83-84页。

第三节 以理服人原则

一、以理服人原则的含义

以理服人原则,是指对矫正教育对象进行教育时,要坚持摆事实、讲道理,耐心细致,循循善诱,使其分清是非,提高认识,以帮助其增强理性。

一般来说,矫正教育对象的违法犯罪行为同时也为一定社会的道德准则所不容。法律和道德说到底都是一种维护社会稳定的规范。依照理性行动的人即使不了解有关的法律法规也不会触犯它,而矫正教育对象之所以违法犯罪在一定意义上就是因为他们缺乏理性。在实践中,一些正常人看来是理所应当的事情往往被一些矫正教育对象认为是不公正的,他们对许多社会问题怀有偏见,从消极的方面看问题是矫正教育对象当中的普遍现象,因此我们说矫正教育对象具有消极的思想意识和不健康的心理,在一定意义上是社会化有缺陷的人。这些思想观念和心理问题的解决是矫正教育的重要任务,而要完成该任务的一个很重要的方面就是要在矫正教育过程中贯彻以理服人的原则。

矫正教育工作,是一项非常艰巨复杂的系统工程。在这个系统工程中,采取强制措施固然是实现矫正教育目的的必要手段,但真正能使矫正教育对象思想认识发生根本转变并心悦诚服的只能是以理攻心。恩格斯认为,“我们不知道有任何一种权力能够强制那处于健康而清醒状态中的每一个人接受某种思想”①。解决矫正教育对象的思想认识问题也一样,最终要靠教育说服,教育说服的关键是做到以理服人,而不能靠强迫和压服。这是因为:

第一,压服的结果往往是压而不服,反而会引起新的思想认识问题,甚至造成对立情绪和逆反心理,不利于对他们的教育矫正。

第二,压服会导致矫正教育对象将错误的思想行为掩饰起来,由公开转向隐蔽,采取当面一套、背后一套的手段,不利于矫正教育者及时地准确地掌握矫正教育对象的思想动向并进行针对性教育。

第三,一部分矫正教育对象本身信奉“弱肉强食”“拳头硬就是老大”的信条,一贯恃强凌弱,以力服人。矫正教育者如果再一味用压服的办法迫使其就范,就会助

---

① 中共中央马克思恩格斯列宁斯大林著作编译局:《马克思恩格斯选集》(第 3 卷),人民出版社 1972 年版,第 125 页。

长其错误思想认识,导致矫正教育对象间摩擦、吵闹、打架斗殴等现象增多,严重影响矫正教育秩序。

第四,压服不能使矫正教育对象明辨是非和提高思想认识。压服的结果往往使矫正教育对象只知道应该干什么,不应该干什么,却不知其原因。由于知其然不知其所以然,很难从根本上转变矫正教育对象的错误思想认识,不利于激发其自我教育的积极性。

二、贯彻以理服人原则的要求

(一)矫正教育者必须具备较高的政治、业务素质和文化修养

教育者应当先受教育。《社区矫正法》第10条、第11条明确强调,“社区矫正机构应当配备具有法律等专业知识的专门国家工作人员,履行监督管理、教育帮扶等执法职责。社区矫正机构根据需要,组织具有法律、教育、心理、社会工作等专业知识或者实践经验的社会工作者开展社区矫正相关工作”。

要想以理服人,使矫正教育对象学会理性地看待社会问题,矫正教育者应当首先自己学会理性的思考问题,不断在矫正教育实践中提高自身的素质。具体来说,矫正教育者应当不断地加强学习各种文化知识,必须具备较高的政治、业务素质和文化修养,树立实事求是、勇于独立思考、不唯书、不唯上的科学精神,养成在工作当中不断提高自我的教育习惯,并掌握一定的教育技能和技巧。这样才能适应矫正教育对象的构成随着社会的进步而不断发生变化的形势,才能在改造各种不同类型矫正教育对象时得心应手。

以理服人不仅仅是摆事实、讲道理,亦不仅仅是说理、谈话,而是要通过榜样、实践等形式说服矫正教育对象。在一些矫正教育者看来,矫正教育的手段主要是靠一张嘴,教育就等于个别谈话,其实这种理解是极其片面的。根据现代教育教学理论,影响受教育者的教育教学内容可以分为两类:学科课程和活动课程,前者是以知识为中心展开的,后者则是以经验为中心展开的。如监狱中的“三课”教育就是一种学科课程,主要是依靠课堂教学来进行。更为主要的影响实际上来自活动课程,也就是罪犯所参加的生产、生活实践,以及监狱人民警察和罪犯之间的交往。以理服人就是要让事实说话,也就是通过矫正教育者有意识地设置的交往和实践情景,矫正教育对象在事实面前转变思想。

矫正教育者要完成转变矫正教育对象的违法犯罪思想和不良行为习惯的艰巨任务,需要以教育人、挽救人为指导思想,围绕矫正教育目的,遵循矫正教育规律,紧密结合矫正教育对象的思想实际,进行生动形象的教育,有说服力地解决矫正教育

对象的各种思想认识问题,用“滴水穿石”的精神去培养他们良好的思想品德和行为习惯。同时,矫正教育的特殊性决定了在矫正教育中进行以理服人的过程,实际上就是两种思想针锋相对、相互斗争的过程。在这个过程中,既有说理、论证、宣传和解释,又有批判和斗争。在批判斗争中贯彻以理服人的原则,其外在特征是没有侮辱人格、侵犯人身权利的行为;内在特征是以正确的“理”批判错误的“论”,以正压邪。这就要求矫正教育者必须努力学习法学、心理学、教育学、逻辑学、哲学等方面的知识,熟悉党的方针、政策,具有较高的政策水平、教育艺术,扎实的知识功底和精深的知识储备,力求使教育的内容具有法律性、政策性、哲理性、针对性和说服力,切实提高政治、业务素质和文化修养,只有这样才能真正做到以理服人。

(二)坚持调查研究,注意工作方法

以理服人的基本精神就是摆事实,讲道理。事实是道理的基础,道理是事实的结论。没有事实或不讲事实,则所讲道理就缺乏针对性和说服力。因此,应大兴调查研究之风,弄清、弄准客观事实,然后依据事实讲清道理。当矫正教育对象有了错误时,矫正教育者不可偏听偏信,轻率下结论,应经过充分调查核实,然后对其进行实事求是的教育和分析批判。如果分析批判超出了事实就可能得到相反的效果。因此,对待矫正教育对象的问题,要做到“三不”,即不挖苦讽刺、不节外生枝、不无限上纲。同时,贯彻以理服人原则时还必须注意工作方法。对矫正教育对象错误思想行为的批评,要适度、恰当,不能动辄训斥,要允许他们申辩和说明情况,对一时想不通的问题,也允许他们暂时保留自己的观点。要善于引导矫正教育对象讲真话,讲心里话,不要怕他们暴露错误观点。只有当他们的问题暴露出来以后,我们才能摸清他们的思想症结,加强教育的针对性,达到说服人、教育人的预期效果。要使矫正教育对象讲真话,不仅要做到以理服人,而且还要做到以情感人。只有情真理切,情理结合,才能收到好的效果,如果情理不结合,即使道理讲得再对,也不能打动人心。

以理服人原则背后的教育理念是要促使矫正教育对象学会和养成理性思维的习惯,因此在实践中贯彻这一原则的时候,注意在矫正教育对象还未达到心服口服的程度时,应允许其申辩。社会心理学家凯尔曼曾提出,态度改变要历经三个阶段,即服从、同化和内化。在服从阶段(又称模仿或顺从阶段),矫正教育对象在法制力量的压力下,从表面上转变自己的态度,表现为对强制性教育的服从。在同化阶段(又称认同阶段),矫正教育对象是在思想、情感上主动地接受他人的观点和信念,而不是被迫服从。在内化阶段(又称自觉阶段),矫正教育对象真正从内心深处相信并接受矫正教育者提倡的观点和思想,并把这些新观点与新思想纳入自己的价值体系之内，成为自己新的态度体系中的一个有机组成部分，从而彻底转变自己的态度。[①] 在矫正教育对象的态度从服从到内化的转变的过程中，矫正教育者能做到以理服人和允许矫正教育对象申辩是十分必要的，否则非但不能培养矫正教育对象的理性思维，反而强化了其抵触情绪，从而削减了教育的效果。

（三）坚持正面教育和疏导

正面教育是指矫正教育者用正确的思想、科学的道理、先进的典型以及各方面的积极因素，启发诱导矫正教育对象认识错误，提高觉悟，促使他们积极接受教育。

在进行正面教育时，首先，要通过法制、道德、政治、文化等正面教育，使矫正教育对象明辨是非、善恶、美丑，从而把握认识自己和社会的客观标准；其次，对矫正教育对象的违法犯罪事实，既不扩大，也不缩小，应严肃地指出其错在何处及造成的不良影响和后果，使其真正认识错误，接受教育；最后，以表扬鼓励为主，要善于发现矫正教育对象心灵上的闪光点，及时予以鼓励，以巩固和发扬他们的良好思想行为，帮助他们明确努力的方向。

疏导包括疏通和引导两个方面。“疏”是让矫正教育对象广开言路，畅所欲言；“导”就是在广开言路的基础上，通过循循善诱的说理教育和批评，将矫正教育对象错误的思想认识引导到正确、积极的方向上来。当然，疏导不等于一味客气，一味迁就，这与对矫正教育对象的严格管理并不矛盾。疏导本身包含禁止矫正教育对象的不轨言行。对矫正教育对象的越轨行为，必须按有关规定严肃处理。

为做好疏导工作，首先，要求矫正教育者主动与矫正教育对象沟通思想，及时发现和处理他们的思想问题，把问题解决在萌芽阶段；其次，充分认识矫正教育对象思想转化的反复性和渐变性，要有耐心、有信心、反复抓、抓反复；最后，针对矫正教育对象的不同思想问题，采取相应的策略，讲究疏导艺术，提高效率。

（四）坚持言教与身教相结合，注重身教

言教即宣传、说服教育，用语言表达的方式使矫正教育对象接受教育；身教即以身作则，以身示范，以矫正教育者的高大形象和行为去扩大和加深思想教育的效果。言教与身教相结合，即二者辩证统一，不可分割，身教重于言教。

一方面，以理服人，离不开言教；另一方面，以理服人也离不开身教。如果矫正教育者表里如一、言行一致、以身作则，本身就是对矫正教育对象很有说服力的教育。因此，矫正教育者应当做到正派公道、坚持原则、秉公办事、廉洁奉公，在矫正教育对象当中树立一个可敬可畏的高大形象。

---

① 参见夏宗素主编：《矫正教育学》，法律出版社 2002 年版，第 176 – 177 页。

另外，贯彻以理服人的原则，矫正教育者还应敢于坚持真理，修正错误。人非圣贤，孰能无过。矫正教育者在复杂的教育过程中，也可能会出现一些偏差、失误。出现偏差、失误后，矫正教育者要具有坚持真理、修正错误的精神，敢于纠正偏差、失误。这样既可以使矫正教育对象明辨是非，也可以使他们从矫正教育者光明磊落、大公无私、严于律己的作风中受到教育和启发，更有利于矫正教育者做好说服人的工作。

第四节　注重实效原则

一、注重实效原则的含义

注重实效原则，是指在矫正教育过程中，灵活或综合运用各种方法手段，以矫正恶习、转化思想，最终达到将矫正教育对象矫正成守法公民的目的。

如果说前三个原则是从方法、手段方面着眼的，那么注重实效原则是从目的方面着眼的。因人施教的重点在于根据个体矫正教育对象的特点采取相应方法手段实施矫正，分类教育的重点在于根据不同类型的矫正教育对象特点采用相应的方法手段实施矫正，以理服人的重点在于通过摆事实、讲道理的方法手段实施矫正，而注重实效的重点是从总体矫正实际效果方面着眼，强调灵活运用各种方法手段，或者综合各种方法手段的优点，最终完成矫正教育任务，达到矫正教育目标。

矫正教育过程有规律可循，也有共性的东西可以参考，甚至矫正教育工作的经验也会发挥很好的作用。但是，矫正教育对象——人，是复杂的，时间、情境等因素也是不断变化的，因此没有固定的教育模式可以照搬照抄。在抓住规律、把握共性、总结经验的基础上，要灵活运用各种方法手段，转变矫正教育对象的思想认识，矫正其不良习惯，使其一言一行符合矫正机构各项规定、纪律的要求，最终达到不再重新违法犯罪的目的。在这个过程中，无论使用什么手段，运用什么方法，目的只有一个，就是把矫正教育对象教育矫正成为守法公民，达到这个实际效果就是我们所追求的，这里所遵循的原则就是注重实效的原则。

二、贯彻注重实效原则的要求

（一）始终围绕矫正教育对象教育改造的目标开展工作

矫正教育的总的目的是把矫正教育对象矫正成为守法公民，在这一总目的之下，又可以分解成若干个具体目标。

以监狱改造罪犯为例，从时间顺序来看，可以把罪犯教育分成入监教育阶段、常规教育阶段和出监教育阶段。相应地，罪犯教育的目标就可以分为入监教育目标、常规教育目标和出监教育目标。入监教育一般以规范意识教育、适应监狱生活、认罪悔罪教育为主要目标，出监教育一般以巩固教育改造成果、弥补常规教育不足、提升社会适应能力为目标，常规教育则根据不同的教育内容又可以分为思想教育、文化教育、职业技术教育等方面的目标。如果进一步分析，思想教育内部又可以因人、因事、因阶段分为不同的目标。

例如，为了实现社区矫正的目的，我们必须按照预定的教育矫正目标分阶段、有组织、有计划、有系统地实施。在社区矫正的起始阶段——入矫教育阶段，其教育目标是尽快使社区矫正对象适应社会并服从社区矫正机构的教育和管理。为实现该阶段的教育目标，需要重点解决以下三个问题：一是“什么是社区矫正的问题”；二是“为什么进行社区矫正的问题”；三是“如何进行社区矫正的问题”。在社区矫正的关键阶段——常规教育阶段，其教育目标是充分利用社会资源，矫正社区矫正对象的犯罪心理和恶习，增强法律意识，养成健康心理，提升其文化、道德水平及社会生活能力。在社区矫正的巩固阶段——解矫教育阶段，其教育目标是克服社区矫正对象的放松心理，增强社区矫正对象的自律意识，巩固前两个阶段的教育矫正成果，为解除矫正回归社会做好各方面的准备。

全国统一的司法行政戒毒工作基本模式（“四区五中心”），则是根据戒毒人员从入所到出所全过程的不同时间阶段，统一设置生理脱毒区、教育适应区、康复巩固区和回归指导区，戒毒场所建立戒毒医疗中心、教育矫正中心、心理矫治中心、康复训练中心和诊断评估中心，配备专业人员。以科学戒治为核心，研发优势戒治项目，推广戒毒新技术；以衔接帮扶为延伸，建立与禁毒、社区戒毒和社区康复等部门之间的信息对接平台，以实现建立科学、统一、规范的司法行政戒毒工作基本模式，构建区域分设、专业戒治、医教并重、有效衔接的工作体系这一总体目标。

总之，无论是监狱、社区矫正还是强制隔离戒毒工作，各个时期、阶段的目标虽有所不同，但是最终的指向都是一致的。矫正教育活动，就是要瞄准这些目标，灵活选择不同方法、综合运用各种手段，以收到最终的实际效果。

（二）使用矫正教育方法手段应当注重灵活性和综合性

矫正教育的方法和手段很多，但都是为实际效果服务的，这正是注重实效原则的核心。从矫正教育方法来看，一般可以分为集体教育、分类教育和个别教育三种。但也有其他表述方式，如关于罪犯教育，强调集体教育与个别教育相结合、狱内教育与社会教育相结合、常规教育与辅助教育相结合、灌输式教育与启发式教育相结合[①],甚至有的一线民警提出了监管改造36法或者改造罪犯75法,等等。[②] 再如,改造罪犯的手段,过去一般的表述方式是"三大改造手段",即劳动改造、教育改造和监管改造;进入21世纪,随着心理矫治在监狱工作中日益受到重视,也有学者认为心理矫治已经成为第四大改造手段。[③]

在矫正教育实践中,正如毛泽东所说,"我们不但要提出任务,而且要解决完成任务的方法问题。我们的任务是过河,但是没有桥或没有船就不能过。不解决桥或船的问题,过河就是一句空话。不解决方法问题,任务也只是瞎说一顿。"[④]尽管矫正教育的方法和手段各有侧重点,但是使用方法手段的目的(任务)是相同的,都是为了实现将矫正教育对象矫正成为守法公民的目的。为贯彻注重实效的原则,我们在工作实践中要注意使用矫正教育方法手段的灵活性和综合性,以收到实际效果为目的,不拘一格使用方法手段。

(三)重视矫正教育效果的评估

注重实效原则贯彻到矫正教育实践中,就是要重视矫正教育工作的科学化,其中一个重要的手段就是推进矫正教育效果的评估。评估的英文是evaluation,也可以翻译成评价或者评鉴,它"是一种价值判断活动,是对客体满足主体需要程度的判断"[⑤]。由于缺乏科学的方法,某种程度上也受到文化传统的影响,在以往的矫正教育实践中,我们往往不太重视对矫正效果的评估。只关心开展了什么活动,推行了哪些新方法,采取了哪些新举措,但这些活动、方法和举措究竟产生了什么效果,往往语焉不详。贯彻注重实效原则,就要求我们在矫正教育实践中重视科学方法的使用,重视对矫正教育效果和质量的评估或评价。

---

① 参见王增铎、兰洁、徐浚刚主编,中国监狱学会、加拿大刑法改革与刑事政策国际中心合著:《中加矫正制度比较研究》,法律出版社2001年版,第56-58页。

② 参见李恒先、陶立坤:《监管改造工作36法》,中国检察出版社1999年版;杨鸿杰:《杨鸿杰改造罪犯75法》,中国广播电视出版社2010年版。

③ 参见彭春芳、辛国恩、吴新中:《罪犯改造新方法、新途径调查研究》,载《中国监狱学刊》2005年第5期。

④ 《关心群众生活,注意工作方法》,载《毛泽东选集》(第1卷),人民出版社1991年版,第139页。

⑤ 陈玉琨:《教育评价学》,人民教育出版社1999年版,第7页。

第五章　矫正教育者

矫正教育者是受国家和社会的委托，在特定的矫正机构中依法履行矫正教育职责、开展矫正教育工作的专业人员。矫正教育者有广义和狭义之分。从广义层面而言，在司法矫正机构中从事与矫正教育相关工作的人员，无论他们是负责生产劳动、监所管理、后勤保障，还是承担法律常识教育、思想道德教育、文化知识教育、职业技术教育，都可以视为矫正教育者。从狭义层面而言，矫正教育者是指那些直接面对矫正教育对象，向他们传授文化知识、进行职业训练、指导生活技能，并对他们开展思想转化、心理矫治和行为矫正工作的专业人员。[①] 本章主要探讨的是狭义层面的矫正教育者。矫正教育者作为依法履行矫正教育职责的专业人员，其工作具有法定性、复杂性、综合性、示范性、主导性、创造性等特点。这些特点要求矫正教育者不仅要具备过硬的思想政治素质、身心健康素质，而且要具有扎实的专业理论知识、较强的实务操作能力以及良好的职业道德。

第一节　矫正教育者的岗位职责

目前我国司法矫正机构大致可以分为监狱（含未成年犯管教所）、强制隔离戒毒所、社区矫正机构等。与之相对应的矫正教育者则包括在监狱、强制隔离戒毒所、社区矫正机构中专门从事矫正教育工作的人员。[②] 尽管这些矫正教育者所从事的工作都是从教育、感化、挽救的目的出发，有计划、有组织、依法实施的转变思想、矫正恶习、培养技能的系统影响活动，但由于他们工作的机构在法律意义上有明确的区分，因此他们所承担矫正教育工作的岗位设置、职责任务各有不同。

---

① 参见高莹主编：《矫正教育学》，教育科学出版社 2007 年版，第 67 页。

② 参见夏宗素主编：《矫正教育学》，法律出版社 2014 年版，第 146 页。

一、监狱矫正教育者的岗位职责

(一)岗位设置

矫正教育作为监狱改造罪犯的基本手段之一,既是刑罚执行活动的重要组成部分,又是监狱工作法制化、科学化、社会化的重要体现。我国监狱矫正教育管理机构的设置主要分为三级,即司法部监狱管理局教育改造处、省(自治区、直辖市)监狱管理局教育改造处、监狱教育改造科(心理矫治中心)。其中,基层单位是监狱的教育改造科(心理矫治中心),主要职能包括拟订和开展监狱文化建设、制订矫正教育工作计划、组织对罪犯的教育教学和评估考核等。

在我国,监狱矫正教育工作队伍的主体是监狱人民警察。由于监狱人民警察的编制有限且实际岗位设置的多重性,加之从事矫正教育工作的专职民警基本配置较少,因此除了每个监区设置专门负责矫正教育工作的民警之外,大多数监狱矫正教育者是同时兼有其他职能的监狱民警。为了加大对罪犯的矫正教育力度,不断提高矫正教育工作质量,许多监狱根据相关规定和实际需要,外聘了部分社会兼职教师和社会志愿者教师。

本章所述监狱矫正教育者的岗位设置包括分管教育的副监狱长、教育改造科(心理矫治中心)民警、监区(分监区)分管教育及心理矫治工作副监区(分监区)长、各监区(分监区)管班民警及专兼职教育或心理咨询民警。[①] 他们作为基层监狱矫正教育工作人员,主要从事矫正教育资源管理、矫正教育活动组织实施和矫正教育教学工作。矫正教育资源管理是通过信息化等管理手段,使矫正教育过程中的人力、物力、财力以及信息资源等能得到合理的配置和应用;矫正教育活动组织实施是对矫正教育活动进行计划、组织、协调和控制,使矫正教育工作目标得以落实,主要是制订矫正教育计划方案,组织实施入监教育、日常教育、出监教育、分类教育、辅助教育,并督查考核;矫正教育教学工作是指基层矫正教育工作民警直接承担集体或个别教育教学工作,主要是进行课堂教育、讲评教育、谈话教育、个别辅导,并督查考核。

(二)职责任务

监狱矫正教育者的基本职责在于,不仅通过各种有效的途径和方法,增强罪犯的法律意识和道德素养,并使他们掌握一定的文化知识和劳动技能,而且引导他们

---

① 由于全国各监狱的情况不尽一致,监区(分监区)层面的矫正教育者名称上会有一定差异,此处以北京市监狱系统为例。

认罪悔罪、矫正恶习、改过自新，将其改造成为守法公民。具体而言，监狱教育改造科领导、监区教育干事、分监区教育干事或管教员、小组（队）管教民警承担着各自不同的职责分工和任务安排。

1. 监狱教育改造科领导的职责任务主要包括但不限于：(1) 在监狱分管教育工作副监狱长或副监区长的统领下，主持教育改造科全面工作；(2) 负责监狱文化建设规划的拟订；(3) 负责矫正教育工作计划的制订，明确矫正教育的内容、方法与途径，确定相应的课程安排、人员配备等；(4) 主管罪犯的"三课教育"（思想、文化、技术教育）、心理矫治、监区文化建设、社会帮教、法律援助等工作；(5) 统筹、协调矫正教育资源配置，严格按规定加强对矫正教育经费的管理与使用；(6) 组织矫正教育质量评估和年终评审工作等。

2. 监区教导员的职责任务主要包括但不限于：(1) 组织罪犯开展思想教育、文化教育、技术教育及其他内容的教育，根据实际情况编班，维护课堂纪律和教学秩序，保证矫正教育效果；(2) 管理教室、谈话室、文体活动室、图书室、阅览室、娱乐活动室、电化教育室、心理咨询室等教育场地；(3) 定期召开罪犯通讯员会议，调动罪犯通讯员投稿的积极性；(4) 按要求对墙报、黑板报、阅报栏等教育宣传设施的内容进行定期更新；(5) 分析研究罪犯的思想状况、行为特点和改造表现，做好对罪犯的个别谈话教育工作，制定个别教育对策，有针对性地做好顽危犯的教育转化工作；(6) 对罪犯开展心理辅导工作，落实心理矫治各项内容；(7) 建立和完善矫正教育工作台账，提供相关业务数据，及时填报相关工作各类报表；(8) 落实对罪犯的评估检测和考核奖惩；(9) 搞好监区文化建设，组织和指导罪犯开展文体活动，做好重大节日活动安排，丰富监区文化生活；(10) 负责与罪犯原单位、居委会、村委会及家属签订帮教协议书，共同抓好罪犯的思想转化，落实帮教工作；(11) 按规定保管使用矫正教育设施、设备，严格执行音像制品播放审批制度；(12) 按要求做好矫正教育工作相关会议记录。

3. 分监区指导员的职责任务主要包括但不限于：(1) 对新入监的罪犯要在 24 小时内进行第一次谈话；(2) 对所管辖的监室实行"五包"，即包管理、包教育、包卫生、包生产、包安全；(3) 抓好罪犯思想政治学习和军事化训练，管好监室内务和罪犯劳动纪律及生产质量；(4) 对分管的罪犯做到"四知道"，即一是知道罪犯的基本情况（包括姓名、年龄、特征、文化程度、捕前职业等），二是知道罪犯的犯罪情况（包括犯罪性质、原判刑种、刑期、释放日期、犯罪案情等），三是知道罪犯的家庭和社会关系情况（包括籍贯、亲属、主要社会关系等），四是知道罪犯的改造表现（包括认罪态度、行为表现、奖惩情况等），从而有针对性地做好思想教育工作；(5) 对罪犯进行法制、道德、政策、形势、前途和文化知识等教育，促使他们服管服教；(6)配合搞好监区文化建设以及罪犯职业技术培训、社会帮教等工作。

4. 小组(队)管教民警的职责任务主要包括但不限于：(1)负责本小组(队)罪犯的直接管理、教育；(2)掌握本小组(队)罪犯基本情况，思想动态等；(3)抓好对本小组(队)罪犯的日常行为养成；(4)主动、深入了解收集犯情，及时发现问题，加强请示报告，对顽危犯进行包夹控制，制定转化措施，进行个别教育和个案矫治；(5)直接对本小组(队)罪犯进行日常管理、教育等方面的考核；(6)建立罪犯管理、教育工作档案，做到资料齐全；(7)有关矫正教育工作台账、报表、审批材料的填写与审核。①

二、强制隔离戒毒所矫正教育者的岗位职责

(一)岗位设置

矫正教育是戒毒场所开展戒治工作的一项重要内容。我国戒毒场所矫正教育管理机构的设置主要分为司法部戒毒管理局教育矫治处、省(自治区、直辖市)戒毒管理局教育矫治处②、强制隔离戒毒所教育矫治科③三级部门。目前基层单位是强制隔离戒毒所的教育矫治科以及根据综合戒治需要而设立的核心业务组织即“教育矫正中心”。④ 其中，教育矫治科的主要职能包括组织开展场所文化建设、规范矫正教育工作制度、拟订矫正教育工作计划、督导和检查矫正教育工作、通报和交流矫正教育典型经验、开展矫正教育基础性专题研究、收集和反馈矫正教育活动的重要信息和工作报表等；教育矫正中心的主要职能包括接受教育矫治科管理指导、执行矫正教育工作计划、组织和管理强制隔离戒毒人员在监所戒治期间的教育学习活动、组织专兼职教师备课与授课、开展戒毒人员矫正教育诊断评估、负责矫正教育基础资料的建立与管理等。

强制隔离戒毒所矫正教育工作队伍的主体是戒毒人民警察。其核心业务组织

---

① 参见赵卫宽主编：《罪犯教育》，中国政法大学出版社2016年版，第3－5页。

② 个别省(自治区、直辖市)在把原来“劳动教养工作管理局”调整为“教育矫治局”的同时加挂“戒毒管理局”。

③ 多数强制隔离戒毒所把负责矫正教育工作的职能科室称为“教育矫治科”，个别强制隔离戒毒所称之为“教育科”“教育改造科”“教育处”等。

④ 为了提高教育戒治科学化、专业化、规范化水平，司法部在2018年5月7日印发的《关于建立全国统一的司法行政戒毒工作基本模式的意见》中提出，以专业中心为支撑，建立戒毒医疗中心、教育矫正中心、心理矫治中心、康复训练中心和诊断评估中心。各地在推进司法行政戒毒工作基本模式的过程中，初步形成了科室管协调、管考核；中心管业务、管流转，大队管现场、管日常，各负其责、相互衔接的管理体制。

的岗位设置包括教育矫正中心主任、教育矫正中心副主任、专职矫正教育者和兼职矫正教育者。教育矫正中心通常设有主任 1 名,[①]部分大型、中型强制隔离戒毒所另设有副主任 1—3 名,配备专职矫正教育者 1 名以上,[②]兼职矫正教育者若干名。在矫正教育工作人员不足的情况下,许多强制隔离戒毒所根据相关规定和实际需要,聘请社会专业人员作为师资力量的补充。

(二)职责任务

强制隔离戒毒所矫正教育者的基本职责在于,通过综合运用各种矫正教育方法和手段,帮助戒毒人员认清毒品危害,树立法制观念,提升道德情操和文化素养,改善不良心理,掌握就业谋生技能,增强社会适应能力,戒除毒瘾,成功融入社会。具体而言,教育矫正中心主任、教育矫正中心副主任、专职矫正教育者和兼职矫正教育者各自承担不同的职责分工和任务安排。

1. 教育矫正中心主任的职责任务主要包括但不限于:(1)主持教育矫正中心全面工作;(2)宣传贯彻党的方针政策,落实上级领导、组织的各项工作要求,规范执法执纪,提高工作能力和效率,完成各项工作;(3)组织对课堂教学的监督、检查与考核;(4)完善中心建设,负责对中心人员的教育管理,指导中心日常工作,定期检查工作开展情况和业务台账,落实整改;(5)负责组织矫正教育工作相关的业务培训、学习考察和课题研究,推广应用戒毒新技术、新方法;(6)按时参加全所诊断评估办公会议,提出诊断评估结论和意见;(7)不断完善中心业务工作流程,提高工作实效和科学化水平;(8)完成上级领导交办的其他工作。

2. 教育矫正中心副主任的职责任务主要包括但不限于:(1)协助中心主任开展中心各项工作;(2)制定戒毒人员矫正教育工作实施细则,合理设置矫正教育课程,协助主任做好专兼职矫正教育者的管理和考核;(3)建立矫正教育工作档案,按要求落实课堂教学的备课笔记,建立完善各项业务台账;(4)做好分管工作的业务平台建设、运行与维护;(5)参与组织矫正教育工作的业务培训、学习考察和课题研究,推广应用戒毒新技术、新方法;(6)办理中心其他日常事务;(7)完成上级领导交办的其他事项。

---

① 通常而言,教育矫正中心隶属于教育矫治科,由科长兼任中心主任。

② 依据《强制隔离戒毒人员教育矫治纲要》的相关规定,“强制隔离戒毒所应当按照不低于收治人数1%的比例配备专职教师,收治人数低于500人的场所,应至少配备5名专职教师,负责课堂教学、康复训练和专题教育。按照不低于0.6%的比例配备专职心理咨询师,为有需要的戒毒人员提供个体心理咨询服务”。因此,强制隔离戒毒所通常按照在所戒毒人员收治规模配备相应数量的专职矫正教育者。一般情况下,专职矫正教育者人数不低于在所戒毒人员人数的1%。当然,小型强制隔离戒毒所可配备1名专职矫正教者。

3. 专职矫正教育者的职责任务主要包括但不限于:(1)在中心主任、副主任指导下开展入所教育、日常教育、出所教育,并督查考核;(2)积极备课,按要求组织课堂化教学,并辅导答疑、做好课堂记录、布置和批改作业;(3)及时掌握各区段戒毒人员的学情变化,对教学中出现的问题妥善处理,并向中心主任汇报;(4)对难以转化的戒毒人员,应实施重点个别教育、跟踪教学和案例研讨;(5)组织戒毒人员参加职业技能培训、辅助教育、分类教育、社会帮教等工作;(6)参加矫正教育课题研究、撰写年度教研工作计划、参与课题组会议等有关工作;(7)参与矫正教育评估工作;(8)完成上级领导交办的其他工作。

4. 兼职矫正教育者的职责任务主要包括但不限于:(1)在中心主任、副主任指导下进行矫正教育、教学及教研工作;(2)承担部分课程的备课、授课任务,并辅导答疑、做好课堂记录、督促戒毒人员完成作业;(3)及时掌握各区段戒毒人员的学情变化,对教学中出现的问题妥善处理,并向中心主任汇报;(4)参加矫正教育课题研究、参与有关会议;(5)辅助矫正教育评估工作;(6)完成上级领导交办的其他工作。①

三、社区矫正机构矫正教育者的岗位职责

(一)岗位设置

矫正教育作为非监禁刑罚执行活动的关键环节,是社区矫正工作的核心内容之一。目前我国涉及社区矫正教育的管理机构大致分为五级,即司法部社区矫正管理局、省(自治区、直辖市)司法厅(局)社区矫正管理处②、地市级司法局社区矫正管理处③、县级司法局社区矫正管理科④、乡镇或街道司法所。其中,司法所是最基层的社区矫正执行机构,具体负责社区矫正对象的监督管理、教育帮扶等工作,以及对社区矫正机构工作人员的管理、监督、培训和职业保障。为了确保社区矫正教育工作的全面落实,部分地市级司法局在社区矫正管理科之下增设了社区矫正管理教育服务中心。社区矫正管理教育服务中心的主要职能包括组织开展社区矫

---

① 参见重庆市教育矫治局、重庆市戒毒管理局编:《重庆市建立全国司法行政戒毒工作基本模式指南》,2018 年版。

② 除了“社区矫正管理处”以外,部分省(自治区、直辖市)司法厅(局)称为“社区矫正处”“社区矫正管理局”“社区矫正管理总队”等。

③ 除了“社区矫正管理处”以外,部分地市级司法局称为“社区矫正处”“社区矫正管理科”“社区矫正科”“社区矫正管理办公室”“社区矫正办公室”等。

④ 除了“社区矫正管理科”以外,部分县级司法局称为“社区矫正科”“社区矫正执法大队”“社区矫正警察大队”“社区矫正中心”“社区矫正股”等。

正对象的入矫宣告和解矫宣告、组织或指导司法所开展风险评估工作、负责审核批准对社区矫正对象的监管等级措施和教育矫正工作方案、指导和督促司法所落实对社区矫正对象的日常监督管理和个别教育措施、组织或指导司法所开展社区矫正对象集中学习教育和公益劳动等活动、组织或指导司法所开展心理矫正工作并及时提供心理健康知识教育和心理疏导、协调有关部门和单位对确有就业需求的社区矫正对象开展职业技能培训和就业指导等。

社区矫正教育工作队伍由社区矫正机构工作人员和社区矫正辅助人员两大类组成。前者属于专职的社区矫正教育者,担负着具体的教育帮扶等执法职能;后者主要包括社会工作者、志愿者,分别属于专兼结合、完全兼职的社区矫正教育者,共同协助前者开展相关工作。

（二）职责任务

社区矫正机构矫正教育者的基本职责在于,坚持监督管理与教育帮扶相结合,采取分类管理、个别化矫正,有针对性地消除导致社区矫正对象可能重新犯罪的因素,帮助其转化为守法公民。具体而言,社区矫正机构工作人员、社会工作者、志愿者承担着各自不同的矫正教育职责和任务安排。

1. 社区矫正机构工作人员承担的矫正教育职责任务主要包括但不限于:(1)依照法律规定和县级司法行政机关的指派,接收社区矫正对象,确定社区矫正小组,制订矫正方案;(2)对社区矫正对象开展入矫教育、日常监督管理、日常教育帮扶、解矫教育;(3)对社区矫正对象开展个别教育、集中学习教育;(4)对社区矫正对象进行法治、道德等教育,增强其法治观念,提高其道德素质和悔罪意识;(5)对社区矫正对象开展心理矫正工作并及时提供心理健康知识教育和心理疏导;(6)协调有关部门和单位对确有就业需求的社区矫正对象开展职业技能培训和就业指导;(7)根据社区矫正对象的个人特长,组织其参加公益活动,修复社会关系,培养社会责任感;(8)组织或指导社会工作者、志愿者,对社区矫正对象开展教育帮扶工作;(9)做好社区矫正教育工作的业务平台建设、运行与维护;(10)建立社区矫正教育工作档案,完善各项社区矫正教育工作台账;(11)完成上级司法行政机关交办的其他工作。

2. 社会工作者承担的矫正教育职责任务主要包括但不限于:(1)在社区矫正机构工作人员的组织、领导或指导下,对社区矫正对象配合开展有关工作;(2)通过政府购买服务、项目委托、合同聘用等方式,运用专业社会工作的理念和方法,依法对社区矫正对象在教育、心理辅导、职业技能培训、社会关系改善等方面提供必要的帮扶;(3)根据社区矫正机构的需要,跨地区开展帮扶交流和示范活动;(4)建立社区矫正教育工作档案,完善各项社区矫正教育工作台账;(5)参加社区矫正教育工作理论学习与实务培训,不断提高社会帮教服务能力;(6)根据政府购买服务、项目委托、合同聘用等内容要求,完成社区矫正教育的相关工作。

3. 志愿者承担的矫正教育职责任务主要包括但不限于:(1)在社区矫正机构工作人员的组织、领导或指导下,对社区矫正对象配合开展有关工作;(2)利用社区资源,采取多种形式,对有特殊困难的社区矫正对象进行必要的矫正教育;(3)给予社区矫正对象必要的社会救助、法律援助;(4)建立社区矫正教育工作档案,完善各项社区矫正教育工作台账。

第二节　矫正教育者的工作特点

矫正教育者作为特殊园丁,肩负着教育、感化、挽救违法犯罪人员的特殊使命,承担着把这些特殊人群改造成守法公民的特殊重任。因此,矫正教育者的工作既有司法矫正的法定性、复杂性、综合性等特殊之处,也有普通教育的示范性、主导性和创造性等共同特点。

一、法定性

矫正教育者的工作对象是监狱服刑人员、戒毒人员、社区矫正对象等违反社会规范和法律准则的人员,对他们进行的矫正教育是国家法律法规赋予司法矫正机构的一项重要职能,具有鲜明的法定性。

(一)工作职责的法定性

我国对监狱、强制隔离戒毒所、社区矫正机构中矫正教育者的工作职责均有明确的法律规定和文件要求。[①] 例如,1994 年 12 月 29 日颁布、2012 年 10 月 26 日修订的《监狱法》第 5 条规定:“监狱的人民警察依法管理监狱、执行刑罚、对罪犯进行教育改造等活动,受法律保护。”司法部在 2003 年 6 月发布的《监狱教育改造工作规定》第 28 条中要求:“监狱组织开展思想、文化、技术教育,其教员可以从本监狱的人民警察中选任,也可以从社会上符合条件的人员中聘任。”司法部在 2007 年 7 月 4 日印发的《教育改造罪犯纲要》中提出,“要充实基层力量,每一个监区都要设置专人负责本监区罪犯的教育改造工作”,同时“要采取多种方式,定期对从事教育

---

① 参见高莹主编:《矫正教育学》,教育科学出版社 2007 年版,第 68 – 69 页。

改造工作的监狱人民警察进行专业培训，提高他们的政治素质和业务素质，适应新时期改造罪犯工作的需要。”又如，2011 年 6 月 26 日发布、2018 年 9 月 18 日修订的《戒毒条例》第 29 条规定：“强制隔离戒毒场所应当配备设施设备及必要的管理人员，依法为强制隔离戒毒人员提供科学规范的戒毒治疗、心理治疗、身体康复训练和卫生、道德、法制教育，开展职业技能培训。”司法部在 2014 年 7 月 31 日印发的《强制隔离戒毒人员教育矫治纲要》中提出，各省（区、市）戒毒局以及强制隔离戒毒所“要把教育矫治工作的各项任务分解落实到具体部门和民警，实行层级责任目标管理，使教育矫治工作职能更加明确、责任更加清晰，不断增强各级领导干部和广大民警做好教育矫治工作的责任感”。再如，自 2020 年 7 月 1 日起施行的《社区矫正法》第 10 条、第 11 条、第 38 条规定，“社区矫正机构应当配备具有法律等专业知识的专门国家工作人员（以下称社区矫正机构工作人员），履行监督管理、教育帮扶等执法职责”，而“社区矫正机构根据需要，组织具有法律、教育、心理、社会工作等专业知识或者实践经验的社会工作者开展社区矫正相关工作”，同时“居民委员会、村民委员会可以引导志愿者和社区群众，利用社区资源，采取多种形式，对有特殊困难的社区矫正对象进行必要的教育帮扶”。

（二）工作依据的法定性

依法依规办事是司法行政工作的突出表现，而依法执教、依法施教更是矫正教育工作的必然要求，矫正教育工作的所有过程和所有措施都必须依法实施。目前，我国监狱矫正教育工作的法律依据主要包括《监狱法》《监狱教育改造工作规定》《教育改造罪犯纲要》等。其中，《监狱法》总则第 3 条、第 4 条分别规定了监狱矫正教育的工作原则、“三课”内容，第 5、6 章分别规定了“对罪犯的教育改造”“对未成年犯的教育改造”；而两个规范性文件即《监狱教育改造工作规定》和《教育改造罪犯纲要》，提出了监狱矫正教育工作的总体要求以及矫正教育的形式、内容、方法等，尤其涉及入监教育、个别教育、“三课”教育、监区文化建设、社会帮教、心理矫治、出监教育等方面具体规范。我国戒毒矫正教育工作的法律依据主要包括《禁毒法》、《戒毒条例》和司法部、公安部等有关部门制定的《司法行政机关强制隔离戒毒工作规定》《强制隔离戒毒人员教育矫治纲要》《强制隔离戒毒诊断评估办法》等一系列带有法律性质的行政规章及其他规范性文件。这些法律和规章制度的出台实现了戒毒矫正教育工作有法可依、有章可循，充分保障了戒毒工作法治化、规范化运行。其中，《强制隔离戒毒人员教育矫治纲要》的规定内容涉及戒毒矫正教育的工作目标、基本原则、主要内容、方式方法、组织实施等诸多方面。目前，我国社区矫正教育工作的法律依据主要是《社区矫正法》以及《社区矫正法实施办法》，其中规定了社区矫正机构矫正教育者的工作性质、原则、目标、主体、内容、方法等。

矫正教育工作具有法定性的特点，一方面，要求矫正教育者必须严格遵守法律的规定，依法履行国家赋予其开展矫正教育的职责；另一方面，要求矫正教育对象必须依法履行其接受矫正教育的义务，①并在矫正教育者的教导下树立学法、尊法、守法、用法的观念，逐渐从内心深处真正理解和认同法律的正义性、权威性，进一步强化规则意识、遵守法律规范。

二、复杂性

矫正教育是一项复杂而艰巨的工作，其复杂性主要体现在工作对象、工作任务、活动意向三个方面。

（一）工作对象的复杂性

首先，矫正教育者的工作对象在年龄、性别、个性、人生观、世界观、价值观、家庭出身等方面各不相同，所有这些差异在各类司法矫正机构中都存在，反映出其复杂性的第一个方面。其次，矫正教育者的工作对象违法犯罪类型不同、主观恶性程度不同、认罪悔罪状况不同、个人成长经历不同、人际交往情况不同，也反映出其复杂性的第二个方面。最后，矫正教育者的工作对象存在不同程度的消极意识，如有的思想偏激，有的人格缺陷，还有的心理疾病，这就给矫正教育工作增加了第三个方面的复杂性。②

（二）工作任务的复杂性

矫正教育者既要向矫正教育对象传授文化知识，又要进行法律常识教育、思想道德教育，还要开展习艺劳动教育、职业技术教育。对于特殊的矫正教育对象，更要采取及时的心理咨询乃至心理治疗、行为矫正的方法。另外，矫正教育工作既要促进矫正教育对象的发展，又要转变其思想、矫正其恶习，这种破立结合、先破后立③的双重任务使矫正教育工作更具复杂性。

（三）活动意向的复杂性

教育是一种具有目的的意向性的活动，即教育者和教育对象对于教育活动的

---

① 在普通教育领域中，一般只在义务教育阶段申明受教育是适龄教育对象的权利和义务，其他的各阶段则更多地是对受教育权利的强调。但在矫正教育领域中，无论矫正教育对象的年龄是否在义务教育的年限之内，也无论他们在入监（入所或入矫）之前的身份、职业等情况，都有受教育的义务（参见夏宗素主编：《矫正教育学》，法律出版社 2014 年版，第 149 页）。

② 参见夏宗素主编：《矫正教育学》，法律出版社 2014 年版，第 149 页。

③ 这里的“先破后立”是指矫正教育者必须先清除矫正教育对象头脑中的消极意识，然后才可能使积极的思想观念进入其头脑中。参见高莹主编：《矫正教育学》，教育科学出版社 2007 年版，第 70 页。

目的与方向都有一个认识，且教育活动的效果取决于教育者和教育对象双方的目的意向。在普通教育领域中，教育者和教育对象的目的意向是一致的。换言之，双方的意向是基本统一在共同的教育目的上。但在矫正教育领域中，矫正教育者的意向代表着党和政府对教育、感化、挽救违法犯罪人员的期望以及人民群众对社会安全稳定的期盼，而矫正教育对象的意向则代表着他们自己的利益。这两种意向常常是相背离或相抵触的。这就决定了矫正教育工作要比普通教育工作更为复杂而艰巨。①

三、综合性

矫正教育是矫正教育者遵循多元的矫正教育原则，设置多项矫正教育内容，运用多种矫正教育方法，来实现矫正教育对象再社会化目的的综合性工作。② 其综合性主要表现在，既主张以人为本、标本兼治、因人施教、循序渐进等诸多原则相结合，又强调法律常识教育、思想道德教育、文化知识教育、职业技术教育等诸多内容相结合，还注重集体教育、个别教育、分类教育、辅助教育等诸多方法相结合。

（一）工作原则的综合性

矫正教育者的工作原则，是指矫正教育者在开展工作时所必须遵循的行为准则和基本要求。它不仅是矫正教育工作本质属性的具体体现，而且是矫正教育工作实践经验的科学总结，还是矫正教育者选择矫正教育内容、矫正教育方式的理论依据和行动指南。例如，《教育改造罪犯纲要》总结了 4 条共 32 字的监狱矫正教育原则，即以人为本，重在改造；标本兼治，注重实效；因人施教，突出重点；循序渐进，以理服人。《强制隔离戒毒人员教育矫治纲要》总结了 5 条共 20 字的戒毒矫正教育原则，即以人为本、因人施教、综合矫治、面向社会、科学创新。这些矫正教育原则并非彼此孤立，而是相辅相成、辩证统一的有机整体。矫正教育者只有全面而深刻地理解各项原则的内涵及其内在关系，并在实践活动中将其有机结合、综合应用，才能取得教育矫正工作的良好效果。

（二）工作内容的综合性

矫正教育者的工作内容因其所在司法矫正机构性质的不同而有所差异，但都基本涵盖法律常识教育、思想道德教育、文化知识教育、职业技术教育等内容，并根据实际需要和具体情况而有所侧重、删减或增补。例如，根据《教育改造罪犯纲要》

---

① 参见高莹主编：《矫正教育学》，教育科学出版社 2007 年版，第 70 页。

② 参见胡配军主编：《社区矫正教育理论与实务》，法律出版社 2007 年版，第 50 页。

的相关规定，监狱矫正教育内容应包括入监教育、法律常识教育、认罪悔罪教育、公民道德和时事政治教育、文化教育、劳动和职业技术教育、心理健康教育、出监教育等。根据《强制隔离戒毒人员教育矫治纲要》的相关规定，戒毒矫正教育内容应包括入所教育、所规所纪教育、法律常识教育、思想道德教育、形势政策宣传教育、戒毒常识教育、文化素质教育、戒毒康复教育、心理健康教育、卫生知识教育、行为养成教育、劳动教育、职业技能培训、回归社会教育等。根据《社区矫正法》的相关规定，社区矫正教育内容应包括法治教育、认罪悔罪教育、道德教育、心理健康教育、职业技能培训、就业指导。矫正教育者综合运用上述矫正教育内容，努力把矫正教育对象转化成为守法公民，使之顺利回归社会，降低重新违法犯罪率，从而最大限度地减少不和谐因素、最大限度地增加和谐稳定因素。

（三）工作方法的综合性

矫正教育者工作方法的最大特点就是综合性强，尤其突出集体教育与个别教育相结合、课堂教育与辅助教育相结合、设施内教育与设施外教育相结合。例如，《监狱法》第 61 条规定："采取集体教育与个别教育相结合、狱内教育与社会教育相结合的方法。"《监狱教育改造工作规定》第 6 条规定："监狱教育改造工作，应当坚持集体教育与个别教育相结合，课堂教育与辅助教育相结合，常规教育与专题教育相结合，狱内教育与社会教育相结合。"《未成年犯管教所管理规定》第 28 条规定，对未成年犯的教育采取集体教育与个别教育相结合，课堂教育与辅助教育相结合，所内教育与社会教育相结合的方法。总之，矫正教育者在工作中综合运用集体教育、个别教育、分类教育、辅助教育等多种方法，最大限度地发挥不同矫正教育方法的优点，进而提高矫正教育效果。

四、示范性

尽管矫正教育与普通教育在工作目标、对象、主体、内容、方法、手段、场所等方面各不相同，但共通之处在于"教育"。而教育作为一种培养人的社会实践活动，决定了矫正教育者、普通教育者的工作均具有一定的示范性。①

（一）教育者言行的示范性

汉代杨雄《法言·学行》云："师者，人之模范也。"示范性是教师（教育者）的重要特征，也是矫正教育者的工作特点之一。示范性的含义是，矫正教育者在工作过程中不仅以执法者和管理者的身份出现，而且以教师或者教育者的身份出现，要以

① 参见夏宗素主编：《矫正教育学》，法律出版社 2014 年版，第 150 页。

自身的言行率先垂范,利用言传身教的方式潜移默化地影响矫正教育对象。事实上,任何一位矫正教育者,无论他能否意识到表率的作用,也无论他是否自觉以身作则,都在为矫正教育对象进行示范,从而使其个人言行具有一定的教育意义。

(二)教育者品德的示范性

矫正教育者的工作示范性除了外在的、可以直接感知的言行,还有内在的、需要理性判断的品德。在矫正教育过程中,矫正教育者自身的个性心理品质、伦理德性、职业操守对于矫正教育对象具有重要的教育作用。这种示范作用尤其在开展思想道德教育活动中,成为最现实、最典型、最有力的教育手段,能够强化矫正教育对象在道德感知中所重塑的价值观念,进而提高理性认识和情感水平。

五、主导性

矫正教育者工作主导性是教育者在教育活动中主导作用的一般规律,在矫正教育领域中的具体表现,即教育角色的主导性和教育活动的主导性。

(一)教育角色的主导性

矫正教育者作为"灵魂工程师""人生领航者",担负着重新塑造矫正教育对象心灵的重要任务。矫正教育者受国家和社会的委托,要把矫正教育对象从一条与矫正教育目的相反的发展道路上引领回来,使矫正教育对象的身心发展、思想状态与矫正教育要求相一致。如果缺少了矫正教育者的导向性、权威性和制约性,矫正教育对象就会在人生的道路上继续迷失方向。①

(二)教育活动的主导性

正规的教育活动是在一定的教育组织中进行的教育过程,其特征在于计划性和组织性,教育者则是教育活动的组织者和计划者,决定着教育对象的学习内容、进程和方法。矫正教育活动与普通教育活动的区别在于法制性强。因此,矫正教育者在依法执教、依法施教的过程中,既是执法者又是教育者,其开展的教育活动本身就是执法活动的一部分,其主导性是毋庸置疑的。只有坚持矫正教育者是矫正教育活动的主导者,才能确保矫正教育活动沿着社会主义法治的路线发展,②才能在实践中促进矫正教育对象顺利回归社会。

六、创造性

矫正教育者的工作是一种以人为对象的工作,而人是千差万别的,且由于时代

---

① 参见高莹主编:《矫正教育学》,教育科学出版社 2007 年版,第 74 页。

② 参见高莹主编:《矫正教育学》,教育科学出版社 2007 年版,第 73 页。

的发展和社会的进步，矫正教育背景与形势也会有所变化。矫正教育者必须根据现实的情况不断创新、与时俱进，以便取得良好的矫正教育效果。通常而言，矫正教育者的工作创造性表现在教育方案的创造性和教育机智的创造性。

（一）教育方案的创造性

正如前文所述，矫正教育对象具有复杂性，因此矫正教育者必须注意到矫正教育对象在性别、年龄、文化程度、主观态度、犯因需要、心理特征、职业技能、就业观念、婚姻状态、家庭结构、社会支持等诸多方面的差异，对他们提出具体的矫正教育目标，制订个性化的矫正教育方案，精选适合的矫正教育内容，运用恰当的矫正教育方法。① 矫正教育者在设计、制订教育方案时，应充分发挥创造性思维，对教育情境、教育内容、教育方式方法具有探索的态度和能力，努力做到有的放矢而非纸上谈兵、对症下药而非千篇一律，以期取得良好的矫正教育效果。

（二）教育机智的创造性

教育机智是指教育者在意外或突发情况下正确而迅速地做出判断，并采取适当措施处理问题的能力。作为个人智慧和创造性的有机统一，教育机智是衡量矫正教育者专业素养高低、职业成熟与否的重要指标。在矫正教育实践中，矫正教育者经常遇到一些突发事件。在这种情况下，如果原先计划、预设的教育方案都无法顺利实施，就需要矫正教育者根据专业知识和工作经验快速做出反应，巧妙地、创造性地化解矛盾。②

第三节　矫正教育者的素质要求

随着知识经济社会的到来，我国各行各业开始步入一个高度专业化的时代，将过去由一人完成的工作进行更精细化的分工与协作，从而提高工作效能。就司法行政系统人民警察而言，曾经身兼安全警戒者、劳动管理者、政策宣传者、矫正教育者、心理咨询师、后勤保障员等数职的“万金油”式人物正在淡出行业舞台。为了建设一支革命化、正规化、专业化、职业化的司法行政系统人民警察队伍，以适应新时期履行其工作职能的素质要求，司法部在 2002 年、2006 年、2012 年、2016 年先后四次下发了关于司法行政系统人民警察队伍建设方面的阶段性规划纲要，尤其在

---

① 参见夏宗素主编:《矫正教育学》，法律出版社 2014 年版，第 150 – 151 页。

② 参见夏宗素主编:《矫正教育学》，法律出版社 2014 年版，第 151 页。

2002年明确指出专业化是“具有良好的法治意识、教育意识、改造意识，具有较高的教育人、挽救人的专业素质、职业道德和专业技能，成为胜任本职工作的专业人才”，①并强调专业化建设既是司法行政系统人民警察队伍建设的目标和方向，也是提高司法行政工作水平的必由之路。为了确保专业的人做专业的事，结合《2016—2020年监狱戒毒人民警察队伍建设规划纲要》的相关内容，矫正教育者的素质要求应从两个层次加以把握。第一个层次是基本素质要求，即任何一位合格的司法行政系统人民警察都应达到的基本条件，主要包括思想政治素质、身心健康素质、科学文化知识等。第二个层次是专业素质要求，主要包括矫正教育方面的专业知识、专业能力和职业道德。

一、基本素质要求

（一）思想政治素质

矫正教育者的思想政治素质可以分为思想道德素质和政治纪律素质。

1. 思想道德素质

思想道德素质是指在一定的社会环境影响下，通过个体对自身的认识和社会实践，在个性倾向、思想观念、道德情操、理想信仰等方面养成的较稳定的品质。思想道德素质是矫正教育者开展工作的最基本保障，主要包括伦理认识、思想情感、道德意志、理想信念、道德行为等因素，反映出矫正教育者对他人、对社会的情感、态度和价值观。

思想道德素质的基础在于矫正教育者在工作中以社会舆论、内心信念来维持和调整自身的行为规范，做到“明大德”“守公德”“严私德”。明大德，即在日常工作中坚决拥护中国共产党的领导，坚定中国特色社会主义道路，把社会主义核心价值观作为明德修身、立德树人的根本遵循；守公德，即自觉遵守社会规则、公民道德，有社会责任感、家庭责任感，以公序良俗约束自己的行为，不断提升人际交往中的品行；严私德，即培养道德情感，具有一定的道德自律性，树立自尊、自信、自强、自立观念。

2. 政治纪律素质

政治纪律素质是指在政治工作或组织活动中所体现的政治品质、政治态度、政治信仰、纪律作风等综合品质。政治纪律素质是矫正教育者必备的核心素质，主要包括坚持四项基本原则，同党中央在政治上保持一致；熟知党和国家的大政方针，

① 中华人民共和国司法部：《2003—2005年监狱劳教人民警察队伍建设规划纲要》，载法律教育网：http://www.chinalawedu.com/falvfagui/fg22598/17252.shtml。

特别是与司法矫正机构有关的基本政策与方针；坚决遵守宪法，执行法律，掌握党纪、政纪和公务员纪律有关的规定，特别是“四个忠守”“九个必为”“七个严守”“六条禁令”“六个一律”“六个决不允许”等铁规禁令的贯彻执行。

以身为监狱人民警察的矫正教育者为例，“四个忠守”的具体内容是：第一，忠于党，坚持中国共产党的领导，始终与党中央保持高度一致，自觉维护中央权威；第二，忠于祖国，坚持国家利益高于一切，自觉维护国家安全、荣誉和利益，维护国家统一和民族团结，同一切危害国家利益的言行作斗争；第三，忠于人民，坚持以人为本、执法为民，坚定不移地维护人民群众合法权益，切实实现好、维护好、发展好最广大人民根本利益；第四，忠于法律，坚持依法治国基本方略，维护宪法和法律的统一、尊严和权威，维护社会公平正义，促进社会和谐，维护社会稳定。“九个必为”的具体内容是：第一，牢固树立法治观念，严格依法办事，自觉维护法律权威和尊严；第二，严格按照法定权限、条件和程序办理收监、(加)减刑、假释、暂予监外执行、准假放假、释放；第三，严格狱政管理，做到严格、公正、科学、文明管理，坚持直接管理；第四，坚持以人为本，实行因人施教、分类教育、以理服人，将罪犯改造成守法公民；第五，严格执行安全生产、劳动工时、劳动保护和劳动报酬制度，合理组织罪犯劳动，矫正其恶习，培养其劳动习惯；第六，严格执行生活卫生制度，保障罪犯的生活和健康权益，杜绝狱内重大疫情发生；第七，尊重罪犯人格，依法保障和维护罪犯的人身安全、合法财产、辩护、申诉、控告、检举以及其他未被依法剥夺或者限制的权利；第八，坚持惩治与预防相结合，加强狱情分析，消除安全隐患，依法打击狱内违法犯罪，维护监所安全稳定；第九，实行狱务公开，自觉接受监督，提高执法透明度。依法打击狱内违法犯罪，维护监所安全稳定。“七个严守”的具体内容是：第一，严守政治纪律，不发表、不传播不符合监狱人民警察身份的言论，不参加非法组织，不参加非法集会、游行、示威等活动；第二，严守组织纪律，坚决执行五级决定和命令，服从领导，听从指挥，令行禁止；第三，严守群众工作纪律，牢记全心全意为人民服务的根本宗旨，不得利用工作之便侵占和损害人民群众的利益，尤其尊重罪犯家属，对反映的问题和提出的合理要求，要认真对待，不得推诿扯皮、故意刁难；第四，严守工作纪律，遵守各项工作规定，讲究工作质量和效率；第五，严守廉政纪律，认真执行廉洁从政准则和廉洁自律规定，淡泊名利，防腐拒贿，自觉做到不与罪犯亲属发生非工作关系的往来，不接受可能影响公正执法的宴请、消费、娱乐等活动，不以个人名义经商办企业，不利用职权为亲友经商提供方便，不利用罪犯的社会关系进行生产经营活动等；第六，严守保密纪律，强化保密意识，自觉保守国家秘密和工作秘密，防止失密、泄密；第七，严格执行监狱人民警察“六条禁令”，坚决杜绝违反禁令行为。“六条禁令”的具体内容是:第一,严禁殴打、体罚或者指使他人殴打、体罚罪犯;第二,严禁违规使用枪支、警械、警车;第三,严禁索要、收受罪犯及其亲属的财物;第四,严禁为罪犯传递、提供违禁物品;第五,严禁工作期间饮酒;第六,严禁参与赌博。“六个一律”的具体内容是:凡是私带违禁物品给罪犯的,一经查实,是干警的一律开除,是工人的一律解除劳动合同,是外协人员的一律废止外协合同,此类案件一律上报省局并向驻地检察机关通报,涉嫌犯罪的一律移送司法机关,负有管理、检查、督察责任的人员隐情不报、压案不查的一律就地免职并追究责任。“六个决不允许”的具体内容是:在任何形式、任何场合、任何理由下,决不允许在执行公务中擅自离岗;决不允许违规发布、传播监狱工作信息;决不允许给罪犯提供、使用移动通信工具;决不允许接受罪犯及其家属的财物和请吃;决不允许在罪犯计分考核等执法管理中弄虚作假;决不允许执行公务时饮酒。

(二)身心健康素质

矫正教育者的身心健康素质可以分为身体健康素质和心理健康素质。

1. 身体健康素质

身体健康素质是指人体器官系统在遗传因素影响的基础上,通过后天的营养、锻炼和保健所表现出来的力量、速度、耐力、柔韧、灵敏等身体基本状态和功能。① 身体素质是个体道德和智慧的载体和物质基础。没有健康的体魄,一切都变得毫无意义。矫正教育者工作的复杂性、艰巨性决定其必须有强壮的身体和充沛的精力。加强身体素质的训练和培养,对处理矫正教育工作中遇到的紧急情况、突发事件很有必要。②

以身为监狱人民警察的矫正教育者为例,力量素质是指人的身体或身体某一部分肌肉在活动时克服阻力的能力,属于身体素质的重要部分,要求监狱人民警察必须保持强壮的身体,以便在监狱工作中能够胜任艰巨的警务活动;速度素质是指人的身体进行快速活动的能力,包括快速动作能力、快速反应能力以及快速移位能力,是监狱人民警察从事警务活动时采取各种行动的时间频率状况,要求监狱人民警察必须保持雷厉风行的工作作风,以便在监狱的警务活动中能够招之即来、来之能战;耐力素质是指人在活动中身体抗御疲劳的能力,是监狱人民警察从事警务活动在一定的时间范围内采取各种行动的时间持续长度状况,要求监狱人民警察必须保持吃苦耐劳的精神和坚韧不拔的意志,在监狱的警务活动中能够发扬长期连续作战的精神,提高战斗力;柔韧素质是指人的身体关节在不同方向上的运动能力

---

① 参见苗伟明主编:《警察执勤实战技能实训教程》,上海人民出版社 2016 年版,第 30 页。

② 参见刘最跃编著:《论未成年犯的教育改造》,天津大学出版社 2013 年版,第 134 页。

及肌肉、韧带等身体软组织的伸展能力，主要表现为关键活动幅度的大小，要求监狱人民警察从事警务活动采取各种行动时身体不受损伤，保持战斗力；灵敏素质是指人的身体在复杂多变的环境条件下快速、准确、协调地完成正确动作的能力，属于各种身体素质在活动行为中的综合表现，要求监狱人民警察从事警务活动时保持高度的警惕性、旺盛的战斗力，能够快速、准确、有力采取各种行动。①

2. 心理健康素质

心理健康素质是指个体在遗传和环境因素的共同影响下形成的情感、信念、意志等内在心理品质，是对社会环境的适应、调控及其承受能力的综合反映。良好的心理素质是顺利开展矫正教育工作的重要条件，主要表现在矫正教育者抑邪匡正的情感、矢志不移的信念、刚毅坚强的意志。

以身为监狱人民警察的矫正教育者为例，监狱人民警察应培养自身抑邪匡正的情感，既以摆正同罪犯的关系为核心构架特有的心理态势，又以代表国家和人民利益执法者的身份对罪犯的犯罪行为深恶痛绝，更以矫正教育者的法律使命对罪犯的犯罪意识施加矫治措施，促使罪犯改邪归正、弃恶从善；监狱人民警察应确立矢志不移的信念，以唯物辩证的观点强化自己在实现罪犯思想转化、恶习矫正中的主导作用，既要看到绝大多数罪犯是愿意接受改造并且可以改造好的，又要看到他们在“塑造新我”与“留恋旧我”之间充满激烈的思想斗争和痛苦的选择，既要看到实现弃旧图新的主动性在于罪犯自身，又要看到监狱人民警察的矫正教育作用的重要性，进而把理想追求与实干精神结合起来，全心全意当好罪犯人生道路上的导航者和引路人；监狱人民警察应具有刚毅坚强的意志，要有藐视困难的勇气、奋力拼搏的激情、坚韧不拔的毅力，在与形形色色的服刑罪犯打交道的工作中，不断强化自身的意志。②

（三）科学文化知识素质

矫正教育者应具备的科学文化知识素质可以从人文社会科学知识和自然科学知识两个方面来分析。其中，主要掌握有关人文社会科学知识，具备一定的语言学、文学、逻辑学、史学、伦理学、美学、行为学、信息学、宗教学以及有关工学与农学知识，并及时了解国内外政治、经济、科技、文教以及军事方面的最新动态，引导矫正教育对象予以正确认识和评价。语言学、文学和逻辑学，有助于提高矫正教育者的思维和表达能力；史学有助于丰富施教内容；伦理学、美学有助于指导矫正教育对象树立正确的道德观念和审美观念；行为学有助于把握矫正教育对象的行为规律；掌

① 参见史殿国主编：《监狱学概论》，中国市场出版社2005年版，第78-79页。

② 参见史殿国主编：《监狱学概论》，中国市场出版社2005年版，第76-77页。

握宗教学知识则有助于指导矫正教育对象摆脱各种邪教“恶魔”的缠扰;工学和农学知识有助于指导矫正教育对象参与职业技术的培训与学习;信息学则有助于矫正教育者掌握先进的教育手段,等等。[①]

二、专业素质要求

(一)专业知识

矫正教育者的专业知识主要包括法学、犯罪学、监狱学、禁毒学、教育学、心理学、社会学等方面的知识,特别是罪犯教育学、矫治心理学、戒毒矫正教育理论、社区矫正教育理论等教育学、心理学、禁毒学、社会学的分支学科知识。其中,法学是研究用法即以强制的手段来调整、规范有关社会关系的科学;犯罪学是研究犯罪现象及其规律的科学;监狱学是研究对罪犯进行惩罚和改造的原则、规律和方法的科学;禁毒学是研究毒品问题的规律、特点及毒品预防与控制方法、手段的科学。这几方面的知识有助于把握矫正教育工作的原则和方向。教育学主要研究开展教育活动的原则、规律和方法、手段问题,心理学主要研究人的心理结构、心理变化规律等问题,社会学主要研究社会良性运行和协调发展的规律、条件和机制等问题。对教育学、心理学、社会学等知识的掌握,有助于解决矫正教育工作中的规律性、方法性、技术性问题。

(二)专业能力

矫正教育者的专业能力主要包括观察、认识、分析和处理问题的能力以及语言表达能力,做到“提笔能写,开口能说,遇事能办”。其中,观察能力是指对矫正教育对象行为举止、神情姿态等细微之处的注意力和觉察力,特别应注意从细微之处觉察出变化和问题,从而及时了解、核实,并予以解决;认识能力是指透过某些现象认识其本质或规律的能力,主要是能够透过矫正教育对象某些貌似悔改的假象认识其背后所隐藏的消极改造的真实意图;分析能力是指对某一现象所进行的有理有据的逻辑严密的剖析能力,主要表现为对矫正教育对象说服教育的能力;处理问题的能力,即要求对矫正教育对象在接受教育中的消极表现和突发问题能够及时予以解决或提出较为妥善的解决方案;语言表达能力是指面对矫正教育对象的谈话能力、讲话能力、授课能力以及某些公文、应用文书,如计划、总结、报告和执法文书的写作能力。此外,矫正教育者的教育管理能力、组织协调能力、防范处理突发事件的能力、舆论引导能力、个别教育能力、课堂讲授能力、队列讲话能力、执法文书制作

---

① 参见赵卫宽主编:《罪犯教育》,中国政法大学出版社2016年版,第5页。

能力、信息化实战应用能力等都是专业能力的具体体现。①

(三)职业道德

矫正教育者的职业道德主要包括职业关系规范、职业保密责任以及基本职业精神。

1. 矫正教育者的职业关系规范具体内容是:(1)矫正教育者不对矫正教育对象在性别、职业、民族、年龄、国籍和宗教信仰等任何方面给予歧视;(2)矫正教育者尊重矫正教育对象在矫正教育过程中对其所使用的方法、效果、结果的知情权;(3)矫正教育者不得利用矫正教育对象对自己的信任而有任何谋取私利或其他不当利益的行为,损害矫正教育对象的合法权益。②

2. 矫正教育者的职业保密责任在于,除非法律要求披露秘密或者确定该矫正教育对象对他本人或对他人有危险,否则矫正教育者要对矫正教育对象的以下内容进行保密:(1)就矫正教育对象的隐私,对相关人员(其他人民警察、矫正教育对象家人、其他矫正教育对象及亲属等)保密;(2)就矫正教育对象的档案,要对相关人员保密;(3)就矫正教育过程中的记录,要及时征询矫正教育对象的许可。③

3. 矫正教育者的基本职业精神包括品德优良、爱岗敬业、进取奉献、公正廉洁。④ 所谓矫正教育者的品德优良,主要是指面对那些具有各种不正确、不健康甚至腐朽的世界观、人生观、价值观的形形色色的矫正教育对象,必须具有坚定的立场、信念和理想,应当坚持不懈地学习中国特色社会主义理论体系,认清社会发展的规律,树立正确的世界观、人生观、价值观,从而抵御各种不正确的思想观念的冲击,更好地履行矫正教育者的使命;所谓矫正教育者的爱岗敬业,主要是指在开展矫正教育工作中要有艰苦奋斗、默默奉献的敬业精神,强烈的社会责任感和事业心,积极工作而不敷衍塞责,研究工作而不得过且过,具有尽职尽责的决心和毅力,并在爱岗敬业的基础上有所贡献、有所创新,不能满足于“苦劳”,要有“功劳”,有所成就;所谓矫正教育者的进取奉献,主要是指学习、勤奋、奉献,即把学习当作迅速提高矫正教育工作能力的重要途径,把勤奋作为持续探索矫正教育规律的动力,把奉献作为追求和实践矫正教育目标的精神境界;所谓矫正教育者的公正廉洁,是指在执法施教方面应严格要求自己,做到公正廉洁、不徇私情、不谋私利、防止腐败,凡是涉及矫正教育对象的权利、待遇和奖惩方面的问题,都应依法依规公开、公平、公正处理,以公正无私的执法者形象影响矫正教育对象,增强矫正教育力度,提高矫正教育效果。

---

① 参见赵卫宽主编:《罪犯教育》,中国政法大学出版社2016年版,第6页。

② 参见章恩友、姜祖桢主编:《矫治心理学》,教育科学出版社2008年版,第147页。

③ 参见章恩友、姜祖桢主编:《矫治心理学》,教育科学出版社2008年版,第147-148页。

④ 参见赵卫宽主编:《罪犯教育》,中国政法大学出版社2016年版,第6-7页。

第六章　矫正教育对象

根据本书对狭义上矫正教育概念的理解，矫正教育对象主要包括三类人员，即监狱中的罪犯（或者称为监狱服刑人员）、社区矫正对象和强制隔离戒毒人员。本章主要就这三类矫正教育对象展开讨论。

第一节　监狱服刑人员

一、监狱服刑人员概述

在我国传统的刑事执行法学中，罪犯主要是指监狱服刑人员。随着刑事司法体制改革，特别是社区矫正制度的推进，罪犯不再仅以监狱服刑人员为中心，而应当涵盖社区矫正对象。

（一）监狱服刑人员的概念

监狱服刑人员是指在监狱中执行刑罚的罪犯。目前我国监狱服刑人员包括被判处有期徒刑、无期徒刑、死刑缓期二年执行的服刑人员以及终身监禁的服刑人员。

监狱服刑人员不等同于罪犯。罪犯是指在实施犯罪后被审判机关依法定罪判刑并且裁判已经生效、尚未执行完毕的人。[①] 罪犯是一个法律概念，在相关的法律法规中使用过这个概念。例如，《刑法》第 67 条第 2 款规定："被采取强制措施的犯罪嫌疑人、被告人和正在服刑的罪犯，如实供述司法机关还未掌握的本人其他罪行的，以自首论。"《监狱法》第 1 条规定："为了正确执行刑罚，惩罚和改造罪犯，预防和减少犯罪，根据宪法，制定本法。"服刑人员是指正在执行刑罚的罪犯。服刑人员的概念在 2000 年之后的司法实践中开始出现。例如，在 2004 年最高人民法院发布的《关于在全国各高、中级人民法院开展减刑、假释工作专项大检查的通知》、2004

---

① 参见吴宗宪等：《刑事执行法学》（第 2 版），中国人民大学出版社 2017 年版，第 70 页。

年司法部颁布的《监狱服刑人员行为规范》等文件中均有体现。

(二)监狱服刑人员的特点

从法律方面来看,监狱服刑人员具有以下特点:

1. 服刑场所是监狱

监狱是国家关押和改造被判处监禁刑罪犯的特殊机构。在我国的刑事执行制度中,并不是所有被判处有期徒刑的罪犯都在监狱中执行刑罚。根据《刑事诉讼法》的规定,对判处有期徒刑的罪犯,在被交付执行刑罚前,剩余刑期在3个月以下的,由看守所代为执行。同时,被判处拘役的罪犯,由公安机关执行。监狱服刑人员仅指在监狱中接受惩罚与改造的服刑人员。

2. 所犯罪行严重

一般而言,监狱服刑人员是实施了严重犯罪行为的人,是被判处有期徒刑及以上刑罚的服刑人员,其罪行较管制犯、缓刑犯、拘役犯更为严重。正是由于监狱服刑人员所犯罪行严重,其人身危险性较高,为维护社区安全,保障公民合法利益,将人身危险性高的服刑人员置于以隔离关押为特征的监狱十分必要。在矫正过程中,监狱民警着力转化服刑人员不良心理和行为恶习,将其改造成为守法公民,实现刑罚特殊预防的目的。同时,为防止监狱服刑人员可能发生的危险,如斗殴、自伤自残、脱逃、越狱等,监狱管理机关需要加强警戒,并严格执行监管制度,以确保监管场所安全稳定。

3. 所占比例较高

在我国,监狱服刑人员的数量仍占居主体。根据国家统计局网站数据,2003年至2012年我国在押服刑人员每年略有波动,但总体上呈增长趋势,如表6-1所示:

表6-1 2003年至2012年我国在押服刑人员数量

年份	2003年	2004年	2005年	2006年	2007年	2008年	2009年	2010年	2011年	2012年
人数	1,562,742	1,558,511	1,565,711	1,566,839	1,589,222	1,623,394	1,646,593	1,656,773	1,641,931	1,657,963

从表6-1中可以发现,我国监狱在押犯人数从2003年1,562,742人,到2012年1,657,963人,9年间增长了95,000多人,平均每年净增1万余人。2014年我国监狱在押犯人数近170万人。[①] 总体上看,在押服刑人中的数量呈缓慢上升趋势。需要注意的是,在押服刑人员包括监狱、看守所在押服刑人员,但看守所仅收押剩余刑期不满3个月的服刑人员,比例很低。

---

① 参见张荆:《海峡两岸社区矫正制度建设研究》,法律出版社2016年版,第66页。

随着社区矫正制度的试点与推进,社区矫正对象数量迅速增长。社区矫正与监狱矫正成为我国刑罚执行体系的两大支柱。根据司法部社区矫正管理局统计的数据,2009 年至 2014 年社区矫正对象数量不断增加。2014 年后,社区矫正对象数量保持在 70 万人左右,如表 6－2 所示:

表 6－2　2009 年至 2017 年我国社区矫正对象数量

年份	2009 年	2010 年	2011 年	2012 年	2013 年	2014 年	2015 年	2016 年	2017 年
人数	204,599	277,897	400,382	564,046	681,001	732,202	697,946	690,858	693,675

通过对比可知,监狱服刑人员数量远超社区矫正对象的数量,约占全国罪犯总数的 2/3,可以说监禁刑罚仍然是刑罚执行的主体。

二、监狱服刑人员分类

(一)监狱服刑人员分类的意义

1. 有利于科学认识监狱服刑人员

监狱服刑人员千差万别,但也有共性可寻。一定类型的监狱服刑人员具有类似的群体性特征。了解这些特征的过程,就是认识监狱服刑人员的过程。对监狱服刑人员进行分类,是科学认识监狱服刑人员的重要方法。在分类过程中,要分析监狱服刑人员的具体特点,然后根据某类重要特点进行分类,将具有共同特征的监狱服刑人员归类到一起,实施特殊的矫正措施,才能取得良好的改造效果。可以说,分类的过程也是深化对监狱服刑人员认识的过程。

2. 有利于提高监狱矫正效果

监狱服刑人员改造是一项长期性、复杂性、综合性的工作。大多数监狱服刑人员所犯罪行严重,危险性高,改造难度大。以某类重要特点为标准,将监狱服刑人员区分为不同类型,实施有针对性的教育改造措施,以解决此类服刑人员的普遍性问题,从而提高改造效率,节约行刑资源。同时,根据监狱服刑人员的群体特点,设计相应的管理等级及制度,能够提高监狱管理的质量,缓解监狱人民警察警力短缺的压力。另外,同类监狱服刑人员相互影响,能够提高他们之间的互动和经验分享,形成良好的群体效应。综上,对监狱服刑人员进行合理分类,有利于提高监狱矫正效果。

(二)监狱服刑人员分类标准

分类标准是监狱服刑人员分类的关键。分类标准也大体经历了从简单到复杂,从定性到定量的发展过程。不同国家和地区采取的分类标准也不尽相同,常见的监狱服刑人员分类标准主要有:性别、年龄、犯罪性质、刑罚种类、刑期、犯罪历史、人身危险性等。

实践中,监狱执行法律明确规定了服刑人员分类标准。我国《监狱法》第 39 条规定:“监狱对成年男犯、女犯和未成年犯实行分开关押和管理,对未成年犯和女犯的改造,应当照顾其生理、心理特点。监狱根据罪犯的犯罪类型、刑罚种类、刑期、改造表现等情况,对罪犯实行分别关押,采取不同方式管理。”根据此条款,初次分类是根据年龄和性别,将监狱服刑人员分为女性和男性、未成年和成年服刑人员。再次分类是根据犯罪类型、刑罚种类、刑期、改造表现等。犯罪类型可以分为暴力型、财产型、性欲型、职务型或其他类型;刑罚种类(能在监狱服刑的)可分为有期徒刑、无期徒刑、死刑缓期二年执行和终身监禁;刑期可分为重刑犯、中刑犯和轻刑犯;改造表现可以分为宽管、普管、严管,主要根据监狱服刑人员的认罪态度、健康状态、危险程度、现实表现等因素考察。

监狱服刑人员分类问题是理论界关注的热点之一。陈士涵以道德人格为标准,将罪犯分为四类。第一类:处于最低道德人格层次或低于最低道德人格层次的罪犯,如那些完全是主动进行犯罪、犯罪手段又十分残忍的罪犯可归入此类,这类罪犯的主观恶性程度是很深的。第二类:处于很低道德人格层次的罪犯,如那些道德败坏、愚昧无知的罪犯,或者恶习难改、反复犯罪的罪犯,可归入此类。这类罪犯的主观恶性程度比较深。第三类:处于较低道德人格层次的罪犯,这类罪犯的道德人格层次低于常人,主观恶性程度比较浅。第四类:处于一般道德人格层次的罪犯,这类罪犯的道德人格与常人相近或相同,主观恶性程度很浅。也有学者提出另一种分类思路:以罪犯的价值意识是否正常为标准,分为邪教型罪犯和普通型罪犯。以犯罪时的组织形式为标准,分为个体罪犯、团伙罪犯、法人罪犯和黑社会性质组织的罪犯。黑社会性质组织的罪犯,其综合力强,社会危害性大,应系统研究其形成原因,加大对其的改造力度。以犯罪恶习程度、刑期、实际服刑时间、现实改造表现、认罪服法态度等综合因素为标准,分为自觉改造层罪犯、监督改造层罪犯、加强改造层罪犯等。①

总体来看,我国监狱服刑人员分类标准比较粗放。仅依靠年龄、性别、犯罪性质、刑期等标准,难以区分复杂的监狱服刑人员构成。例如,刑期的长短难以衡量监狱服刑人员的人身危险性,有的过失犯或职务犯刑期长,但危险性不高,而有的暴力犯刑期虽短,但危险性高;有些犯罪类型存在交叉,有的强奸犯既是暴力型犯罪,也是性欲型犯罪,对其进行划分便是难题,等等。目前,理论界及实务部门都有强调

---

① 参见王秉中主编:《罪犯教育学》,群众出版社 2003 年版,第 13 页。

以人身危险性为标准,将监狱服刑人员区分为高、中、低度危险,并将监狱设置为高警戒度监狱、中警戒度监狱、低警戒度监狱和特殊监狱。

三、监狱服刑人员的教育改造

监狱服刑人员的教育改造,是指监狱系统地影响和改变服刑人员思想观念和行为方式,以实现其再社会化目标的活动。教育改造是监狱刑罚执行活动的重要组成部分,是改造服刑人员的基本手段之一,贯穿于监狱工作的全过程。教育改造的任务是通过各种有效的途径和方法,教育服刑人员认罪悔罪,自觉接受改造,增强法律意识和道德素养,掌握一定的文化知识和劳动技能,最终成为守法公民。监狱服刑人员教育改造的特点可以从四个方面进行分析。

(一)教育环境的封闭性

监狱的本质是隔离关押。监狱借助"高墙电网",将人身危险性高、社会危害性大的罪犯隔离关押在特定的监禁场所,体现刑罚一般预防的作用,也能够实现平复公众心理、维护社会稳定的目标。同时,监狱积极组织各类矫正活动,转化服刑人员的不良心理及行为恶习,消除其人身危险性,促进其再社会化,体现刑罚特殊预防的作用。

封闭性环境并不影响教育改造工作的开展。虽然教育环境的封闭性限制了社会教育资源的介入,但是高素质、专业化的监狱人民警察队伍建设日渐形成,加之配备多样化的教育设施,如教室、谈话室、文体活动室、图书室、阅览室、电化教育室、心理咨询室等,可以充分保障服刑人员教育改造工作的顺利开展。

(二)教育内容的多样性

监狱服刑人员教育改造的内容是丰富多样的。《监狱法》第 62 条规定:"监狱应当对罪犯进行法制、道德、形势、政策、前途等内容的思想教育。"第 63 条规定:"监狱应当根据不同情况,对罪犯进行扫盲教育、初等教育和初级中等教育,经考试合格的,由教育部门发给相应的学业证书。"第 64 条规定:"监狱应当根据监狱生产和罪犯释放后就业的需要,对罪犯进行职业技术教育,经考核合格的,由劳动部门发给相应的技术等级证书。"2003 年司法部发布的《监狱教育改造工作规定》(司法部令第 79 号)第 5 条规定:"监狱教育改造工作主要包括:入监教育;个别教育;思想、文化、技术教育;监区文化建设;社会帮教;心理矫治;评选罪犯改造积极分子;出监教育等。"依据上述条款,监狱根据服刑人员不同阶段的需要,并结合服刑人员的个性特点,实施多样化的教育。同时,监狱还鼓励服刑人员参加自学考试,组织开展适当的体育活动和文化娱乐活动。此外,监狱重视社会帮教的作用,积极争取服刑人员的亲属、志愿者、企业事业单位、社会各界人士等社会力量协助他们做好教育改造工作。

(三)教育方法的综合性

在改造罪犯的过程中,监狱人民警察需要综合应用不同的教育方法。《监狱法》第61条规定:“教育改造罪犯,实行因人施教、分类教育、以理服人的原则,采取集体教育与个别教育相结合、狱内教育与社会教育相结合的方法。”《监狱教育改造工作规定》(司法部令第79号)第6条规定:“监狱教育改造工作,应当坚持集体教育与个别教育相结合,课堂教育与辅助教育相结合,常规教育与专题教育相结合,狱内教育与社会教育相结合。”《监狱教育改造工作规定》进一步细化了《监狱法》规定的教育方法。根据上述条款,监狱服刑人员教育改造的方法多样。这些方法各具优势,监狱人民警察应根据教育改造的需要和罪犯的实际情况,灵活、综合运用相应的方法,以提高教育改造效果。

(四)教育经费的保障性

罪犯教育改造的经费具有保障性。《监狱教育改造工作规定》第8条规定:“监狱用于罪犯教育改造的经费,按照国家规定的有关标准执行。少数民族罪犯、未成年犯的教育改造经费应予提高。”监狱矫正是国家刑罚执行活动,教育改造是其必要的手段,应由国家财政保障。充足的教育改造经费有助于配备多样化的教育设施,提高监狱人民警察的专业化水平,吸引社会教育资源的广泛介入。同时,鉴于少数民族罪犯、未成年犯文化程度普遍偏低等特殊情况,为提高教育矫正效果,提高教育矫正经费十分必要。

第二节　社区矫正对象

一、社区矫正对象概述

(一)社区矫正对象的概念

社区矫正对象是指在实施犯罪行为后依法被判处非监禁刑并在社会上接受矫正的罪犯。

从有关文献来看,除了“社区矫正对象”这个概念之外,官方还使用过“社区服刑人员”“社区矫正人员”等概念。2003年7月10日,最高人民法院、最高人民检察院、公安部、司法部联合发布的《关于开展社区矫正试点工作的通知》(该通知是我国社区矫正工作第一部规范性文件)中使用“社区服刑人员”的概念。2019年颁布的《社区矫正法》将社区矫正的性质界定为非监禁刑事执行制度,而没有将其确定为刑罚执行，自然没有使用社区服刑人员的概念。社区矫正对象包括“四类人”，即管制犯、缓刑犯、假释犯、暂予监外执行犯，这“四类人”的法律地位、义务都有所不同，简单地将社区矫正笼统定性为刑罚执行不准确，也缺乏法律依据。社区矫正对象构成复杂，管制属于刑罚执行，但占比很小，缓刑是刑罚的暂缓执行，符合条件的，原判刑罚就不再执行。二者的性质、理论基础以及制度目的都不同。在制定《社区矫正法》过程中，不少意见认为，将社区矫正定位为刑罚执行，未能正确理解刑罚理论的一些基本概念和制度，某种程度上反映了理论研究深度不够，用于指导实施，容易出现脱离“罪刑法定原则”的工作偏差，是“画地为牢”“法外施刑”等错误做法的思想根源。[①] 将社区矫正性质界定为刑事执行制度，符合罪刑法定、罪刑相适用原则，符合社区矫正依法矫正的要求，也符合权利义务法定的法治要求。根据社区矫正的性质，《社区矫正法》使用社区矫正对象的概念，而没有使用社区服刑人员的概念。

“社区矫正人员”的概念也需要澄清。2012 年 1 月 10 日，最高人民法院、最高人民检察院、公安部、司法部印发的《社区矫正实施办法》（已失效）中使用“社区矫正人员”的概念。有学者认为，“社区矫正人员”一词存在一些重要问题：[②]首先，没有标明人员身份。毫无疑问，被称为“社区矫正人员”的几类人员是在实施犯罪行为之后被审判机关定罪判刑的罪犯。但是，“社区矫正人员”一词并未体现这种意思，没有标明这些人员的身份特征和法律地位。其次，指称对象不够明确。“社区矫正人员”究竟是指接受社区矫正的服刑人员，还是指从事社区矫正工作的管理人员以及其他人员。最后，刻意模糊人员身份。如果看一些使用“社区矫正人员”概念的文献，就可以看出在这个概念背后似乎存在刻意模糊这些人员的法律身份的意图。如果真是这样，那是不符合社会正义的。

（二）社区矫正对象的特点

从法律方面来看，社区矫正对象具有下列特点：

1. 实施了犯罪行为

社区矫正对象是实施了犯罪行为的自然人。实施了犯罪行为是他们与守法公民的基本区别，也是与一般违法者的重要区别。根据我国罪刑法定的基本原则，如果行为人没有实施犯罪行为，就不应当成为社区矫正对象。例如，因为吸食、注射毒品被强制隔离戒毒的违法者，受到治安管理处罚的违法者等。虽然行为人实施了

---

① 参见王爱立、姜爱东主编：《中华人民共和国社区矫正法释义》，中国民主法制出版社 2020 年版，第 18 页。

② 参见吴宗宪主编：《社区矫正导论》，中国人民大学出版社 2011 年版，第 126 – 127 页。

违法行为,但是这些违法行为的程度较轻,没有达到构成犯罪的程度,他们不应当成为社区矫正对象。

社区矫正对象仅限于自然人,不能包括单位。尽管我国现行《刑法》规定了单位犯罪,但是对犯罪单位本身适用罚金,对其不存在矫正的问题。当然,单位犯罪中的相关责任人可能因适用管制、缓刑等非监禁刑或非监禁刑罚执行措施而成为社区矫正对象。

2. 被判处一定的刑罚

社区矫正对象是被判处一定刑罚的罪犯。社区矫正对象不包括受到非刑罚处罚的犯罪分子。《刑法》第 37 条规定:"对于犯罪情节轻微不需要判处刑罚的,可以免予刑事处罚,但是可以根据案件的不同情况,予以训诫或者责令具结悔过、赔礼道歉、赔偿损失,或者由主管部门予以行政处罚或者行政处分。"非刑罚处罚的目的是节约司法资源,也体现了罪责刑相适应的原则。

大多数社区矫正对象被判处的刑罚较轻。这主要是由于他们犯罪情节较轻,社会危害较低,人身危险性较低。这也是对他们适用社区矫正的根据。但是,一些社区矫正对象过去实施了严重犯罪行为,被判处的刑罚较重,如假释犯,通过一段时间的矫正,他们具有悔改表现,人身危险性和社会危害性都有所降低,回归社会不致危害社会。所以,将其转移到社区中接受矫正。还有一部分社区矫正对象是由于特定法定事由,如身体患有严重疾病需要保外就医的,怀孕或正在哺乳自己婴儿,生活不能自理,适用暂予监外执行不致危害社会,出于人道主义关怀,将他们置于社区中进行监督管理和教育帮扶。

3. 在社区中接受矫正

社区矫正对象是在社区中接受矫正的罪犯。德国社会学家腾尼斯在 1887 年出版的《社区与社会》一书中最先使用了"社区"这个概念。他认为社区是一种基于情感、内心倾向而建立起来的富有人情味、具有共同价值观念、关系亲密的由同质人口组成的社会生活共同体。2000 年我国民政部发布的《关于在全国推进城市社区建设的意见》中提及,"社区是指聚居在一定地域范围内的人们所组成的社会生活共同体。目前城市社区的范围,一般是指经过社区体制改革后做了规模调整的居民委员会辖区"。目前我国的社区主要是政府实施行政管理的区域,其政治色彩尚未完全褪去,社区居民的归属感和文化认同感还比较薄弱。城市社区和农村社区是目前我国社区的主要类型。

在开放性的社区中接受矫正是社区矫正对象与监狱服刑人员的重要区别。虽然社区矫正对象不同于守法公民,外出、会客、迁居等部分自由受到限制,还需要履行报到等特定义务，但仍在不脱离家庭环境，不断裂社会关系的条件下接受矫正，自由程度远高于监狱服刑人员。因社区环境不同，社区矫正机构可以利用的社区资源，能够调动的社会力量有所差异。例如，在城市社区，人力资源、智力资源、组织资源、设施资源比较丰富，而在农村社区，邻里守望、血亲关系、习俗风尚、地缘关系是其优势。社区矫正机构应坚持因地制宜原则，最大限度地利用所在社区的资源开展社区矫正工作。

二、社区矫正对象的类型

目前，我国社区矫正对象仅限管制犯、缓刑犯、假释犯和暂予监外执行犯四类。《社区矫正法》第 2 条第 1 款明确规定："对被判处管制、宣告缓刑、假释和暂时予监外执行的罪犯，依法实行社区矫正。"

（一）管制犯

管制犯是依法被人民法院判处管制刑罚的罪犯。管制作为刑罚体系中唯一限制自由的刑种属中国独创。管制是对罪犯不予关押，但限制其一定自由，实行社区矫正的刑罚方法。管制犯具有以下法律特征：

1. 管制犯是罪犯。尽管管制犯不在监狱中服刑，但罪犯仍是他们的法律身份和地位，不能由于在社会上接受矫正，而消除他们的罪犯身份。

2. 管制犯所犯罪行较轻，人身危险性较小。以限制而不是剥夺人身自由为内容的管制刑是我国刑罚体系中惩罚性最轻的主刑，仅适用犯罪情节较轻，人身危险性和社会危害性较小的罪犯。

3. 管制犯以限制一定人身自由为特点。在社区矫正期间，管制犯必须遵守法律、行政法规规定的义务，遵守人民法院判处的禁止令。这些限制一定人身自由的法定义务和禁止令是刑事惩罚性的体现。根据《刑法》第 39 条的规定，限制自由的内容是：被判处管制的人，必须遵守法律、行政法规，服从监督；未经执行机关批准，不得行使言论、出版、集会、结社、游行、示威自由的权利；按照执行机关规定报告自己的活动情况；遵守执行机关关于会客的规定；离开所居住的市、县或者迁居，应当报经执行机关批准。但是，被判处管制的犯罪分子，在劳动中应当同工同酬。

4. 管制犯在社区中服刑。社区矫正机构依法对管制犯进行监督管理和教育帮扶。同时，根据《刑法》第 38 条第 2 款的规定，对于被判处管制的犯罪分子，人民法院可以根据犯罪情况，同时禁止其在执行期间从事特定活动，进入特定区域、场所，接触特定的人。

5. 管制犯的服刑期限较短。根据《刑法》的规定，管制的期限为 3 个月以上 2

年以下,数罪并罚不得超过3年。管制的刑期从判决执行之日起计算;判决执行前先行羁押的,羁押1日折抵刑期2日。管制期届满,执行机关应立即向本人和其所在单位或者居住地的群众宣布解除管制。

(二)缓刑犯

缓刑犯是依法被人民法院判处剥夺自由刑罚并宣告暂缓执行后予以考验的罪犯。缓刑是有条件地不执行所判决的刑罚。[①] 缓刑制度的主要价值是避免短期自由刑的弊害。缓刑犯具有以下法律特征:

1. 缓刑犯是附条件暂缓执行原判刑罚的罪犯。宣告缓刑必须以原判刑罚为前提,即犯罪人被判处拘役、3年以下有期徒刑是宣告缓刑的条件。原判刑罚暂缓执行会对犯罪人产生威慑和心理强制的效果,以督促其在考验期间遵规守纪。

2. 缓刑犯必须符合法律规定的条件。我国《刑法》第72条规定,缓刑犯必须符合四个条件,即犯罪情节较轻,有悔罪表现,没有再犯罪的危险,宣告缓刑对所居住社区没有重大不良影响。前两项是判断没有再犯罪危险的条件,没有再犯罪的风险是实质性条件。宣告缓刑对所居住社区是否产生重大不良影响,不能以部分社区居民反对为判断标准,而需要根据社区环境(包括犯罪人家庭环境,联系犯罪人所犯之罪与社区环境的关系)进行客观判断。只要适合在所居住的社区实行社区矫正的,就应认为符合条件。

3. 缓刑犯在社区中接受矫正。社区矫正机构依法对缓刑犯进行监督管理和教育帮扶。根据《刑法》第76条的规定,被宣告缓刑的犯罪分子,如果没有《刑法》第77条规定的情形,缓刑考验期满,原判的刑罚就不再执行,并公开予以宣告。

(三)假释犯

假释犯是指被判处有期徒刑或者无期徒刑,在执行一定刑期之后确有悔改表现且没有再犯罪危险,经人民法院裁决而附条件提前释放的罪犯。假释制度是目的刑的产物,有利于鼓励被判处有期徒刑、无期徒刑的服刑人员积极悔改,自新向善;同时,假释制度能够避免不必要的刑罚执行,使服刑人员在社会上继续悔过自新。假释犯具有以下法律特征:

1. 假释犯是被判处有期徒刑、无期徒刑的罪犯。假释只能适用于剥夺自由刑刑种。但是,根据《刑法》第81条的规定,累犯以及因故意杀人、强奸、抢劫、绑架、放火、爆炸、投放危险物质或者有组织的暴力性犯罪被判处10年以上有期徒刑、无期徒刑的犯罪分子,不得假释。

---

① 参见张明楷:《刑法学》(上),法律出版社2016年版,第613页。

2. 假释犯是经历一定时间监狱改造的罪犯。假释只适用于已经执行一部分刑罚的犯罪人。一方面，只有经过一定的服刑期，才能真正判断服刑人员是否具有悔罪表现；另一方面，为了防止假释滥用，避免引起刑罚执行的混乱，避免损害刑罚的严肃性和维护法院判决的稳定性，按照《刑法》第 81 条规定，被判处有期徒刑的犯罪分子，执行原判刑期的 1/2 以上，才能适用假释；被判处无期徒刑的犯罪分子，实际执行 13 年以上，才能适用假释。

3. 假释犯是确有悔改表现，没有再犯罪危险的罪犯。假释只适用于在刑罚执行期间，认真遵守监规，接受教育改造，确有悔改表现，没有再犯罪危险的服刑人员。

4. 假释犯是有条件予以提前释放的罪犯。假释是附条件提前释放，不同于刑罚执行完毕的释放，也不同于赦免释放，而是变更执行场所，将服刑人员从监狱转移到社区进行改造。所谓附条件，是指假释犯必须遵守法律法规及特殊的法定义务，如果违反，就必须收监执行或数罪并罚。

（四）暂予监外执行犯

暂予监外执行犯是指被判处有期徒刑或者拘役后因出现法定事由而暂时在监狱外面服刑的罪犯。所谓“法定事由”，是指《刑事诉讼法》第 265 条和《监狱法》第 17 条规定的三种情形。暂予监外执行犯具有以下法律特征：

1. 暂予监外执行犯是判处有期徒刑、拘役的罪犯。暂予监外执行犯的适用对象只能是被判处有期徒刑、拘役的罪犯。鉴于暂予监外执行的目的以及适用暂予监外执行后的社会危险性，死缓犯、无期徒刑犯（除怀孕或者正在哺乳自己婴儿的妇女外）不得适用暂予监外执行，在依法被减为有期徒刑之后，可以适用暂予监外执行。

2. 暂予监外执行犯是符合特定法定事由的罪犯。根据《刑事诉讼法》第 265 条和《监狱法》第 17 条的规定，暂予监外执行的法定事由有三种情况：罪犯有严重疾病需要保外就医的；怀孕或正在哺乳自己婴儿的妇女；生活不能自理，适用暂予监外执行不致危害社会的罪犯。在第一类对象中，如果保外就医可能明显危及社会安全，或者自伤自残的，均不得适用保外就医。

3. 暂予监外执行犯是依自身情况变化而变更刑罚执行方式的罪犯。暂予监外执行是由于特定法定事由的出现而暂时转换执行场所，服刑人员的法律身份不会因此发生改变。当特定法定事由消失后，例如，疾病痊愈、身体恢复健康、怀孕妇女分娩并且度过哺乳期，就要变更执行场所，将暂予监外执行犯收监执行刑罚。

4. 暂予监外执行犯接受辅助性矫正。从暂予监外执行的性质和目的来看，暂予监外执行犯在社区中的主要活动或者任务，是治疗疾病或者养育胎儿、哺乳婴儿。

因此,社区矫正机构应在不影响暂予监外执行犯治疗疾病、养育胎儿和哺乳婴儿的情况下,开展监督管理和教育帮扶工作,否则就违背了暂予监外执行的出发点和目标。可以说,暂予监外执行犯在社区中接受的是辅助性矫正。

社区矫正的类型仅限于《刑法》和《刑事诉讼法》规定的被判处管制、宣告缓刑、假释和暂予监外执行的四类人员,其他人员不能适用社区矫正。实践中,需要注意的是,对于因不满 16 周岁不予刑事处罚的未成年人,对于附条件不起诉的未成年人,也不能适用社区矫正。根据《刑法》的规定,因不满 16 周岁不予刑事处罚的未成年人应当责令家长或监护人加以管教,必要时,由政府收容教养。根据《刑事诉讼法》的规定,附条件不起诉的未成年人,在附条件不起诉的考验期内,由人民检察院进行监督考察。人民检察院可以借鉴未成年人社区矫正工作中的教育帮扶措施开展工作。在考验期内未成年人没有违反监督考察情形的,人民检察院应当作出不起诉决定。

三、社区矫正对象的矫正教育

社区矫正对象的矫正教育是指社区矫正机构转变社区矫正对象的不良心理和行为恶习,促进其再社会化的系统性影响活动。教育矫正是预防社区矫正对象重新犯罪,加速社区矫正对象再社会化的重要手段。《社区矫正法》第 36 条规定:"社区矫正机构根据需要,对社区矫正对象进行法治、道德等教育,增强其法治观念,提高其道德素质和悔罪意识。对社区矫正对象的教育应当根据其个体特征、日常表现等实际情况,充分考虑其工作和生活情况,因人施教。"这为社区矫正对象教育矫正工作提供了法律依据。与监狱服刑人员矫正改造相比,社区矫正对象的矫正教育具有四个特点。

(一)环境的开放性

社区矫正对象的教育矫正是在开放的环境中进行的。社区矫正是一种非监禁刑罚执行制度,这就决定了社区矫正对象是在社会上接受矫正,他们所处的教育环境具有开放性的特点。在社区矫正教育过程中,教育活动可以在多种开放性场所进行,它既可能发生在社区矫正机构,也可能发生在公益活动场所,还可能发生在社区矫正对象的家中、就读学校以及工作单位等地方。

(二)方式的灵活性

社区矫正对象的教育矫正可以采用灵活的方式进行。由于社区矫正对象是在开放性的社会环境中接受矫正,社区矫正机构可以充分利用各种社会资源、整合各方社会力量,开展不同方式的教育活动。《社区矫正法实施办法》第 43 条第 3 款、第4款规定:“社区矫正机构、司法所根据需要可以采用集中教育、网上培训、实地参观等多种形式开展集体教育;社区矫正机构、司法所可以通过公开择优购买服务或者委托社会组织执行项目等方式,对社区矫正对象开展教育活动。”社区矫正机构应坚持灵活性原则,结合教育主题,组织不同形式的教育活动,典型的方式有参观、开展社会活动及公益活动、榜样示范、咨询宣传等。

(三)主体的广泛性

社区矫正对象教育矫正工作的主体具有广泛性的特点。社区矫正的重要特点是立足社区,依靠社区,强调利用社会力量开展矫正工作,使社区矫正对象在不脱离社会环境的条件下实现再社会化。矫正环境的开放性决定了矫正主体的广泛性。《社区矫正法》第35条第2款规定:“有关人民团体应当依法协助社区矫正机构做好教育帮扶工作。”第38条规定:“居民委员会、村民委员会可以引导志愿者和社区群体,利用社区资源,采取多种形式,对有特殊困难的社区矫正对象进行必要的教育帮扶。”第39条规定:“社区矫正对象的监护人、家庭成员、所在单位或者就读学校应当协助社区矫正机构做好对社区矫正对象的教育。”第40条第1款规定:“社区矫正机构可以通过公开择优购买社区矫正社会工作服务或者其他社会服务,为社区矫正对象在教育、心理辅导、职业技能培训、社会关系改善等方面提供必要的帮扶。”由此可见,人民团体、居民委员会、村民委员会、志愿者、社区群众、未成年社区矫正对象的监护人、家庭成员、所在单位、就读学校、社会工作者等社会力量都可以参与到教育矫正工作之中。矫正教育需要广泛性的社会力量的积极参与。这不仅是社区矫正教育的特点,也是社区矫正工作的优势所在。

(四)内容的多样性

社区矫正对象的矫正教育包括多方面的内容。《社区矫正法实施办法》第43条第3款后半部分规定:“组织社区矫正对象参加法治、道德等方面的教育活动;根据社区矫正对象的心理健康状况,对其开展心理健康教育、实施心理辅导。”有的地区提出“三分矫正”的做法,将教育矫正全程分为入矫阶段、中期阶段和临解矫阶段,其中入矫集中教育包括社区矫正规定教育课、在刑意识教育课、法律常识教育课、案例警示课、社会认知教育课等,中期集中教育包括爱国主义教育、政治思想教育、安全警示教育、奖惩评审教育、形势政策教育等,临解矫集中教育包括矫正总结指导教育、安置帮教政策解读教育等。①

---

① 参见陈耀鑫主编:《上海市社区矫正“三分矫正”工作实务指南》,上海人民出版社2019年版,第23－60页。

第三节　戒 毒 人 员

一、戒毒人员概述

（一）戒毒人员的概念

戒毒人员是指接受戒毒治疗的吸毒成瘾人员。在我国，吸毒是违法行为，吸毒成瘾人员需要进行戒毒治疗。《禁毒法》第 31 条规定："国家采取各种措施帮助吸毒人员戒除毒瘾，教育和挽救吸毒人员。吸毒成瘾人员应当进行戒毒治疗。吸毒成瘾的认定办法，由国务院卫生行政部门、药品监督管理部门、公安部门规定。"根据此条款，戒毒人员需要接受戒毒治疗，属于矫正对象的范畴。

我国戒毒人员有不同的类型。2008 年 6 月 1 日正式施行的《禁毒法》重构了戒毒体系，将原有戒毒模式中公安机关负责的强制戒毒和司法行政机关负责的劳动教养戒毒合并为强制隔离戒毒，对吸毒人员不再适用劳动教养，淡化了处罚色彩，同时又增加了社区戒毒、社区康复等新模式。根据《禁毒法》规定的戒毒措施，戒毒人员包括社区戒毒人员、强制隔离戒毒人员和自愿戒毒人员。

社区戒毒人员是指在户籍所在地或者在现居住地接受社区戒毒的人员。根据《禁毒法》的规定，社区戒毒有广义和狭义之分。狭义的社区戒毒是指将符合法定条件的吸毒人员置于社区，由基层政权组织负责实施，在公安机关、司法行政、卫生行政等部门指导和协助，相关社会团体、民间组织和社会志愿者广泛参与下，戒除其毒瘾，康复其身心，促进其恢复正常社会生活的戒毒模式。广义的社区戒毒还包括被解除强制隔离戒毒人员的社区康复和部分吸毒成瘾人员的维持治疗。本章所论述的社区戒毒人员是狭义的社区戒毒人员。

强制隔离戒毒人员是指在强制隔离戒毒场所接受戒毒治疗的人员。强制隔离戒毒是根据特定行政机关的决定，通过强制隔离的方式，对符合法定条件的吸毒成瘾人员进行戒毒治疗的一种戒毒措施。所谓强制，是指一段时间内国家对戒毒人员实施相对封闭的管束，即国家运用行政权力限制其人身自由。同时，也强制要求戒毒人员在强制隔离戒毒期间履行配合戒治的义务。所谓隔离，是指国家运用强制力使戒毒人员远离毒品，脱离吸毒群体及环境，但不是单纯地与家庭、社会的隔绝。戒毒是强制隔离戒毒的中心任务，强制隔离戒毒所根据戒毒人员的吸食、注射毒品的种类，成瘾程度和戒断症状，开展有针对性的生理治疗、心理治疗、身体康复训练、回归社会辅导等，帮助他们消除毒瘾，最终顺利回归社会。从本质上讲，强制隔离戒毒不是对吸毒成瘾者的行政处罚,而是一种挽救吸毒成瘾者的行政措施,是一种限制人身自由的强制性戒毒措施。“隔离”是强制隔离戒毒的特色所在,突出了戒毒场所的性质,也凸显了对戒毒场所功能设施的要求。虽然强制隔离戒毒在隔离的条件下管束戒毒人员,却包含着国家对戒毒人员的关怀和救助。

自愿戒毒人员是指自愿到社会上具有戒毒治疗资质的医疗机构接受戒毒治疗的人员。国家鼓励吸毒人员自行戒除毒瘾。吸毒人员自行到戒毒医疗机构接受戒毒治疗的,公安机关不对其吸毒行为给予治安管理处罚。戒毒医疗机构应当与自愿戒毒人员或者其监护人签订自愿戒毒协议,就戒毒方法、戒毒期限、戒毒人员个人信息保密、戒毒人员应当遵守的规章制度、可以终止戒毒治疗的情形等作出约定,并应当载明戒毒治疗的适应症、戒毒疗效、戒毒治疗风险。戒毒医疗机构及其医务人员应当依法保护自愿戒毒人员的隐私,不得歧视自愿戒毒人员。

(二)戒毒人员的特点

1. 法律特点

戒毒人员是违法者。在我国刑事立法中,对应吸食毒品行为没有相关罪名,即吸毒不属于犯罪。根据《治安管理处罚法》第 72 条的规定,吸食、注射毒品处 10 日以上 15 日以拘留,可以并处二千元以上罚款。据此,在我国吸毒行为属于违法行为,戒毒人员是违法者。

我国《禁毒法》规定了社区戒毒人员的适用情形。《禁毒法》第 33 条规定:“对吸毒成瘾人员,公安机关可以责令其接受社区戒毒,同时通知吸毒人员户籍所在地或者现居住地的城市街道办事处、乡镇人民政府。社区戒毒的期限为三年。戒毒人员应当在户籍所在地接受社区戒毒;在户籍所在地以外的现居住地有固定住所的,可以在现居住地接受社区戒毒。”《禁毒法》规定了强制隔离戒毒的适用情形。《禁毒法》第 38 条规定,“吸毒成瘾人员有下列情形之一的,由县级以上人民政府公安机关作出强制隔离戒毒的决定:(一)拒绝接受社区戒毒的;(二)在社区戒毒期间吸食、注射毒品的;(三)严重违反社区戒毒协议的;(四)经社区戒毒、强制隔离戒毒后再次吸食、注射毒品的。对于吸毒成瘾严重,通过社区戒毒难以戒除毒瘾的人员,公安机关可以直接作出强制隔离戒毒的决定。吸毒成瘾人员自愿接受强制隔离戒毒的,经公安机关同意,可以进入强制隔离戒毒场所戒毒”。

2. 医学特点

戒毒人员是慢性复发性脑病患者。以往观点认为,吸毒是不良行为,是道德败坏的表现。随着科技的进步,现代医学对吸毒行为的疾病观念已形成共识,即吸毒起初是个人行为选择的结果,一旦成瘾就发展成慢性复发性脑病,与高血压、抑郁症等慢性疾病同样需要治疗。《吸毒成瘾认定办法》第 2 条明确指出:“本办法所称吸毒成瘾,是指吸毒人员因反复使用毒品而导致的慢性复发性脑病,表现为不顾不良后果、强迫性寻求及使用毒品的行为,常伴有不同程度的个人健康及社会功能损害。”脑成像研究证实,毒品的作用会造成多巴胺等神经递质系统和奖赏通路的病理性改变,导致成瘾。成瘾行为是一种复杂的脑疾病,是由生物、行为和环境(包括社会)因素共同作用引起的。

毒品具有极强的成瘾性。毒品成瘾具有以下特征:易产生耐受性,即机体对药物敏感性较低的现象;出现戒断综合征,一旦停止毒品滥用,就会出现特殊的生理、心理症状群;明知故犯,即明知滥用行为会产生危害及痛苦等不良后果,仍去寻找或使用毒品,即使试图戒断,但也无能为力,绝大多数重蹈覆辙;产生稽延性戒断综合征,即急性戒断症状消退后,仍会产生身体和心理依赖。同时,毒品滥用给戒毒人员身体功能造成全方位的损害。毒品对戒毒人员生理系统的破坏是全面的,包括神经、感知觉、呼吸、心血管、消化、免疫、生殖系统等。

3. 心理特点

第一,人格缺陷。戒毒人员的人格特质缺陷突出表现为固执,即大部分戒毒人员的性格偏向好强、固执,表现为自以为是,武断处事,反抗感强;敷衍,即大部分戒毒人员原则性差,应付了事,缺少恒心和毅力,容易放弃,在缺少外在监督、约束的情况下,容易复吸;独立性差,即大部分戒毒人员行动时缺少主见,依赖性强,难以脱离已有的吸毒关系网。

第二,认知偏差。长期吸食毒品会改变脑部的结构,特别是额叶,引发代谢和神经递质的异常,损害戒毒人员的认知能力,导致部分功能性失调和认知障碍。戒毒人员对毒品的作用存在认知误区,对戒毒行为存在抵触倾向。同时,吸食毒品也会导致戒毒人员认知思维方式偏差,主要表现为:偏执、极端、武断、固执、猜疑、夸大消极面等。

第三,负性情绪明显。从脑功能的角度分析,长期吸食毒品会破坏戒毒人员的大脑奖赏神经系统,导致戒断后仍会经常感觉空虚或焦虑,加之毒品滥用造成的脑部高级认知功能的损伤,对负性情绪缺乏调节和控制,进一步加剧了负性情绪的困扰。戒毒人员的负性情绪突出的表现为抑郁和焦虑。

4. 行为特点

第一,戒毒人员自控力低。成瘾程度越高,自控力越低。戒毒人员自控力差突出表现为,不自觉地参与到关于毒品和吸毒的讨论之中,并表现出渴求;不能抵制稽延性戒断症状,对毒品产生强烈渴求,进而复吸以及随之而来的反复戒治。

第二,冲动性强。长期吸食毒品引发大脑皮层结构和功能的改变,导致戒毒人员冲动水平上升,即使在戒断期间,仍然存在较强的攻击性。受毒品线索、吸毒环境的影响,冲动性强也是导致复吸的重要诱因。暴力攻击行为是甲基苯丙胺滥用的典型特征,而暴力攻击行为通常是冲动的情绪驱动使然。戒毒人员冲动性的突出表现是,面对消极后果,也会明知故犯;缺乏深思熟虑,偏好即时奖赏;易受外界刺激,实施暴力攻击性或冒险性行为;为缓解戒断症状,不顾后果、不惜代价寻求毒品。

第三,欺骗性强。欺骗有利可图,由此可见,说谎是戒毒人员普遍存在的行为特点。在吸食毒品期间,戒毒人员为掩盖自己的违法行为或为获取毒资,会欺骗家人、亲友。欺骗行为甚至延续到戒毒期间,例如,为获取更多的替代药品,或是逃避学习、劳动、训练等,或是博得同情,获得"优厚"待遇,戒毒人员通过伪装病情等方法,欺骗医生或警察。

第四,逆反敌对性强。对吸食甲基苯丙胺等新型合成毒品的戒毒人员而言,即使戒断后躯体症状得到缓解,但是敌意、易怒等负性情绪仍会持续较长时间。偏差认知是产生逆反敌对的思想根源。戒毒人员逆反性、敌对性的突出表现主要有,"标新立异"处事,即别人反对,他则赞同;抵制社区戒毒、强制隔离戒毒等戒毒措施;攻击他人或是对抗社区戒毒工作人员及戒毒人民警察等。

二、戒毒人员的分类

戒毒人员分类就是运用科学的方法,按照一定的标准将戒毒人员区分为不同类别的过程。分类是科学戒断毒瘾的必然要求,也是禁毒法律法规的必然要求。

(一)以性别为标准,分为男性戒毒人员与女性戒毒人员

不同性别的戒毒人员差异显著,需要采取不同的戒治措施。从数量上看,女性戒毒人员较男性戒毒人员少,但有上升趋势。国内诸多研究表明,女性戒毒人员在心理、行为、认知等方面表现出特殊性。例如,一项针对80名女性戒毒人员的研究发现,与男性戒毒人员相比,女性戒毒人员的情绪稳定性普遍较低,认知偏激、自卑、多疑、思维刻板、不灵活,自我价值感欠缺,自我不协调,安全感、爱和归属以及自尊的欠缺。[1] 一项针对317名女性戒毒人员的研究发现,女性缺乏社会和家庭系统支持,戒毒人员童年生活不幸的比例高达65%,成年后情感遭遇坎坷或出现婚姻危机的占36.28%。因家庭社会教育缺失、情感缺失,使她们感受不到家庭和社会的关

---

① 参见李冠军、李娜、王晓霞:《浅析女性强制隔离戒毒人员的心理特征与心理治疗》,载《中国药物依赖性杂志》2009年第4期。

爱,进而不懂感恩,不懂孝道,不懂爱,更不懂给予与付出,大多比较自私自利,根本不考虑自己的所作所为给别人带来的伤害。①

男性戒毒人员与女性戒毒人员应分类戒治。《司法行政机关强制隔离戒毒工作规定》规定,男性、女性戒毒人员应分别收治,女性戒毒人员必须由女性戒毒人民警察直接管理,并应当依照性别明确分别管理的内容。另外,对特殊类型的女性戒毒人员给予特殊保护。《禁毒法》规定,怀孕或者正在哺乳自己不满一周岁婴儿的妇女吸毒成瘾的,不适用强制隔离戒毒,适用社区戒毒。总之,女性戒毒人员需要与男性戒毒人员分开戒治,并在脱毒、治疗、康复阶段,设计符合女性戒毒人员特征的治疗方案。

(二)以年龄为标准,分为未成年戒毒人员与成年戒毒人员

不同年龄的戒毒人员差异显著,需要采取不同的戒治措施。根据2019年中国禁毒报告数据,截至2019年年底,中国现有吸毒人员214.8万名,18岁以下7151名,占0.3%。② 不良心理是未成年人吸食毒品的重要原因,主要表现为强烈的好奇心理、盲目的认同心理、追求刺激的心理、无知的侥幸心理。未成年吸毒人员心理特征突出表现为:在认知方面,是非、善恶、美丑不分,对毒品、吸毒、戒毒没有正确认识;在情感方面,悲观、抑郁、焦虑较为常见;在意志方面,吸食毒品、寻找毒品时意志亢进,拒绝毒品、戒断毒品时意志消退;在个性方面,暴躁、敏感、多疑、耐受性差、自信心不足等。

我国禁毒法律法规明确了不同年龄的戒毒人员进行分别管理。《禁毒法》第44条第1款规定:“强制隔离戒毒场所应当根据戒毒人员的性别、年龄患病等情况,对戒毒人员实行分别管理。”《戒毒条例》也有类似规定。另外,我国禁毒法律法规对未成年人吸毒行为持宽容、保护态度。《禁毒法》第39条第1款后半部分规定:“不满十六周岁的未成年人吸毒成瘾的,可以不适用强制隔离戒毒。”需要注意的是,这是一个选择性法律条款,即不满十六周岁的未成年人吸毒成瘾的,也可以适用强制隔离戒毒。对于放任不管或无力监管的未成年人适用强制隔离戒毒,以提高戒毒治疗的针对性。

(三)以身体健康为标准,分为病残戒毒人员与普通戒毒人员

不同身体健康状态的戒毒人员,需要采取不同的戒毒措施。病残戒毒人员是指患有艾滋病、传染性疾病、精神病等特殊疾病及伤残吸毒成瘾人员。众所周知,毒

---

① 参见徐彦:《吉林省女子强戒所女性戒毒人员矫治实践》,载《犯罪与改造研究》2018年第8期。

② 《2019年中国毒品形势报告》,载中国禁毒网,http://www.nncc626.com/2020-06/24/c_1210675813.htm。

品滥用会严重伤害人体的各种器官和系统，也会极大地提高疾病的传播力，特别是肝炎、艾滋病等传染性疾病。随着“应收尽收”政策的执行，戒毒场所收治的病残类戒毒人员数量迅速提高。根据国家禁毒办交叉检查重庆市病残吸毒人员收治工作报告得知，截至2017年4月，重庆市强制隔离戒毒人员患病率达75.6%。随着合成毒品、新型毒品的泛滥，患精神障碍的戒毒人员有所增加，突出表现为幻听、幻视、妄想、攻击性和自杀自残。据国家禁毒办交叉检查重庆市病残吸毒人员收治工作报告显示，截至2014年年底，重庆市强制隔离戒毒系统收治的精神异常人员占患病人员的2.8%。

我国禁毒法律法规对病残类戒毒人员的政策逐步转变，现今强调“应收尽收”和“专门管理”，与普通类戒毒人员加以区分。《禁毒法》第44条第1款规定：“强制隔离戒毒场所应当根据戒毒人员的性别、年龄、患病等情况，对戒毒人员实行分别管理。”《戒毒条例》也作了类似规定。2014年中共中央、国务院印发的《关于加强禁毒工作的意见》中明确“探索建立病残吸毒人员的专门场所或区域”。2015年国家禁毒办、公安部等八部委联合下发了《关于加强病残吸毒人员收治工作的意见》中强调按照“应收尽收，应治尽治”的原则收治戒毒人员，并对病残吸毒人员收治工作的组织领导、场所建立、收治管理制度完善提出了具体的指导意见。从“不收”到“应收尽收”说明收治病残类戒毒人员的必要性与重要性。

我国戒毒法律法规强调专门管理病残类戒毒人员。《禁毒法》第44条第1款、第2款规定：“强制隔离戒毒场所应当根据戒毒人员的性别、年龄、患病等情况，对戒毒人员实行分别管理。强制隔离戒毒场所对有严重残疾或者疾病的戒毒人员，应当给予必要的看护和治疗；对患有传染病的戒毒人员，应当依法采取必要的隔离、治疗措施；对可能发生自伤、自残等情形的戒毒人员，可以采取相应的保护性约束措施。”在《关于加强病残吸毒人员收治工作的意见》中，强调加快建立专门收治病残吸毒人员的区域、场所、医疗机构（病区、中心），着力提升戒毒医疗服务能力。对病残类戒毒人员的戒治，既要坚持严格执法，严肃处理伪装病情、自伤自残现象；又要贯彻以人为本，落实关怀和照顾的原则。在戒毒场所中，对患病类戒毒人员要重视病情监测，同时积极开展相应的戒治工作；对残疾的戒毒人员要根据其实际情况，参照戒毒场所管理规范等规定酌情执行。

（四）以吸食毒品种类为标准，分为吸食传统毒品的戒毒人员和吸食新型毒品的戒毒人员

吸食不同类型毒品的戒毒人员，需要采取不同的戒治措施。毒品种类多，范围广，且随着时代、国度、文化、民族及使用者的不同而有所差异。目前，国际上还没有

统一的毒品分类标准。《禁毒法》第2条第1款规定:"本法所称毒品,是指鸦片、海洛因、甲基苯丙胺(冰毒)、吗啡、大麻、可卡因,以及国家规定管制的其他能够使人形成瘾癖的麻醉药品和精神药品。"由此可见,我国将毒品区分为麻醉药品和精神药品两类。以流行时间为标准,毒品可分为传统毒品和新型毒品。传统毒品主要是指以阿片类为主的麻醉药品,一般指海洛因、鸦片、可卡因、大麻等。新型毒品主要是指以苯丙胺类为主的合成精神毒品,主要有冰毒、摇头丸、K粉等。根据国家禁毒委员会办公室发布的权威数据,从毒品滥用趋势和特点来看,毒品可分为传统毒品、合成毒品及新精神活性物质。为逃避打击,谋取暴利,犯罪分子不断制造新型毒品。新类型毒品数量增多,识别查处难,成为禁毒工作的重要特征之一。根据2019年中国毒品形势报告,目前,我国已列管431种毒品和整类芬太尼类物质,但新类型毒品不断出现。如含LSD成分的"邮票"、向学生兜售的"聪明药"以及逐渐蔓延的"0号胶囊""G点液""犀牛液"等色胺类物质,品种五花八门。有的变换包装,伪装成食品、香烟等,有的是未列管的毒品替代品,还有新精神活性物质作为第三代毒品。根据国家毒品实验室检测,2019年检测出新精神活性物质41种,其中新发现5种。[①] 随着新型毒品种类的增多,吸食新型毒品的人数也呈增长趋势,现已超过吸食传统毒品的人数。根据2019年中国毒品形势报告,在214.8万名现有吸毒人员中,滥用冰毒人员118.6万名,占55.2%,;滥用海洛因80.7万名,占37.5%;滥用氯胺酮4.9万名,占2.3%。[②] 可见,冰毒是我国滥用人数最多的毒品。

传统毒品与新型毒品对人体的危害不同。传统毒品主要破坏人体的呼吸、消化以及免疫系统,损害心脏、肝脏、肾脏等器官;合成毒品直接损害大脑细胞,导致神经中毒和精神障碍。对吸食新型毒品的戒毒人员应当采取不同的脱毒、治疗及康复措施,以提高戒治效果。

我国禁毒法律法规明确规定,根据吸食、注射毒品的种类,实施有针对性的治疗及康复训练。戒毒人员吸食不同类型、不同计量的毒品,加之吸毒史的长短不同,对戒毒人员的身体、心理及精神等方面的伤害程度不同,进而戒毒人员的成瘾程度及戒断症状不同,需要差异化的治疗。《禁毒法》第43条第1款规定:"强制隔离戒毒场所应当根据戒毒人员吸食、注射毒品的种类及成瘾程度等,对戒毒人员进行有针对性的生理、心理治疗和身体康复训练。"《戒毒条例》第30条规定:"对吸食不同

---

① 《2019年中国毒品形势报告》,载中国禁毒网,http://www.nncc626.com/2020-06/24/c_1210675813.htm。

② 《2019年中国毒品形势报告》,载中国禁毒网,http://www.nncc626.com/2020-06/24/c_1210675813.htm。

种类毒品的，应当有针对性地采取必要的治疗措施。”《司法行政机关强制隔离戒毒工作规定》第 34 条规定：“强制隔离戒毒所应当根据戒毒人员吸食、注射毒品的种类、成瘾程度和戒断症状等进行有针对性的生理治疗、心理治疗和身体康复训练。”由此可见，禁毒法律法规强调，对吸食不同类型毒品的戒毒人员，实施不同的戒治措施。

三、戒毒人员的教育矫正

戒毒人员的教育矫正是指戒毒机构帮助戒毒人员认清毒品危害，树立法治观念，提升道德情操和文化素养，改善不良心理，掌握就业谋生技能，增强社会适应能力，戒除毒瘾而实施的有计划、有组织的系统性教育活动。教育矫正是开展戒毒工作的核心内容，是帮助戒毒人员戒除毒瘾的重要手段。

强制隔离戒毒所应当坚持以人为本、因人施教、综合矫治、面向社会、科学创新原则，积极开展形式多样、内容丰富的教育矫正活动。强制隔离戒毒教育矫正具有以下三个特点。

（一）教育矫正环境的隔离性

隔离性，是指在强制隔离戒毒过程中，戒毒人员与外界环境隔离，处于一个相对封闭的环境。强制隔离戒毒的隔离性是国家公权力运行而产生的封闭环境。相对封闭的环境使戒毒人员与毒品隔离，有助于其生理脱毒。这对于戒毒意志力薄弱、自控力差的戒毒人员来讲具有积极意义。教育矫正工作在具有隔离性特点的环境中开展，这是强制隔离戒毒教育矫正与监狱教育、社区矫正教育的显著区别。虽然戒毒人员在相对封闭的戒毒场所内接受戒毒教育和治疗，但不是将戒毒人员与正常的社会环境完全割裂。强制隔离戒毒所需要坚持面向社会原则，树立开放理念，打破隔离束缚，加强与社会的沟通与交流，充分利用社会资源，拓展新的教育矫正路径，不断提高教育矫正效果。

（二）教育矫正内容的特殊性

戒毒人员不同于监狱服刑人员和社区矫正对象。戒毒人员既是违法者，又是病人和受害者。对戒毒人员要惩罚，更要教育和救治。《强制隔离戒毒人员教育矫治纲要》（司发通〔2014〕75 号）规定，教育矫治内容包括：入所教育、法律常识教育、思想道德教育、戒毒常识教育、心理健康教育、文化素质教育、戒毒康复训练、劳动教育和职业技能培训、回归社会教育。其中，戒毒常识教育、戒毒康复训练的内容是在监狱服刑人员、社区矫正对象教育矫正中不涉及的内容，体现了戒毒人员教育矫正的特殊性。戒毒人员是违法者，而监狱服刑人员、社区矫正对象是犯罪人。由此可见，入所教育、法律常识教育、思想道德教育等教育内容也需要针对戒毒人员的特殊性进行设计和组织，不能将监狱教育、社区矫正教育的内容简单的移植或套用。

（三）教育矫正方式的综合性

教育矫正方式的综合性强调将不同的教育方式、内容与资源整合起来，形成教育合力，提高教育效果。教育矫正方式的综合性主要体现在以下方面：第一，教育方法的综合应用。集体教育、个别教育与辅助教育是戒毒场所开展教育矫正工作的主要方式。三种教育方式各具特色，戒毒人民警察应当区别对待，发挥优势。集体教育是以戒毒人员群体为教育对象的方法，主要解决戒毒人员共同存在的普遍性问题。形式规范、内容权威、受众广泛是集体教育的优势，难以发现并解决戒毒人员的个性化、特殊化问题是其局限所在。个别教育是因人施教的重要体现。教育内容的针对性、方法的灵活性、效果的稳定性是个别教育的优点，受众少、耗时长、投入多是其局限所在。辅助教育是通过组织活动或环境熏陶等方式，潜移默化地影响戒毒人员的方法。辅助教育能达到感耳濡目染、寓教于乐的作用，但效果慢、作用效果不同是其局限。戒毒人民警察需要综合运用上述教育方法，最大限度地发挥不同教育矫正方法的优点，进而提高教育矫正效果。第二，教育内容的综合应用。教育矫正的目的是增强戒毒人员的戒毒动机和戒毒信心，掌握戒毒的技术与方法，实现戒除毒瘾与回归社会。戒毒人员的文化素质、法律意识、道德水平、认知程度不同，并且戒毒人员在不同戒治阶段的需求不同。因此，对戒毒人员开展教育的内容应当是综合性的。第三，教育资源的综合应用。教育资源的综合应用强调戒毒工作的社会化。戒毒场所积极引进戒毒人员的家属成员、亲属朋友以及社会志愿者等社会力量，开展感化教育以及其他类型的教育活动。同时，在网络时代，戒毒场所需要充分利用信息化技术，借助推进智慧戒毒的契机，开发适合戒毒人员学习的平台及软件，以提高戒毒人员的学习兴趣；也可以依靠网络平台，引入其他戒毒场所的教育资源或社会教育资源，以丰富学习内容。总之，教育资源的综合应用强调将所内资源与所外资源有机融合，将“线下”资源与“线上”资源有效对接，提高教育矫正资源的总量与效应。

第七章　思 想 教 育

矫正教育对象走上违法犯罪的道路很大程度上取决于其错误的思想意识。因而,对其开展的矫正工作就必须从思想根源入手,强化对矫正教育对象的思想教育,才能从根本上完成矫正任务。《监狱法》第62条规定:“监狱应当对罪犯进行法制、道德、形势、政策、前途等内容的思想教育。”《监狱教育改造工作规定》第25条规定:“罪犯必须接受监狱组织的思想教育。思想教育包括以下内容:(一)认罪悔罪教育;(二)法律常识教育;(三)公民道德教育;(四)劳动常识教育;(五)时事政治教育。”《社区矫正法》《司法行政机关强制隔离戒毒工作规定》等相关法律法规对思想教育的相关内容也有明确的规定①。

思想教育,是监狱、强制隔离戒毒所和社区矫正机构对矫正教育对象开展的,将社会思想观念、政治观点、法律道德规范转化为矫正教育对象个体思想、政治、法律意识和道德品行的有组织、有计划、系统的教育影响活动。

第一节　思想教育的地位和作用

一、思想教育的地位

思想教育在矫正教育工作中居于核心地位,发挥着至关重要的作用。思想教育成功与否、有效与否,直接关系到矫正工作的成败,关系到矫正目的能否实现。因此,必须将思想教育作为矫正教育的首要内容贯彻落实。

(一)思想教育是实现矫正目的的根本手段

矫正的目的是使矫正教育对象成为适应社会融入社会的守法守规公民。这一

① 《社区矫正法》第36条规定社区矫正机构根据需要,对社区矫正教育对象进行法治、道德等教育,增强其法治观念,提高其道德素质和悔罪意识。《司法行政机关强制隔离戒毒工作规定》第46条规定强制隔离戒毒所应当采取课堂教学的方式,对戒毒人员集中进行卫生、法制、道德和形势政策等教育。

目标是对矫正效果的一种综合评判，既包括矫正教育对象的生活技能等社会适应层面的能力，又包括法律道德意识等社会认知层面的能力。而主体任何一方面能力的缺失都可能导致其无法适应社会，甚至违法犯罪行为的发生，但社会认知层面的能力在这一方面往往起着决定作用。强化主观认知能力的关键在于培养正确的、积极的、健康的思想意识。矫正教育对象是因为形成了错误的、消极的、腐朽的思想意识，才会缺失科学的社会认知能力，对主流思想不认同，进而导致缺乏适应社会的动力，最终导致违法犯罪。实现矫正目的最根本、最直接的教育内容当然是思想意识方面的教育。

同时，矫正错误的思想意识，也是思想教育的目标。思想教育的目标和矫正目的具有一致性，这种一致性也从一个侧面印证了思想教育是实现矫正目的最基本的手段。

（二）思想教育贯穿于矫正过程的始终

将矫正教育对象矫正成为守法守规公民，实现矫正的目的，需要坚持不懈、久久为功的教育影响。只有通过长期的、不间断的思想教育，才有可能逐渐消除矫正教育对象的不良思想意识。因此，思想教育必须贯穿于刑罚执行、行政强制措施以及矫正教育的始终。只有这样，才有可能将主流的思想观念逐步内化为矫正教育对象个体的思想意识，使其思想意识符合社会要求，使其回归社会成为守法守规公民。这一贯穿始终的影响过程也决定了思想教育的核心地位。

（三）思想教育渗透于矫正教育各个方面

矫正教育内容主要包括思想教育、职业技能培训、文化知识教育等。在这一教育内容体系中，思想教育无疑居于核心地位。无论是文化知识教育还是职业技能培训，其最终都是为矫正其思想服务的，都要把思想教育作为主导贯穿始终，以突出思想教育的核心地位。在对矫正教育对象开展矫正教育的同时，还要着力于其他矫正工作。以监狱的矫正工作为例，在对罪犯开展教育改造的同时，还要开展狱政管理、组织生产劳动，而这些工作的开展也必须将思想教育贯穿于其过程始终，为罪犯的思想教育服务。在狱政管理工作中要坚持寓教于管，管中有教；生产劳动工作中要坚持寓教于劳，劳中有教。这都体现了思想教育在其他矫正工作中的主导作用，反映了思想教育的核心地位。

二、思想教育的作用

（一）思想教育可以从根本上改变诱发违法犯罪的主观恶性

事物的内部矛盾（内因）是事物自身运动的源泉和动力，是事物发展的根本原因。外部矛盾(外因)是事物发展、变化的第二位的原因。内因是变化的根据,外因是变化的条件,外因通过内因而起作用。矫正教育对象违法犯罪的主客观原因是多方面的,但根本上说是由于其头脑中形成了消极的思想意识,即违法犯罪的主观恶性,并在此影响下支配自己行为的结果。矫正机关对矫正教育对象开展思想教育,就是要将健康的思想政治观念、法律道德规范等灌输到矫正教育对象的头脑中去,从根本上改变其消极的思想意识,并使其变被动矫正为主动矫正,逐渐形成积极稳固的思想意识,自觉抵制外部违法犯罪诱因。

(二)思想教育有助于端正矫正教育对象接受矫正的态度

矫正教育对象的态度是否端正,直接影响矫正工作的效果。思想教育,使矫正教育对象能够认清自身行为的危害,正确认识法律的目的,了解相关的法律规定,培养正确的道德观念和道德评判标准,从而端正矫正态度,树立正确的矫正观念。只有端正了矫正态度,矫正教育对象才能自觉主动参加各项矫正活动,遵守监规纪律(所规所纪),服从监督管理。而矫正态度的端正,是建立在思想教育的基础之上的。

(三)思想教育能够保证矫正工作顺利开展

思想教育是矫正教育工作的核心,是主导各项矫正工作的根本性教育活动。矫正教育对象的思想教育为矫正教育对象的文化教育、技术教育提供理论和原则的指导,使各项矫正教育活动能够始终围绕思想教育这一核心进行。思想教育始终贯穿于各项具体的教育活动过程,要求在组织矫正教育对象文化教育和职业技术教育的同时,要注重将思想教育渗透到上述教育内容之中,以思想教育引领矫正教育的各项内容,发挥思想教育在矫正教育工作中的主导作用。正是思想教育的这种主导作用,保证了文化教育、职业技术教育的顺利开展。

(四)思想教育为矫正教育其他工作提供保障

思想教育不仅是矫正教育的核心,发挥着重要的作用,在矫正机构的其他工作中,思想教育也起到了促进和保障的作用。以监狱为例,思想教育不仅在罪犯教育中发挥作用,在监狱日常管理工作中,思想教育也可以促使罪犯遵守监规监纪、服从管理、自觉维护监管秩序。思想教育可以引导罪犯服从管理,约束自己的行为。在生产劳动的过程中,思想教育有助于罪犯端正劳动态度,保证生产劳动的顺利进行。正是因为思想教育在矫正教育中居于核心地位,发挥着至关重要的作用,因此我国相关法律法规都对矫正教育机构的思想教育进行了规定,使其成为一项重要的执法活动。这也为矫正机构开展思想教育提供了法律依据,指明了工作方向与目标。

第二节 法制教育

法制教育,是监狱、强制隔离戒毒所和社区矫正机构对矫正教育对象开展的,以认罪悔罪教育、法律常识教育为基本内容的思想教育活动。《教育改造罪犯纲要》规定,入监教育“重点是开展法律常识教育和认罪悔罪教育,使罪犯了解在服刑期间享有的权利和应当履行的义务,了解和掌握服刑人员的行为规范。要教育引导罪犯认罪悔罪,明确改造目标,适应服刑生活”。《强制隔离戒毒人员教育矫治纲要》规定,“组织戒毒人员学习刑法、治安管理处罚法、劳动法、合同法、婚姻法、继承法、社会保障法等与戒毒人员生活息息相关的法律法规,帮助戒毒人员了解相关法律知识,树立法制观念,自觉遵纪守法”。《社区矫正法》也要求,社区矫正机构根据需要对社区矫正对象进行法治教育,增强其法治观念,提高其悔罪意识。

通过对矫正教育对象开展法制教育,矫正教育对象可以了解相应的法律规定,对比自身的行为,挖掘违法犯罪根源,认清违法犯罪的危害,从而逐步树立和加强法制观念并能够以此自觉控制和约束自己的行为,矫正恶习,为回归社会成为守法公民奠定基础。

例如,我国监狱针对很多罪犯是因为不懂法而犯罪的特点,把法制教育作为一项重要的教育内容。罪犯入监教育时间不少于两个月,要开展宪法、基本法律知识教育和学法守法用法教育,开展监规纪律和行为养成教育,让罪犯知法懂法,深刻认罪悔罪,自觉遵纪守法。强制隔离戒毒所应当对新接收的戒毒人员进行不少于一个月的入所教育,教育内容包括强制隔离戒毒有关法律法规、所规所纪、戒毒人员权利义务等,帮助戒毒人员了解强制隔离戒毒工作的性质、目的、内容、法律效力以及在所期间的权利义务,明确矫治目标和方向。目前,各省已经把对罪犯以及戒毒人员的法制教育纳入地方普法规划。

一、法制教育的作用

在对矫正教育对象开展的思想教育活动中,法制教育具有极为重要的作用,具体而言,其作用体现在以下几个方面:

(一)法制教育是促使矫正教育对象认罪认错、接受矫正的重要前提

法制教育是开展思想教育的一项基础课程。要保证矫正教育对象能够真正接受矫正,就必须使其了解法律常识,增强法制观念,进而认识到自身违法犯罪行为

的危害,对自己所实施的违法犯罪行为有所悔悟,认可刑事或行政强制措施,服从法律的判决。要达到这些要求,法制教育是必要保障。通过法制教育,矫正教育对象可以掌握有关犯罪与刑罚的相关内容,了解违法犯罪行为相对应的法律规定,了解行政强制措施和法院判决的认定依据,认清违法犯罪行为的危害,从内心产生悔罪悔错的思想意识。只有这样,才能使其端正态度,提高思想认识,从内心真正接受矫正。

(二)法制教育是维护矫正秩序的有效措施

矫正工作必须在安全稳定的秩序中展开,这就需要有严明的法规纪律作为制度保障。矫正教育对象原本就缺乏规则意识,纪律观念淡薄。因此,要维护矫正教育秩序,必须对其进行法制教育。通过法制教育,矫正教育对象能够了解相应法规纪律的内容,了解遵规守纪、积极接受矫正与破坏矫正教育工作秩序、消极应对矫正甚至对抗矫正的不同法律后果,有利于消除不良动机,营造安全稳定的矫正教育工作秩序。

(三)法制教育是把矫正教育对象转变成为守法守规公民的必要手段

我国矫正教育工作的目标,是通过各种有效的途径和方法,教育矫正教育对象认罪认错,自觉接受矫正,增强法律意识和道德素养,掌握一定的文化知识和劳动技能,成为适应社会的守法守规公民。法律对人的行为有规范作用,守法即意味着按照法律的要求规范自己的行为,遵守法律的规定。守法的前提是懂法,只有了解相应的法律规范,掌握一定的法律知识,法律才能对人的思想和行为产生规范作用。矫正教育对象之所以违法犯罪,绝大多数是由于法制意识淡薄,缺乏法制观念,缺乏守法守规意识。因此,必须对其加强法制教育,使其能够知法懂法,用法律来引导自己的思想,规范自己的行为,正确行使公民的基本权利和履行公民应尽的义务,为成为一个知法、懂法、守法的合格公民打好基础。

二、法制教育的基本内容

法律制度几乎涵盖了人类社会生活的一切领域,其内容涉及方方面面。在对矫正教育对象开展法制教育时,应当根据其实际情况,有针对性地选择一些最基本的内容开展相关的矫正教育活动。当前,法制教育主要围绕以下一些基本内容展开:

(一)法律常识教育

法律常识教育是开展其他法制内容教育的基础性工作。《教育改造罪犯纲要》规定:“针对罪犯不懂法、不守法、法律意识淡薄等情况,开展法律常识教育,使罪犯了解基本的法律知识,树立尊重和遵守法律的意识和观念。”同时要求“罪犯刑满释放时,法律常识教育合格率应当达到95%以上”。《社区矫正法》规定,“社区矫正机构根据需要,对社区矫正对象进行法治、道德等教育,增强其法治观念,提高其道德素质和悔罪意识”。对于戒毒人员,戒毒所在入所教育中要“开展戒毒法律法规、所规所纪教育”。

1. 法的基本知识教育

法的基本知识教育,主要是向矫正教育对象阐明法的起源、本质、特征、功能和人类社会发展过程中法的历史类型及其各自的特征。特别是我国社会主义法的本质、作用、现行法律部门以及我国社会主义法制的基本要求。通过上述内容的教育,矫正教育对象对法有比较全面而深刻的了解,为树立法制观念打下基础。

在法的基本知识教育中,要重点突出法的基本特征教育:一是法的阶级性。通过讲解法的产生和历史上各种类型的法的本质,阐明社会主义法的合理性、正义性和进步性。二是法的强制性。法的实施是由国家强制力予以保障的,法律秩序是由国家机器来维护的,法律一经制定,任何人必须遵守,任何触犯法律的行为都将受到国家专政工具的制裁,这就体现了法的强制性。通过强调法的强制性,矫正教育对象可以了解法的强制性的具体表现形式以及违法犯罪行为的法律后果。① 三是法的权威性。违法犯罪行为是破坏法律秩序,挑战法律权威的行为,必须要对矫正教育对象进行法律权威性教育,使矫正教育对象了解法律是神圣不可侵犯的,从而产生对法律的敬畏,甚至信仰,从而自觉约束自己的行为。

2. 宪法、刑法、刑事诉讼法以及矫正工作相关法律法规

《教育改造罪犯纲要》规定:“要组织罪犯学习宪法、刑法、刑事诉讼法、监狱法等法律知识,使罪犯掌握基本法律常识,了解公民所享有的权利和应当履行的义务,理解违法犯罪的含义及其法律责任,认识自己的犯罪行为给社会带来的危害,增强他们的法律意识,引导他们自觉守法。”《强制隔离戒毒人员教育矫治纲要》要求对戒毒人员开展法律常识教育,组织戒毒人员学习刑法、治安管理处罚法、劳动法、合同法、婚姻法、继承法、社会保障法等与戒毒人员生活息息相关的法律法规,帮助戒毒人员了解相关法律知识,树立法制观念,自觉遵纪守法。

(1)宪法教育

宪法是我国根本大法,具有最高法律效力,是制定其他法律的依据,是国家机关、社会组织和每个公民的根本行动准则。特别要使矫正教育对象明确,我国《宪

---

① 参见王雪峰主编:《罪犯教育学》,法律出版社2019年版,第114页。

法》既规定全体公民享有民主、自由和人身安全等各项政治、经济、文化权利，也规定公民有维护国家统一，必须遵守《宪法》和法律等各项义务。权利和义务有不可分割的一致性，公民享受权利是履行义务的前提，履行义务是享受权利的基础，所有公民都必须履行义务才能享受权利。任何只享受权利而不尽义务的结果，必然会失掉其作为公民应享有的某些重要权利。通过宪法学习，矫正教育对象还要弄清自由与纪律、民主与集中、民主与专政、民主与法治的关系，从而认真学好法，自觉以法来支配自己的行为。

(2)刑法和刑事诉讼法教育

矫正教育对象多为触犯刑法规范的人。因此，刑法教育是法制教育的重要内容之一。在罪犯的教育活动中，刑法教育可以通过分析犯罪构成诸要素，运用刑罚诸原则，启发罪犯自我剖析，提高对犯罪性质及其对社会危害的认识；通过关于减刑、假释以及有关保障罪犯法定权利的规定，鼓励和调动罪犯积极改造。在教育过程中，还要紧密结合罪犯犯罪实际和思想认识实际，指导他们正确认识和划清罪与非罪、犯罪与违法的界限，寻找和清除犯罪根源；指导他们正确认识和划清既遂与未遂的界限，纠正一些罪犯自以为犯罪未达到目的或牟利不多因而产生罪轻罚重的错误认识；指导他们划清适用刑罚和各刑种中不同的界限，并且联系总则和分则中有关的具体规定，具体分析从重、从轻、加重、减轻和免除的条件，纠正某些罪犯自认为量刑不当、量刑不准、刑罚过重的错误认识。①

通过刑事诉讼法教育，矫正教育对象了解对其违法犯罪行为追究相应责任的法律程序，清楚每一个判决和决定都是在一套严密、系统的法律程序下运行的结果，树立法律的权威性，从而认可并积极主动地接受矫正。

(3)矫正教育相关法律法规教育

矫正教育相关法律法规也是法制教育的重要内容之一。以矫正教育对象为标准可以分为三个类别：一是《监狱法》以及《监狱教育改造工作规定》、《教育改造罪犯纲要》、《监狱服刑人员行为规范》等有关执行刑罚和改造罪犯的法律法规；二是《社区矫正法》等规范社区矫正工作和教育社区矫正对象的法律法规；三是《禁毒法》、《戒毒条例》以及《司法行政机关强制隔离戒毒工作规定》、《强制隔离戒毒人员教育矫治纲要》、《强制隔离戒毒人员守则》等戒毒工作和教育矫正戒毒人员的法律法规。通过对矫正教育工作相关法律法规的学习，矫正教育对象了解以上法律法规主要内容，对教育矫正工作的性质、目的、内容、法律效力以及接受矫正期间的

---

① 参见王雪峰主编：《罪犯教育学》，法律出版社2019年版，第113页。

权利义务有一个科学全面的认识,使之掌握在接受矫正期间应当遵守的行为规范并促使其自觉按照规范的要求严格贯彻落实。

3. 其他常用法律法规教育

《教育改造罪犯纲要》规定,要组织罪犯学习民法通则、物权法、继承法、婚姻法、合同法、劳动法等法律知识;《强制隔离戒毒人员教育矫治纲要》规定要组织戒毒人员学习劳动法、合同法、婚姻法、继承法、社会保障法等与戒毒人员生活息息相关的法律法规。使矫正教育对象了解与社会生活息息相关的法律知识,懂得利用法律维护合法权益,逐步树立法制观念,在社会生活中形成自觉遵纪守法的意识。

(二)认罪认错教育

认罪认错教育是法制教育的着力点,也是一切矫正教育活动的出发点。[①] 矫正教育对象只有在认罪认错的基础上,才能够服从管理、接受教育,才能实现矫正的目的。认罪认错是忏悔自新的前提和基础,忏悔自新是认罪认错的进一步深化。2007 年司法部《教育改造罪犯纲要》规定:“要在法律常识教育的基础上,深入开展对罪犯的认罪悔罪教育。要教育罪犯运用所学法律知识,联系自己犯罪实际,明白什么是犯罪,认清罪与非罪的界限,承认犯罪事实;要指导罪犯正确对待法院判决,正确处理申诉与服刑改造的关系,使罪犯认罪服判。”根据《教育改造罪犯纲要》规定精神,结合社区矫正和戒毒工作相关规定精神,应当从以下几个方面入手。

1. 承认违法犯罪事实

所谓承认违法犯罪事实,就是承认有关国家机关依法认定的违法犯罪事实。在实践中,不少矫正教育对象在此问题上认识模糊。有的矫正教育对象把自己的犯罪行为仅仅看成是违法行为,甚至是违纪行为;有的矫正教育对象不认为自己所犯的未遂罪行是犯罪;有的矫正教育对象对罪行承认部分、否认部分;有的矫正教育对象根本否认违法犯罪事实。矫正机关要针对每个矫正教育对象的违法犯罪情况和思想情况,结合刑事法律和行政法规的相关规定讲解清楚,促使矫正教育对象承认有关国家机关认定的违法犯罪事实,为其接受矫正教育奠定基础。

2. 分析违法犯罪原因

在认罪认错的基础上,还要帮助矫正教育对象认识违法犯罪的原因,分析其违法犯罪的思想根源。在实践中,有些矫正教育对象能够承认违法犯罪事实,接受有关国家机关作出的判决和决定。然而,在分析违法犯罪原因时,相当多的矫正教育

① 《监狱教育改造工作规定》中的“认罪服法”,是针对罪犯的表述,这里考虑到矫正教育对象既包括在监狱执行刑罚的罪犯和社区矫正对象,还包括违反治安管理处罚法的吸毒人员,因此,表述为“认罪认错”。

对象会将自己的违法犯罪原因归结为各种外界因素，认为自己之所以违法犯罪并非主观原因，而是受到外部环境的影响，不能从自己主观方面正确分析违法犯罪原因。矫正教育对象无法认识自己违法犯罪的思想根源，是对自己的主观恶性、不良思想缺乏正确认识，单纯强调客观因素，忽视自身思想这一违法犯罪的主导因素。如果矫正教育对象不能正确认识违法犯罪的原因，就不可能有效预防其再次违法犯罪。因此，要使矫正教育对象不再重新违法犯罪，就必须帮助其正确分析违法犯罪的原因，使其认识到主观因素才是违法犯罪的决定性因素。只有这样，才可能破除其头脑中的种种错误观念，帮助其认清违法犯罪的真正原因。

3. 认识违法犯罪危害

相当数量的矫正教育对象，特别是青少年矫正教育对象，往往对自己的违法犯罪行为造成的危害认识不足。有的虽然有些认识，但也只局限于以个人违法犯罪行为所造成的直接后果或经济损失方面。因此，应运用查找、对比和算细账的办法，从政治上、思想上和经济上，使其认识到违法犯罪给国家、给人民、给家庭、给自己所造成的有形的和无形的危害。例如，有学者提出对罪犯开展“三算、三诉、三呼唤”教育，[①]引导罪犯认识犯罪行为给自己、家人、社会带来的危害。同时，为了强化矫正教育对象的认识，还可以把各种违法犯罪危害的事实编成材料，从现实和历史的角度，充分揭示违法犯罪行为在政治、经济和意识形态各个方面所造成的严重危害，揭示违法犯罪行为对国家、社会、自身和他人所造成的严重危害。只有让矫正教育对象感到触目惊心，才能提高认罪认错的程度，使其心悦诚服地接受矫正教育。

4. 正确看待法律裁判和行政强制措施

认罪认错教育，不仅要求做到“口服”，更重要的是要保证“心服”，要让矫正教育对象从行为认定和处理措施两个方面都有正确认识，真正接受法律裁决和行政强制措施。通过法制教育，矫正教育对象了解到其依法享有的申诉权利，并且切实保障其申诉权利的行使。同时，通过认罪认错教育，矫正教育对象认识到申诉权的行使与接受矫正之间并不是矛盾对立关系，其依法提起申诉并不能停止刑罚和行政强制措施的执行，更不是逃避学习与劳动的借口。

要正确对待矫正教育对象的申诉，不能将其行使申诉权当成不认罪认错的表现。以监狱为例，监狱不能将不认罪、不服从判决简单地视为抗拒改造。对于那些与事实确有出入，可能存在适用法律错误的案件，监狱应当主动与相关部门联系，

① 对罪犯开展“三算、三诉、三呼唤”教育的具体内容：“三算”是青春损失账、经济损失账和事业损失账；“三诉”是诉对自己的身心健康影响、诉对家庭婚姻子女影响和诉对自己名誉自尊影响；“三呼唤”是父母子女之间的呼唤、丈夫妻子之间的呼唤、兄弟姐妹之间的呼唤。

依法帮助罪犯行使合法权利。这样,不仅能够维护法律的尊严和公正,还能够维护刑罚的权威性与严肃性。

第三节 道德教育

道德教育,是监狱、强制隔离戒毒所和社区矫正机构对矫正教育对象开展的道德影响活动。通过道德教育,矫正教育对象树立正确的道德意识和道德观念,能够运用正确的道德标准对照、调整自己的行为,以适应社会要求。《教育改造罪犯纲要》明确规定,开展公民道德教育,使罪犯明确社会主义道德的基本原则和要求,认识正确处理个人、集体、他人的关系在社会生活中的重要意义,提高道德认识水平,培养遵守社会主义道德的自觉性。罪犯刑满释放时,道德常识教育合格率应当达到95%以上。《强制隔离戒毒人员教育矫治纲要》规定,要“把社会主义核心价值观和《公民道德建设实施纲要》教育贯穿始终,强化社会公德、职业道德和家庭美德教育,弘扬民族精神和时代精神,帮助戒毒人员确立正确的世界观、人生观和价值观,引导他们自觉抵制拜金主义、享乐主义和极端个人主义,提倡文明礼貌、助人为乐、诚实守信、尊老爱幼、艰苦奋斗的社会主义风尚”。《社区矫正法》也要求社区矫正机构根据需要,对社区矫正对象进行道德教育,提高其道德素质。

道德教育对于促进矫正教育对象转化思想、矫正行为具有重要作用。道德对人的思想具有支配作用,对人的行为具有导向作用。人的内心的道德观念,深深地影响着人的思想和行为。因此,道德教育对于矫正教育对象转化思想,矫正行为具有重要的作用。

一、道德教育的作用

俄罗斯教育家乌申斯基指出:“良好的习惯是人在其神经系统中存放的‘道德资本’;这个资本会不断地增长,一个人毕生就可以享受它的‘利息’。”[①]对违法犯罪分子的矫正教育,即是矫正其恶习,培植其善良品性,积累道德资本,使他们身上的美德不断“增值”,这便是矫正教育工作的目标和方向。对矫正教育对象进行公民道德教育,是瓦解其旧道德,树立新道德的重要一课。[②] 道德教育对矫正教育具

① 参见[俄]康·德·乌申斯基:《人是教育的对象——教育人类学初探》,郑文樾译,人民教育出版社2004年版,第193页。

② 参见王雪峰主编:《罪犯教育学》,法律出版社2019年版,第119页。

有特殊作用,其作用具体体现在以下三个方面。

（一）道德教育是阻断违法犯罪的根本手段

从现实情况来看,多数矫正教育对象的违法犯罪思想的形成,追本溯源都是由于受到不良道德的影响和毒害,不注意自己的道德修养,而逐步走上违法犯罪道路的。他们的违法犯罪行为,既违反了法律规范,同时也违反了社会道德规范。矫正教育对象的矫正过程,必然包含道德观的教育矫正过程。因此,要矫正其违法犯罪思想,必须从公民道德教育入手,循循善诱地启发他们改过自新、改恶从善,划清是非、善恶、荣辱、美丑的界限,清除主观上的违法犯罪根源,明确方向,看清前途。

（二）道德教育是矫正教育对象回归社会的重要素质保障

《论语》一书写道:“道之以政,齐之以刑,民免而无耻。道之以德,齐之以礼,有耻且格。”(《论语·为政》)这就是说,用行政命令、用刑法强制,虽然暂时避免了犯罪,但人仍还不知道犯罪是可耻的,只有用德来加以治理,用礼来约束,才会使人感到违法犯罪的羞耻,进而达到教化人们去守法的目的。因此,矫正教育机构要加强对矫正教育对象的公民道德教育,使他们摒弃旧道德的影响,认识到违法犯罪行为的丑恶性、可耻性,使他们能够“有耻且格”,自觉地遵守法律规范,从而顺利回归社会。

矫正教育对象最终要回归社会成为普通公民。公民就要受社会道德规范的引导和约束,社会生活中的道德规范包括基本道德规范、社会公德规范、职业道德规范、家庭美德规范等,是公民得以适应社会生活的自身素质保障。只有将道德规范真正的内化于心,外化于行,将道德认识和道德实践统一,才能达到稳定适应社会融入社会的目的。

（三）道德教育为法制教育提供思想基础

道德和法同属于行为规范的范畴,二者有着紧密的联系。道德是法的根源,法是道德的强制化和制度化表现形式,是底线的道德。法要得到人民的认可甚至信仰,必须要符合社会现有的道德文化,与道德的价值指向趋同。可以说,法是道德的权力支柱,道德是法的精神支柱,在社会生活中二者是须臾不可分离的。矫正教育对象的违法犯罪行为往往与其道德缺失紧密相关。鉴于法与道德的社会本质和服务方向的一致性,从实质上看,凡是违反法的行为,也是或可能是违反道德的行为;凡是违反道德的行为,也是或可能是违反法的要求的行为。就罪犯而言,他们以往违反法律规范的行为,同时也是违反社会道德规范的行为。它们之间这种紧密关系,决定了矫正教育对象的法制教育内容需要与道德教育内容趋同,道德教育为法制教育提供了思想基础。

二、道德教育的内容

道德从本质上和法律一样同属于社会规范的表现形式，都是用来规范社会关系的。社会生活的一切领域都是在道德规范的调整范围之内，道德所涉及的内容是极为广泛的。根据《新时代公民道德建设实施纲要》《教育改造罪犯纲要》《强制隔离戒毒人员教育矫治纲要》的相关精神，结合矫正教育机构道德教育工作的实践经验，对矫正教育对象开展的道德教育，主要从以下五方面入手。

（一）道德基础知识教育

通过讲解道德的产生、发展和变化，使矫正教育对象对道德有比较全面的了解，明确什么是道德及其本质特征，以及社会主义道德的本质、特点和作用。让矫正教育对象知道，道德是必须遵守的共同生活准则，是立身处世、做人做事最基本的行为规范。从而为矫正恶习，树立社会主义道德观念打下基础。

（二）集体主义教育

新时代公民道德建设以为人民服务为核心，以集体主义为原则。多数矫正教育对象有着较强的极端利己主义价值观。因此，对矫正教育对象进行价值观教育的重点是集体主义教育。要让矫正教育对象明确，步入中国特色社会主义新时代仍需大力提倡集体主义，要正确处理个人与集体、与社会、与国家的关系，要下功夫转变头脑中存在的各种与集体主义相悖的价值取向。矫正教育对象之所以走上违法犯罪道路，往往是只顾自己不顾别人，甚至把自己的幸福建立在别人的痛苦之上；只愿享受而不愿为社会尽职尽责，甚至为贪图享受而采用违法犯罪手段攫取不正当利益。因此，要帮助矫正教育对象树立集体主义价值观，使其学会把个人价值和社会价值结合起来考虑处理问题，在为他人、为集体、为社会、为国家的奉献中实现和体现自身的价值。

（三）爱国主义教育

爱国主义是中华民族的民族心、民族魂，是中华民族最重要的精神财富，是维护民族独立和民族尊严的强大精神动力。在我国，爱国主义历来是一面具有最大号召力的旗帜，是中华民族的优良传统。爱国主义教育是培养受教育者爱国精神的思想教育，是道德教育的重要内容。中共中央、国务院印发的《新时代爱国主义教育实施纲要》指出，“加强爱国主义教育，对于振奋民族精神、凝聚全民族力量，决胜全面建成小康社会，夺取新时代中国特色社会主义伟大胜利，实现中华民族伟大复兴的中国梦，具有重大而深远的意义”。矫正教育对象作为中华人民共和国公民，终将回归社会融入社会，自然也应当接受这一基本的道德教育。爱国主义教育，使矫正教育对象了解我国的悠久历史文化，了解中华民族对世界所作出过的不朽贡献，了解社会主义建设的光辉历程和伟大成就，培养其民族自尊心、自豪感，激发其积极矫正的热情，强化其接受教育矫正的自觉性。

（四）中华传统美德教育

中华传统美德是中华文化精髓，是道德建设的不竭源泉。中华优秀传统文化蕴含“讲仁爱、重民本、守诚信、崇正义、尚和合、求大同”等思想理念，弘扬“自强不息、敬业乐群、扶正扬善、扶危济困、见义勇为、孝老爱亲”等传统美德，是全体人民精神生活、道德实践的鲜明标识。在矫正教育对象中开展中华传统美德教育，对培养其爱国主义情怀，强化自身道德修养具有重要意义。

中华传统美德内容丰富，博大精深，对矫正教育对象所开展的教育，可以从以下三个方面入手。

1. 感恩教育

在中华优秀传统文化中，感恩思想一直占据重要地位。儒家讲求的“忠、孝、节、义”等思想引发出来感恩意识，并以此作为“人性”的根本、秩序的来源和社会的基础。古人有云：“投之以桃，报之以李”，“滴水之恩，当涌泉相报”，很好地阐述了感恩教育的内涵。感恩是中华民族的传统美德，能够感恩的人，首先是一个能够正确认识自己与他人以及与社会之间关系的人。同时，也必定是一个具有责任意识的人。很多矫正教育对象恰恰就是不能正确认识自己与他人以及社会之间的关系的人，是缺乏社会责任感的人。因此，感恩教育具有很强的针对性。培养矫正教育对象的感恩意识，要从对父母感恩做起，做到对父母的养育感恩、对家人的关爱感恩、对师长的培养感恩、对别人的帮助感恩，并以此为基础，唤起矫正教育对象内心的良知，逐步培养其社会责任感，以促进其思想的转变。

2. 诚信教育

诚信实际上是一个人对自己言行负责任的伦理规范。为人讲诚信，是人的基本道德要求，也是中国传统的美德。北宋著名哲学家周敦颐说：“诚，五常之本，百行之源也。”（《周子全书·通书·诚下》）可见诚信是做人的首要品德，是为人处世的基础。“童叟无欺”“民无信不立”为中华民族世代口碑相传，诚信是中国传统伦理道德思想的基石，诚信是天地之道，为人之本。违法犯罪行为则在很大程度上破坏了人与人之间的相互信任，毁坏了社会诚信体系。因此，必须对矫正教育对象开展诚信教育。

3. 礼仪教育

礼仪能够充分反映一个人的思想修养和文明水准，在社会生活和社会交往中发挥着重要的作用。礼仪教育不是一般的礼貌教育,而是一种道德修养,健全人格的教育。早在春秋时期孔子就断言:“不学礼,无以立。”(《论语·季氏》)礼仪教育对人的行为影响巨大,是社会主义道德建设的重要组成部分。礼仪教育的内容涵盖社会生活的各个方面。从内容上看,有仪容、举止、表情、服饰、谈吐、待人接物等;从场合上看,有个人生活礼仪、公共场所礼仪等。通过礼仪教育,可以培养矫正教育对象尊重他人、自律的健康思想素质,养成良好的行为习惯。①

(五)社会公德教育

《新时代爱国主义教育实施纲要》强调,要把社会公德建设作为着力点之一。社会公德主要包括文明礼貌、助人为乐、爱护公物、保护环境、遵纪守法等。公德是指与国家、组织、集体、民族、社会等有关的道德。社会公德是社会道德体系的社会层面,是维护社会公共生活正常进行的最基本的道德要求。遵守社会公德,是对社会生活中每个人的最基本的道德要求。

社会公德是调节社会公共生活中所发生的人与人、人与社会、人与企业、人与自然之间关系的最基本的行为准则总和,其出发点和归宿是维护社会公共利益。维护社会公共利益是全社会成员的义务,社会公德正是为了维护人类社会的共同生存和发展,维护人类社会的公共利益,调整社会成员之间的关系,调整人们共同生活的内容而逐渐形成的。违法犯罪行为是反社会的行为,违法犯罪行为的实施者大多社会公德意识淡薄,为人自私狭隘,缺乏对他人的尊重,行事多从一己私利出发,很少顾及他人。社会公德观念的缺失在很大程度上会使人的自我约束、自我控制能力下降,漠视社会规则,无视社会秩序,久而久之会形成不良的行为习惯,从而引发违法犯罪。因此,必须大力加强对矫正教育对象的社会公德教育,使之形成公德意识,学会尊重他人,遵守社会生活所必须遵守的秩序,自觉维护社会共同生活的规范。

第四节　时事政治教育

时事政治教育是以国内外的时事,党的基本理论、基本路线、基本方略为主要内容的思想教育活动。思想教育在矫正教育活动中具有核心地位,时事政治教育是矫正教育对象思想教育的重要内容。《教育改造罪犯纲要》规定要“要对罪犯进

① 参见贾洛川主编:《罪犯教育学》(第2版),北京大学出版社2016年版,第143页。

行时事政治教育，深入开展以科学发展观、构建社会主义和谐社会等重大战略思想为重点的思想政治教育，深入开展以国家改革开放和现代化建设取得的巨大成就为重点的形势教育，深入开展以近期国际、国内发生的重大事件，特别是与罪犯关系密切的事件为主要内容的时事教育，教育引导罪犯充分认识国家经济社会发展、社会和谐稳定的大好形势，消除思想疑虑，增强改造的信心”。《强制隔离戒毒人员教育矫治纲要》规定对戒毒人员开展形势政策宣传教育，包括“帮助戒毒人员了解国家和社会发展新形势，了解人们生活方式和价值观念的新变化，了解当地市政交通、衣食住行等方面的重大变化，了解出所后办理相关手续的方法”。《社区矫正法》也规定，要对社区矫正对象开展以“法制、道德、形势政策”为主要的思想教育。

一、时事政治教育的作用

（一）时事政治教育为矫正教育对象思想教育提供方向指引

思想教育是我国矫正教育工作的最大的特色，思想教育的特色主要体现在时事政治教育方面。在社会大事中蕴含有丰富、深刻的思想内容，党的路线、方针、政策具有导向性，是广大人民思想和行为的指南。没有了政治引领，思想教育必然偏离正确方向。例如，在罪犯的改造过程中，我国强调以政治为统领，确保其他改造方式始终围绕政治开展，确立政治教育的方向性地位。对矫正教育对象开展的法制教育和道德教育，都是中国特色社会主义理论体系中的法治体系和道德体系的内容。对矫正教育对象进行时事政治教育，不仅要让其了解社会时政新闻，更重要的是结合党的路线、方针、政策的宣传，使之从中领会正确的思想观念和理论内容。以此强化思想教育的政治色彩，突出政治特色，强化政治方向，为思想教育的开展提供方向性指引。

（二）时事政治教育有助于矫正教育对象思想教育成果的巩固

任何脱离了社会实际的教育都是空洞的说教，很难取得实效。在对罪犯进行思想教育时，如果不能结合社会的发展，不能结合具体的事例，就无法使矫正教育对象产生共鸣，更无法使其认同。因此，思想教育必须和社会实践联系起来，而时事政治教育恰好为矫正教育对象的思想教育提供了众多素材。同时，时事政治教育能促使矫正教育对象改变对社会漠不关心的态度，使之关心社会，关心国家发展，培养其社会责任感，巩固思想教育的成果。①

---

① 参见贾洛川主编：《罪犯教育学》（第2版），北京大学出版社2016年版，第147页。

（三）时事政治教育是培养矫正教育对象社会适应能力的重要途径

当前，社会的发展日新月异，矫正教育对象回归社会之后，能否适应社会，成为其是否再次违法犯罪的关键因素。要努力实现矫正教育对象“软着陆”，可以采用多种举措，而开展时事政治教育，使其了解国内外时事，党的基本理论、基本路线、基本方略是十分必要的。以监狱为例，传统的罪犯教育模式面临着“行刑悖论”，将罪犯置于与社会隔离的环境之中，虽然有助于狱内秩序的稳定，能够保证教育工作进行，但也阻断了罪犯与社会之间的联系，不利于罪犯适应社会能力的养成，以此也就不利于罪犯回归社会。通过时事政治教育，可以使罪犯经常、及时地了解社会发展形势，掌握社会发展动态，在其回归社会时，就能尽早适应社会，融入社会生活。

二、时事政治教育的主要内容

（一）思想政治教育

对矫正教育对象开展的思想政治教育必须立足于党的基本理论、基本路线、基本方略。习近平总书记指出，“全党同志必须全面贯彻党的基本理论、基本路线、基本方略，更好引领党和人民事业发展”。改革开放四十余年，围绕建设、巩固、坚持和发展中国特色社会主义的主题，我们党相继提出了一系列基本理论、基本路线、基本纲领、基本经验、基本要求和基本方略。从马克思列宁主义、毛泽东思想、邓小平理论、“三个代表”重要思想、科学发展观，到习近平新时代中国特色社会主义思想，全部具有丰富的思想内涵。习近平新时代中国特色社会主义思想形成了一个系统完备、相互贯通的思想体系。党的十九大报告用“八个明确”“十四个坚持”概括了这一思想体系的主要内容。“八个明确”“十四个坚持”，集中体现了中国共产党从理论自觉到实践自觉的全方位思考。“八个明确”是习近平新时代中国特色社会主义思想最重要最核心的内容，主要从理论层面回答了建设和发展什么样的中国特色社会主义问题。“十四个坚持”作为新时代坚持和发展中国特色社会主义的基本方略，是习近平新时代中国特色社会主义思想的重要内容，主要从实践层面回答了怎样坚持和发展中国特色社会主义问题。①

对矫正教育对象的矫正教育要以思想政治教育为统领，使之了解党的基本理论、基本路线、基本方略的深刻内涵，将个人的发展放到党和国家的发展之中，融入时代发展的潮流，为回归社会、融入社会做好思想政治上的根本保障。

---

① 中共中央党校（国家行政学院）编：《习近平新时代中国特色社会主义思想基本问题》，人民出版社、中共中央党校出版社2020年版，第16－17页。

（二）形势教育

形势教育，是指矫正教育机关对矫正教育对象开展的，以我国社会发展状况及发展趋势为内容的教育影响活动。形势教育的目的是让矫正教育对象了解我国经济建设取得的伟大成就，以及在经济、政治、社会、文化方面取得的丰硕成果；了解我国发展历史方位、社会主要矛盾的变化，引导其深刻认识、准确把握我国的基本国情，帮助其树立正确的历史观、大局观、角色观，适应形势的发展变化。

党的十八大报告对我国所处的时代作出判断："当前，世情、国情、党情继续发生深刻变化，我们面临的发展机遇和风险挑战前所未有。"当今世界面临百年未有之大变局，中国与世界的关系无疑在发生变化，中国自身也处在历史发展的关键时期。根据邓小平的"三步走"战略以及十五大提出的"两个一百年"战略、十六大提出的第一个百年目标，2020年是建党一百年的时间节点，全面建成小康社会的目标已经实现。中国的改革进入了深水区，到了要"啃硬骨头"的时期。党和国家机构的全面改革、司法改革、财税体制改革、中央环保督察、监察体制改革等举措都在逐步推进，建设雄安新区、粤港澳大湾区等改革举措一一启动。与百姓生活息息相关的"放管服"、户籍制度改革、"单独二孩"、教育公平、医药改革等举措，也正在推行。我国开始摆脱单纯依靠投资和出口驱动的经济发展模式，提出了"高质量发展"的经济发展理念，给老百姓带来了获得感，大多数中国人的生活水平得到了显著提高。党的十九大报告制定的是"两步走"战略，即从2020年至2035年，在全面建成小康社会的基础上，再奋斗15年，基本实现社会主义现代化。从2035年到21世纪中叶，在基本实现现代化的基础上，再奋斗15年，把我国建成富强民主文明和谐美丽的社会主义现代化强国。

通过形势教育，可以让矫正教育对象深刻体会国家发展日新月异的大好形势，强化民族自豪感和自尊心，认识到国家的发展对其回归社会带来的机遇和挑战，提高对国家教育矫正工作相关政策的认同度，激发其参与矫正活动的积极性。

（三）时事教育

时事是近期发生的国内外大事，对矫正教育对象开展国内外时事教育应以国内时事教育为主，主要以国内近期发生的重大事件结合矫正工作进行。在改革开放日益扩大、信息化程度加速提高的今天，每一件大事的发生，都会很快地对社会生活产生多方面、不同程度的影响。以监狱中的罪犯为例，狱内在押罪犯虽然处在一个相对封闭的环境之中，但他们对生活的追求与对时事的关心紧密联系在一起。那种对外部形势漠不关心、封闭改造的模式对当前罪犯的改造显然是不适宜的。相反，当他们有了关心和了解时事的主观愿望，一旦他们获得了针对性和时效性较强的时事教育,其改造态度和对生活的追求也往往表现出极大的主动性和积极性。矫正教育机构可以通过报纸、广播、电视以及网络等各种形式,让矫正教育对象了解时事,及时掌握外部世界的发展动态,为思想教育创造积极条件,为矫正教育对象顺利融入社会打下坚实的基础。

第八章　文 化 教 育

矫正教育对象是文化程度和文明程度相对较低的群体，开展针对罪犯、社区矫正对象和强制隔离戒毒人员的文化知识教育，有助于对其进行思想教育、职业技术教育，也有助于提升其精神文明水平。对矫正教育对象开展文化教育有明确的法律法规依据。为提升文化教育质量，必须从实际情况出发，科学组织文化教育活动。同时，还要加强教学管理和保障。

第一节　文化教育概述

文化教育，是指对矫正教育对象开展的文化知识教育。文化是人类在社会历史发展过程中所创造的物质财富和精神财富的总和，特指精神财富，如哲学、教育、科学、文学、艺术等。文化是由社会制度、知识、信念、价值、象征符号系统与实践组成的多层次体系，知识则是人们在改造世界的实践中所获得的认识和经验的总和。随着生产力的发展和社会分工的不断细化，知识的门类越来越多，越来越专业化。由于我国矫正教育对象群体身份特殊，其平均文化层次相对较低，尤其是监狱服刑人员，尚有部分是文盲和半文盲，所以对其开展文化教育就显得尤为重要。根据《教育法》《监狱法》《禁毒法》《司法行政机关强制隔离戒毒工作规定》《强制隔离戒毒人员教育矫治纲要》《社区矫正法》《社区矫正法实施办法》等有关规定，本章所述的文化教育，是指司法行政部门（监狱、强制隔离戒毒所、社区矫正机构）有计划、有组织、有目的地对矫正教育对象开展较为系统的文化科学知识教育活动。文化教育的目的在于提高矫正教育对象文化水平，提升其综合素质。

一、文化教育的目的、依据、任务和目标

(一)文化教育的目的与依据

1. 文化教育的目的

开展文化教育的目的主要有三个:一是向矫正教育对象传授文化科学知识,帮助其提升文化科学素质;二是助益矫正质量的提高,为矫正工作的全面开展打好基础;三是增强矫正教育对象适应社会的能力,帮助其顺利回归社会,努力预防和减少重新违法犯罪,维护社会大局的稳定,促进社会公平正义,为保障人民安居乐业创造前提条件。

2. 文化教育的依据

对矫正教育对象进行文化教育的依据主要有以下几个方面:一是我国《宪法》明确规定:"中华人民共和国公民有受教育的权利和义务",所有矫正教育对象也不例外。二是我国《教育法》第 17 条规定了我国的基本教育制度,特别是第 40 条明文规定:"国家、社会、家庭、学校及其他教育机构应当为有违法犯罪行为的未成年人接受教育创造条件。"三是我国《监狱法》第 65 条明确规定:"监狱鼓励罪犯自学,经考试合格的,由有关部门发给相应的证书";第 66 条也规定:"罪犯的文化和职业技术教育,应当列入所在地区教育规划。监狱应当设立教室、图书阅览室等必要的教育设施";第 75 条更是对未成年犯的文化教育作了硬性规定,即对未成年犯执行刑罚应当以教育改造为主,监狱应当配合国家、社会、学校等教育机构,为未成年犯接受义务教育提供必要的条件。四是《司法行政机关强制隔离戒毒工作规定》第 46 条明确规定:"强制隔离戒毒所应当采取课堂教学的方式,对戒毒人员集中进行卫生、法制、道德和形势政策等教育";第 47 条也规定:"强制隔离戒毒所应当对戒毒人员开展有针对性的个别教育"。《强制隔离戒毒人员教育矫治纲要》中有关文化素质教育的章节明确指出:强制隔离戒毒机构要举办文学、历史、音乐、书法、绘画、科技知识等讲座,以优秀传统文化和现代文化提高戒毒人员文化素养,激发生活热情,树立健康生活态度。鼓励戒毒人员参加电大、函授、高等教育自学考试。五是《社区矫正法》第 36 条明确规定,社区矫正机构根据需要,对社区矫正对象的教育应当根据其个体特征、日常表现等实际情况,充分考虑其工作和生活情况,因人施教;第 37 条也规定:"社区矫正机构可以协调有关部门和单位,依法对就业困难的社区矫正对象开展职业技能培训、就业指导,帮助社区矫正对象中的在校学生完成学业";第 39 条更是规定:"社区矫正对象的监护人、家庭成员,所在单位或者就读学校应当协助社区矫正机构做好对社区矫正对象的教育。"

此外,司法部制定的《监狱教育改造工作规定》《教育改造罪犯纲要》等都对矫正教育对象进行文化教育作了明确规定,要求司法行政机关,尤其是矫正教育机构要结合矫正教育工作的实际情况制定和落实各项文化教育工作。

(二)文化教育的任务与目标

1. 文化教育的任务

对矫正教育对象开展文化教育,其主要任务是根据矫正教育对象不同的文化程度,在矫正教育机构内分别开展扫盲、小学、初中文化教育。在条件具备时,矫正教育机构支持和鼓励矫正教育对象参加高中(中专)教育、高等教育自学考试和其他各种文化教育。当然文化教育还是要以扫盲和普及中小学教育为主、以提高为辅,以组织教学为主、以自修为辅来组织进行。

2. 文化教育的目标

对矫正教育对象进行文化教育必须贯彻知识性与思想性相结合、系统性与层次性相结合、普及性与速成性相结合的要求。对罪犯的文化教育,力争达到司法部《教育改造罪犯纲要》中规定的目标,对罪犯的文化教育,以扫盲和小学教育为重点,文盲罪犯应当在入监两年内脱盲,脱盲比例达到应脱盲人数的95%以上。罪犯刑满释放时,小学文化程度以上的应当逐步达到应入学人数的90%以上。罪犯刑满释放时,法律常识教育合格率应达到95%以上。在对强制隔离戒毒人员方面,司法部《强制隔离戒毒人员教育矫治纲要》也明确要求进行文化素质课堂教学不少于20课时,戒毒常识不少于30课时。并且课堂教学原则上实行小班教学,每班不超过50人。这样硬性规定的目的就是通过对矫正教育对象进行文化科学知识的教育,全面提升矫正教育对象的学历层次、文化水平,增强其自身处理问题的理性态度,避免冲动行事,全面提升文化素质和文明层次,从而降低重新违法犯罪率,也为矫正教育对象最终回归社会正常生活奠定良好基础。

二、文化教育的功能和意义

(一)文化教育的功能

对矫正教育对象展开的文化教育,其主要功能有以下四个方面:

1. 教化功能

“以文载道,以文化人。”文化对于社会中作为个体的人来说往往具有强制约束力,其所具有的强大导向、教化和评价作用不可忽视。传授文化知识,用文化教育引导矫正教育对象,使其明礼守信、规范自律,并在潜移默化中矫正自我,这是矫正教育机构文明的象征,也是矫正教育机构现代化的标志。如果矫正教育对象的行为明显脱离了他所生活的文化教育环境,其生存和发展就会陷入困境。因此文化教育要努力实现创新发展,共同服务以文化人的时代任务。

2. 改造功能

从文化教育的实施来看,在教学过程中,矫正教育者在向矫正教育对象传授文化知识时,要将符合社会发展要求的思想、观念和道德精神融入其中,启迪矫正教育对象文明意识,使他们在接受文化知识和提高文化水平的同时,接受到先进意识、观念和道德的教育,特别是对党的政策的理解、社会主义制度优越性的了解,提高其辨别是非的能力和认知水平,纠正他们已经形成的错误认知和不恰当的观念,从而促使他们的思想观念发生转变,达到知错改错、认罪悔罪的目的。当然,这项功能常常是以间接的形式显现出来的。

3. 补漏功能

从结构上看,矫正教育对象的文化水平普遍偏低,劳动技能缺乏,这一点与其走上违法犯罪道路有着密切联系。矫正教育机构对矫正教育对象进行文化教育,本着缺什么补什么的原则,多形式地开展补漏式的教育,可以帮助矫正教育对象弥补不足,补齐短板,也是为矫正教育对象将来解除强制隔离、解除矫正或者刑满释放后重返社会创设条件。学习文化知识,有助于矫正教育对象认清自我,开阔视野,自觉投入思想改造。就整个矫正教育活动而言,文化教育是矫正教育对象认罪服法教育、思想教育、职业技术教育等的基础性课程,所以不可或缺。

4. 调节功能

矫正教育对象入监、入矫或入所以后,受到监管环境、活动场所、生活条件等的限制,心理上会处于一种不安、茫然的状态,情绪上处于低落或惶恐的困扰之中,极端的情况下会有破罐破摔、易感易暴、恶习屡纠不改的对立状况出现,这不仅不利于矫正教育,更会给矫正教育机构的安全稳定留下隐患。适时开展对矫正教育对象的文化教育,良好的学习环境和氛围可以舒缓和调节矫正教育对象惶恐的心理,安抚其冲动情绪。学习文化还有助于将来其出狱、解矫或出所后融入社会生活,获得社会舆论的好评与矫正教育对象亲属的赞许。对于那些性格存有缺陷的矫正教育对象来说,还有助于提高其自我控制能力,改变原有的行为习惯,从而起到调节情绪、安抚心理、促进其进入安定状态的作用。

(二)文化教育的意义

1. 文化教育是开展思想教育的重要条件

对矫正教育对象进行矫正的关键是针对性的思想教育,但矫正教育对象由于缺乏一定的文化知识,导致难以对其进行思想教育。因为在对矫正教育对象进行思想教育时，除了组织他们上课听讲之外，还要求他们阅读一些必须了解的法律法规、文字材料和参考书籍，并要求他们经常地写出学习心得和思想汇报等书面材料，而所有这一切都需要有一定的文化基础。只有对矫正教育对象开展文化教育，提高其认识问题的水平，才能提高他们接受思想教育的能力，最终达到使其认罪服法、知错改错、接受教育的目的。因此，对矫正教育对象开展的文化教育是对其展开思想教育重要的前提条件。

2. 文化教育是进行职业技术教育的重要基础

矫正教育对象违法犯罪的原因多种多样，既无一技之长、又想不劳而获是重要的违法犯罪原因之一。为此，我国《监狱法》《禁毒法》《社区矫正法》等都规定对矫正教育对象进行职业技术教育。职业技术教育是把矫正教育对象教育成为掌握一技之长，能够自食其力的新型劳动者的有效途径。然而，职业技术教育是以一定的文化知识为基础的，如果没有相应的文化知识，就不可能很好地掌握相应的职业技术。要使矫正教育对象习得有用的技能，文化知识便是其不可缺少的必修课程。对矫正教育对象进行职业技术教育，必须以文化教育为基础，只有当他们具备相应的文化知识，才能学好一定的职业技能。因此，文化教育实际上是对矫正教育对象进行职业技术教育的重要基础。

3. 文化教育是提高精神文明水平的重要途径

文化知识与人的精神文明有着极为密切的关系。人们正是从文化知识的信息流中，吸取精神营养，认识历史和现实，不断提高自己的精神文明水平，改造自我，改造世界。从我国在押在管的矫正教育对象的基本情况来看，文化知识的匮乏、文明精神的欠缺是他们走上违法犯罪道路的一大原因。由于缺乏文化知识，他们的认知水平低下，鉴别能力差，不能掌握判断是非的正确标准；由于缺乏文明精神，他们精神空虚，消极颓废，价值取向逆向社会；由于缺乏文化素养，他们由无知而愚昧，由愚昧而野蛮，与文明相对立。因此，要矫正他们就不能不从文化素养入手。通过文化教育，矫正他们的知识结构和思想道德观念，提高他们明辨是非和抵制各种错误思潮及剥削阶级腐朽思想观念的能力，帮助他们确立科学的、健康的、文明的生活方式，努力提高其精神文明水平。

第二节　文化教育的组织实施

对矫正教育对象开展文化教育，是我国国民素质教育的组成部分，也是新时代矫正教育工作的迫切需要。但是矫正教育对象的矫正期限、年龄、文化、习性参差不齐,情况复杂,必须从实际情况出发,认真科学地组织好文化教育活动,以确保矫正教育的实际效果。

一、文化教育对象

(一)文化教育对象的筛选与测试

1. 文化教育对象的筛选

(1)筛选依据。个案实施是开展有针对性的矫正教育的重要前提。比如,根据《监狱法》《监狱教育改造工作规定》的要求,参加文化教育的罪犯,其条件有三个:一是对于尚未完成国家规定的九年制义务教育;二是年龄不满45周岁;三是能够坚持正常学习的罪犯。符合上述条件的应当确定为文化教育对象,组织其接受教育。对于部分虽然年龄超过45周岁或者已完成九年制义务教育,其本人愿意继续参加文化学习的,监狱鼓励其参加高等教育自学考试或者其他类型的学习。这些罪犯参加文化教育只是鼓励,不是必须。又如,《强制隔离戒毒人员教育矫治纲要》规定:"入所初期,进行一次个性化分析诊断,由大(中)队民警和心理咨询师,参照心理测评结果、个人成长史、现实表现等情况和诊断评估标准,逐人制定个案化教育矫治方案,运用多种手段开展教育矫治工作,做好跟踪管理;在强制隔离戒毒中期,从戒毒人员法制观念、道德水平、文化素质、心理、生理健康状况等方面,对教育效果进行评价,根据需要调整教育矫治方案,提高个别教育的针对性;在解除强制隔离戒毒前,对每名戒毒人员进行综合评估。"再如,《社区矫正法》第37条明确规定,社区矫正机构应当帮助社区矫正对象中的在校学生完成学业。把文化知识教育放在比较重要的位置。

(2)筛选条件。在实践中,进行文化教育对象的筛选主要是按照年龄、文化程度以及矫正期限等多个方面来操作判断的。比如,监狱主要是根据以下四个方面来筛选的:

一是依据年龄。一般以新收入监登记表为依据。45岁以下是硬条件。

二是依据健康状况。主要是看其能否正常参加学习。对于有严重慢性病,精神失常或智力低下,盲、聋、哑,不能正常参加学习的罪犯,不作为文化教育对象。这一点一般以新收入监体检报告为依据;如果是在服刑期间因病不能继续坚持正常学习的,应由监狱指定的医院出具相关诊断证明,方能排除在筛选对象之外。

三是依据文化程度。文化程度的核定一般是以新收入监时罪犯的判决书为准,判决书上没有标明文化程度的,其本人能够提供有效学历证书的,以所提供的学历证书为准。无法提供有效学历证书的，须对其进行书面试卷测试来确认其文化程度。

四是依据矫正期限长短。一般选定一个日期为节点来进行名单统计。比如，以每年9月1日对在册在押罪犯进行统计，凡符合条件的罪犯均应作为文化教育对象，编班入学。

总之，通过上述依据和条件，只要在查阅矫正教育对象档案的基础上进行综合分析，认真筛选，就一定能够准确锁定需要进行文化教育的具体对象。

2. 文化教育对象的测试

为了更科学地开展文化教育，因人施教，因材施教，摸清矫正教育对象真实的文化水平，必要时还要对筛选出的文化教育对象进行文化程度测试。测试对象和时间的选择通常是在矫正教育对象新入监（入所、入矫）时进行，测试通常采用各矫正教育管理机关统一制作下发的测评卷，由各矫正单位自行组织实施。测试结果可以作为编班分班的依据，同时建立专门档案备案备查。

（二）文化教育对象分类

根据矫正教育对象不同的文化程度和成人教育特点，主要设置不同层次的班级。以罪犯为例，司法部颁布的《监狱教育改造工作规定》就明确了监狱主要是设置扫盲教育、小学教育、初中教育，重点突出扫盲、小学教育。有条件的监狱可以申请开展高中文化教育和职业技能培训，鼓励罪犯参加高等教育自学考试。其中：

1. 扫盲教育对象

主要是符合文化教育硬件条件且文化程度系文盲或半文盲的罪犯。

2. 小学教育对象

主要是符合文化教育硬件条件且文化程度未达到小学毕业的罪犯。

3. 初中教育对象

主要是符合文化教育硬件条件且文化程度未达到初中毕业的罪犯。

4. 其他教育对象

主要是指已完成国家九年制义务教育或者年龄在45周岁以上，愿意继续学习的罪犯。如果条件许可，鼓励这部分罪犯参加高中阶段文化学习或高等教育自学考试等。

在强制隔离戒毒所，对戒毒人员学历教育方面的规定虽然没有监狱要求的那么高，但还是有具体规定。特别是在戒毒知识、法规、道德等方面，要求严格而具体。

《社区矫正法》第55条第1款明确规定："对未完成义务教育的未成年社区矫正对象，社区矫正机构应当通知并配合教育部门为其完成义务教育提供条件。未成年社区矫正对象的监护人应当依法保证其按时入学接受并完成义务教育。”这也是对社区矫正对象完成学历教育的硬性要求。

二、文化教育的教学组织

(一)文化教育的学制与编班

1. 文化教育的学制

扫盲教育学制一般为二年。主要针对的是监狱罪犯和强制隔离戒毒机构的受戒人员。狱内服刑一年以上(含本数)的罪犯应当获得扫盲证书;强制隔离戒毒机构的受戒人员如果是文盲的,应当进行扫盲教育,根据实际情况适当补习文化知识,补习内容和时间目前尚无硬性规定。因时间短而无法补习到位的受戒人员,在进行文化教育考试时,亦可允许采用口试方式参加。

小学教育学制为三年;主要针对的是监狱罪犯。狱内服刑在两年六个月以上的罪犯应当获得小学毕业证书。

初中教育学制为二年。主要针对的是监狱罪犯。罪犯参加初中文化学习,可以分别获得结业和毕业证书。

2. 文化教育的编班

根据《监狱教育改造工作规定》的规定,对罪犯进行文化教育,监狱应在测查筛选后,根据实际情况再认真做好分类编班工作。单独或混合编班、监区内或跨分监区编班都可以。监狱对具有高中文化水平及以上的罪犯,鼓励其参加社会上高等教育自学考试,并提供一定的便利条件。

(1)扫盲教育班主要吸收罪犯中缺乏读、写、算能力的文盲、半文盲参加,要求两年内脱盲。有条件的监狱可进行计算机文化基础教育,扫除信息文盲。

(2)小学教育班主要吸收有一定文化基础的罪犯和扫盲班结业的罪犯参加。要求三年达到小学毕业程度。

(3)初中教育班主要吸收初入监且具有小学毕业文化程度或原为初中生但不具备相应水平的罪犯,以及在监内经过小学班结业的罪犯参加学习。

(4)高教自考班。有条件的监狱根据实际情况,开办成人高等教育自学考试班,办学点引进主考学校,并鼓励罪犯参加社会上开办的这类自学考试等。

根据司法部《强制隔离戒毒人员教育矫治纲要》的要求,对强制隔离戒毒人员的课堂教学原则上实行小班教学,并且要求每班不得超过50人。鼓励戒毒人员参加电大、函授、高等教育自学考试。

总之,矫正教育机构在进行编班时,要从矫正教育对象的实际出发,需要什么班，就设什么班。为了文化教育的顺利开展和便于管理，对矫正教育对象文化教育编班最好以分监区或监区、管区为单位进行。

(二)文化教育的课程设置与内容选择

1. 文化教育的课程设置及教学要求

根据各个班级文化基础层次的不同，应依据矫正教育对象的实际需要设置课程。

(1)扫盲教育。在监狱主要开设读与写、数与算、知与能三门主课，服刑人员服刑意识教育一门辅课。对于强制隔离戒毒所来说，目前如果没有专门的扫盲教育教材的，可以借鉴上述三门主课教材适时适度开展教育。同时开设禁毒戒毒基本知识一门辅课。三门主课教材一般由各省教育管理部门指定并统一提供，一门辅课教材一般由各省矫正管理机关指定。

教学要求方面，扫盲教育主要是培养矫正教育对象对汉语言文字的初步认读、书写能力和掌握数学的四则基本运算方法，使他们经过扫盲学习之后，能达到全日制小学低年级学生的知识水平，并能将所学的文化知识运用到实际生活中，做到会读、会用、会写等，以及一般性的简单书信、报刊文章的阅读。

该阶段教学要严格要求，帮助矫正教育对象认识学习文化的重要性，端正学习态度，提高学习的自觉性。要引导矫正教育对象在听、说、读、写上下功夫，扎扎实实地学习文化知识，努力达到脱盲标准。要注意教育其字迹工整，经常复习课文，认真完成作业，养成良好的学习习惯。在课堂教学中，应提高教学质量，安排适当的课时，组织多种形式的认字识字及提高口头表达能力的活动，调动矫正教育对象的学习积极性。在教学中要结合政治思想、道德品质的教育，为把他们改造成为守法公民打下思想基础。

同时扫盲工作不仅要求覆盖每个文盲对象，还应该跟踪、调查完成扫盲课程的矫正教育对象，每年对其文化水平进行测试，督促其巩固所学知识，如发现“复盲”现象，应及时采取补救措施，使其重新脱盲。对文盲的矫正教育对象来说，扫盲工作是对其进行思想教育和职业技术教育的基础。

(2)小学教育。主要针对监狱矫正教育对象开设语文、数学两门主课，公民道德教育一门辅课。两门主课教材使用教育部审定、司法部监狱管理局组织编写的教材。一门辅课教材使用司法部监狱管理局统编的服刑人员思想教育教材。

教学要求方面，语文课的学习，要求矫正教育对象具有识字、听说、阅读和作文的能力，培养其热爱祖国语言的感情和良好的学习习惯，达到全日制小学毕业生的同等文化水平。在语文教学中，要结合思想品德进行矫正教育，提高矫正教育对象遵纪守法和接受教育的能力,促进他们更好、更快地转变思想观念。数学课的学习,使矫正教育对象具有正确且迅速的运算能力、初步的逻辑思维能力和解决简单实际问题的能力,达到与全日制小学毕业生的同等文化水平。通过教学,向矫正教育对象传授科学文化知识,提高科学文化素养,为矫正教育对象能够正常学习正当的谋生技能,为其顺利回归社会打好基础。

(3)初中教育。主要针对监狱矫正教育对象开设语文、数学两门主课,法律常识教育一门辅课。两门主课教材使用教育部审定、司法部监狱管理局组织编写的教材。一门辅课教材使用司法部监狱管理局统编的服刑人员思想教育教材。有条件的可开设计算机文化基础、历史与社会、科学等课程。

教学要求方面,语文课的学习要培养矫正教育对象能准确、鲜明、生动、正确地运用语言文字,具有现代文的阅读、写作、听说能力和阅读浅显的文言文的能力;作文要求文理通顺,能正确使用标点符号,字写得端正,结构合理,不写错别字。数学课是矫正教育对象学习现代科学技术,参加社会主义现代化建设的重要基础学科,也是学习其他课程的工具学科。数学课的学习要提高矫正教育对象的数学知识水平,发展其逻辑思维和正确理解基本概念的能力,掌握并熟练运用定理、公式进行证明推理、运算和分析问题解决问题。法律常识教育课的学习是法治社会的必然要求,是合格公民的应有素质。通过法律常识教育,促使他们崇尚法律、遵守法律、运用法律,更多地了解法律法规,更努力地矫正自我,出狱后更快地融入社会生活。计算机基础课和科学课是使矫正教育对象比较系统地学习现代科学技术基础知识,使他们了解物理、化学、生物等科学知识及实际应用,培养他们的科学观念、实验技能,使其具有科学态度和科学方法。

(4)成人自考教育。具体课程要依矫正教育对象所学专业来确定。但无论何种类型的自考课程设置,均应呈报地方教育行政部门,严格履行审批手续。

教学要求方面,主要是根据矫正教育对象报考需求进行相应的教学组织。必要时还可以配备矫正教育机构内的辅导教师,确定专人做好教学管理工作。矫正教育机构可以积极为他们订购教材、参考书籍,按时到当地有关部门办理报考手续,但要求矫正教育对象处理好学习和劳动的关系,矫正教育机构也要积极为他们创造便利的学习条件。

2. 文化教育内容的选择

文化教育的内容是极其广泛而丰富的。由于矫正教育对象学习时间有限,年龄大小不等,文化程度有高有低,矫正期限有长有短,因而矫正教育对象的文化教育从内容到体系都不同于普通的全日制教育,必须对教育的内容加以选择,以适应矫正教育对象的学习要求和需要。在选择教育内容时应遵循以下要求：

(1)要适合矫正教育对象的实际情况。矫正教育对象同社会上同龄人一样，在思想、性格、文化程度等方面有很大的差异。因矫正期限管理的约束，在学习时间上，除了他们的刑期(戒毒期限)限制外，也远比普通学校的学生少。这就要求文化教育的内容不仅要精选，而且要适合他们各方面的实际情况。

(2)要选择矫正教育对象急需的知识。由于文化知识教育为改造服务，又由于矫正教育对象的学习时间、文化基础等限制，因而在选择文化教育内容时，就必须优选矫正教育对象最为急需的文化知识。

(3)要注重知识的完整性。任何一门知识都有其自身的内在规律和逻辑体系。要养成良好的学习习惯，注意学习知识的系统性，防止所学知识的碎片化，一知半解影响学习效果。

(三)文化教育的教学方法

对矫正教育对象进行文化教育的方法很多，除了矫正教育活动所具有的一些特殊方法外，《普通教育学》所揭示的一些教学方法，如讲授法、演示法、练习法、讨论法、评比考核法等，还可以组织开展丰富多样的课外文化活动，这些都是对矫正教育对象开展文化教育中常用的基本方法。总之，教师应当根据教学任务、教学内容，矫正教育对象个体及群体特点等，因地制宜、因人而异、科学地加以选择性运用。

1. 讲授法

讲授法是教师用口头语言直接向矫正教育对象传授知识、描绘事例、论证事理的一种传授知识的基本方法。教师通过系统、重点突出、条理清晰的叙述达到教学目的，是传统的教学方法，也是最通用、最简便、最快捷的教学方法，因而被广为采用。教师在运用讲授法向矫正教育对象讲述故事、讲解教材时要努力做到语言清晰、简练准确、生动幽默，围绕教材内容、遵循教学大纲，努力调动矫正教育对象学习的积极性和主动性。

2. 演示法

演示法是指教师通过展示各种实物、直观教具，或进行示范性的实验，或通过现代化教学手段，使矫正教育对象获取知识的教学方法。按教学的要求区分，可分为两类：演示单个物体或现象；演示事物的发展过程。根据演示材料的不同，教具可分为四种：实物、标本和模型的演示；图片、图画、地图的演示；实验的演示；幻灯片、录音、教学电影、录像的演示。为使矫正教育对象获得感性的材料，提高学习兴趣，演示法常配合讲授法一起使用，它对提高矫正教育对象的学习兴趣，发展其观察能力和抽象思维能力,减少学习中的困难有重要作用。每节课演示物不宜过多,演示时要适当配合讲解,引导矫正教育对象观察,并做出明确的结论。

3. 练习法

练习法是在教师指导下,为矫正教育对象巩固知识、形成技能技巧,而根据教材内容布置一定课堂练习和课外作业的一种教学方法。练习法的种类有:说话的练习;解答问题的练习;绘画、制图的练习,等等。练习法的基本要求是要使矫正教育对象明确练习的目的;使矫正教育对象掌握正确的练习方法;使矫正教育对象知道每次练习的效果,培养他们自我检查的能力和习惯;要有计划有步骤的练习;要保证练习的质量;练习的方式要多样化。

4. 讨论法

讨论法是教师组织和引导矫正教育对象,通过全班或分组形式就某一问题发表自己的看法、交换意见、相互学习的方法。讨论法有助于调动矫正教育对象的主观能动性,有利于激发他们的学习兴趣。与讲授法不同,讨论法是一种多向的交流过程,因而有利于矫正教育对象在学习某一部分内容之后发表自己的认识、看法,可以使矫正教育对象之间相互启发,提高理解能力、认识水平,培养他们对问题的独立思考能力和口头语言表达能力。由于讨论法是矫正教育对象之间的一种相互交流过程,因而也有利于建立他们的自信,并且能帮助他们较快地摆脱以自我为中心的思考方式。

5. 评比考核法

评比考核法是指组织矫正教育对象开展学习状况的评比考核,并将评比考核的结果作为矫正教育对象获得奖励的条件之一。评比考核的具体形式很多,一般有以下几种:考试,可采用笔试、口试、开卷、闭卷、实验操作等形式;检查评比作业;自检互评学习态度、学习纪律的遵守情况等。评比考核法,一般可配合实施奖惩,对学习成绩好的给予相应的奖励,对学习成绩差、学习态度不端正、不遵守纪律的提出批评教育等。

(四)文化教育的教学环节

教学工作是向矫正教育对象传授科学文化知识的一项系统性工作。教师要明确文化教育的每一个教学环节,并且按每一步的基本要求严格执行,才能确保教学任务顺利完成。

1. 备课环节

备课是上课前的准备工作,是讲好课的前提和保证。备课的内容包括钻研教材,全面深入了解矫正教育对象的基本情况,设计教学方案,就是所谓的“三备”:备教材、备学生、备教法。只有把教材理解透彻,对矫正教育对象的情况了解清楚,选择适当的教学方法,安排好教学步骤,才能保障教学任务的完成,收到良好的教学效果。在上课前,先要收集、阅读相关资料,做到有备而来。制订出学科授课计划和单元教学计划,明确总要求,划分课题,分配课时,划出重点和难点等,然后按要求写出教案。编写教案必须认真充分地考虑矫正教育对象的实际情况,在内容和方法上要做到不断更新。一个完整的教案应包括授课班级、学科名称和课题、授课时间、课时、教学目的、课时类型、教学方法、教具、教学步骤、板书设计、课堂小结和课后练习题等项目。

2. 上课环节

上课是整个教学工作的中心环节。要上好一节课,达到讲课认真、目的明确、内容正确、方法恰当、逻辑严密、形象生动的要求,必须做到:一是明确每节课的目的和任务,精心选择和组织教学内容,正确贯彻教学原则,灵活运用教学方法,严密组织教学过程;二是讲述内容要准确、透彻、清楚,通俗易懂;三是讲究语言艺术,教态自然,举止端庄,精神饱满;四是板书工整,布局合理,内容简明,重点突出;五是联系实际,讲练结合,因材施教,耐心启发;六是教学环节完整,内容适中,时间安排合理;七是要善于洞察矫正教育对象的心理活动,巧妙运用语言和非语言的手段引起他们的注意,以收到良好的课堂教学效果;八是要注重运用综合活动课、研究性学习等教学方式,培养创新意识,提高教学效果。上课过程中的很多技巧也必须掌握,如引入新课、探索新知、巩固新知、课堂总结等。

3. 练习环节

练习是课堂教学的延续。它要求矫正教育对象自己动手、独立思考,是促使他们加深对所学文化知识的理解和记忆,并将文化知识转化为技能的重要措施,有助于培养和提高他们的思维能力、自学能力、分析判断能力以及克服困难的意志品质。每节课的练习都要围绕教学目标,紧扣教学重点和难点,既有对基础知识的训练,又有适度提升的习题,既重视联系生活实际,又重视层次性和综合性,由浅入深地引导矫正教育对象深化对一节课所学知识内容的理解和应用。必要时也可以布置课外练习,以巩固学习成果。当然,在布置练习时要注意以下几点:一是要考虑矫正教育对象课余时间的长短和实际能力,不能用超量的课外练习作为惩罚他们的手段;二是要符合教学大纲与课程的要求,使课内与课外学习互相促进,掌握知识与发展能力互相结合;三是要有启发性和典型性,有助于发展矫正教育对象的智力;四是作业量要适当,难易要适度,形式要多样,注意培养其自觉学习的习惯;五是对课外练习要及时进行检查和评定,以促进所学知识和技能的巩固。

4. 批改作业环节

批改作业是了解矫正教育对象学习情况的重要渠道,是检查学习效果的重要手段。批改作业要做到认真细致、精心批改和及时准确。要善于从作业中发现问题,调整和改进教学工作。对少数矫正教育对象的作业可采取当面批改的方法,对作业中反映出的普遍问题和关键性的错误要进行集中讲评,耐心解释。对完成作业认真的,要及时给予表扬。批改作业后,应根据不同情况写出恰当的评语,给予相应的记分,以作为矫正教育对象学习成绩和考核他们文化教育表现的依据。

5. 课外辅导环节

课外辅导是照顾个别差异,因材施教,提高教学质量的途径之一。目的是进一步帮助矫正教育对象学好功课,以达到课堂教学预期的要求,并为以后备课做好准备。课外辅导可采取个别辅导和小组辅导两种方式。辅导的主要内容包括给缺课和基础差的矫正教育对象补课,对他们进行学习目的、学习态度和学习方法的指导,对成绩优秀的矫正教育对象进行拓展知识的学习和指导等。

6. 考核环节

考核是在矫正教育对象掌握基本理论、基本知识和基本技能的基础上进行的。考核有利于培养矫正教育对象运用知识的能力、实际工作能力和创新能力,有利于推动教学内容和方法的改革,有利于矫正教育对象学习方法的改进。科学的考核需要规章制度的保证,从实践来看,主要抓好以下三个方面的工作:一是制定好矫正教育对象学习守则和课堂管理制度,进行全面而严格的考核、考勤,保障到课率,维护教学秩序;二是制定好学业成绩考查办法和考场规则,培养良好的学风,提高及格率和升学率;三是制定好切实可行的考核办法,建立各种考核登记册,做好资料积累工作。

第三节　文化教育教学管理与教学保障

文化教育的教学管理是完成文化教育的基础和保证,而教学保障更是进行文化教育不可缺少的前提条件,因此教学管理与教学保障对于文化教育来说,具有非常重要的意义。

一、教学管理

教学工作是多因素综合作用的复杂过程。教学管理是对教学工作的计划、组织和控制的活动。对于矫正教育对象文化教育的教学管理工作来说,要达到教学目标,达到矫正人的目的,同样要有与矫正教育对象教育教学相适应的计划管理、师资管理、教研管理、教材管理、学籍管理等。

(一)计划管理

1. 教学计划

教学计划是为完成教学任务服务的,是矫正教育任务和目标的具体化,也是对文化教育全过程的具体部署和安排,更是开展和组织文化教育的主要依据。因此,制订教学计划必须以矫正教育的基本任务为导向,要始终坚持教育、感化、挽救,把矫正教育目标作为制订文化教育教学计划的指导思想。各矫正教育机构在文化教育的实践中,要制订切实可行的、服务于矫正教育目标的教学计划,并努力贯彻实施。当然,在开学前,矫正教育机构应当把制订、核准的文化教育教学计划,按程序上报省级矫正教育管理机关备案,以确保国家、省级矫正教育管理机关总体目标任务的实现。

2. 教学进度安排

矫正教育对象的文化教育不同于一般的学校教育。矫正教育对象有进出频繁、流动性大、教育受刑期或管期制约等特点,因此整个教育过程要把速成性和系统性有机的结合起来,不能照搬一般社会学校的课程安排和学制。建立科学适用的课程体系,严格的计划管理,在很大程度上决定着对矫正教育对象今后进行矫正教育的水平和方向。因此,各矫正教育机构在进行文化教育时要统筹兼顾,预留机动,制定好教学校历,有计划地稳步推进,确保教学目标的最终实现。

3. 进度检查

文化教育是双边活动,教育效果取决于教育者和受教育者双方的共同努力。为了检验实施文化教育工作的效果,必须从教育内容、教育方法、教育途径、教育手段等方面开展教学进度检查。

为确保进度检查工作的顺利开展,在实施教学计划之前,就应明确要求教育者制订好教学进度计划。这种先期制订进度计划的方式,是文化教育过程中不可缺少的环节,也是及时纠正和改进教学过程中的失误与偏差、提升文化教育水平的重要措施。实践中一般的进度计划主要包括:矫正教育对象情况的简要分析、学科设置、教学章节、教学时数、课时分配、教学要求及各门课程所需要的主要教具等方面的内容。每学年(学期)均可由各矫正教育机构的教育科(教研室)依学期教学进程表和课程表,定期或不定期地检查教学进度。这样既可以检验制订文化教育计划的正确性和预见性,也可以检测实施阶段教学计划的实用性和科学性,以及各种教学措施的有效性,从而有的放矢地加强和改进教学工作,进一步提高对矫正教育对象的文化教育质量。

4. 教学小结

教学小结就是通过对前段时期教学工作、学习或思想情况进行理性思考，在回顾、总结的基础上进行全面系统的检查、评价、分析、研究，肯定成绩、找出差距、总结经验、形成客观评价的书面材料，以改进工作、提高组织教学的水平。教学小结与教学计划是相辅相成的，教学小结是以教学计划为依据的。

做好教学小结要坚持实事求是，成绩不夸大，缺点不缩小，更不能弄虚作假。同时，要结合教学计划写教学小结，对本段工作之前存在问题的处理要有交代，做到条理清楚，详略适宜，切忌敷衍了事，违背教学小结的初衷。

（二）师资管理

1. 教师选拔

从教育学的角度来看，教师是教育过程中的主导力量。拥有一支事业心强，能胜任教学工作的师资队伍，是一所学校必备的基本条件，矫正教育机构进行文化教育，师资队伍建设是实施文化教育成功与否的关键因素。教师是文化教育活动、教学活动的组织者和指导者。教师通过言传身教，采取各种有效的教学方法和教学形式，将自己掌握的知识传授给矫正教育对象，矫正教育对象把学习到的知识通过理论联系实际运用到自己矫正中去，从而实现转化思想、增长知识、培养技能的目的。教师作为知识和技能的传播者，作为把矫正教育对象教育成守法公民的特殊园丁，其作用是不可替代的。因此，建设一支政治素质高、热爱矫正教育事业、业务素质过硬、有较高教学水平的矫正教育师资队伍就显得非常重要。

各矫正教育机构必须下大力气抓好以干警为主体的文化教育师资队伍。根据《监狱教育改造工作规定》的规定，监狱组织开展思想、文化、技术教育，其教员可以从本监狱的人民警察中选任，也可以从社会上符合条件的人员中聘任。对罪犯的文化、技术教育，可以在本监狱选择服刑表现较好、有文化技术专长的罪犯协助。鉴于未成年犯的特殊性，未成年犯管教所的文化教育教师必须全部由监狱干警担任。

《强制隔离戒毒人员教育矫治纲要》对强制隔离戒毒机构的教育矫治队伍也有明确规定，即强制隔离戒毒所应当按照不低于收治人数1%的比例配备专职教师，收治人数低于500人的场所，应至少配备5名专职教师，负责课堂教学、康复训练和专题教育。

2. 师资培训

建设一支能胜任文化教育的师资队伍靠引进人才是不够的，还需要大力开展师资教育培训，着力提升师资队伍的能力和水平。当前在矫正教育机构文化教育的师资队伍中，除了干警教师外，各矫正教育机构还存有少量协助教员。如监狱中的犯人教员。尽管犯人教员的存在是当前干警教师严重不足情况下的权宜之计，但从长远来看，用干警教师替代犯人教员是一个必然趋势。解决干警教师队伍的建设问题可采用接收大学生、到社会上选调等方式，也要立足自身，通过安排在职干警培训或脱产进修的方式解决。目前，在犯人教员仍有一定比例的情况下，要加强对他们的思想教育和业务培训，建立教员教学、培训情况记载卡。每学期开学前应组织开展业务学习，并定期考核，以确保文化教育的正确方向和教学质量的稳步提高。

对强制隔离戒毒机构中文化教育师资水平的提升问题，《强制隔离戒毒人员教育矫治纲要》也作了专门规定，明确要求：要把民警队伍的专业化建设作为一项长期的重要战略任务，努力提高队伍的专业水平和专业素质。通过开展经验交流、示范培训等多种形式提高个案矫治水平，提升个案矫治能力，打造一支个别教育能手队伍；通过改善专业知识结构，加快专业人员引进和培养，打造一支心理矫治专家队伍；通过开展教学观摩、集体备课等活动形式，不断提高教学水平，打造一支专职教师队伍。

（三）教研管理

1. 教研室设置

教研室一般是根据教学内容和学科课程而建立的基层教学组织。教研室通过把教学计划具体安排布置给每个教师，使教学计划得以贯彻实施。同时，教研室还承担着组织教师落实矫正教育任务的重要使命。因此，教研室是矫正教育机构的一个重要的教学机构，它对完成全部教学计划任务，大力提高教育矫正质量，起着不可替代的作用。矫正教育机构应当根据文化教育的需要，按照学科课程设置教研室，教研室主任必须由干警或工作人员担任，并全面主导教研室工作的开展。

2. 教研活动开展

教研室应根据教学计划定期开展各项教研活动，组织教师制订本学期的教学计划，明确教学进度，安排教学活动；指导检查教师备课、授课和作业批改情况，评价教师的教学质量；开展专题教育研讨，组织试讲课、公开课、观摩课等科研活动，提高教学水平；及时收集和研究教学中遇到的疑难问题，提出改进意见；做好教学资料的搜集、整理和保管工作，帮助教师提高教学水平。

（四）教材管理

1. 教材选择

教材是根据教学计划和教学的实际需要而编写的有关教学内容的教学用书，是教师备课、授课、考试、布置作业、开展教学工作依据的基础材料，也是矫正教育对象学习掌握文化知识的重要工具。教材质量的高低,是否适用于矫正教育对象,直接关系着矫正教育机构文化教育的教学效果和矫正教育质量的高低。因此,必须抓紧抓好文化教育教材的建设。

由于矫正教育机构的文化教育不同于一般学校的教育,在遵循教育一般规律的同时,更要从矫正教育机构文化教育面临的特殊对象和特定环境的角度,研究文化教育的差异性和文化教育的特殊性,编写或选择有利于矫正教育对象矫正恶习、重做新人、回归社会的各类教材。

根据司法部关于矫正教育教材体系建设的总体要求,矫正教育机构的扫盲、小学和初中教育,一般统一使用由司法部相关矫正管理机关组织编写的矫正教育系列教材。各省矫正管理机关自编的文化教育的教材,应当在注意其内容的思想性、知识性、科学性统一的条件下编写、使用。同时,也应及时更新教材内容,结合当地实际自编的辅助教材,一定要丰富和深化基础课程内容,体现当地特色,使相关文化教育能够与时俱进,使矫正教育对象真正能学有所用,为真正提升素质打好基础。

2. 教材编写

教材是教与学双方共同活动的媒介,内容的优劣和质量的高低,对教育效果会产生重大影响。教材编写必须坚持“惩罚与改造相结合,以改造人为宗旨”“戒毒治疗与教育康复相结合”的工作方针。结合矫正教育对象的具体情况,在统一组织编写时要注意把握好以下几个原则:

一是政治思想正确。对矫正教育对象的文化教育,在教材和教学过程中,绝不能忽视思想观念和政治倾向的问题。教材的政治性、思想性要贯穿和渗透于教材的知识体系之中,每门学科的教材都要使矫正教育对象掌握比较充分的知识性。材料要具体、生动,要掌握好正确的思想观念,要使矫正教育对象通过文化知识的学习,既得到科学知识,又促进思想改造。

二是内容目标统一。教育目的是文化教育活动的灵魂和指针,教材是达到教育目的的重要载体,教材内容必须要契合教育目的。在编写矫正教育对象的文化知识教育的教材时,一定要从有利于实现矫正教育这个大目标出发,精心组织、精心安排、认真审定。

三是知识适用适度。矫正教育机构进行文化教育所需的教材,不能照搬照用社会上学校的教材。在编写矫正教育对象使用的教材时,要从适用性角度注意取舍得当,教材内容要与教育对象的实际情况相吻合。矫正教育对象年龄一般较大,基础知识较差,学习起点低;有违法犯罪经历,悲观消极,粗野散漫,且缺乏学习自觉性;监管期间人身自由受限制,属于业余学习,在编选教材和实施教学过程中,要充分注意这些教育对象的特点和实际需要。因此，矫正教育对象的文化教育作为对成年人的业余性、普及性、速成性的补课教育，文化知识适用、适度即可。对于未成年矫正教育对象来说，矫正教育机构还应当完成九年制义务教育的重要任务。

四是层次要求区别。由于矫正教育对象的矫正期限、年龄、文化基础不同，需要经过普查和入学考试，区别不同情况，编入不同层次的班级，分别进行不同程度和不同要求的文化教育。教育要有针对性，教育对象有着不同的层次，也就要求编选出相应的、不同层次的教材，以供教学使用。因此，因材施教、依层次施教，是矫正教育机构进行文化教育之所必需。

总之，文化教育教材的编写必须观点正确、说理充分、通俗易懂、紧密联系矫正教育实际，并且能根据情况的变化及时加以修订。

（五）学籍管理

1. 学籍注册

根据矫正教育对象的文化程度进行分类编班后，要建立学籍管理档案，对每个参加学习的矫正教育对象的基本情况进行详细登记，并认真做好入学教育工作，保证入学率。每学期开学时，要求矫正教育对象在规定日期内办理注册手续。每学期末都要对矫正教育对象学习情况作出鉴定，存入档案。同时，也要注意积极取得矫正教育机构在地方教育部门的支持和帮助，按程序和要求办好相关手续，使矫正教育对象文化教育得到社会认可，取得真正实效。

2. 证书颁发

矫正教育对象接受文化教育，在学习完成教学计划规定的课程后，经考试合格的，为其颁发由省（市）教育行政部门统一监制的脱盲证书和各类毕（结）业证书。对成绩不合格者，可补考一次。经补考仍不及格者，发给结业证书，并准许其在一年内申请补考；补考及格者，补发毕业证书。矫正教育对象参加高等教育自学考试由各省（市）相关教育部门和矫正管理机关统一组织，在指定矫正教育机构设置考场。参加省（市）高等教育自学考试，考试成绩合格的，颁发单科合格证书。课程全部考试合格，颁发由省（市）教育部门统一监制的各类自学考试毕业证书。

凡组织不同层次学历的矫正教育对象参加毕业考试，必须在当地教育部门的指导下进行，既可以采用同等学历的社会学校结业测试卷，也可以采用各省相关矫正管理机关教育部门统一拟定试卷，并经地方教育主管部门认可。

（六）考核与奖惩

1. 考试

组织对矫正教育对象的文化教育考试，不仅能够全面检查和提高教育教学质量，进一步促进文化教育工作的开展，而且能推进矫正教育工作向深层次发展。因此，矫正教育机构要认真组织文化教育考试，组织进行单元测验、期中考试、期末考试等多形式考核。对矫正教育对象的学业成绩也可与普通学校一样，分为平时成绩（课堂提问和课外作业等）和开、闭卷考试成绩（学期考试、学年考试等）两部分，分别占到一定的比例。但矫正教育机构在组织学科成绩进行闭卷测试时，既要注意特殊性，也要注意学习质量。特别是要做好考试的报名、考场设置、考试监考等工作，在维护考场秩序的基础上，不得随意降低标准，确保考试工作有序进行。对学期结束课程中的成绩不及格者，可在下一学期的前两周内进行补考。每学年学完教学计划规定的课程，经考试成绩合格者，准予升级。经学期和学年补考，仍有两门以上（含两门）不及格者，可予以留级。

2. 奖惩

为加强教学管理，调动矫正教育对象的学习积极性，促进思想改造，应根据矫正教育对象在学习中的不同表现，认真做好奖励和处分工作。对学习态度端正、学业成绩优良、遵守课堂纪律的矫正教育对象，可及时予以表扬，也可根据情况按学期表彰单科成绩优秀者，以及学年评选优秀学员。对违反学习纪律，特别是无故旷课和在课堂上无理取闹以及在考试中作弊的矫正教育对象，应视情节给予通报批评、警告、记过等处分，予以惩戒。

奖励和处分矫正教育对象，要坚持实事求是和集体研究的原则，做到准确无误，并严格履行审批手续。有关材料应及时归入档案，并作为全面考核其矫正教育表现的依据之一。

二、教学保障

（一）场地物质保障

1. 场地保障

教育场地设施是矫正教育机构开展文化教育的物质条件，是矫正教育机构的各项活动得以正常展开的必不可少的硬件之一。我国《监狱法》第 66 条明文规定："监狱应当设立教室、图书阅览室等必要的教育设施。"司法部《强制隔离戒毒人员教育矫治纲要》明确要求强制隔离戒毒机构必须配备完善的教育矫治设施设备。要设置与收治人数相适应的教学、文体活动、图书阅览、职业技能培训等功能用房，配备齐全的电化教学设施和教学网络。

大力加强教育设施建设，不仅是对矫正教育对象进行教育工作的需要，而且是保障矫正教育对象受教育的基本权利所需。矫正教育机构应积极改善办学条件，规范教学场所，配齐必要的课桌椅等必要的教学用具，积极做好以下三个方面的工作：

首先，应加强教室、礼堂、会议室、图书室（馆）、阅览室的建设，这是进行文化教育最基本的物质基础和物质条件。教室是矫正教育对象接受矫正教育的最基本的场所，是开展教学活动最基本的条件；礼堂、会议室是对矫正教育对象进行集体教育和电化教育的重要场所；图书室（馆）、阅览室是矫正教育对象进行学习、开阔视野的重要学习活动场所，也是利用业余时间，提高自身知识水平的重要阵地。有经费充裕的矫正教育机构一定要把这些场所条件改善好，满足好文化教育教学的需要。

其次，应加强对矫正教育对象开展文体活动设施场地的建设。文娱体育活动是文化教育的重要内容和必要形式，也是监区、管区文化建设的必然要求。文娱体育活动生动活泼、寓教于乐，适合当代矫正教育对象的特点，能够使他们在潜移默化中受到熏陶，进而达到学习知识、接受矫正的目的。

最后，加强对教育场地设施的管理。在教学设施场地建设中，矫正教育机构要从自己的实际情况出发，量力而行，逐步完善，不断提升文化教育的物质条件。要建章立制，加强对教学场所的管理，指定专人负责，减少教学设施、设备的损毁和流失，真正发挥教学设施、设备为矫正教育提供物质保障和服务的功能。

2. 物质保障

物质保障主要是教学物资设备的保障。如课桌椅、教学设备、挂图、教学仪器、电脑、闭路电视装置、资料文具等，也包括篮球场、排球场、乒乓球室、乐器室、俱乐部等文娱体育活动常用的文体器材等。随着社会的进步和科学技术的发展，现代化的教学设备越来越不可缺少。当今很多矫正教育机构的现代化多媒体教学设备已成为文化教育的重要组成部分。运用现代化教学手段，能大大提高矫正教育对象的学习兴趣，从而有利于教学效率和教学质量的提高，同时也是提升矫正教育质量的需要。多媒体教学设备应当根据实际需要逐步完善，同时要从监管安全的角度管理使用好这些设备，防止发生各类事故。

（二）经费保障

1. 专项经费保障

矫正教育机构的经费保障问题，是确保矫正教育机构工作有序运转的物质基础，更是处置应急事件的重要保证，是矫正教育机构整体工作的重要组成部分。在矫正教育机构经费全额保障的条件下，相关矫正教育经费尤其是文化教育经费也得到了充分保障，这对我国矫正教育总目标的实现具有十分重大的意义。

文化教育是矫正工作的关键环节，是关系到矫正质量和矫正教育对象顺利回归社会的问题。《监狱法》第 8 条第 1 款规定："国家保障监狱改造罪犯所需经费。监狱的人民警察经费、罪犯改造经费、罪犯生活经费、狱政设施经费及其他专项经费，都列入国家预算。"国家对监狱罪犯改造经费基本实现了专款专用，矫正教育对象的文化教育经费在教育矫正经费中是有专项列支的，并建立了经费动态增长机制。现在各级人民政府依照相关法律规定，已将罪犯文化教育培训纳入政府总体规划之中。

对于强制隔离戒毒机构的教育矫治经费问题，《禁毒法》第 6 条明确规定："县级以上各级人民政府应当将禁毒工作纳入国民经济和社会发展规划，并将禁毒经费列入本级财政预算。"另外，财政部、司法部《强制隔离戒毒所基本支出经费标准》也明确要求，各地要制定好本地教育经费标准，确保教育矫治工作经费保障足额到位，并且做到专款专用，为教育矫治工作开展提供良好条件。

《社区矫正法》第 6 条规定："各级人民政府应当将社区矫正经费列入本级政府预算。居民委员会、村民委员会和其他社会组织依法协助社区矫正机构开展工作所需的经费应当按照规定列入社区矫正机构本级政府预算。"

各地经费保障标准上还存在差异，这需要在未来的经济发展中逐步解决。当前，需要进一步加强对矫正教育机构文化教育经费的测算，明确各职能部门职责及解决途径，筹划好顶层设计，充分发挥矫正教育机构文化教育教学经费的功能保障作用，以利全面实现矫正教育的总目标。

2. 其他经费补充

矫正教育机构文化教育经费专项保障的同时，实践中随着矫正教育机构职能的调整、物价上涨、政策性支出增加等影响，文化教育经费实际使用情况可能会发生变化，为保持经费稳定增长，保障文化教育教学的需要，还需要做好以下三方面工作：

第一，推动落实相关法律规定。《监狱法》规定："罪犯的文化和职业技术教育，应当列入所在地区教育规划。"这就要求监狱在地方教育资源的支持上，在地方教育经费的使用上下功夫。在对罪犯进行文化教育时，监狱可以充分利用当地教育资源参与教学，使地方与监狱教育能够同步开展，增加叠加效应和相互支撑效应。

《社区矫正法》第 7 条规定："对在社区矫正工作中做出突出贡献的组织、个人，按照国家有关规定给予表彰、奖励。"第 56 条规定："共产主义青年团、妇女联合会、未成年人保护组织应当依法协助社区矫正机构做好未成年人社区矫正工作。国家鼓励其他未成年人相关社会组织参与未成年人社区矫正工作，依法给予政策支持。"《禁毒法》第 7 条规定:"国家鼓励对禁毒工作的社会捐赠,并依法给予税收优惠。"

国家的相关法律政策规定给予的税收优惠、减免、配合工作等有力的支援了矫正教育工作,节约了矫正教育机构的相关经费开支。也可以说,其是对矫正教育机构文化教育经费的隐形补充。

第二,合理使用社会帮教力量。运用社会帮教力量对矫正教育对象进行文化教育,是行之有效的好方法。特别是在师资力量的帮助上,可以很好地缓解有些矫正教育机构开展文化教育时师资力量的不足,可以在提高教学效果上有所裨益,也可以节约一些矫正教育机构进行文化教育的经费支出,可谓一举多得。《监狱法》对社会帮教力量参与教育矫正是有明确规定的,这里不再赘述。最新出台的《社区矫正法》也有关于利用社会力量参与社区矫正教育帮扶的具体规定,如第 35 条规定得十分清楚:"县级以上地方人民政府及其有关部门应当通过多种形式为教育帮扶社区矫正对象提供必要的场所和条件,组织动员社会力量参与教育帮扶工作。有关人民团体应当依法协助社区矫正机构做好教育帮扶工作。"这些相关规定,可以说对矫正教育机构的专项经费使用提供了强有力的间接支撑。

第三,依法接受社会捐资助学。社会捐资助学在矫正教育机构文化教育中的作用不能低估。这种社会捐资助学既可以节约监狱文化教育经费,也可以帮助提高监狱文化教育经费的支出效率,同时还可以享受税收优惠,这是对多方都有利的事情。当然,这种社会的捐助,可以是资金上的资助,也可以是智力上的支持,还可以是设备上的赞助。捐与助的形式上是并没有特别限制的,只要是合法且对矫正教育机构的文化教育有益的事,应该都可以认为是值得鼓励的事。

总之,矫正教育机构的专项经费是开展文化教育的基本保障,其他来源经费是补充,两者共同构成相关文化教育经费的全部。矫正教育机构一定要依法依规用好、用活文化教育经费,使之更好地为提高矫正教育工作质量服务。

第九章　职业技术教育

职业是连接人与社会的重要纽带，职业角色是人的重要社会身份之一，稳定的职业对于矫正教育对象顺利融入社会具有重要意义。为实现刑满释放人员、解除强制隔离戒毒人员、解矫人员回归社会的目的，矫正教育机关普遍重视对矫正教育对象的职业技术教育或者职业技能培训。职业技术教育是指为了使罪犯矫正恶习，养成劳动习惯，学会生产技能，根据就业需要组织矫正教育对象开展的劳动常识教育和职业技能培训，为其顺利回归社会创造条件。其核心价值是使矫正教育对象重返社会后顺利实现就业谋生，促使其完成从"越轨人员"到"合格社会成员"的顺利转变，最终达到预防、减少违法犯罪的目的。

针对监狱中服刑的罪犯开展的教育，除了思想教育、文化教育之外，培养其职业技能无疑是一项重要的内容。《监狱法》第五章第64条规定："监狱应当根据监狱生产和罪犯释放后就业的需要，对罪犯进行职业技术教育，经考核合格的，由劳动部门发给相应的技术等级证书。"由此可见，对罪犯进行职业技术教育是罪犯教育的一项法定内容，也是矫正罪犯的重要手段。

职业技术教育是社区矫正领域教育帮扶工作的重要内容。《社区矫正法》第37条规定，社区矫正机构可以协调有关部门和单位，依法对就业困难的社区矫正对象开展职业技能培训、就业指导，帮助社区矫正对象中的在校学生完成学业。

对于戒毒人员，司法部印发的《强制隔离戒毒人员教育矫治纲要》规定了对其开展劳动教育和职业技能培训。该纲要规定，要组织戒毒人员进行生产劳动，充分发挥劳动的教育矫治功能，帮助戒毒人员树立正确的劳动态度，改变好逸恶劳的思想和习惯。开展职业技能培训，使戒毒人员掌握一定的职业技能。《司法行政强制隔离戒毒所强制隔离戒毒人员行为规范》也有关于"认真参加职业技能培训和职业技能鉴定"的相关规定。

第一节　职业技术教育的意义

一、开展职业技术教育是对矫正教育对象人文关怀的体现

人的发展离不开教育。正如康德所说:“人只有通过教育才能成为一个人。人是教育的产物。”[①]夸美纽斯则认为,“只有受过一种合适的教育之后,人才能成为一个人”[②]。人类学认为,人与动物的最大区别在于人的“未特定化”。人类具有与动物不同的高级神经系统、语言器官和手,但在人刚刚出生之时,人的各种器官的功能还没有得到发展。人类的个体与动物个体相比客观上缺乏独立性,这时的人类个体不能自己进食,没有语言和思考的能力,我们将其称为自然人或生物人。但是人类的这种“未特定化”又赋予了人类极为广阔的发展空间,使人类具有了其他动物所不具有的特征——“受教性”。也就是说,人类具有接受教育的物质前提,同时也具有接受教育的必要性。从人类社会经验的传递来看,人类与动物的区别在于,人类的经验不能通过遗传的形式传给下一代。人类的知识、经验以文字、艺术作品、建筑等形式独立于人而存在,因而人类经验的传递和知识的学习需要将外在于人的对象通过教育的形式“内化”到人的头脑中。这一切都说明,教育是人之所以为人的必要条件,受教育权的保障是对人们发展的前提保障。事实证明,教育权意味着发展权,开展职业技术教育,能为矫正教育对象重新回归社会提供必要的保障。

1999 年,九届全国人大二次会议通过的宪法修正案规定:“中华人民共和国实行依法治国,建设社会主义法治国家。”《中国共产党第十八届四中全会公报》提出:“坚持依法治国首先要坚持依宪治国,”《宪法》第 42 条、第 46 条明确规定,中华人民共和国公民有受教育的权利,也有劳动的权利和义务,“国家通过各种途径……对就业前的公民进行必要的劳动就业训练”。作为我国公民,矫正教育对象自然享有接受教育的权利和参加劳动的权利,而国家应当尽到对公民实施就业前培训的义务。因此,对矫正教育对象开展职业技术教育,是提升其综合素质的重要内容,是增强其重返社会竞争力的体现,也是党和政府对其人文关怀的体现。

对矫正教育对象开展职业技术教育,能使其深刻体会到党和国家对他们确实

---

① [苏]古留加:《康德传》,贾泽林译,商务印书馆 1981 年版,第 86 页。

② [捷]夸美纽斯:《大教学论》,傅任敢译,人民教育出版社 1979 年版,第 36 页。

不是单纯地惩罚，更不是抛弃，而是要把他们矫正成为自食其力的守法公民和社会主义现代化建设的有用之材。是充分考虑其刑满释放、解矫、解除强制隔离戒毒后的前途，使其从内心深处感受到党的监狱工作方针的英明伟大和改造人的诚意，①从而放弃对前途悲观失望的心理，重拾重新做人的信心。矫正教育对象掌握了一技之长，也有助于他们认识自己的价值，使之看到希望，增强重新做人的信心。

二、开展职业技术教育是矫正教育对象的需要

需要是人的思维活动和行为活动的基本动力，正是在不断地追求和满足需要的活动中，人类的身心得以发展。要完成对矫正教育对象的矫正，必须调动其矫正的积极性和主动性。发挥其积极性和主动性，关键在于满足其合理需要。

缺乏“一技之长”和谋生手段与违法犯罪之间有着高度相关性。这一点在流动人口犯罪，尤其是外来进城务工人员的犯罪问题上显得更加突出。由此，为把违法犯罪人员改造成为对社会主义建设的“有用之材”，既是有效降低重新违法犯罪率的社会需求，也是矫正教育对象的自身需要。2006 年的调查显示，在 120 名干警中，有 101 人认为罪犯最感兴趣的是职业技术教育，占 84.61%；在 550 名罪犯中，有 270 人将职业教育选为最感兴趣的教育内容，占 49.09%。并且在“三课教育”中罪犯最感兴趣的是职业技术教育，其次是思想教育，最后是文化教育。② 对于社区矫正对象而言，他们在社会上接受矫正教育，面对的首要问题就是生存危机。社区矫正对象只有在找到能维持自己生活需要的正当职业，通过自己的合法劳动自食其力，才有可能获得社会和家人的尊重，最终融入社会。③ 职业技术教育同样也是强制隔离戒毒人员的迫切需要，因此，国家禁毒委员会办公室、中央社会管理综合治理委员会办公室、公安部等《关于加强戒毒康复人员就业扶持和救助服务工作的意见》（禁毒办通〔2014〕30 号）要求，各地要充分考虑戒毒康复人员就业需要，加强社区服务设施建设，按规定开发适当的公益性岗位，鼓励戒毒康复人员参加各种职业技能培训，为戒毒康复人员就业创造条件。

综上，通过对矫正教育对象开展职业技术教育，有利于他们掌握一定的生产和服务技能，提高其社会生存能力，满足其生存和发展的需要，激发其自我矫正动机，调动其自我矫正积极性。

---

① 参见王明迪主编：《罪犯教育概论》，法律出版社 2001 年版，第 93 页。

② 参见郭建安、鲁兰主编：《中国监狱行刑实践研究》（上），北京大学出版社 2007 年版，第 132 页。

③ 参见胡配军主编：《社区矫正教育理论与实务》，法律出版社 2007 年版，第 142 页。

三、开展职业技术教育是矫正教育对象回归社会的保障

无论是监狱服刑的罪犯、强制隔离戒毒所内的戒毒人员，还是社区矫正对象，都存在回归社会和融入社会的问题。

在监狱行刑领域，罪犯回归社会与"监狱化"和行刑社会化问题密切相关。罪犯在监狱中服刑，被剥夺自由，长期隔离于社会，容易导致"监狱化"。因此，行刑社会化是指刑罚的执行过程中，监狱机关与社会组织积极合作，加强罪犯与社会的联系，促进罪犯掌握一定的生活技能，塑造罪犯健全的社会人格，最终促成罪犯良好的复归社会。例如，英国监禁刑罚执行过程中，考虑到罪犯就业需要，监狱大力开展针对罪犯的技术教育，并在促进教育与资格证书结合方面不断取得进展。并且越来越多的监狱面向罪犯开设就业课程（Employment Focus Course），以此帮助罪犯了解如何找工作。①

一般认为，行刑社会化包括行刑过程的社会化和行刑目的的社会化。行刑过程的社会化强调在行刑过程中社会力量的参与，而行刑目的的社会化的重点在于促进罪犯更好回归社会。对罪犯进行职业技术教育，有利于罪犯掌握一定的生活技能，塑造罪犯健全社会人格，对于完成行刑目的的社会化具有积极意义。对社区矫正对象和强制隔离戒毒人员开展职业技术教育，在其扮演社会角色、融入社会环境、适应社会生活、成为自食其力的守法公民具有同样的意义和价值。

四、开展职业技术教育是矫正教育规范化管理的要求

对于罪犯和强制隔离戒毒人员来说，职业技术教育的重点在于对回归社会的就业知识、就业能力和就业资格的教育，同时也包括在设施内（监狱和强制隔离戒毒所）的劳动技能教育。并且，劳动技能的提升，也是就业能力和就业资格的重要保障。对于社区矫正对象来说，开展职业技术教育既是对其进行帮扶关心的体现，也是对其进行管理、教育的重要途径之一。从某种意义上说，对矫正教育对象开展职业技术教育体现了规范化管理的必然要求。

依法依规严格管理是规范化的重要前提和保障。在强制隔离戒毒系统，一般强调以《禁毒法》《戒毒条例》等法律法规为依据，以司法部《加强强制隔离戒毒工作的指导意见》《强制隔离戒毒人员教育矫治纲要》《强制隔离戒毒所建设标准》等规章为基准，结合场所工作实际，制定够用、管用、实用的制度保障体系，做到有章可

① 参见翟中东主编：《自由行变革：行刑社会化框架下的思考》，群众出版社 2005 年版，第 13 页。

循、保障有力、规范到位。例如，上海市戒毒系统在“四区五中心一延伸”体系基础上，提出“4 +1 +1 +1”周教育戒治模式。所谓四区，即生理脱毒区、教育适应区、康复巩固区、回归指导区；五中心，即戒毒医疗中心、教育矫正中心、心理矫治中心、康复训练中心、诊断评估中心；一延伸，即帮扶衔接。“4 +1 +1 +1”的含义是四天习艺劳动、一天教育矫治、一天康复训练、一天休息娱乐。通过在统一戒毒模式基础上开展的体系化探索，上海戒毒系统能确保各项工作始终在基本模式的主框架下有序运行，注重固化标准、规范流程，推动实现环节、要素“协调联动、同频共振、集成高效”。① 在监狱系统，以《监狱法》为基础，先后推出了《监狱服刑人员行为规范》《监狱教育改造工作规定》《教育改造罪犯纲要》等规章制度，并构建了“5 +1 +1”教育改造模式。在社区矫正领域，在《社区矫正法》的基础上，各地纷纷探索适合本地实际的工作模式。在这样的背景下，我们可以把职业技术教育理解为对矫正教育对象规范化管理的一个重要方面。

第二节　职业技术教育的内容

一、劳动常识教育和基本技能教育

职业技术教育的一个重要方面就是要使矫正教育对象掌握劳动常识和基本技能，提高职业意识。劳动常识教育和基本技能教育是职业技术教育顺利开展的一个必不可少的前提条件，是矫正教育对象进一步掌握职业技术和专业技能的保证，是职业技术教育的基础工作。

根据监狱劳动改造、戒毒所习艺劳动项目的实际情况，目前全国监所劳动常识教育主要包括：劳动安全教育以及动力工业方面的基本知识，一般的机械构造和工作原理，化学工业生产的原理和方法，电子技术的基本知识及其应用等。基本技能的教育主要包括：使用手工劳动工具的技能，使用普通量具、仪器的技能，使用普通电工工具的技能，对原材料或半成品或机器零件进行加工、装配的基本技能，识图、制图的基本技能，现代农业生产的基本技能，等等。

二、适应设施内生产的岗位技术培训

监狱生产劳动和戒毒所的习艺劳动是矫正服刑人员、戒毒人员的必要形式，是

---

① 参见王东晟、吕朝晖、祖帅旗：《统一戒毒模式下教育戒治工作新探索——以上海市戒毒局“4 +1 +1 +1”周教育戒治模式为例》，载《犯罪与改造研究》2020 年第 3 期。

使其适应社会的需要,也是职业技术教育的需要。监所劳动是矫正教育对象职业技术教育的第二课堂,也是很好的实习工厂,矫正教育对象在那里可以将学到的基础知识和技能运用到实际操作中,完成技术操作的训练和熟悉过程,并在实际生产劳动中得以巩固和提高。

监所内的职业技术教育与社会上的职业技术教育有所不同,社会上的职业技术教育主要是使受教育者掌握一门社会所需的专门知识和技术,为社会培养合格的专门人才。而监所岗位技术培训,则首先要根据矫正教育对象思想矫正的需要和监所生产的需要安排教育内容。因此,岗位技术培训内容的选择,应根据我国科学技术和生产发展实际情况,根据监所生产的现有情况以及矫正教育对象的实际情况和岗位技术培训的内容要求,来确定矫正教育对象岗位技术培训的内容。实施岗位技术培训一个重要方面,就是应注意教育的内容与矫正教育对象从事的工种紧密结合。

具体来说,监所岗位技术基本知识,包括劳动车间的概况、各生产项目的产品、工艺流程和特点等。重点要强调安全第一,明确车间事故多发部位和原因,分析常见事故和典型事故。多重激励、树立典型,表彰技能突出的矫正教育对象。合理安排、保证课时,坚决履行每周一次安全生产教育的规定。提供选择、选好项目,结合市场需求和矫正教育对象的身体情况做好劳动能力的培训。①

三、适应社会就业需要的职业技能培训

刑释人员、社区矫正对象能否顺利就业,是影响重新犯罪率的重要因素之一。矫正教育对象的职业技术教育在实践中应该立足需求本位,包括罪犯、戒毒人员、社区矫正对象自身生存与发展的需求以及劳动力就业市场的实际需求。因此,要激发矫正教育对象自身的动因,调动学习的主动性,密切结合劳动力市场的需求,使罪犯职业技术教育更具针对性。

为了构建统一、高效,与社会发展相适应的职业技术教育体系,提升职业技术教育质量,必须充分利用社会资源。矫正教育部门应当通过多方合作,与社会力量联合,充分发挥教育主体与教育对象的能动性,用尽可能少的投入创造更大的输出价值,有效缓解矫正教育机构职业技术教育经费、师资、教材、考核评价等方面的困难,形成市场适应性强、多样化、特色化的办学模式。

对刑释解教、社区矫正群体而言,职业指导的过程尤其重要,其重要性甚至超

---

① 参见刘英耀:《戒毒场所习艺劳动教育创新的实践与反思》,载《广西警察学院学报》2017 年第 6 期。

过了实现就业这一结果。具体的岗位可以调整,但职业指导的过程绝不仅仅提供入职匹配,最重要的是提供了使求助者切身感受的社会关爱、温暖和人格的尊重,而后者正是促使其产生重回社会信心的根本。①

四、职业意识和职业道德教育

随着市场经济和新兴高科技的发展,传统学科体系及行业界限逐渐被打破,劳动者工作流动与职业更换频率加快。与此相适应,矫正教育机构要充分认识社会经济发展形势与劳动力市场变化形势,改革职业技术教育的内容与模式,在矫正教育对象掌握一定的就业所需技能的同时,加强对他们的职业意识和职业道德教育。

(一)择业观教育

所谓择业观,是指人们对选择职业问题的根本看法和所持的态度。如何树立正确的择业观是现代每个人遇到的新问题。对于矫正教育对象来说,更是一个需要面对的,亟待解决的问题,因此,择业观教育显得尤其重要。择业观教育需要矫正教育者帮助矫正教育对象解决两方面的问题:一是了解经济社会发展现状。我国社会正处在改革时期,这给罪犯、戒毒人员回归后就业带来很大的困难。但也要看到,社会上新兴的产业不断兴起,也为他们就业提供了机遇。因此,开展教育时要启发他们抓住时机,创造条件,增强信心,这是择业教育的重要任务。二是了解自己。从个人的实际情况出发,根据自己的学识、专业技术、能力和素质等实际情况来选择职业。不能好高骛远,想入非非,脱离自己的实际条件择业。不能怕苦、怕累、怕丢人而有业不就。也不能看不起自己,觉得自己什么都做不成,没有信心,自暴自弃。因此,在择业问题上,要鼓励矫正教育对象树立自强自立精神,不断提高自身的素质,依靠自己的努力重新创业,创造美好的未来。

(二)职业观教育

职业观教育,应包括职业的职能和职业的转化两方面的教育。

职业的职能包括职业的社会职能和个体职能。职业的社会职能,是指在任何国家、任何社会里事事都要有人做,无论是生产劳动人员、管理人员、生活服务人员、政府高级官员还是勤杂工,都承担着一定的社会职能,都在为社会尽着义务,社会缺少哪一部分都不能称为完整的社会。职业的个体职能,是指就业不仅意味着一个人在社会中取得了社会承认的身份,能够履行社会的职能,而且也意味着取得了

① 岳建景:《试论对就业困难群体的职业指导——关于刑释解教、社区矫正人员就业援助的思考》,载《中国就业》2006 年第 12 期。

生活来源的主要谋生手段。进行职业观教育时，应该让矫正教育对象充分认识职业对于社会以及对个人的作用，摆正人与职业之间的关系。

职业转化教育，是指教育罪犯认识到面对社会劳动力市场的变化，要树立新的职业观。要认识到现在社会已经进入了科学技术日新月异的时代，不能指望一次性的职业选择或职业定向，就能受用终生。随着生产结构的调整和高新技术引进，新的产业出现和旧的产业被淘汰情况将长期存在，下岗和上岗会伴随人们工作生涯的始终。这就要求罪犯有学习知识和培养劳动技能的紧迫感，建立一个不断演进的智力体系，获取新知识，具有适应社会变革的能力。鼓励他们依靠自己，立足于自谋职业，克服依靠国家和依靠别人的等靠思想。通过这方面教育可以帮助他们转化就业观点，正确对待社会与自身职业之间的关系。

（三）职业道德教育

矫正罪犯，是罪犯教育的目的和根本任务。对罪犯进行职业技术教育绝非单纯只是为了让他们掌握一定的知识和技能，更重要的是要使他们思想上、道德上的种种不良品质得以矫正。因此，在罪犯职业技术教育中，绝不能把职业技术教育与罪犯的矫正割裂开来，应将矫正罪犯放在首位，将转化思想、矫正恶习渗透于职业技术教育的各个环节。通过教育，涤除罪犯好逸恶劳、不劳而获的思想，养成良好的劳动习惯，树立依靠自己的双手自食其力的意识。

贯彻这一要求，首先，要注意端正矫正教育对象的学习动机。设法从其思想深处激发正确的学习愿望，变“要我学”为“我要学”。要促使矫正教育对象把学技术纳入思想矫正的轨道，把学技术的过程作为矫正思想恶习的过程。其次，要充分挖掘职业技术教育过程中包含的思想教育因素。通过学习和实际操作，培养其集体主义观念和协作精神，鼓励其养成刻苦钻研技术、勇于创新的良好品质。

第三节 职业技术教育的发展历程

在矫正教育领域，监狱对罪犯的改造出现时间最早；在罪犯、戒毒人员和社区矫正对象这三类主要的矫正教育对象中，罪犯最具有代表性；对矫正教育对象开展职业技术教育，也以罪犯职业技术教育最具有典型意义。本节以罪犯职业技术教育发展为个案，展现矫正教育领域职业技术教育的发展历程，从中可以体现我国矫正理念的发展变化趋势。

从新中国监狱发展历程来看，监狱管理部门对罪犯职业技术教育的重视程度在不断提升。从“技术”教育,逐渐发展为“职业技术”教育;从监狱本位,逐渐演变为社会本位;从着眼于监狱生产需要,逐步转变为着眼于罪犯回归社会的需要。值得注意的是,在此过程中,罪犯职业技术教育发展与依法治国、依法治监的进程互为表里。监狱被命名为特殊学校、特殊农场或工厂、监狱技校。大量罪犯参加技术学习,获得各类技术合格或等级证书,文化课结业、毕业证书。我国罪犯职业技术教育逐渐步入了法治化、规范化、科学化的轨道,形成了有计划、有系统、成规模的新格局,体现了刑罚的深层理性价值。要厘清这一历史脉络,需要解读不同历史时期监狱政策的变化,梳理不同节点的相关法律法规,把握监狱工作重心的转变,认识各阶段监狱的发展与启示。

一、新中国成立初期(1949—1956 年):罪犯“劳动技能”教育创建

1951 年 5 月,第三次全国公安会议召开,会议专门研究了组织罪犯劳动改造的问题。由毛泽东同志亲自修改和审定并经中共中央批准转发的《关于组织全国犯人劳动改造问题的决议》指出:“大批应判徒刑的犯人,是一个很大的劳动力,为了改造他们,为了解决监狱的困难,为了不让判处徒刑的反革命分子坐吃闲饭,必须立即着手组织劳动改造工作。”[①]随即各地迅速建立了罪犯劳动改造机构,大规模组织罪犯参加国家基础建设,如兴修水利、修筑铁路、公路、垦荒、开矿及从事手工业、农业等生产。这些措施从根本上解决了监狱关押的罪犯坐吃闲饭、监管场所拥挤、监狱经费不足等一系列问题,确立了改造罪犯的基本途径。1954 年 8 月 26 日中央人民政府政务院颁布的《劳动改造条例》(已失效),使这项改造罪犯的政策法律化,《劳动改造条例》是最早规定罪犯“技术教育”的法律规范。《劳动改造条例》规定:“对犯人应当……进行认罪守法教育、政治时事教育、劳动生产教育和文化教育……”(第 26 条)“对犯人应当注意培养他们的生产技能和劳动习惯。对有技术的犯人,在劳动改造中,应当注意充分利用他们的技术。”(第 27 条)从中我们看到了“三课教育”的基础。

《劳动改造条例》把我国监狱工作最早创建的成功经验用法规加以落实和总结,使监狱工作及时、准确地纳入了法制的轨道。但是我们也清楚地看到,涉及罪犯的生产技能问题,《劳动改造条例》的用词完全是站在监狱生产劳动的立场,要求“培养他们的生产技能”甚至“充分利用他们的技术”。

《劳动改造条例》从 1954 年颁布实施到 1994 年《监狱法》颁布实施,先后共使

---

① 司法部劳改局编:《毛泽东等老一辈革命家论改造罪犯工作》,法律出版社 1993 年版。

用40年时间，这是新中国成立之初颁布实施的使用时间最长的法律、法规之一。1954年后，以《劳动改造条例》为依据又先后制定了一系列有关劳动改造工作的规章、办法、细则等。其中主要有1956年9月7日公布实行的《劳动改造罪犯刑满释放及安置就业暂行处理办法》（已失效），这也在一定程度上使监狱更加重视罪犯的生产技能教育以衔接其刑满释放后的安置就业。

正如马克思所说，"要改变一般人的本性，使它获得一定劳动部门的技能和技巧，成为发达的和专门的劳动力，就要有一定的教育和训练"。① 新中国成立初期，我国监狱政策和法规中虽未明确规定开展罪犯职业技术教育，但对劳动生产教育和生产技能的相关规定仍然可以看出深受马克思主义理论的影响。

二、社会主义革命和建设时期（1956—1966年）：罪犯"生产技术"教育初步发展

1960年，毛泽东接见美国记者斯诺时说："我们的监狱不是过去的监狱，我们的监狱其实是学校，也是工厂，或者是农场。"②1964年第六次全国劳改工作会议正式把"改造第一，生产第二"确定为劳改工作的方针，并且用"会议纪要"的形式固定下来，强调劳动改造机关必须把改造罪犯成为新人这项政治任务放在首位。"改造第一，生产第二"的劳改工作方针是在"两个结合"方针的基础上制定的，由于需要解决的问题不同，所以在表述上突出的重点不同，但这两个方针在内涵上都是以改造人为宗旨的。这个时期的监狱教育重心进一步被明确，即生产劳动是为罪犯教育改造服务的，这也为罪犯的技术教育明确了以改造人为目的的科学方向。

这一阶段，我国监狱工作无论在罪犯的改造上还是在监狱生产上都取得了巨大的成就。在罪犯改造方面，我们成功地把日本战犯改造成为致力于促进中日友好的人士，把末代皇帝改造成为自食其力的公民，将一大批刑事犯罪分子改造成为守法公民；在监狱生产方面，逐步建立了一批大型工业企业、大型农场，形成了一个门类比较齐全的监狱企业体系，并培养了一支能吃苦耐劳的监狱人民警察队伍，为国民经济的发展作出了贡献；在技术教育的方式方面，遵守两项原则：一是干什么学什么，二是学习基础理论和具体应用相结合，以达到既改造了罪犯又促进劳动生产的目的。由于当时我国生产力水平不高，罪犯的文化程度较低等原因，罪犯劳动技能培训的方式和范围在一定的经济体制下有其时代的局限性，更多的是以"干什么学什么"为主。实践证明，新中国成立以后，监狱建立"特殊学校"，发展罪犯生产

---

① 马克思：《资本论》（第1卷），人民出版社2004年版。

② 司法部劳改局编：《毛泽东等老一辈革命家论改造罪犯工作》，法律出版社1993年版。

技术教育,解决罪犯刑释后的基本生活出路,体现了对罪犯人性的尊重和生活境遇的关怀,实现了刑罚执行的中国化。

三、社会转型时期(1981—1994年):罪犯“职业技术”教育逐步推进

在此阶段之前是1966年至1976年的“断层期”,中国经历了一场空前的浩劫。“文革”十年,我国监狱事业遭到严重破坏,可以说,这一时期是监狱工作,包括监狱的劳动改造、技术培训教育和相关法制发展倒退的阶段。1976年之后,中国开始了全方位的“拨乱反正”。我国监狱系统逐步清除了各种错误思潮的不良影响,正常的监狱监管工作逐渐恢复和全面展开。在较短的时间内,监狱人民警察队伍得到了壮大和发展,监管工作恢复了运转。

1981年,具有划时代意义的第八次全国劳改工作会议(以下简称“八劳”会议)在京召开。“八劳”会议总结了新中国成立以来监狱工作的成绩和经验,并对监狱工作中出现的新情况、新问题进行了研讨,提出了新时期监狱工作的任务和发展方向。同年12月,经党中央、国务院批准的《第八次全国劳改工作会议纪要》提出:“要加强对罪犯的教育改造工作,把劳改场所办成改造罪犯的学校。”在“八劳”会议精神的指引下,监狱系统出台了一系列法律,其中对罪犯职业技术教育问题都进行了相关规定。

1982年2月18日,公安部下发了《监狱、劳改队管教工作细则》,其中第96条规定:“监狱、劳改队应当结合劳动生产,对犯人实施政治思想教育和文化技术教育。”第100条又进一步要求,“生产技术教育,要本着做什么学什么的原则,采取包教包学、技术讲座、开训练班等形式进行。还应当积极创造条件,逐步推行技工学校或职业中学主要课程的教育。对犯人技术教育要定期考核,并按照国家的有关规定,评定技术等级。在犯人刑满释放时,要发给技术等级证书。”技术教育、生产技术教育的概念首次出现在正式文件当中。同年,公安部《关于对罪犯教育改造工作的三年规划》[〔82〕公发(劳)38号]对技术教育做出了详细要求:“进行技术教育,使犯人学会生产技能,不仅是劳改生产的需要,也是‘既改造人,又造就人’的一项关键性措施,各劳改单位必须由管教工作部门和生产技术部门密切配合,把犯人的技术教育,由‘做什么,学生么’、‘师傅带徒弟’等办法,上升为正规的培养训练工作。”这一时期设立了三种类型的技术教育培养训练班,标志着主管部门对个别教育,特别是对罪犯职业技术教育专业化、科学化的认识有所提升。

1985年开始,罪犯技术教育领域出现了“着眼就业”的理念,同时对职业技术培训班、教材以及技术考核合格或技术等级证书等也进行了详细的规定。1985年司

法部、教育部和原劳动人事部联合下发《关于加强对劳改、劳教人员文化技术教育的通知》，提出“技术教育要本着‘面向生产，着眼就业，服务社会’的原则，根据劳改、劳教人员刑满释放、解教后，回到城市或农村的不同去向，因地制宜地开设各种适应社会需要的职业技术培训班。教材可自行编写，或选用技工学校、职业技术学校的有关教材。”同时要求，“对参加职业技术培训和有一定技术专长的劳改、劳教人员，要按照原劳动人事部关于《工人技术考核暂行条例》的规定，依照各产业部门颁布的各工种技术等级标准，组织考试。凡成绩确已达到规定标准的，由当地劳动人事部门或主管产业部门颁发技术考核合格或技术等级证书。”可以说，“面向生产，着眼就业，服务社会”技术教育原则的提出，标志着罪犯职业技术教育理念“从监狱本位到社会本位”的变化。

1987 年 3 月，《全国政法工作座谈会纪要》提出改造罪犯要向前、向外、向后的“三个延伸”，反映了社会主义初级阶段改造工作由以专门机关为主，扩展延伸到有关部门和整个社会共同参与的历史趋势，这对于罪犯的职业技术教育的发展具有重大的理论意义和实践意义。监狱和政府、政法及劳动部门各负其责，使罪犯的职业技术教育更具定向性，达到“包教、包改、包安置”的综合治理的效果。截至 1991 年 9 月，全国已有 480 个劳改单位被命名为特殊学校，其中参加技术学习的在押犯达 53 万余人次，累计获得各类技术证书的有 44 万余人次。①

四、现代化监狱建设时期（1994 年至今）：罪犯职业技术教育逐步完善

随着 1994 年《监狱法》的颁布，监狱法制建设初步完善。其后，随着依法治监、建设现代化文明监狱、建立现代监狱制度、实行狱务公开等理念的提出，监狱工作进入了全新时期。在这一时期，监狱广泛开展了对外交流工作，一方面面向世界展示我国监狱工作的成就，另一方面也汲取其他国家的一些有益经验。罪犯职业技术教育也随着监狱法制的不断完善、监狱改革的不断推进，得到了长足进步。目前规定罪犯技术教育的法律、法规主要有《监狱法》《监狱教育改造工作规定》《教育改造罪犯纲要》和各省司法厅、监狱管理局制定的《教育改造工作指引》等，政策性文件主要是各级下发的关于开展罪犯技术教育的指导意见。为说明罪犯技术教育在教育改造工作中乃至整个监狱工作中的地位和开展罪犯技术教育的依据，现将与罪犯职业技术教育相关的法律条款整理如下：

1994 年 12 月，第八届全国人民代表大会常务委员会第十一次会议通过的《监

---

① 王明迪、郭建安主编：《岁月铭记——新中国监狱工作 50 年》，法律出版社 2000 年版。

狱法》第4条规定:“监狱对罪犯应当依法监管,根据改造罪犯的需要,组织罪犯从事生产劳动,对罪犯进行思想教育、文化教育、技术教育。”第64条规定:“监狱应当根据监狱生产和罪犯释放后就业的需要,对罪犯进行职业技术教育,经考核合格的,由劳动部门发给相应的技术等级证书。”第66条规定:“罪犯的文化和职业技术教育,应当列入所在地区教育规划。监狱应当设立教室、图书阅览室等必要的教育设施。”第70条规定:“监狱根据罪犯的个人情况,合理组织劳动,使其矫正恶习,养成劳动习惯,学会生产技能,并为释放后就业创造条件。”

1995年司法部、原国家教委、原劳动部通过的《关于进一步加强对罪犯的文化职业教育和技能培训的通知》规定:“对罪犯的职业教育和技能培训,要根据监狱的生产需要安排,同时考虑罪犯刑满释放后的不同去向和社会需要,开设各种周期短、投资少、实用性强、见效快的综合职业技能培训班。有条件的监狱可与地方学校联合举办职业学校或技工学校、职业培训中心。教材主要选用普通技工学校、职业学校的有关教材,亦可自行编写部分补充教材。”

1999年通过的《未成年犯管教所管理规定》第35条规定:“对未成年犯的技术教育应当根据其刑期、文化程度和刑满释放后的就业需要,重点进行职业技术教育和技能培训,其课程设置和教学要求可以参照社会同类学校。”第36条规定:“对参加文化、技术学习的未成年犯,经考试合格的,由当地教育、劳动行政部门发给相应的毕业或者结业证书及技术证书。”

2003年8月司法部颁布施行的《监狱教育改造工作规定》(司法部令第79号)第24条规定:“监狱应当办好文化技术学校,对罪犯进行思想、文化、技术教育。”第27条规定:“监狱应当根据罪犯在狱内劳动的岗位技能要求和刑满释放后就业的需要,组织罪犯开展岗位技术培训和职业技能教育。年龄不满50周岁,没有一技之长,能够坚持正常学习的罪犯,应当参加技术教育;有一技之长的,可以按照监狱的安排,选择学习其他技能。”第28条规定:“监狱组织开展思想、文化、技术教育,其教员可以从本监狱的人民警察中选任,也可以从社会上符合条件的人员中聘任。对罪犯的文化、技术教育,可以在本监狱选择服刑表现较好、有文化技术专长的罪犯协助。”第29条规定:“监狱应当积极与当地教育、劳动和社会保障行政部门以及就业培训机构联系,在狱内文化、技术教育的专业设置、教学安排、师资培训、外聘教师、教研活动、考试(考核)和颁发学历、学位(资格)证书等方面取得支持和帮助。”第30条规定:“监狱应当积极利用社会资源,开展罪犯文化、技术教育,根据罪犯刑满释放后的就业需要,开设不同内容、种类的培训班。”

2007年下发的《教育改造罪犯纲要》(司发通〔2007〕46号)第12条规定,对罪犯的劳动和职业技术教育。要结合罪犯实际,教育罪犯认识劳动的重要意义,引导罪犯树立正确的劳动意识,要根据罪犯在狱内劳动的岗位技能要求和刑满释放后就业的需要,组织罪犯开展岗位技术培训和职业技能教育。年龄不满50周岁、没有一技之长、能够坚持正常学习的罪犯,都应当参加技术教育。有一技之长的,可以按照监狱的安排,选择学习其他技能。对罪犯的岗位技术培训,要按照岗位要求进行"应知"、"应会"培训和必需的安全教育培训;对罪犯的职业技能教育应当按照劳动和社会保障部门的标准进行。罪犯刑满释放前,取得职业技能证书的应当逐步达到应参加培训人数的90%以上。第18条规定:"强化劳动对罪犯的教育矫治功能。要教育罪犯树立有劳动能力必须参加劳动的观念,为罪犯提供劳动岗位;要强化劳动组织管理,提高罪犯技术水平,积极开展技术革新,不断提高劳动效率,使罪犯了解市场经济对劳动者的技术水平和团结协作精神的要求;要依法保障罪犯的合法权益,为罪犯提供必需的劳动保护,依法科学合理安排劳动工时,严禁超时、超体力劳动。要积极创造条件,依法落实罪犯的劳动报酬和劳动保险。要充分调动罪犯参加劳动的积极性,使罪犯通过劳动树立与社会主义市场经济相适应的新型劳动观念,掌握劳动技能,养成职业道德。"

梳理上述法律法规和规范性文件发现,随着社会的快速发展,罪犯职业技术教育的制度设计、内容和形式也在不断的变革,在长期工作实践中,通过法律法规及规章的设定、政策实验的验证和政治领导的决策导入,我国罪犯职业技术教育已发展成为有法可依、有规可循、有顶层政治决策导入的改造罪犯的一项重要手段,实现了法律制度上的保障,更规范和有效的实现其应有的功能。

第四节 职业技术教育的发展趋势

新时代提出了新要求,监狱、戒毒所职业技术教育应该从设施内走向社会,走社会化道路。社区矫正领域的职业培训更应该充分利用社会资源。因此,以社会化为导向,积极探索合理有效的路径,实现职业技术教育体系、教育目标、教育手段、教育活动、教育管理、教育考核和教育评价社会化,使职业技术教育成为真正意义上的教育手段,可以有效促进矫正教育成果转化,服务于经济社会发展,助推司法行政事业改革发展和国家治理体系建设。

一、树立开放发展的教育理念

作为矫正机构,监狱、社区矫正机构和强制隔离戒毒所一方面具有惩戒的功能，另一方面还发挥着矫正教育的功能。然而，在现代化进程中，作为实现矫正功能重要因素的职业技术教育一直被边缘化，这种现状严重影响了矫正教育机构社会治理功能的发挥。实践证明，自我封闭只会偏离方向。职业技术教育作为一项社会系统工程，需要社会各界的共同推进、协同合作、内外联动，促进教育链、人才链与产业链、就业链的有机衔接，在开放中寻求发展。树立开放发展的教育理念，就是要在确保执法工作安全的前提下，积极调动社会资源，促进职业技术教育社会化。使矫正教育机构与行业、企业、职业院校的教育资源开放共享，增强教育资源供给和配置能力，实现教育资源利用效益的最大化。进而推动职业技术教育内容和形式的改革，提高职业技术教育的针对性、主动性和实效性，促进矫正教育质量的全面提高。①

二、建立健全教育保障体系

保障体系建设是实现职业技术教育生存发展的必然要求。《监狱法》规定，监狱应当根据监狱生产和罪犯释放后就业的需要，对罪犯进行职业技术教育，经考核合格的，由劳动部门发给相应的技术等级证书。《监狱教育改造工作规定》要求监狱组织出监教育，开展多种类型、比较实用的职业技能培训，增强罪犯回归社会后适应社会、就业谋生的能力。《强制隔离戒毒人员教育矫治纲要》（司发通〔2014〕75号）要求，落实国家禁毒办等11个部门联合下发的《关于加强戒毒康复人员就业扶持和救助服务工作的意见》（禁毒办通〔2014〕30号），将戒毒人员职业技能培训纳入当地职业技能培训总体规划，根据戒毒人员的特点和社会需求设置职业技能培训项目，帮助戒毒人员考取职业技能资格或等级证书，为就业创造条件。

矫正教育机构要积极争取政策支持，各级政府要进行顶层设计，将职业技术教育纳入全国劳动职业技能培训总体规划。建立职业技术教育经费保障机制、就业指导和信息沟通衔接机制，设立职业技术教育发展基金，落实参加职业技能培训政府经费补贴政策，加强对职业技术教育各项优惠政策的落实，强化政策导向引领。监狱部门要建立健全行业企业、职业院校和社会职业教育服务机构准入制度，推动优惠政策落地，增强行业企业、职业院校和社会职业教育服务机构的获得感（如细化减免税政策规定等），最大限度地调动社会力量参与罪犯岗位技能培训和职业技

① 刘斌、蓝宗跃：《罪犯职业技术教育的现状及社会化思考》，载《辽宁公安司法管理干部学院学报》2019年第3期。

术教育的积极性。[1] 矫正教育机构要建立职业技术教育质量社会化考核评价体系，引入社会第三方机构开展教育质量效能考核评价，强化监测考核评价结果运用。作为职业技术教育质量绩效考核、投入引导、试点开展、表彰激励的重要依据，从而督促矫正教育机构合作办学机构增强服务能力，确保教育质量。

三、打造开放发展教育模式

职业技术教育的核心是坚持市场需求、就业导向，这要求矫正教育机构转变思路，以开放的教育模式提高社会教育资源的利用率，以发展的教育实践提高矫正教育质量。要打破传统职业技术教育工作由矫正教育工作者全程负责的模式，通过购买社会服务等方式，借力办学。具体来说，就是由行业企业、职业院校、社会教育服务机构等按要求组织实施职业技术教育教学大纲和教学计划制订、教材开发、教师确定、教学实施、考核组织、证书办理等工作，由矫正教育机构负责矫正教育对象管理。这样就可以使矫正教育者从繁重的职业教育工作中解放出来，确保职业技术教育全过程与社会职业教育同步。这样做的好处还在于，在教学内容、考核评价和职业认证等方面符合社会职业技术教育的标准和要求，提高职业教育的社会适用性。

同时，在教学管理制度上，要建立弹性职业技术教育管理制度，以提高职业技能、掌握职业技术和取得职业资格证书为导向，根据矫正教育的特殊情况，以学分制和考核认证制代替学年制。矫正教育机构应及时制定和完善相关制度，探索新的相应的激励机制，最大限度调动矫正教育对象参加职业技术教育的积极性。

四、加快推进职业技术教育智慧化进程

随着大数据、云计算、“互联网 +”、人工智能等理念的提出，教育领域也在发生技术和理念层面的变革。自 2013 年开始，我国学者对慕课的关注度持续提高。越来越多的学者呼吁，以慕课这种开放式的课程资源，打破传统教学的空间界限，扩大优质教育资源的受益面，实现教育公平。

在这种背景下，矫正教育领域也应当及时转变观念，直面智慧教育的机遇和挑战。创建具有鲜明智慧特性、职业技术教育特色的矫正教育时空环境，破解监狱、戒毒所封闭的教育时空限制，探索并丰富与智慧产业同步发展的职业化育人系统、育

---

[1] 参见刘斌、蓝宗跃：《罪犯职业技术教育的现状及社会化思考》，载《辽宁公安司法管理干部学院学报》2019 年第 3 期。

人载体。创新智慧教学模式,构建智能化、情景化、体验化的学习环境,以满足矫正教育对象个性化职业技术教育需求。

随着社会文明的进步,我们要继承和延续历史成就,不断寻求与创新与完善社会治理体系和治理能力相适应的职业技术教育的新模式。

第十章　劳动教育

党的十八大以来，习近平总书记多次围绕崇尚劳动、弘扬劳动精神和劳模精神等作出重要指示。习近平总书记强调，“无论时代条件如何变化，我们始终都要崇尚劳动、尊重劳动者，始终重视发挥工人阶级和广大劳动群众的主力军作用”。2020年，中共中央、国务院印发《关于全面加强新时代大中小学劳动教育的意见》，全面部署新时代大中小学劳动教育。罪犯、社区矫正对象和强制隔离戒毒人员是特殊的教育对象，针对他们开展劳动教育是矫正教育的题中应有之义。

第一节　劳动教育的意义

所谓劳动教育，是指矫正教育机关有目的、有计划、有组织地对矫正教育对象实施的一种旨在转变其错误劳动观，消除恶习，培养其劳动技能，调动其劳动生产积极性和创造性的系统影响活动。劳动教育的实施具有十分重要的意义。

一、劳动教育可以使矫正教育对象由潜在的劳动力转化为现实的劳动力

生产力由三个基本要素构成，即劳动者、劳动资料和劳动对象，劳动资料和劳动对象又合称生产资料。其中，劳动者即人是三大要素中最重要的因素。因为人是活的有机体，是劳动的主体，是主观和客观相统一的认识主体，而生产资料是物，是靠人来加工和改造的客体。所以，能否成为现实的生产力以及生产力的效益如何，将主要取决于劳动者本身。但是，并不是所有的人都能成为生产力的主体。成为生产力主体的人需要具备一定的条件：一是劳动积极性，主要是指劳动者的思想觉悟、劳动态度、责任心等；二是劳动技能，主要是指劳动者对生产、技术、操作等规律的认识和掌握。同时具备这两个方面的条件，劳动者才是合格的劳动者，才能使潜在的生产力变为现实的生产力。

矫正教育对象是劳动生产活动中生产力的主体，是劳动者，这种劳动者要想参

与生产并且获得现实的生产力,也必须具备以上两个条件。如果不具备以上条件,他们的劳动不但不能成为现实的生产力,创造出良好的经济效益,甚至会损坏生产,给生产造成损失和浪费等。我们知道,矫正教育对象由于自身的特殊性,无论是在劳动积极性方面,还是劳动技能方面都很欠缺,有的还对劳动抱有抵触情绪。因此,要想把这种潜在的劳动力转化为现实的劳动力,除了加强矫正管理、强制他们参加劳动实践外,还要依靠劳动教育。只有通过劳动教育,才能使他们提高思想认识,转变劳动态度,增强劳动责任心,掌握一定的生产知识和技能,也才能使劳动生产力由可能变为现实,与之相连的劳动矫正活动也才能步入良性循环轨道。

二、劳动教育可以激发矫正教育对象的劳动矫正动机

所谓动机,是在需要基础上产生的内驱力,是激励人们去行动以达到一定目的的内在因素。人的有意志、有目的行为都是由动机推动和驱使的。

所谓劳动矫正动机,是指驱使矫正教育对象采取劳动态度、实施劳动行为的内心起因。也就是说,面对劳动矫正活动,矫正教育对象对其如何认识,自己将在劳动中如何去做,如何评价劳动矫正活动,这是他们在劳动中产生劳动矫正行为的前提条件。使他们有效地实施劳动矫正并达到目标,一个重要的方面就是要激励、促发他们产生正确的劳动矫正动机,抑制其错误的劳动矫正动机。要达到这一目的,离不开劳动教育的动员力量和鼓动力量。矫正教育对象的劳动矫正动机能否通过教育激发起来呢?回答应该是肯定的。因为矫正教育者所开展的教育是符合社会发展规律的,是代表最广大人民群众,同时也包括矫正教育对象自身在内的根本利益的,是合民心、顺民意的。矫正教育对象自身也需要劳动矫正。这不仅是出于强身健体功能的需要,还因为劳动是人们生活中不可缺少的一部分,对矫正教育对象来说尤为如此。矫正教育对象要想重做新人,复归社会,不致重新违法犯罪,就必须靠自己的勤劳和智慧获取社会财富,得到社会承认,除此之外没有别的更好的办法。所以,劳动矫正无论是从目前还是从长远来看,都是矫正教育对象自身的需要,是与他们的切身利益和个人的前途与命运息息相关的。正是这种需要,才产生了劳动矫正动机,使之由可能变为现实。当然,要达到激发矫正教育对象劳动动机的目的,还需要广大矫正教育者加强自身修养,大力提高自己的理论水平和业务素质,不仅要具有对矫正教育工作的高度责任感和事业心,而且要有对矫正教育对象进行劳动教育的高超的教育技巧和精湛的教育艺术。

三、劳动教育可以把分散的教育力转化为系统的集束能

生产劳动过程既是一个人与自然做斗争的过程,也是一个人与人之间交往联

系，分工协作和物质产品的产出过程。生产劳动既能产生生产力，又能产生生产关系。生产劳动过程是一个改造自然的生产力的形成过程。生产劳动的参加者（矫正教育对象）参与了整个实践过程，这种实践过程的映像不可能不烙印在他们的头脑中，总会多多少少产生与生产劳动过程相适应的教育效应，甚至会触动他们的心灵。劳动矫正属于执法活动，劳动设施设备也归国家所有，劳动中矫正教育对象也不能完全参与劳动产品分配，而且处在被劳动矫正的特殊地位。尽管如此，矫正教育对象在生产劳动过程中，作为有意志、有思想的活的有机体，必然会受到社会和劳动组织的协作程度和劳动氛围的影响，只是受到影响的程度不同而已。具体来说，劳动矫正有助于他们树立正确的劳动观点，形成热爱劳动的情感，克服困难的意志，培养集体主义意识以及养成一定的生产劳动技能和行为习惯等。但是，我们也应该看到，由于他们的违法犯罪思想、劳动态度、劳动技能、劳动习惯、知识水平、认识水平、心理感受等因素的制约，他们在劳动矫正过程中受到的许许多多的教育因素只能处于一种表面的、肤浅的、零散的状态，而且也并不是每个矫正教育对象都能自发地体验和吸收的。他们在劳动过程中是否能受到这些教育因素的影响，吸收的程度如何，效果怎样，取决于矫正教育者是否能够把零碎的、分散的教育因素通过教育的手段组合成系统的、理论性的、连贯的教育影响，并帮助他们挖掘劳动实践中的教育因素，引导他们认识和接受这些教育因素。只有对矫正教育对象在劳动中进行系统的、理性的、连贯的教育，才能使之对劳动有一个全新的认识，才能充分发挥劳动的矫正功效，提高其认识、分析和解决问题的能力，最终使其具备在劳动中自觉系统地对教育因素加以吸收和强化的能力。

四、劳动教育可以保证劳动的矫正效益和经济效益的双提高

首先，劳动教育能够保证劳动矫正效益得以实现。劳动矫正活动的目的就是要矫治人、培养人、造就人，而劳动矫正要想达到预期目的，最大限度地发挥出劳动的矫正效益，就必须结合劳动教育。也就是说，必须有教育为其作保障，无此就不可能达到预期目的。这是因为，劳动教育是劳动矫正的精神动力和智力支持，是劳动矫正的方向和目标保证，缺乏劳动教育的劳动矫正就会变成机械的、麻木的甚至厌恶的无聊活动，就会使劳动矫正迷失方向、畸形发展，就会背离组织劳动矫正的初衷和根本目的，当然也就不可能达到劳动的矫正效益。

其次，劳动教育能够保证劳动矫正经济效益的稳步提高。矫正教育机关在运用劳动矫正这一重要手段的过程中，取得一定的经济效益是劳动矫正的必然结果。因此，劳动矫正过程也必然有经济效益问题。提高劳动的经济效益也是劳动矫正

活动的重要任务之一。要实现这一重要任务，也必须加强劳动教育。只有加强教育工作，才能调动矫正教育对象的劳动积极性，使他们具备一定的生产技术知识，养成一定的劳动技能。只有加强教育工作，才能使他们自觉遵守劳动纪律和操作规程，维护正常的生产秩序，注重产品的数量和质量以及激发他们革新挖潜、发明创造的热情，从而保证劳动矫正经济任务的完成和经济效益的稳步提高。

第二节 劳动教育的内容

一、思想教育

思想教育应以使矫正教育对象剔除原有消极、错误的劳动观，确定和树立科学正确的劳动观为根本目标。根据这一目标，思想教育的内容应主要包括劳动伟大意义和正确劳动观教育；劳动矫正作用教育；劳动态度和劳动纪律教育；热爱劳动和爱护劳动成果教育以及集体主义教育等。

（一）劳动伟大意义和正确劳动观教育

劳动是人们重要的社会生存方式和价值实现方式，也是一个社会公民完成社会化所必不可少的条件。在市场经济条件下，劳动是每一社会个体从市场中获取有效份额和合法收入的主要途径。劳动是人们在社会中进行生存和发展，实现自我价值的重要形式。尽管人们在社会中获取合法收入的途径还有非劳动收入，但非劳动收入的本原也是在劳动中创造出来的。因此，妄图不通过劳动谋求所谓的“幸福”和“富裕”是不现实的。劳动创造幸福、劳动带来快乐、劳动创造美好人生依然是现代社会的基本伦理原则。矫正教育对象之所以走上违法犯罪道路，一个重要的原因就是劳动观的偏颇，他们厌恶劳动，鄙视劳动，轻视劳动者，认为“劳动致不了富”，“劳动发不了财”，“劳动是小人做的事，真正有本事的人靠动脑筋发财”，“要想暴富，只有‘走捷径’‘想高招’”。他们不少人信奉“人无外财不富，马无夜草不肥”，“人为财死、鸟为食亡”，“人不为己，天诛地灭”，“有钱能使鬼推磨”等“逻辑”，他们不是想通过劳动大展宏图，创造自己的幸福家园，而是挖空心思进行投机取巧、非法致富。因此，在对矫正教育对象进行劳动教育时，要紧密结合他们的违法犯罪思想实际，对其身上存在的错误劳动观和消极思想倾向进行批判和驳斥，从而使他们认识到错误劳动观的严重危害性，自觉摒弃错误劳动观，树立积极向上、科学健康的劳动观。正确劳动观的主旨就是要树立劳动光荣、劳动致富、自食其力、用劳动构筑自己幸福人生的基本思想。总之，对矫正教育对象进行劳动伟大意义和正确劳动观教育的根本目的就是要使他们懂得学会劳动，而学会劳动是他们走向新生的起点，也是他们真正成为一名守法公民的根本立足点。

（二）劳动矫正作用教育

劳动矫正既是一项重要的执法活动，也是一项必不可少的基本矫正手段。劳动矫正之所以能成为一项基本手段，是因为劳动矫正不仅不能被其他矫正手段所替代，而且是其他矫正手段的前提和保证，是一项带有根基性的手段。劳动矫正手段之所以有如此高的地位，与劳动矫正本身所具有的作用和功能体系是分不开的。劳动矫正不仅有转化错误劳动观，矫正违法犯罪思想的功能，而且还有矫正恶习、培养技能、锻炼身体、消除寂寞、充实生活、创造财富、学习文化、提高素质、增强审美情趣等多方面的功能和价值。劳动矫正的这些功能，不是人为附加的，而是劳动矫正活动的真实反映和充分展示。矫正教育者要对这些矫正功能和作用自觉地加以提炼和概括，并及时地通过有效的教育传递给矫正教育对象，使他们在劳动实践的过程中自觉体会和验证，并最终接受和吸收，使之不仅对矫正教育机关组织的劳动矫正活动重新认识，而且对劳动矫正产生全新的理解和升华，从而发自内心地热爱劳动、追求劳动、献身劳动。

（三）劳动态度和劳动纪律教育

态度是指通过学习形成的影响个体行为选择的内部状态，态度是行为的内在动因，有什么样的态度一般就会产生什么样的行为。因此，通过对矫正教育对象的劳动教育，让他们形成正确的劳动态度，对于提高劳动矫正的社会效益至关重要。正确的劳动态度有利于他们在劳动矫正过程中发挥积极作用，进而提高劳动的矫正效果。另外，矫正教育机关组织的劳动，其经济效益的实现和矫正教育对象参加劳动的态度也有着密切的关系。因此，必须把劳动态度教育作为劳动教育的重点内容，认识到让矫正教育对象端正劳动态度是进行劳动矫正的前提和基础。

对矫正教育对象实施劳动态度教育，首先，要使他们明确劳动态度与自身矫正的关系。只有端正劳动态度才能提高自己的思想境界，要懂得劳动态度的好坏直接影响着自己改过自新的进程。你若想早日获得自由与家人团聚，必须要解决劳动态度问题，要以一种积极向上的劳动态度来对待劳动矫正工作。其次，要使他们明确劳动态度与劳动效率的关系。劳动态度与劳动效率呈正相关关系，正确的劳动态度可带来较高的劳动效率，而消极的劳动态度会导致劳动效率低下，甚至是负效率。最后，劳动态度也是衡量矫正态度、矫正表现的重要依据。正确的劳动态度代表了积极向上的矫正态度和良好的矫正表现，错误的劳动态度预示着消极的矫正态度和不良的矫正表现。

劳动纪律是指劳动者在劳动过程中必须遵守的劳动规则和秩序。它是保证劳动者按照规定的时间、质量、程序和方法,完成自己承担的工作任务的行为准则。任何一种社会劳动,特别是社会化大生产性质的劳动,都需要把每个劳动者的劳动协调起来,从而保证集体劳动有秩序地进行。如果没有劳动纪律,就没有实现劳动过程所需要的规则和秩序。劳动纪律所调整的范围,是整个劳动过程和与劳动过程有关的一切方面,包括劳动时间、操作规程、劳动态度、劳动安全、劳动技术、劳动质量、劳动定额以及服从管理、听从指挥、考勤、考绩等方面的全部内容。执行劳动纪律是为了保证正常的生产秩序和工作程序,从而保证劳动义务的正确履行和劳动权利的顺利实现。

矫正教育机关从有利于矫正教育对象的自身利益出发,为维护良好的矫正、生产、生活秩序,在组织他们参加生产劳动的过程中,必须规定严格的劳动纪律。如果没有一定的劳动纪律的约束,让他们自行其是,劳动矫正管理就成了一句空话,劳动矫正目标也就不可能实现。对他们进行劳动纪律教育,首先,要使他们认识到劳动纪律是由劳动过程的自身需要而推行的制度和规章,是生产过程中不可超越的行为准则和规范,是对生产劳动客观规律的遵守和执行。制定劳动纪律不是对他们进行额外的人为约束,而是为了保障他们的安全与健康,是对他们负责,为其切身利益服务的,同时也是为保证生产秩序和矫正秩序的顺利进行服务的。其次,要严正告诫他们不遵守劳动纪律的严重后果。不遵守劳动纪律,不仅会受到生产劳动本身客观规律的自然惩罚,而且还会受到来自矫正教育机关的法律惩罚。并用矫正教育系统中一些不遵守劳动纪律而造成的人身伤亡和受到法律惩罚的教训教育他们,让他们引以为戒,切勿重蹈覆辙。通过反复的劳动纪律教育,切实使矫正教育对象认识到遵守劳动纪律的重要性,使他们在劳动矫正实践中,既自愿遵守劳动纪律,又互相监督,并逐渐使之内化为自我信念和行为习惯,养成遵守劳动纪律和国家法律的好品质。

(四)热爱劳动和爱护劳动成果的教育

劳动是每一位公民的权利和义务,是一切有劳动能力的公民的光荣职责。党和国家历来把劳动作为崇高而伟大的事业,作为一项对全体公民提倡的法律规范和道德准则。党和国家尊重劳动、尊重劳动人民,同时也要求每一位公民热爱劳动,热爱劳动人民,自觉把劳动作为人们生命中追求的重要组成部分。矫正教育对象作为我国公民的一分子,无疑也应该自觉把热爱劳动作为自己生活的行为准则。矫正教育对象在以往的违法犯罪中给国家和人民利益造成了严重损失,更应对自己的行为进行深刻反省,认识到违法犯罪行为实则是对劳动的亵渎,是对劳动人民的反叛，是对国家利益和人民利益的破坏。在矫正生活中要自觉地对以往自身奉行的错误思想进行清算，认识到劳动光荣、劳动美好，劳动创造幸福，劳动创造价值，劳动创造人生，劳动创造自我；好逸恶劳、不劳而获、贪图享乐、挥霍无度是可耻的，这一点无论是在计划经济时代，还是在当今的市场经济时代都是不变的真理。

热爱劳动的另一种表现形式就是要爱护劳动成果，珍惜劳动果实。劳动是艰辛的，劳动成果是劳动的结晶，因而也是来之不易的。是否热爱劳动成果是检验一个人是否具有朴素的劳动人民感情，是否具有正确劳动观点，是否真正热爱劳动的根本标志。劳动成果不仅具有物质和经济意义，而且具有思想和道德意义。因而，不珍惜或者破坏劳动成果，不仅是一个物质和经济价值问题，还是一个思想倾向和伦理道德问题。在市场经济条件下，有些矫正教育对象认为现在社会生产力发展了，物质产品丰富了，没有必要再珍惜劳动成果，甚至可以挥霍和浪费。这种观点是非常错误的。一个人即使再有钱，拥有再多的社会财富，他也没有权力随意糟踏和浪费劳动果实，因为社会财富是属于全社会的，这种行为无论是在法律上还是在道德上都是应该受到否定和谴责的。不少矫正教育对象在违法犯罪前，养成了随意挥霍、浪费、破坏劳动成果的不良行为和习惯，这与他们走上违法犯罪道路密切相关。在劳动矫正中，矫正教育者要结合不珍惜劳动成果的恶习展开有针对性的教育，使之深刻认识其危害，逐渐养成勤俭节约、艰苦朴素、珍惜劳动成果、爱护公共财物的美德。领会“一粥一饭，当思来之不易；半丝半缕，恒念物力维艰”的道理，无论是在劳动生产还是日常矫正生活中都要精打细算，勤劳俭朴。只有这样，才能真正形成热爱劳动的美德，才能真正树立积极向上的劳动观和人生观。

(五)集体主义教育

劳动活动的开展是集体力量共同进行的，社会化大生产客观上要求人们必须结成集体组织，互相配合，互相协作，运用集体的智慧和力量来共同完成生产任务。特别是现代科技社会，社会活动越来越复杂，劳动的社会化程度越来越高，这就更要求大家团结一致，形成合力，具备高度的集体主义精神。劳动矫正与一般社会劳动一样，是一种集体性劳动，而且随着生产劳动的社会化程度日渐提高，要想适应这种劳动，要求矫正教育对象也必须具有团结互助、开拓进取的集体主义精神。

通过对矫正教育对象进行集体主义教育，使他们认识到集体力量的强大威力，个人力量总是有限的。每个人生活在世界上，也总是离不开集体的。所以，应该增强集体主义的荣誉感，正确处理个人与集体的关系，在个人利益与集体利益发生冲突时，自觉服从集体利益，处处为集体着想，为集体添光彩，不做损害集体利益的事。矫正教育对象集体主义思想的养成，有助于克服其原有的自私自利、尔虞我诈的思想，自觉地维护集体的荣誉和尊严，把集体利益和社会整体利益放在首位，从根本上消除其极端个人主义的世界观和价值观，从而做一名对国家和人民有益的守法公民。

二、技能养成教育

对矫正教育对象开展技能养成教育，其意义主要表现在以下几点：第一，能够使他们及早适应矫正场所生产要求，促进劳动矫正效益的充分发挥。他们投入劳动矫正场所以后，原来正常的社会活动要么终止，要么发生很大变化，这样，每一个矫正教育对象都存在对这种特殊活动场所的适应问题，特别是他们中的大多数往往缺乏生产技术知识和技能。因此，对他们及时进行技能养成教育显得尤为必要。可以说，技能养成教育是劳动矫正效益实现的前提和基础。第二，技能养成教育能够巩固劳动矫正和其他矫正手段的成果。这是因为，他们只有掌握了所从事工种和生产部门的基本知识和基本技能，才谈得上多出产品，出好产品，提高经济效益，也才谈得上积极接受矫正。如果他们只有愿意矫正的主观愿望，也认识到自己的违法犯罪给社会造成的损失，但却没有从事生产活动的基本知识和技能，就会不仅完不成生产任务，还会导致劳动事故的发生，而这又会削弱他们劳动矫正的积极性，使他们灰心丧气，自暴自弃，甚至恶性发展，难以巩固其他方面已取得的矫正成果。第三，技能养成教育能够最大限度地避免重新违法犯罪。许多统计资料表明，没有一定的自食其力的本领，没有一定的劳动技能，是他们重新违法犯罪的重要原因之一。没有技能，矫正教育对象回归社会后就失去了安身立命的根本，在当今就业竞争激烈的市场经济社会中，就难以立足，难以生存，更难以体现自身价值。即使在主观上不愿再重新违法犯罪，但由于客观现实生活的窘迫、生存的压力以及因无业可就而产生的一系列心理和思想问题，必然会使一些人难以抵挡各种诱惑和压力，从而重操旧业，走上违法犯罪道路。技能养成教育的主要内容包括三个方面。

（一）抓好上岗前的技能培训教育

对矫正教育对象进行上岗前培训主要应做好两方面的工作：一是教育他们遵守劳动纪律，遵守操作规程，认真严肃地对待劳动矫正活动。二是结合本场所的生产特点，以及他们将要从事的不同工种和劳动任务有针对性地进行培训，使他们达到初步适应场所生产劳动的要求。这种教育主要通过课堂讲授、现场参观、工地示范、亲手操作等形式进行，使他们在较短的时间内，对设备的性能、产品要求、工艺流程、操作技术等有一个基本的了解和掌握。

（二）狠抓在岗技术培训教育

在岗的技术培训比起上岗前的技术培训更为经常化，也更为必要。首先，在岗技术培训自始至终都要以矫正思想为主要原则和根本宗旨。要注意端正每个矫正教育对象的学习动机,并把技术培训纳入对他们进行思想矫正考核的指标。同时,矫正教育者还要充分挖掘技术培训过程包含的思想教育因素,培养他们刻苦钻研、勇于创新的良好品质。其次,抓好从事现有工种技术的提高工作。这是直接关系到提高劳动生产率,提高产品质量,降低成本,增加生产效益的大问题,同时也是促进劳动矫正纵深发展的关键因素。要根据本行业技术等级标准的要求,严格执行本工种"应知"(对所学技术理论的掌握如何,能否达到有关要求)、"应会"(在生产实践中能否顺利地进行某项工作,实地解决问题的能力如何)的标准,使他们通过培训,达到标准要求,并获得相应的技术等级证书。

(三)规范开展职业技能培训教育

对矫正教育对象开展职业技能培训教育主要是为了使他们掌握回归社会后的立身之本和谋生就业的本领,尽管有些矫正教育对象(社区矫正对象)没有真正离开社会,不存在回归社会问题,但同样存在如何在竞争激烈的社会中寻求到满意的工作,或者如何在市场经济社会中始终处于有利地位的问题,这同样需要对他们进行职业技能培训教育。

开展职业技能培训教育,主要包括两方面内容。其一,职业生涯规划和正确职业观教育。职业生涯规划是人们对自己未来职业的谋划和设计,是建立在自己的知识、能力、特长和兴趣爱好等多重因素基础上对自己的科学把握和职业定位。矫正教育者通过开设和讲解职业生涯规划课程,让每一个矫正教育对象都能够制定出切实可行而又符合实际的职业生涯规划显得尤为重要和必要,这也是职业技能培训教育的重要内容之一。另外,矫正教育者还要对他们进行正确职业观教育。让他们认识到,职业并没有高低贵贱之分,只要自己喜欢,只要工作适合自己,就是一份好工作。不仅如此,还要使他们明白一个道理,幸福和财富都是奋斗出来的,无论从事何种职业,只要肯投入,花心思,把工作做到极致,就能够实现人生价值,也就能够获得成功和赢得尊重。要教育他们树立正确的择业观,每个矫正教育对象都应根据自己的实际情况进行择业,切忌好高骛远,患得患失,做到先就业后择业,并鼓励有能力和特长的矫正教育对象开展自主择业。其二,举办各种形式的职业技能培训班。对矫正教育对象开展职业技能培训,要注重与他们回归社会后的安身立命相结合,与他们未来的职业选择和就业创业相结合。那么,怎样才能实现这一目标呢?一是职业技能培训的项目选择要与当前社会市场需求相吻合、相适应,并同步发展;二是要切实使矫正教育对象在培训中学到当前社会急需、实用的职业技能;三是大力开辟劳务市场,矫正教育部门每2—3个月应定期邀请社会用工部门和单位来进行招聘,并当场与即将回归社会的矫正教育对象签订用工协议,待他们踏入社会后即刻到签约单位上班。

三、劳动矫正美育

所谓美,是指审美主体对审美客体进行审美感受,并使其产生审美愉悦的现实活动。马克思主义认为,美是包含着社会发展的本质、规律和理想而有着具体可感形态的现实生活现象,是以真、善为基础的真理的形象。从形态来看,美通常可分为社会美、自然美和艺术美。

有了美,才有了美育。把美育的思想运用于劳动矫正工作就产生了劳动矫正美育。生产劳动是人类最基本的实践活动,生产劳动不仅满足了人们的物质生活需要,而且也满足了人们的精神生活需要。因而,劳动是人们生活不可缺少的最重要的部分。生产劳动是美产生的最直接的源泉,特别是社会美、艺术美,一般都是在劳动过程中产生的。有些自然美虽然没有凝结人类的劳动,但随着人们活动领域的深入,以及对自然要求程度的提高,现在很多自然美也打上了人们劳动的印记,凝结了人类大量的劳动。总之,劳动是美的源泉,是最直接最伟大的美。劳动矫正虽然是一种司法行政活动,但劳动矫正也具有一般劳动的共性。因而,劳动矫正也能够产生美,由此也就有了劳动矫正美育。

所谓劳动矫正美育是指在劳动矫正工作中,以改造人、矫正人和造就人为宗旨,通过有效组织劳动过程、创造良好的劳动环境、组织和创造产品美等美的因素,对矫正教育对象进行熏陶和启迪,以使其养成正确的审美感受力、健康的审美观、高尚的审美情操及审美创造力的潜移默化的系统影响活动。

劳动矫正的过程既是产生美的过程,同时也是美育的过程。劳动矫正中美的内容是丰富的,可以分为劳动过程的美、劳动环境的美、劳动产品的美等。因而,劳动矫正美育也相应有三个方面的内容。

(一)有效组织生产劳动过程,使劳动者获得深刻的美的体验

生产劳动是通过劳动过程实现的,因此美必然存在于劳动过程中,劳动矫正的过程就是美孕育产生的过程。劳动矫正过程是矫正教育对象手脑并用创造劳动产品的过程,要付出体力、智力、脑力,要克服各种各样的困难,最终生产出高质量的劳动成果。在这个过程中,他们可以充分体会到创造的艰辛,感受到成功的喜悦,从而培养出热爱劳动、尊重劳动成果的基本美德。他们经过自己的艰苦努力,生产出满意的劳动成果,特别是当这种劳动成果得到矫正教育者的肯定和社会的好评时,他们就可以从劳动中获得巨大的美的享受和劳动的乐趣,感受到创造的崇高、美好、

幸福,同时也感到自身价值的存在,这样就可以使他们的心灵得到升华。因此,劳动过程是他们产生美、感受美、体验美的源泉。

但是,矫正教育对象在生产劳动过程中体验到美,是需要具备一定条件的。要使他们获得生产劳动过程中美的体验,并实现劳动过程中美的创造,就需要矫正教育者运用美学原理,有效地组织生产劳动过程。

第一,通过美学教育,使其懂得"美的规律",并按照"美的规律"去生产。因为美是社会发展的本质的反映,美包含社会发展规律和人类的共同理想,美是以真、善为基础的真理的形象。因此,符合人类社会发展的客观规律,符合人类的共同理想,一般来说都是美的。劳动矫正遵循美的规律,首先,应该使他们认识到对其进行劳动矫正是人类社会发展进步的标志,是符合最广大人民的根本利益和社会利益,符合社会发展规律的。作为违法犯罪人员,矫正教育对象只能在劳动中改过自新、立功赎罪,别无他途。其次,劳动矫正遵循美的规律就是要尊重客观规律,尊重劳动生产的一般规律,遵守操作规程,搞好文明生产,并且大力发挥矫正教育对象的主观能动性和创造性,力争多出产品,出好产品,以最小的投入获取最大的经济效益,这才是美产生的最基本的条件。

第二,培养和提高他们的审美能力、审美情趣,以保证他们能够在生产劳动过程中正确地接受和吸收美的因素。审美能力是人们对现实特别是对艺术美的体验、接受的能力。矫正教育对象由于长期接触丑恶的东西,他们对美的东西接受起来较为迟钝,或者对其加以排斥。他们往往美丑不分,美丑颠倒。因此,矫正教育机关对他们实施美育的基本前提就是要提高他们的审美能力,这样他们才谈得上在劳动过程中正确地接受和吸收美的因素。

所谓审美情趣,也称审美趣味,是建立在一定的审美观念的基础上,具有强烈的感情色彩,以个人好恶的直觉形式对客体对象的审美价值进行评价的能力。审美情趣有进步与落后、高尚和低俗之分。矫正教育对象的审美情趣大多低级庸俗,对不择手段捞钱、打架斗殴、称王称霸、冒险刺激行为感兴趣,信奉"今朝有酒今朝醉",挥霍无度、醉生梦死。不少人正是因为沉溺于这种低级庸俗的审美情趣,才走向堕落的。通过美育可以改变他们低级庸俗的审美情趣,使之形成健康的审美情操,引导其自觉厌弃腐朽、落后、黑暗、丑恶的东西,追求正义、进步、崇高、光明、美好的东西。这样才能保证他们在劳动矫正中接受和吸收美的因素。

第三,矫正教育者必须为他们按照"美的规律"去劳动和创造提供必要的条件。例如,改进劳动工具,改良产品工艺,改善劳动组织形式,把生产劳动变成一个有条不紊、和谐有序的过程;实行合理的奖惩制度、竞赛制度;正确处理生产劳动中管理与被管理的关系；搞好文明生产、安全生产，等等。这样可以使他们心情舒畅、精神愉快，创造力得以发挥，从而能够更深刻地感受到生产劳动过程所蕴含的变化无穷的美，在劳动中发挥出极大的热情，在创造物质产品的同时也努力创造新的“自我”。

（二）努力创造良好的劳动环境，使劳动者受到潜移默化的熏陶

良好的劳动环境，对发挥劳动矫正的美育功能具有重要的作用，它能消除矫正教育对象过度的紧张，减轻疲劳，防止工伤事故，能够使他们在潜移默化中丰富自己的审美情感，发展审美能力和审美创造力。

劳动环境的优劣取决于多方面的因素，以工业劳动矫正单位的车间作业为例，车间的采光照明，空气流通性，噪声污染程度，墙壁涂料色彩，工具和产品的放置，车间卫生，车间与车间工序的衔接度，厂区的交通、绿化和卫生等，都是决定劳动环境优劣的重要因素。其中照明、色彩、空气和噪声是四大关键因素，照明应以接近阳光，色调柔和为宜，不要过强、过暗或闪烁不定，另外还应注意多采集自然光。色彩应以人的视觉舒适为度，并注意多色彩的协调和搭配。空气要流通、湿润、清新、无异味，减少粉尘的污染。噪声要尽量降到最低限度，一般应该控制在 80 分贝以下，或者采取防噪声用具。除此之外，还要在车间和厂区周围广植花草树木，净化污水，治理污染、消烟除尘、采取隔音、消音、防震、防潮等措施，有条件的地方还可以在车间里播放一些轻松愉快的古典音乐或轻音乐。

改善劳动环境的美学意义在于使他们的身心和劳动环境和谐地交融在一起，使他们置身于美丽轻松的氛围之中，这样不仅能使他们消愁解忧，还能使其受到激励和感染，从而更好地发挥劳动矫正的潜能。

（三）精心组织产品美的创造和教育活动，激发劳动者的审美感受和创造热情

首先，积极鼓励矫正教育对象钻研劳动技术，开发新产品和新品种。在劳动矫正过程中，矫正教育对象不仅要全面完成自己的劳动任务，还要努力钻研新技术，开发新产品和新品种，为更大程度地提高经济效益贡献力量。同时，这也是使他们进一步获取产品美的创造和教育的一个重要方面。通过研钻新技术，开发新产品、新品种，不仅能使矫正教育对象在钻研中获得巨大的创造乐趣和积极进取精神，而且能够使他们的审美情趣和审美感受进一步得到升华，并最终促使他们思想转化的进一步实现。

其次，把产品的质量、功能和产品的新型外观、包装有机结合起来，同步发展。劳动矫正部门要想使自己的产品真正打开市场，在竞争如林的厂家中站稳脚跟，立于不败之地，不仅要生产出质优价廉的产品来，还要进一步改进产品的外观设计和

外观装潢，这同样是非常重要的。同时，新颖优美的产品外形和精美的包装，也是产品美的重要体现，对矫正教育对象无疑是一种很好的审美教育。它不仅可以使他们懂得产品应该达到内容和形式的统一，而且可以使他们思想上受到震动，懂得做人更应该表里如一、言行一致。

最后，运用劳动成果激发矫正教育对象的审美感受，使其思想境界升华。优美的产品不仅具有功利作用，而且能给人以美的享受。优美产品不仅能产生审美愉悦，增强审美情趣，而且能够激发矫正教育对象创造美的热情和力量，尤其能使之从这种审美感受里体会到劳动的伟大、劳动的价值、劳动的愉快，能看到自身的价值和自身力量的存在，从而消除自私、悲观的消极情调，增强矫正的信心和力量，进而达到抑恶扬善，提高思想素质和道德情操的根本目的。

四、劳动矫正日常教育

劳动矫正日常教育是指在劳动矫正过程中，矫正教育者对矫正教育对象随时随地进行的常态性教育。这种教育是普遍的、大量的，贯穿劳动矫正过程的始终。在组织劳动矫正过程中，有些内容是需要反复提醒和教育的，如劳动态度问题、劳动安全问题等；有些内容是因矫正教育对象在劳动矫正中出现非常规、突发性问题而产生的，如他们在劳动中打架斗殴、个别人员突然精神不集中、劳动效率下降等；有些内容是由他们在劳动中技术水平不高，劳动产品的废、次品率增加，操作不够规范等问题引起的；也有一些内容是针对即将回归社会的矫正教育对象对当前社会就业情况不够了解，对个人回归后就业创业工作或者盲目乐观，或者一筹莫展的情绪表现而进行的。总之，劳动矫正日常教育涉及劳动矫正态度、安全生产、质量要求、矫正表现、情绪情感变化、就业谋生、回归后生活状况等各种各样的问题，是维护日常劳动矫正秩序，稳定矫正教育对象情绪，最终实现劳动矫正目标的基础性工作。

劳动矫正日常教育是矫正教育者日常工作的重要组成部分，也是每一位基层工作人员的基本职责。日常教育的形式和方法多种多样，如安排和布置劳动任务，对矫正教育对象集体所进行的强化劳动态度、劳动安全、操作规范等方面的教育一般采用队前训话和会议式的集体教育形式；针对某个矫正教育对象所出现的异常情况、情绪情感变化等问题则一般采用个别谈话和随机诱导的方法；针对他们普遍存在的对待就业创业和回归后的前途等方面的问题，往往采取邀请社会有关专家或专业人士进行解疑释惑的方式；而对他们存在的矫正目标不明、学无榜样、对矫正教育者不信任等方面的问题则要采取树立劳动矫正标兵、技术能手以及榜样示范等方法。

劳动矫正日常教育的效果很大方面取决于矫正教育者对工作的责任心和使命感,需要他们在平时的管理组织中及时发现存在的问题,具有对发展态势的洞察和预见能力,需要他们具有对突发性问题和非常规性事件及时处置和驾驭的管理技巧和谋略,需要他们具有雄厚的矫正教育功底与较高的矫正教育口才和艺术。

第三节　劳动教育的方法

一、理论灌输法

(一)理论灌输法的概念

所谓理论灌输法,是指由教育者向受教育者系统地传授科学劳动理论和正确劳动矫正理论体系的方法和途径。在劳动教育中,采用这一方法的目的在于使矫正教育对象接受正确的理论指导,提高认识水平,更好地参加劳动矫正活动。

理论灌输法是一种双边的系统影响活动,是矫正教育者在劳动矫正中对矫正教育对象有目的、有计划地灌输某种系统的科学的理论体系和正确思想,以消除其头脑里错误的思想和观点,从而接受科学的思想和观点,促使他们达到劳动矫正目的的一种重要方法。

(二)理论灌输法实施的必要性

第一,这是由矫正教育对象对劳动矫正的消极错误认识和抵触情绪决定的。我们知道,矫正教育对象之所以走上违法犯罪道路,是因为其实施了危害国家和社会的消极行为或称违法犯罪行为。这种消极行为一般来说并不是一时的感情冲动,而是他们在长期的不良因素的影响过程中形成的。他们投入矫正实践后,原违法犯罪条件消除和改变,但原有的腐朽思想和观点不会立即消失,它必然会影响到劳动矫正活动。所以,消除和矫正他们头脑中消极腐朽的世界观、人生观、价值观尤其是错误的劳动观,是使他们积极投入劳动矫正,取得劳动矫正效益的首要任务。要消除他们这种腐朽思想和错误认识,就必须用科学正确的理论和思想与他们错误的思想观点进行斗争和交锋,批驳其歪理和谬误,指出其后果及危害,精辟地阐明科学劳动观的正确性和进步性,以及其与个人前途的辩证关系。从而使他们心服口服地接受和吸纳正确劳动观,批判和远离错误劳动观,向着政府所指出的光明道路奋勇前行。

第二,这是由科学理论被人们掌握和吸收的特点决定的。一种科学理论形成的原因是非常复杂的，马克思主义科学理论的形成尤为如此。它最初是由少数无产阶级先进分子在长期的革命和社会实践活动的基础上总结经验，吸收先进的科学成果以及历史上一切优秀文化遗产，运用自己丰富而又广泛的知识，通过严密、完整的逻辑分析与推理总结和概括出来的。所以，这种科学理论的形成并不是任何人都能达到的，它受到诸如阶级根源、实践经验、社会发展程度、认识程度、自然科学、理论概括水平和自身知识程度等因素的制约。那么，一般人要想接受这种科学的理论，只有通过教育和灌输这一途径来实现，除此之外，别无他途。

（三）理论灌输法的科学实施

1. 应当系统地、完整地、准确地向矫正教育对象灌输科学理论。所谓系统，是指矫正教育部门要把对矫正教育对象的理论灌输教育作为一项系统工程来对待，要订立长期的教育实施计划，常抓不懈。从根本上破除理论灌输费时、费力，收效不明显，甚至没有作用的片面思想，切实把对矫正教育对象的理论灌输作为劳动矫正教育的治本措施。所谓完整，是指矫正教育者对科学理论要有准确、全面、系统的掌握和理解。灌输是教育者对受教育者进行的，那么灌输的效果如何，不仅取决于受教育者的接收程度，也在很大程度上取决于教育者的灌输水平，包括对科学理论本身的准确、正确、完整的理解。如果教育者本身就是只知其一，不知其二，或者是知其然，不知其所以然，则不可能实现“以其昏昏，使人昭昭”的效果。所谓准确，是指对科学理论要正确把握和灌输，而不能歪曲和篡改，向矫正教育对象灌输的内容必须是科学理论。一种理论是不是科学理论，主要看它是否符合社会发展的客观规律，是否代表了最广大人民群众的根本利益，是否能够推动社会向前发展。马克思主义理论之所以是科学理论，是真理，就是因为它具备这些条件。如果矫正教育者不向他们灌输科学真理，而是灌输错误或消极的思想和观点，那就不可能达到预定目的，甚至还会引起更大的混乱，造成更大的损失。

2. 灌输应当紧密联系劳动矫正实际，力求达到内容和形式的有机统一。在劳动矫正过程中进行理论灌输，必须针对劳动矫正实践而展开，解决矫正教育对象在劳动矫正中普遍存在的问题，如针对他们存在的错误劳动观、消极的劳动态度、散漫的劳动纪律进行批判和说理性教育，以保证劳动矫正活动的顺利进行。要做到这一点，只有科学的灌输内容是不行的，还必须注重灌输的形式，即采取一些适合劳动矫正特点的，使他们易于接受和掌握的科学方法和途径。由于在劳动矫正中对他们进行理论灌输不但要求针对性强，而且教育时间相对来讲并不是很宽裕，根据这一特点，对他们进行理论灌输除了要抓住在一定的业余时间内对矫正教育对象集中上大课、作报告、搞讲座等系统学习方法外，还应进行一定的分类教育，即对他们在劳动观、劳动态度、劳动技能等方面的不同情况进行分类,进行不同的有针对性的灌输教育。矫正教育对象个体情况千差万别,在劳动中所出现的问题也有复杂的动因,要解决他们的个体问题个别教育最为适宜。此外,还可以在劳动矫正中充分运用广播、电视、小报、板报、墙报、写心得体会、分组讨论等学习方法。总之,理论灌输的方法并不是单一的,而应该是多种方法的集合,只有这样,才能收到最佳的教育效果。

3. 理论灌输应以为劳动矫正服务,转化错误劳动观为落脚点和归宿。心理学研究表明:要想收到立竿见影的效果,采用情绪号召比较适宜;而要想给人以持久的作用,采用理性的号召则显得更为有效。劳动矫正中对矫正教育对象的理论灌输正是这样一种理性教育,其目的就是要给人以持久的作用。它以劳动矫正目标的实现为指导,通过强有力的理论批判和驳斥功能对矫正教育对象的违法犯罪思想,尤其是与劳动有关的消极意识和行为进行无情斗争,在真理与谬误、法与情、善与恶、美与丑的交锋中最终战胜他们。使他们放弃原有错误思想和行为,树立积极正确的人生观和劳动观,以崭新的精神风貌和人生态度开始自己新的生活。

二、实践诱导法

(一)实践诱导法的概念

实践诱导法是指在劳动矫正过程中针对实际情况,明察秋毫,因地因人制宜地进行引导和教育,以把问题解决得恰到好处的方法和艺术。劳动教育是矫正教育部门开展的一种有目的、有计划、有组织的系统影响活动。从劳动矫正自身而言,它有一套自己的工作制度和规范,一般情况下是有计划、有步骤、有秩序地进行的。但是,由于劳动矫正的活动复杂性、功能多向性和教育对象的消极性,劳动矫正过程中往往还会出现一些偶然的、非规范性的、预料之外的问题。那么,劳动教育就必然要有一些恰当的解决办法,这种方法就是实践诱导法。由此可见,实践诱导法是针对劳动矫正中出现的一些特殊的、偶然的、非规范性的问题和事件所实施的教育活动。

(二)实践诱导法的科学实施

1. 要根据不同的情况和不同性质的问题采取不同的诱导方法

劳动矫正过程中出现的问题是复杂多样的,其问题的性质也是不同的,有的问题是矫正教育对象主观故意造成的,如故意破坏劳动工具,故意制造产品质量问题,故意在劳动中惹是生非;有的问题则是他们的情绪和外界作用的影响导致精神不集中或情绪低落引起的,如配偶提出离婚、思念亲人、家中突然发生较大变故等;

有些问题则是自身的技术程度和操作能力水平低造成的，如不能按期完成劳动定额，出现技术和质量问题等。由于问题产生的原因和性质不同，矫正教育者在处理这些问题时就需要准确分析和正确判断，界定清楚问题的不同性质，然后再根据问题的不同性质和造成的危害程度分别采取不同的处理办法，如法律强制、纪律控制、批评教育、帮助提高等。

2. 要根据不同的情况制定不同的教育目标

如对劳动态度不正确，劳动观念错误，对劳动矫正消极对待的矫正教育对象应该大力向他们灌输劳动矫正的重要性，违法犯罪对国家、社会、家庭以及个人的危害性，掌握劳动技能的重要性等，也就是要以转变思想，改变落后意识和态度为教育目标。对一些劳动矫正已有一定成效，但又还没有树立坚定矫正信心，怕艰苦劳动，怕吃苦受累的矫正教育对象，就要从提高他们的思想认识入手，对其矫正成绩加以鼓励，对其不坚定性提出批评，并指出奋斗的方向和要求。对一些劳动热情较高，但劳动技能较差的矫正教育对象，要对他们进行积极扶植和引导，教育他们要向技术和业务水平高的矫正教育对象学习，同时努力培养他们的劳动技能，强化他们的劳动训练，使其技术水平和能力力争在较短时间内有较大的提高。

3. 要根据矫正教育对象的个性心理特征采取不同的诱导方式

矫正教育对象的个性心理特征不一样，会表现出不同的性格、气质和心理状态。因此，矫正教育者在处理问题时，必须注意到他们不同的个性心理特征。如对自尊心淡漠，天不怕地不怕，屡教不改，或者“教育不听，批评不理，禁闭不怕”的“三不”人员，既不要把他们看死，看得一无是处、不可救药，又要针对其问题进行强烈的批评和批判，并注意发动群体舆论和集体力量对他进行谴责和帮教，还可采取诸如分化瓦解、开批判会、令其在大会上做深刻认罪认错检查、停止其娱乐活动、送集训队强化训练和教育、关押禁闭等措施。对这类矫正教育对象既要有耐心、恒心、热心、信心，又要运用管教谋略和技巧斗智斗勇。对自卑感严重，劳动效率不高的矫正教育对象，可将表扬和批评结合起来，肯定对的，批评错的，使他们既看到问题，又看到希望，切忌一味地批评训斥，防止其由于承受不了压力而走上轻生之路。对疑心大、好面子的矫正教育对象，可以个别交谈的形式进行教育，并注意避开其他人员的耳目和干扰，尽量尊重其虚荣心和自尊心，但对其错误要毫不留情地进行批评和教育。从气质类型上来说，对“胆汁质”的矫正教育对象，要多加耐心，他们出现的问题，更需冷处理；对“多血质”的矫正教育对象，要善于将心比心，激发其情感；对于“黏液质”的矫正教育对象，要多给他们一些思考时间；对于“抑郁质”的矫正教育对象，要采取“迂回战术，讲究方式方法”。

4. 矫正教育者在处理问题时要注意及时性

对劳动矫正中出现的特殊的、偶然的、非规范的问题，处理的时间性很强，矫正教育者一定要注意教育的及时性。问题发生后，矫正教育者在查清事实的基础上，要立即加以解决，绝不拖延，否则就会贻误战机，起不到教育的作用。特别是对发生在劳动矫正进行中，矫正教育者又在现场直接目睹和知其原由的突发性问题，更应及时准确地采取恰如其分的对策，做到恰到好处。否则，不但不利于对矫正教育对象的教育引导，也不利于劳动矫正秩序的维护，还会助长歪风邪气和反矫正气焰的蔓延和嚣张。处理这种问题，不仅需要矫正教育者机智灵活的管教谋略，高超敏捷的工作方法与艺术，更需要矫正教育者对问题的敏锐洞察力、准确的分析力和丰富的教育经验与智慧。

总之，劳动矫正是一项非常复杂艰巨的活动，随时需要处理诸多矛盾，情况多变，随机性很强，只有机智灵活地采取恰当的诱导措施，才能正确处理好不同时间、不同条件下产生的不同矛盾，以确保劳动矫正工作的顺利进行。

三、环境熏陶法

（一）环境熏陶法的概念

所谓环境熏陶法，是指矫正教育者在组织劳动矫正过程中通过创设有教育意义的情境，潜移默化地影响矫正教育对象的情感，以达到再塑心灵目的的一种活动。

在劳动矫正过程中，根据劳动教育的目的和矫正教育对象自身的特点，通过精心地、有意识地创设教育情境和氛围，对矫正教育对象思想道德和审美观念的培养，激发他们的劳动热情，使他们在无声无息中受到熏陶和感染都有着十分重要的意义。

（二）环境熏陶法的主要方式

1. 矫正教育者以身作则的定向行为诱导

矫正教育者不仅是劳动教育的灵魂工程师，而且是生产劳动的组织者和指挥者，他们的言行是矫正教育对象的表率，他们自身就是现成的榜样。因为他们代表着政府的形象和法律的尊严，他们的一言一行、一举一动都对矫正教育对象起着潜移默化的作用。孔子说："其身正，不令而行；其身不正，虽令不从。"如果矫正教育者在他们面前讲得头头是道，可在暗地里又让他们给自己输送利益，或接受管教对象亲属的财物或贿赂，这样的矫正教育者即使道理讲得再透、理论水平再高、又怎么能给矫正教育对象作表率，让他们心服口服、心悦诚服呢？这样不但对矫正教育对象起不到矫正作用,还会使他们对政府和法律丧失信念。

2. 开展劳动竞赛和矫正教育对象之间的互帮互学、团结互助

在劳动矫正中,组织和实施劳动竞赛,不仅能够激发他们的劳动矫正积极性,培养劳动技能,锻炼劳动意志,而且能够形成“比、学、赶、帮、超”的竞争局面,形成一种“先进更先进、落后赶先进”的良好劳动风气,所以应该大力提倡。

矫正教育对象之间的互帮互学、团结互助,既是现代化大生产的必然要求,也是矫正教育者对劳动矫正活动有目的、有计划地进行扶植和培育的结果。互帮互学、团结互助不仅能够培养他们团结友爱的品德,有利于他们克服自私自利的狭隘思想,而且能够形成一种抑恶扬善、弘扬正气的良好氛围,对他们的积极矫正教育起到重要的推动作用。

3. 注重劳动条件的改善和劳动保护的加强

劳动条件是环境熏陶的重要内容。随着社会科技信息水平的提高和国家对矫正教育机关财政保障力度的加强,矫正教育部门的经济条件已大为改善,要把资金用在技术改造上,用在改善劳动条件上,要尽力采用最先进的机器设备和工艺,降低矫正教育对象的劳动强度,提升劳动生产的科技含量,使劳动条件逐步加以改善。劳动保护是劳动环境的重要组织部分,是发挥劳动矫正效益的必要措施,必须从思想上加以高度重视,并把它作为劳动矫正执法和维护、保障人权的重要手段来认识。矫正教育部门要采取一切措施,尽最大努力降低生产安全事故,切实保障他们在劳动中的合法权益,为建立安全、文明、和谐的劳动矫正秩序而不懈努力。

4. 科学制定劳动定额,合理组织和调配劳动力,做到优化组合,使他们受到集体的制约和熏陶

科学制定劳动定额是充分发挥矫正教育对象劳动矫正积极性,挖掘自身劳动潜力的基本前提。合理调配劳动力是发挥矫正教育对象一技之长,做到人尽其才的基本要求。而优化组合,使他们受到劳动集体的制约和熏陶则是抑制矫正教育对象不良行为,养成劳动积极行为的有效方法。有些矫正教育对象往往对矫正教育者的言行和批评并不十分害怕,却惧怕集体舆论的谴责,惧怕集体力量的威力和约束。另外,矫正教育者还要注意整个监管场所环境对劳动矫正活动的影响,以及社会不良行为,如社会不正之风、狐朋狗友的教唆、糊涂家长和亲属的负面效应等消极因素的不利影响。

(三)环境熏陶法的科学实施

1. 从思想上要对环境熏陶法高度重视。环境熏陶虽然不是劳动矫正的主导因素,但是,它对加速、延缓或阻碍劳动矫正的进程,使劳动矫正效益充分发挥,确实起

着不可忽视的作用。广大矫正教育者要充分认识到环境矫正是新时代对矫正教育对象进行有效矫正的重要途径,同时也是一种重要手段。因此,应坚定确立起“环境矫正人”的新理念。矫正教育对象因受不良环境的影响而违法犯罪,在监管场所内创设一种积极向上、适于他们积极矫正的良好环境,对他们早日成为社会合格成员具有不可替代的作用。

2. 注重环境熏陶的定向性和目的性。定向性是通过有意识、有计划地创设一定的劳动环境,使矫正教育对象受到潜移默化的教育,这种创设活动具有强烈的针对性。目的性是通过创设一定的劳动教育环境激发矫正教育对象的劳动热情,使之在劳动过程中养成良好的劳动习惯,培养良好的劳动品质和审美情操,最终转变违法犯罪意识和不良行为。

3. 防止和排除劳动矫正中不利因素的消极影响。无论是现实社会,还是劳动矫正所在的单位,乃至车间、工地,都还存在不利或有害于他们积极劳动态度形成的因素。这就要求广大矫正教育者在努力做好本部门工作的同时,注意排除或消除不利因素的影响。要尊重和保障矫正教育对象的合法权益,加强劳动保护,避免“超强度、超体力、超时间”的“三超”劳动,尽量克服或减少生产经营和产品供销中的负面因素,消除劳动中的不安全隐患和死角,实行公平合理的劳动报酬,充分发挥矫正教育对象在劳动矫正中的主动性和能动性作用等。

四、精神激励法

(一)精神激励法的概念

所谓精神激励法,是指通过创造各种有利条件,来不断激发矫正教育对象劳动矫正的动机,促使其更好地投身于劳动实践的措施和方法。激励,其实质和作用就是强化人的动机,改进人的行为,使之朝着既定的方向发展。在能力不变的情况下,劳动学习绩效的大小,取决于激励程度的高低。激励程度不断增高,动机得到不断激发,劳动、学习绩效就越来越大。反之,激励程度减低,动机削弱,劳动、学习绩效也会随之下降。

劳动矫正活动的一个重要目标就是追求劳动矫正的绩效,而其绩效的大小与激励程度的高低有着密切的关系,要使劳动矫正取得好的绩效,除提高矫正教育对象的劳动技能,搞好组织管理等其他因素外,通过劳动教育激发他们的劳动矫正动机,使之达到高强度的良性状态,也是一种非常重要而有效的方法。

(二)精神激励法的途径和方式

1. 目标激励。所谓目标激励,是指通过设置适当的目标,激发人的动机,达到调动人的积极性的目的。人们都会有自己的需要，这些需要会成为人们行为的目标。在劳动中早日成为新人就是矫正教育对象最大的需要，因为除此之外再无他路可择。所以，在劳动中取得最佳的矫正效益就是他们所全力追求的，也是他们最大的目标。心理研究成果表明：一个人对其所追求的目标的价值看得越大，渴望程度越强烈，激发的力量就会越大，能够实现这个目标的概率越高。经过努力，目标实现的可能性越大，越符合实际，切实可行。同样，只有这样的目标才能使人们感到有追求的希望，而不是高不可攀、可望不可即。所以，在给矫正教育对象制定激励目标时，不仅要考虑到目标对个人效价（一定目标对满足个人需要的价值）的激励程度，更要从劳动矫正的实际出发，从他们的矫正表现、违法犯罪性质、劳动态度、劳动习惯、劳动技能等多种因素出发，综合制定出切实可行的目标。

劳动矫正的实践也证明，矫正教育对象一旦有了正确而又切实可行的进取目标，积极性、主动性就会自动产生，劳动矫正热情就会持之以恒，劳动干劲就会经久不衰，并且还能形成奋发进取、勇于创新的优良品质。所以，根据这一经验，矫正教育者要帮助他们在劳动过程中确立正确的追求目标，树立积极的矫正观和苦乐观，从而使他们产生追求目标的内动力。值得注意的是，在制定目标的过程中，要难易适当、明确具体，既有长远目标，又有短期目标，使他们通过对具体目标的步步追求逐步达到长远目标。

2. 示范激励。示范激励是指矫正教育者以其自身良好的示范，激发矫正教育对象劳动矫正积极性的方式。它不是用说教的办法去教育他们，而是通过矫正教育者自身的以身作则去启发感染他们，是一种便于接受，行之有效的方法。发挥这一方式应有的教育效应，关键在于矫正教育者要处处严格要求自己，率先垂范。遇到艰苦的劳动，矫正教育者要示范引导，真正起到一种楷模和榜样作用，这样才能使他们感到亲近、信服、敬佩，劳动矫正积极性得以调动，劳动矫正动机得以激励，潜力得到充分发挥，在劳动矫正中取得显著成效。

3. 荣誉激励。矫正教育对象虽然受到刑事或行政处罚，但其作为人所具有的自尊心并不会失去，甚至会由于劳动矫正特殊环境的影响，自尊心变得更加强烈。其主要表现是对荣誉和批评特别敏感，尤其是对荣誉的感受更为明显，因为荣誉代表了一个人的社会存在价值，表明了矫正教育部门对他们良好劳动矫正表现的肯定和褒扬。由于他们自身的特殊性，其受到的社会否定评价和挫折程度较大，加之他们对自由和新生极力渴求，所以他们对荣誉极为珍视。它可以成为矫正教育对象告别旧我，走向新岸的起点，也可以使他们燃起新生活和美好理想的希望之火。因而，恰当、准确地运用荣誉激励方式对他们的劳动矫正具有重要意义。

在劳动矫正中,荣誉的形式有多种,如记功、树矫正标兵、树技术能手、评定矫正积极分子、介绍矫正经验、宣传矫正事迹等。

为使荣誉激励产生好的效果,在实施时需要注意以下三点:首先,要引导他们树立正确的荣辱观,懂得什么是光荣、什么是耻辱,即要使他们认识到积极劳动矫正光荣,抗拒劳动可耻,要力争在劳动矫正中获得相应的荣誉称号。其次,要引导他们用正当手段去争取荣誉,要靠辛勤的劳动,扎扎实实的矫正步伐,用一流的劳动和学习成果去争取荣誉,而不能靠投机钻营、弄虚作假、行贿送礼等卑鄙手段骗取信任和荣誉,因为这样是不会长久的。最后,荣誉的授予要与他们的成绩相当,要防止小功大奖,大功小奖的情况发生,否则就起不到荣誉激励的作用,还会降低政府威信,影响他们的劳动矫正情绪。

在劳动矫正活动中,对矫正教育对象进行精神激励的方式很多。除以上几种外,还有竞赛激励、奖惩激励等。

五、行为训练法

(一)行为训练法的概念

所谓行为训练法,是指矫正教育者通过对矫正教育对象组织有目的、有计划、有意义的劳动矫正实践活动,使他们的认知向良好的行为转化的教育措施。

从实质上来说,行为训练法不同于一般性的劳动矫正活动,是矫正教育者对矫正教育对象实施的一种有目的、有计划的教育活动。它旨在通过对矫正教育对象实施有典型意义的劳动矫正实践活动,使他们在这种行为的不断强化和养成中逐渐达到转变违法犯罪意识和恶习的目的。因此,行为训练法从本质上来说是一种劳动教育的方法。

行为训练法是马克思主义认识论的基本原理在劳动矫正活动中的具体运用。马克思主义认识论,即实践、认识、再实践、再认识,这种形式循环往复,以至无穷。每一次实践的形式,都使人的认识达到了一个更高级的程度。行为训练法遵循这一原理促使矫正教育对象在劳动矫正实践中,强化某种行为,随着这种实践活动的不断持续和不断深化,人的认识也进入了一个高级层次,即使他们养成良好劳动行为,改变其原有不良行为习惯和错误劳动观。行为训练法要求长期或多次强化对他们实施的这种有矫正意义的行为,这样才能达到预期的目的,这也符合认识论的基本原理。因为马克思主义认识论认为,人的认识特别是正确认识并不是通过一次社会实践完成的,而是在长期的实践活动中多次形成的。

(二)行为训练法的科学实施

有效运用行为训练法,使行为训练法做到科学实施,必须在实施中注意以下几点：

1. 要有目的、有计划、有组织地进行训练。所谓有目的，就是指对矫正教育对象实施行为训练的方法，是根据他们所特有的不良行为习惯制定的，有针对性地对其实施行为训练，使其在这种良好的劳动行为中达到转变思想的教育目的。由此可见，目的性着眼于教育性。所谓有计划，是指根据一定的目的制订具体的实施方案，然后根据实施方案的具体工作步骤，逐步实现教育目标。所谓有组织，是指对他们行为训练的实施是矫正教育部门通过管理组织机构实现的，它不仅使训练实施有组织，而且还注重对训练实施的科学管理和对训练实施效果的检查、监督、评估与总结。

2. 要与说理相结合。行为训练法是矫正教育部门通过对矫正教育对象进行行为的多次强化，使其产生预定效果的教育活动。这种活动不同于对他们进行的无目的训练。这种行为是与说理紧密结合的。这种说理既包括违法犯罪行为对国家、社会、人民、家庭、自己所产生的严重危害，也包括应树立什么样的劳动矫正态度，以及所实施的行为训练对矫正错误思想和恶习的特殊意义，并帮助其加深对行为训练潜在教育因素的认识，不断提高他们对行为训练的意义和价值的认识程度，使其从强制接受训练的要求转化为自觉接受训练的行为。

3. 行为训练要有督促和检查。在开展行为训练时，必须加强督促和检查，以促使他们严格按照各种活动的要求去做。如果只是布置，而不进行督促、检查，放任自流，就不可能达到行为训练的目的。

4. 行为训练要有总结。行为训练是矫正教育者对矫正教育对象实施有效教育和矫正的过程。在这个活动过程中，矫正教育对象产生的行为表现是复杂的，而且各阶段的表现也会有异。因而，矫正教育者在对他们实施行为训练时，要及时对他们的行为表现予以总结。对行为表现中的进步和积极行为要及时给以表扬和鼓励，而对行为表现中的消极和不良行为倾向要及时给予批评和引导，使他们不断从自己的实践效果反馈信息中，加深情感体验，认清自己的行为训练程度，巩固已获得的积极向上的认识和行为习惯，抑制和矫正错误的认识和不良行为，使他们沿着矫正教育者指引的预定目标前进。也只有这样，才能使他们从反复的行为训练中受到教益，矫正恶习，养成正确意识和良好习惯，逐渐使自己从被动强制接受转化为主动自觉地矫正。

第十一章　集体教育

集体教育是矫正教育工作中一种常用和行之有效的教育方法,同时它也是一种重要的教育理念。《监狱法》第61条规定:“教育改造罪犯,实行因人施教、分类教育、以理服人的原则,采取集体教育与个别教育相结合、狱内教育与社会教育相结合的方法。”《未成年犯管教所管理规定》第28条要求:“对未成年犯的教育采取集体教育与个别教育相结合,课堂教育与辅助教育相结合,所内教育与社会教育相结合的方法。”《社区矫正法实施办法》(司发通〔2020〕59号)规定,“社区矫正机构、司法所根据需要可以采用集中教育、网上培训、实地参观等多种形式开展集体教育”。《强制隔离戒毒人员教育矫治纲要》则要求通过开展行为养成教育,“增强戒毒人员组织纪律观念、集体观念”。通过集体教育,可以高效地解决矫正教育对象群体中的共性问题,培养其社会责任感、集体观念和纪律意识。集体教育的有效开展,有利于其矫正罪犯、社区矫正对象、戒毒人员的思想观念和行为习惯,有利于帮助矫正教育对象适应集体生活,有利于顺利归回社会、融入社会。

第一节　集体教育的内涵与理念

一、集体教育的内涵与应用

(一)集体教育的内涵

1.群体

社会心理学认为,我们每个人都生活在群体之中,从出生到死亡都是一定群体中的一员。① 如果把这里的群体理解成集体,也是成立的。因为在社会心理学当中,群体是指通过一定的社会关系结合起来进行共同活动而产生相互作用的集体,

① 参见金盛华主编:《社会心理学》,高等教育出版社2005年版,第376页。

它是人们社会生活的基本单位。[1]

2. 正式群体

根据构成群体的原则和方式,群体可以分为正式群体和非正式群体。这种划分方式是美国的心理学家梅约·乔治·埃尔顿在霍桑实验中提出的。在霍桑实验的第四个阶段群体实验过程中,实验者发现并提出了非正式群体的概念。所谓非正式群体,是指由于共同的兴趣、观点、情感、目标等自愿结合在一起,自然形成的群体。非正式群体没有明文规定的目标和职责分工,缺乏稳定的结构和明确的规范。相比较而言,正式群体则是指组织结构确定,成员的地位和角色、权利和义务清楚,分配明确的群体。学校中的班集体、教师集体,工厂中的班组,机关单位的科室等都属于正式群体,监狱、戒毒所中的班组等也属于正式群体。

3. 集体

集体是一个与个人(或者个体)相对应的概念,是指由许多人结合起来的有组织的整体。集体是群体发展最高、最完善的阶段,是有组织的群体。集体的成员由对每个个体和整个群体都有意义的共同价值、共同活动目的和任务结合在一起。[2]

我们在讨论集体教育时,一般是在集体主义这一价值取向上来思考问题的。或者说,在我国,经常在"一切从集体出发,把集体利益放在个人利益之上"这一集体主义的意义上来使用集体概念。[3] 因此,此处的集体教育不仅应在矫正教育方法的层面上,还应在教育理念的层面上来理解。

4. 集体教育

所谓集体教育,是指与个别教育、分类教育相区别,针对矫正教育对象的全体,以解决共性问题和建设罪犯教育对象集体为目的的教育活动。集体教育是一种重要的教育方法,其中也渗透着深刻的教育理念,在某种意义上可以说集体教育中蕴含着集体主义教育的元素。

(二)集体教育与个别教育、分类教育比较

个别教育、分类教育、集体教育是矫正教育实践中具有特色的三种教育方法和形式,这三种教育既有重要的区别又有一定的联系。

矫正教育对象有一些共有的特征,如好逸恶劳、文化水平相对较低、道德品质低劣、价值观念扭曲等。同时,每一个矫正教育对象又都有其独具特性的一面。例

---

① 参见周晓虹主编:《现代社会心理学》,江苏人民出版社 1991 年版,第 297 页。

② 参见赵玉如:《集体教育》,教育科学出版社 1999 年版,第 5 页。

③ 关于集体和集体主义的概念,参见中国社会科学院语言研究所词典编辑室编:《现代汉语词典》,商务印书馆 1978 年版,第 519 页。

如,虽然都是罪犯,但是犯罪原因、背景不同,犯罪的情节、手段、方式也各异;对各自罪行的认识、悔罪程度也有不同;虽然都是吸毒人员,但是恶习的深浅、所处的戒治康复的阶段可能不同;虽然大部分的罪犯、戒毒人员文化水平都不高,但其在文化知识学习过程中的态度表现却有所不同;虽然矫正教育对象在品行上都存在一定问题,但不同的个体的主观恶性程度却不同,等等。

因此,个别教育和集体教育各有其侧重点。个别教育是以解决特殊矛盾为主的一种教育活动,它是针对矫正教育对象个人的特殊情况(如矫正教育对象入监、入矫、入所初期,家庭发生变故,与其他矫正教育对象发生矛盾,违反管理规定,受到奖惩等)而展开的教育。集体教育则重在解决矫正教育对象中存在的普遍性矛盾,如对社会形势的看法,对国家现行或修订的法律、法规、政策的认识,对罪错的认识,对处罚的看法,对监禁、管理环境的心理反应等。要解决这些问题,就需要把他们集中起来,采取讲授、集体讨论、组织参观等形式进行集体教育。分类教育可以视作介于个别教育和集体教育之间的一种过渡教育形式。与个别教育相比,分类教育重在解决普遍性矛盾,更接近集体教育;而与集体教育相比,分类教育则重在解决特殊矛盾,又类似于个别教育。分类教育的突出特点是教育对象具有类型化特征,它所解决的是某一类矫正教育对象的共性问题。从集体教育到分类教育,再到个别教育,矫正教育活动所要解决的问题逐渐具体化,越来越具有特殊意义。如果反过来看,则三种教育所解决的问题逐渐具有普遍性,越来越具有一般意义。

(三)集体教育的应用情形

集体教育与个别教育、分类教育相比有上述差异,所以一般来说,遇到以下情况采用集体教育,会取得较好的效果。

第一,矫正教育对象当中出现了普遍性问题或某一类型矫正教育对象出现了共同性问题。例如,对新入监罪犯进行的入监教育、对新接收的戒毒人员进行的入所教育、对社区矫正对象进行的入矫教育,主要是进行普遍性的相关法律法规、权利义务教育。在国家大政方针出台之后,新政策、新法律法规颁布之后(如《刑法修正案(十一)》《社区矫正法》等),开展的集体的政策、法规教育。

第二,在对矫正教育对象进行系统的知识技能、政治思想教育或培养良好行为习惯、使之形成社会所期待的价值观念时,一般采用集体教育方法。

第三,在加强矫正教育对象的组织性、纪律性教育,希望通过集体风气、团队的优良传统建设影响矫正教育对象集体观念时,一般采用集体教育方法,此时的集体教育则更具有了教育理念的意蕴。

二、作为理念的集体教育

(一)集体教育理念解读

1. 集体教育蕴含价值追求

集体教育不仅是一种行之有效的矫正教育方法,而且也是一种重要的教育理念。我们之所以这样说,是因为集体教育这种思想的背后体现着社会及矫正教育机构对矫正教育活动的价值追求。集体教育不仅是要把矫正教育对象组织起来,进行文化知识的传授,也不仅是由矫正教育者或其他人做一场报告,它实际上还包含着将矫正教育对象松散、混乱的群体改造成为一个有共同的追求、纪律严明、凝聚力强、荣誉感强,“由于目的一致、行动一致而结合起来的,由管理、纪律和负责任的机关所组织起来的劳动者的自由集团”①的教育理想。矫正教育者不仅要向矫正教育对象集体传授文化技术知识、进行政治思想教育,养成其行为习惯,还应当努力建设一支集体,并以集体观念和集体荣誉感影响集体中的每一名受教育者。“在集体中,通过集体和为了集体进行的教育”②,苏联教育家马卡连柯的这句话可以说是对集体教育理念的准确诠释。

2. 正确理解集体概念是认识集体教育理念的关键

集体“并不是简单聚集起来的一群人”③,集体是“具有一定目的的个人集合体,参加这一集体的每一个人是被组织起来的,同时也拥有集体的机构”④。如果认为把许多个体的矫正教育对象集中起来进行教育就是集体教育那就大错特错了,此时所谓的“集体”并不是真正的集体,而可能只是一群“乌合之众”(马卡连柯语)。从集体教育的长远目标来说,集体中的成员应当具有一种集体荣誉感和归属感,否则即使将他们集中起来也不能算是真正的集体教育。

3. 形式的集体教育和实质的集体教育

将罪犯、戒毒人员集中起来进行文化知识教育、技术培训、队列训练,是监狱、强制隔离戒毒所普遍采用的方法,但是在运用这一方法的时候,却存在水平上的差距。如果在集中教育的过程中,不能有效发挥集体的影响力、凝聚力,或者只是对其中的单个成员产生影响而没有对集体产生影响,则这种集体教育只能停留在方式、

---

① [苏]安·谢·马卡连柯:《论共产主义教育》,刘长松、杨慕之译,人民教育出版社1980年版,第6页。

② 戴本博主编:《外国教育史》(下),人民教育出版社1990年版,第235页。

③ 转引自南京师范大学《教育学》编写组编:《教育学》,人民教育出版社1984年版,第136页。

④ 转引自南京师范大学《教育学》编写组编:《教育学》,人民教育出版社1984年版,第136页。

方法的层面，只是形式上的集体教育。因为它并没有体现“在集体中，通过集体和为了集体进行的教育”这一集体教育的真义。真正的集体教育（实质的集体教育）应有集中起来的形式，同时还充分发挥了集体潜移默化的教育影响力量，对罪犯、戒毒人员个体形成集体主义的思想产生积极的作用。

（二）理解集体教育理念的两个维度

1. 集体教育与社会主义道德要求

集体主义是社会主义道德的基本原则，这是社会主义社会的本质要求。“生产资料公有制占主体地位的社会主义基本经济制度，以工人阶级为领导阶级、以共产党为执政党的人民当家作主的国体和政体，以马克思主义、毛泽东思想和中国特色社会主义理论体系为指导的社会主义先进文化，分别为集体主义的实施创造了经济前提、政治前提和文化前提。坚持中国特色社会主义道路和共产主义理想，就必然要坚持集体主义。”①在这样的大前提下，矫正教育的实践采用的集体教育必然包含集体主义要素。集体主义的基本精神是：集体的利益高于个人的利益，集体利益和个人利益相结合，在集体利益与个人利益矛盾时，个人利益应该服从集体利益。②集体主义精神正是罪犯、社区矫正对象、戒毒人员等特殊群体所缺乏的，因而也是矫正教育应当大力弘扬和培育的。

2. 集体教育与矫正教育对象的再社会化

马克思主义认为，人的本质“不是单个人所具有的抽象物。在其现实性上，它是一切社会关系的总和”③。人是社会的动物，人类的需要、情感、道德品质、价值特性等都是通过社会来体现的。在人降生的那一刻起，人便可以称为“人”，但此时的“人”还只是生物意义上的人。只有当人适应了社会，将社会团体的规范、价值观念内化之后，人才可以称为社会人。人从一个生物人逐渐成长为社会人的过程，就是社会学意义上的社会化过程。罪犯、戒毒人员、社区矫正对象都是存在社会化缺陷的个体，因此需要在监狱、戒毒所等特殊环境中重新社会化。我国的监狱等机构通过各种社会教育手段来促进罪犯、戒毒人员的再社会化，而集体教育也可以理解为一种为促进其再社会化采取的基本形式。在集体中，矫正教育对象个体可以学会扮演自己的社会角色，找准在集体中的社会位置，学会与人合作和交往。这对他们的重新社会化具有重要意义。

---

① 罗国杰：《关于集体主义原则的几个问题》，载《思想理论教育导刊》2012 年第 6 期。

② 参见王秉中主编：《简明伦理学》，中国人民公安大学出版社 1995 年版，第 90 页。

③ 《马克思恩格斯选集》（第 1 卷），人民出版社 1995 年版，第 18 页。

第二节　集体教育的特点和作用

一、集体教育的特点

集体教育既可以理解为一种矫正教育方法，也可以看作是矫正教育的组织形式，还可以被理解为一种教育理念。在这样的意义上，我们认为集体教育与个别教育、分类教育相比，具有两个方面特点。

（一）集体教育的优点

1. 严肃性

集体教育是将矫正教育对象群体或某一类矫正教育对象集中起来进行的教育，它同个别教育、分类教育相比，可以使矫正教育对象受到集体气氛的感染、暗示，自觉地遵守教育场所的纪律，从而体现出这种教育形式的严肃性。具体来说，集体教育的严肃性可以从以下几个方面表现出来：

首先，集体教育一般采取班级上课、报告会、队前讲评、座谈会等形式，这些形式比较正规、气氛严肃，容易引起矫正教育对象的重视。

其次，集体教育一般是在通报重要信息、传授文化知识、进行技术训练、行为矫正的时候采用，它解决的是共性的、相对比较重要的问题。

再次，由于参加的人数多，规格高，组织严密，可以形成群体当中的一种相互感染、模仿和暗示的效应，形成严肃的气氛。

最后，集体教育一般计划性较强，往往是经过精心的组织、安排，由矫正教育机构指派专人主持，在特定的时间、地点、按照预定的程序进行的。采用报告式集体教育形式时，一般要在会场悬挂标语、横幅，要求参与者列队入场，同时可能会有工作人员维持会场秩序，这些都体现了集体教育的严肃性。

2. 高效性

与个别教育相比，集体教育的最大优点就是高效性，即可以在单位时间内向几十人甚至上百人同时传递信息。同时由于集体教育在教育者人力的投入上可以节省，可以时间同步、地点固定，从投入与产出比较来看是一种效率较高的教育组织形式和教育方法。

以文化知识教育为例，最早的组织形式是个别教学，这种教学组织形式的缺点是效率低下，单位时间内只能向有限的几个人传递信息。为了适应工业革命之后大机器生产对工人知识水平的要求，班级授课制（课堂教学）这种新的教学组织形式诞生了。在矫正教育中,集体教育和个别教育的关系也基本如此。其他如会议、报告、队前讲评等也可以在较短的时间内以较小的教育资源投入收到较大的教育效果。通过以上形式进行表扬、奖励可以影响集体中的每个成员,起到激励鼓舞作用;通过以上形式进行批评、谴责也可以造成很大的声势,形成较为持久的影响,这些表现都体现了集体教育的高效性特点。

3. 组织性

集体教育是多数矫正教育对象参加的教育组织形式,因此教育过程中的管理和组织是教育效果的重要保证,组织性也因此成为集体教育的重要特征之一。一般来说,有多人参加的活动都需要管理和组织,正如马克思所说,"一个单独的提琴手,是自己指挥自己,一个乐队,就需要一个乐队指挥"。"一切规模较大的直接社会劳动或共同劳动,都或多或少地需要指挥,以协调个人的活动。"①管理的实质就是通过特定人(管理者)的领导、计划、组织、协调,充分发挥人、财、物、事、时、空、信息的功效,最大限度地达成活动目的。在集体教育过程中,矫正教育者通过计划决策、组织实施、监督检查、总结评价等一系列组织管理手段,充分发挥集体教育的功效,达成矫正教育的预定目标,从而为实现矫正教育的总目的服务。在这一过程中,组织性是不可或缺的。

4. 激励性

集体教育由于教育对象人数多,可以产生一种群体效应,使个别受教育者可以在集体中受到集体情绪的感染、激励,可以有效地起到鼓舞士气、活跃气氛的作用。激励性突出体现了集体教育的主体特性。矫正教育者应重视矫正教育对象的集体教育,尤其应重视集体的培育,这里面暗含着这样一个认识:以群体形式存在的矫正教育对象,一旦被塑造成了一个独具特色的集体,就可以发挥其教育影响集体中的个体的作用,而且这种教育影响具有"隐性课程"的性质,因此对个体的教育作用有时甚至比正规的教育形式更深远、持久。

(二)集体教育的不足及补救措施

1. 集体教育的不足

集体教育有其突出的优点,但同时也有其不可避免的缺点,了解集体教育的优点和缺点可以在矫正实践中做到心中有数,有利于有的放矢地选择教育方式方法,最大限度地发挥其教育功效。

集体教育最突出的特点是其高效性,即面向矫正教育对象集体实施教育行为

① 《资本论》(第1卷),人民出版社1975年版,第367页。

可以极大地提高信息传递的效率,在单位时间内对众多的教育对象产生影响。但是这一优点同时也隐含着集体教育的缺陷。矫正教育者在采用集体教育形式时,必须面对全体矫正教育对象,因此在教育内容的选择、难度、进度等方面必须考虑到大多数人的接受水平。因此,就难以顾及矫正教育对象的个别差异,在矫正教育实践中可能出现"教育不足"与"过度教育"的问题,如在知识的教学中会有"吃不饱"和"消化不了"的差异。

2. 如何补救集体教育的不足

实践中,广大矫正教育者早就认识到了集体教育存在的问题,因此在一些关于教育方法的表述中,经常会将集体教育和个别教育连在一起——集体教育和个别教育相结合。换言之,为了避免集体教育不能照顾到个别矫正教育对象的问题,在实践中应当将集体教育与个别教育相结合,既要照顾到大多数矫正教育对象,同时也要注意有特殊教育需求的矫正教育对象的实际情况:对于接受教育内容有困难的矫正教育对象,矫正教育者应当采用辅导、小组互助、一帮一结对子等形式使之达到教育要求的水平;对于接受教育影响较为轻松,成绩突出的矫正教育对象,则应当重点培养,推举他们担任小组长,为他们提供发挥自己特长的机会,树立教育榜样,以此来带动集体进步。从这个意义上来说,个别教育可以视作集体教育的细化和深加工。

二、集体教育的作用

(一)有利于高效解决共性问题

在矫正教育实践中,不同的教育方法有不同的运用领域,同时也发挥着不同的功效。集体教育的重要意义在于,它可以高效地解决群体中存在的共性问题,化解普遍性矛盾。

矫正教育对象存在个体差异,但是不同的个体又存在共性。以罪犯改造为例,从罪犯的内因一方面来看,罪犯道德水平低下、纪律观念淡薄、文化程度不高等问题给监狱人民警察的教育、管理工作带来了阻力。外因方面也会引发罪犯群体某些共同的心理倾向,如当国内国际局势发生变化时,当国家修改或者颁布实施新的政策、法律法规时,当监狱机关宣布执行新的规定时,罪犯在思想认识方面可能会产生迷惑和波动。要想解决这些问题和矛盾,单靠分类教育和个别教育无法收到预期的效果。这时就需要采用集体教育的形式,将罪犯集中起来,采用会议、集训、课堂教学等形式纠正思想偏差、提高认识水平。

(二)有利于矫正教育对象的再社会化

人的发展过程是不断社会化的过程,矫正教育对象接受矫正教育的过程也是其强制性的再社会化的过程。与个别教育、分类教育相比,集体教育在推进矫正教育对象再社会化方面具有得天独厚的条件。首先,集体为矫正教育对象提供社会活动机会,他们在集体活动中扩大了社会交往范围,逐渐学习在集体中的社会角色。其次,集体的结构具有社会化性质。通过集体教育可以培养矫正教育对象的合作意识、纪律观念,建设监狱(戒毒所)、监区(管区)、班组等不同层次的集体,进而促进矫正教育对象的再社会化。此外,矫正教育机构的各种制度规范(如《监狱服刑人员行为规范》《司法行政强制隔离戒毒所强制隔离戒毒人员行为规范》等)对集体中的成员起到了管理和约束作用,也有利于他们再社会化。

(三)有利于培养集体意识和为他人服务的观念

20世纪的教育主题是"学会生存",21世纪的教育主题是"学会关心",普通教育领域如此,矫正教育领域也如此。当前的八零后、九零后、零零后矫正教育对象,多数都是独生子女,从小就是家里的核心,在"万千宠爱在一身"的环境中长大。许多人不知道如何与他人和谐相处,尤其缺乏集体意识和服务意识。监狱、戒毒所、社区矫正机构为矫正教育对象提供了共同生活和学习的社会环境,身处其中,矫正教育者应当引导罪犯、戒毒人员、社区矫正对象学会与他人共处,从关注"自我"逐渐学会关注"他人"和集体。要通过组织集体活动,培养矫正教育对象的集体荣誉感和为集体奉献、服务的意识,使之意识到自己是集体的成员,不仅要对个人负责,还要对集体负责。

集体对于成员有吸引作用,可以满足集体成员社会归属需要,这被称为集体的凝聚效应;集体目标,集体规范和舆论,集体中的人际关系等构成了集体的动力系统,能使集体成员产生一种积极向上的态势,这就是集体驱动效应;集体成员之间的模仿和暗示、情绪感染和认同以及从众心理,导致集体成员自觉或不自觉地产生了与集体要求一致的态度和行为,这种现象被称为集体的同化效应。① 有了这三种效应,集体的教育作用得到了有效发挥。

第三节　集体教育的方法与内容

集体教育以解决矫正教育对象的普遍性问题为主,其特点是在教育过程中注重发挥集体的影响力。从方法和形式上看,有许多具体的教育方法和形式都体现

---

① 参见赵玉如:《集体教育》,教育科学出版社1999年版,第10-15页。

着集体教育的基本精神，以往的教科书的提法各异，如课堂教学法、会议法、参观法、讨论法、示范法、体验法、评比法、会议法、辅导法等。本书主要介绍集体教育的两种形式：会议法和课堂教学法，这两种形式又包括若干种具体的形式。

一、集体教育的方法

（一）会议法

1. 会议法的概念

会议法就是将矫正教育对象集中起来，在特定的时间和地点由特定的宣讲人就某一主题发表见解、介绍情况、进行动员的集体教育方法，会议法具有时间、地点安排灵活机动，规模依据内容可以适当调整等特点，因此是集体教育当中一种使用比较普遍的方法。

2. 会议法的特点

会议与课堂教学的不同之处在于，课堂教学是依据事先安排好的课程计划按部就班进行的，而召开会议的地点则不固定，在召开时间上也可以是不定期的，具有一定的灵活性。从参与人员来说，课堂教学过程中的各班级成员比较固定，而在采用会议法进行集体教育时参与的矫正教育对象可能属于不同的班级甚至来自不同的监区（管区）。另外，会议法的影响面要比课堂教学大，是一种信息传播速度更快、效率更高的集体教育方法。

3. 会议的种类

会议的种类有许多，根据会议的内容可以分为专题性会议和综合性会议；根据会议所要达到的目的，可以分为教育性会议、动员性会议和奖惩性会议；根据会议宣讲人的身份，可以分为由监狱、戒毒人民警察担任主讲的会议，由社会帮教人士担任主讲的会议，由“回头浪子”担任主讲的会议等。此处，我们对第二种分类方法进行重点介绍。

（1）教育性会议

教育性会议重在向矫正教育对象宣传、讲解国内国际的政治、经济形势，政策、法律和法规，或者由社会帮教人士、回头浪子作思想教育报告等。这种会议类似于课堂教学中教育者讲授知识，只不过参与的矫正教育对象人数更多，所处的地点一般是在礼堂、会议室之中。

（2）动员性会议

动员性会议是为了完成特定任务，由矫正教育者通过会议形式向矫正教育对象阐明利害关系、讲清道理，激起其参与完成任务的热情的教育形式。其目的在于通过开会,使矫正教育对象采取宣讲人所希望的行动。在矫正教育的过程中,经常要通过举行会议的形式来激励矫正教育对象参与学习、生产劳动、矫正实践,因此动员性会议又可以分为学习动员、生产动员和矫正动员等。

(3)奖惩性会议

教育改造在某种程度上来说,就是运用心理学原理来转变矫正教育对象的行为模式、心理状态、思想观念的过程。其中,操作性条件反射的原理对矫正教育实践具有特殊意义。根据操作性条件反射的原理,矫正教育对象之所以违法犯罪(尤其是惯犯)很大程度上是因为其违法行为受到了正强化,使其行为固定了下来。在矫正教育过程中,矫正教育机构应反其道而行之,凡是遵守纪律和规范的行为应当奖励(正强化),凡是违反纪律和规范的行为应当惩罚(负强化)。奖励和惩罚不仅表现在物质上,还包括精神的奖励和惩罚,奖惩性会议就是为了达到奖惩的目的而举行的。

(二)课堂教学法

课堂教学又称班级上课或班级授课,是普通教育中教学的一种基本组织形式。罪犯教育中的课堂教学一般是进行文化、思想、技术传授的重要途径,由于它具有集体教育的一般特征,此处我们将其作为集体教育的一种形式加以介绍。

在罪犯教育中,课堂教学是把一定数量的罪犯按照知识水平编成固定的班级,根据课程表安排教师(可以由监狱人民警察担任,或者聘任学校里的教师,也可以由文化程度较高的罪犯协助监狱人民警察进行)有计划地向全班的罪犯学员上课。课堂教学要求班级的学习内容和进度要保持一致,所开设的不同课程由不同的教师担任。在罪犯教育当中,课堂讲授一般适合开展“三课”(思想课、文化课、技术课)教学。实际上,课堂教学既是传授与“三课”有关的知识的重要形式,也是进行技能训练、思想熏陶、习惯养成、人格陶冶的重要形式,也就是说,课堂教学不仅是教学问题,也是教育问题。

在采用课堂教学这种组织形式时,具体的教学方法有许多种,详见“文化教育”一章。

二、集体教育的内容

(一)目标教育

有共同奋斗目标是集体的重要特征之一,在集体教育中教育者一方面应当用共同的目标引导和规范集体成员的行为,另一方面还要注意让集体成员自发探索共同的目标。正确的集体目标可以成为一种无形的教育力量,引导矫正教育对象遵守集体规范,维护集体荣誉,为集体增光,通过集体教育个人,同时促使集体不断前进。

“让罪犯在希望中改造”是我国罪犯改造实践的重要理念之一,这与目标教育的精神具有一致性。其意义在于通过设置不同层次的目标,让罪犯对未来的生活充满希望,重燃回归社会的信心,增强其改造的积极性和主动性。

苏联教育家马卡连柯在集体教育中提出了“明日快乐”的原则,他认为“人类生活中真正的刺激是未来的快乐”“培养人,就是培养他获得未来快乐的前景的道路”。① 与之相应,他提出对集体的“近景目标—中景目标—远景目标”培养路线。通过设定由小到大、由远及近的目标,促使集体在原有目标实现后,不断实现新的更高一级的目标,从追求“明日快乐”中获得集体发展的动力。其中,近景目标包括美好的居室、饮食、看电影、看马戏等,这些目标对年龄越小的集体成员越有意义。但是,它不应该只建立在“惬意”的原则上,而应该把兴趣引向更有价值的满足上。中景目标,主要是指在相当时期以后的集体事件或节目、假期活动。中景目标的教育意义在于学生在准备迎接这些令人向往的事件的活动中使集体和个人得到发展。远景目标属于集体重大而高尚的目标,它应该同社会主义祖国的前途命运相联系。“追求明日快乐的路线,是集体健康发展的生命线。”②

(二)集体风气教育

集体风气是集体成员在长期的共同活动中形成的行为方式、组织氛围和精神风貌。其中,集体成员之间的关系、行为方式和集体舆论是透视集体风气的重要指标。

集体风气的形成需要一个长期过程,需要矫正教育者有意识地引导和培育。在此过程中,形成正确的集体舆论至关重要。集体当中的缺乏正气,歪风邪气,经常表现为错误的集体舆论的流行。因此,作为矫正教育者,应该对集体舆论格外重视。集体舆论是在集体中占优势的,为多数人所赞同的言论。马卡连柯认为,集体中的舆论力量是一种物质的、实际可以感触到的教育因素。日本教育心理学者大桥正夫认为,形成正确舆论是班集体最终形成的标志。③

集体舆论是集体成员通过信息沟通所产生的一种共鸣,一种群众性的心理现象。通常以议论、褒贬等方式肯定或者否定集体或者成员的动向,成为一种社会控

---

① 参见[苏]安·谢·马卡连柯:《论共产主义教育》,刘长松、杨慕之译,人民教育出版社 1980 年版,第 199 页。

② 戴本博主编:《外国教育史》(下),人民教育出版社 1990 年版,第 218 页。

③ 参见教育大辞典编纂委员会编:《教育大辞典》(第 1 卷),上海教育出版社 1990 年版,第 140 页。

制力量。正确的集体舆论不仅是进行道德评价、自我教育的重要手段,而且是管理者了解集体成员思想、情绪以及集体人际关系的重要渠道。

（三）集体荣誉感教育

集体荣誉感是指因为履行了社会义务而获得声誉,在集体成员中所产生的一种道德情感满足的体验。集体荣誉感可以表现为对集体热爱、对集体成员关心,它是一种积极的心理品质,是激发人们奋发上进的精神力量。培养矫正教育对象的集体荣誉感是集体教育的重要内容之一。

集体荣誉感可以作为一种强大的道德动因,能激励集体成员忠实履行社会义务,从事有利于集体声誉的活动,为集体争光,改正缺点和错误,形成战胜困难的力量。① 增强矫正教育对象的集体荣誉感,可以从以下三个方面着手:

1. 提高认识水平

要教育矫正教育对象明确集体的含义,使之了解集体与一般的群体的联系和差异,要明了集体的不同层次,知道小集体要服从大集体的道理。要引导矫正教育对象正确认识集体和个人的关系,要使之认识到,只有依靠集体中的每个成员,集体荣誉才能得到维护,每个成员都有义务为集体荣誉贡献力量。

2. 通过实践活动培养集体荣誉感

活动既是增强集体凝聚力的重要手段,也是增进矫正教育对象集体荣誉感的重要途径。矫正教育者可以通过组织劳动竞赛、卫生评比、文体活动等,激发矫正教育对象参与集体活动的热情,并引导其克服困难、增强上进心。通过集体活动,可以让矫正教育对象认识到,集体荣誉与个人的努力密不可分,由此可以培养其齐心协力为集体争光的意识。

3. 及时纠正不良习惯

矫正教育对象规范意识、纪律意识、个人品质相对较差,有着各种不良习惯。为此,矫正教育者既要充分尊重矫正教育对象的人格和权利,同时也要严格要求,约束其言行,及时纠正其不良习惯。

（四）集体主义教育

集体主义教育是使集体成员掌握正确处理个人和集体关系准则的教育。在普通教育领域,集体主义教育是学校思想品德教育的内容之一。集体主义教育的主要内容包括三个方面:

---

① 参见教育大辞典编纂委员会编:《教育大辞典》(第1卷),上海教育出版社1990年版,第140页。

1. 培养集体意识

要使矫正教育对象认识到，个人是集体的一员，要做到关心集体、关心集体中的其他成员，为集体、为他人做好事，维护集体利益和荣誉。①

2. 增强集体主义情感

要注意培养矫正教育对象热爱集体的情感，形成对其所属集体的责任感和荣誉感。监狱系统对罪犯开展思想政治教育，引导罪犯认同伟大祖国、认同中华民族、认同中华文化、认同中国共产党、认同中国特色社会主义道路，树立正确的国家观、民族观、文化观、政党观、制度观，这是集体主义情感的一种体现。

3. 培养集体主义行为

在矫正教育活动中，要根据行为规范，不断纠正矫正教育对象违背集体主义原则的行为，培养其集体主义行为习惯。② 要教育集体成员懂得在集体中团结友爱，互相帮助，有事大家商量，尊重集体决定。要使其养成集体生活中应有的习惯和行为准则，自觉遵守集体纪律。同时，还要做到独立思考，不盲目服从。

---

① 参见教育大辞典编纂委员会编：《教育大辞典》（第1卷），上海教育出版社1990年版，第124页。

② 参见成长春、张勤：《大学生集体主义教育浅论》，载《上海高教研究》1991年第3期。

第十二章　分 类 教 育

分类教育是针对不同类型矫正教育对象开展的教育，开展分类教育有助于科学认识矫正教育对象，既有助于提高矫正教育对象的改造质量，也有助于提高矫正教育者专业化水平。对于矫正教育对象的分类，理论界和实务部门都在积极探索，尚无统一标准。本章以未成年和女性矫正教育对象为例进行重点介绍。

第一节　分类教育概述

一、分类教育的概念

辩证唯物主义认为，任何事物都有着普遍性和特殊性，矫正教育对象也是这样，他们有触犯法律，被依法执行刑罚的共同性，但从违法犯罪性质、年龄、性别、服刑期限、改造阶段、改造表现等方面来看，又是不同的，都有一定的特殊性。因此为了切实提高矫正教育改造质量，在针对矫正教育对象普遍性特点开展共性教育的同时，必须根据他们不同的性质和特点，根据管理的要求，把他们分成各种类型，分别进行教育，解决好矫正教育针对性和有效性的问题。

分类教育是指矫正教育机构在对不同类型的矫正教育对象实行分类关押、分类管理的基础上，根据不同类型矫正教育对象的特点，提出不同的教育要求，并根据其类型特点，选择不同的教育内容和方法所进行的有针对性的教育活动。

分类教育既是对矫正教育对象进行特殊性教育的一个重要方法，也是介于集体教育与个别教育之间的一种中间层次的教育形式，发挥着其他教育方法不能替代的特有作用。与集体教育相比，分类教育的范围虽然缩小了，但工作要求更细致，更要体现针对性。与个别教育相比，分类教育虽然着眼于矫正教育对象类型，但它通过解决各类矫正教育对象同一性质的问题，为矫正教育对象个别教育奠定了坚实基础，创造了有利条件。实践证明，只有按照各类矫正教育对象的不同特点实施教育，才能有效促进他们的改造。

二、分类教育的作用

（一）分类教育是科学认识矫正教育对象的有效途径

任何事物都具有普遍性与特殊性、共性与个性、一般与个别的特点。对矫正教育对象的教育，首先要建立在对他们的科学认识的基础之上，否则，教育具体目标的设置、教育内容的确定和教育方法的选择就不可能科学，教育的目的也就不可能真正实现。科学认识矫正教育对象仅仅认识矫正教育对象的矛盾普遍性是远远不够的，必须把更多的注意力聚焦到他们的矛盾特殊性上，而分类教育正是科学认识矫正教育对象特别是不同类型矫正教育对象的有效途径。分类教育的开展，要求对不同类型矫正教育对象要进行科学地认识，对其违法犯罪、本质、特点、症结，以及他们在矫正场所的思想、心理、行为等特点，有一个明确、具体、全面的认识。这就为矫正教育工作打下了扎实的基础，创造了良好的条件。

（二）分类教育是提高矫正教育对象改造质量的必由之路

在没有开展分类教育的情况下，开展一些共性教育，虽然也能解决矫正教育对象在矫正教育中出现的一些普遍性问题，但不能解决某种类型矫正教育对象的特殊性问题。这样既不利于避免不同类型矫正教育对象之间的交叉感染，又难以做到有的放矢、对症下药。实施矫正教育对象分类教育，则会使矫正教育方法更加科学、细致。矫正教育者可以从某一类矫正教育对象的违法犯罪原因、实质和危害入手，进行有针对性的矫正教育，集中解决某一类型矫正教育对象的共有问题，从而提高矫正教育对象改造质量。

（三）分类教育是提高矫正教育者专业化水平的重要途径

矫正教育工作是一项专业性很强的工作，在新形势下，要做好这项工作，就要提高矫正教育者的专业化水平。分类教育实践又更为集中地体现了极高的专业化，这也在客观上对矫正教育者提出了应具有较高专业化水平的要求。这种实践需要本身就是推动矫正教育者提高专业化水平的巨大动力。

第二节　未成年矫正教育对象的教育

一、未成年犯的教育

（一）未成年犯的概念

未成年犯是指因触犯国家刑律而被依法判处刑罚的，已满 12 周岁不满 18 周岁的罪犯。未成年犯正处于长身体、长知识的阶段，他们的思想尚不定型，可塑性强，具有特殊性。国家根据未成年犯的身心特点，对未成年犯的教育改造制定了特殊的政策，《监狱法》第74条规定："对未成年犯应当在未成年犯管教所执行刑罚。"第75条第1款规定："对未成年犯执行刑罚应当以教育改造为主。未成年犯的劳动，应当符合未成年人的特点，以学习文化和生产技能为主。"这些规定为未成年犯改造提供了有利的条件和环境。

（二）未成年犯的特点

1. 没有罪责感，行为养成差

其主要表现为不认罪、不服判、缺乏罪恶感和愧疚感，甚至将责任推给社会、学校和家庭。改造期间没有明确的目标，得过且过，混刑度日，享乐思想突出，怕过艰苦的改造生活，难以忍受行为上的管束，视监规为儿戏，经常出现违反监规监纪的行为。

2. 自尊意识强，逆反心理强

未成年犯的独立意识和自我意识日益增强，在服刑中表现出极强的自尊意识和逆反心理，很难接受教育者说教式的管理方法，一旦其认可教育者的人格魅力，则较成年犯更容易接受改造。

3. 缺乏自控能力，情绪不稳定

未成年犯由于生理和心理发育尚未成熟，自我控制能力差，遇事容易冲动，做事不计后果，头脑简单，行为盲从。他们往往缺少理智，情绪调控能力较差，容易因为一点小事而兴奋激动或怒不可遏，情绪的冲动性较明显，在冲动情绪支配下易产生盲目的行动，产生对人、对己都不利的危害结果。

4. 渴望亲情关爱，改造反复性大

渴望亲情关爱，向往自由生活，但情感易变，往往在民警推心置腹的谈话教育后，悔恨感激不已，表示要痛改前非，然而，改造表现时好时坏，反复性大。

（三）对未成年犯的教育改造

1. 加强思想教育，狠抓行为矫治和养成工作

针对未成年犯正确思想缺失、恶习较多的特点，要大力加强对未成年犯的思想教育和行为养成教育，从道德观、价值观、人生观和世界观的树立和行为习惯的培养入手。重点做好以下工作：一是强化未成年犯的社会主义道德观、价值观、人生观和世界观教育，了解美与丑、野蛮与文明、英雄与亡命徒的区别和标准，自觉用社会主义信念规范自己的行为。二是强化行为矫正和行为训练。明确行为规范的标准，狠抓改造行为规范的宣传和落实，在日常管理中对照规范严格要求，及时矫正不良

言行。抓好未成年犯开会、列队、上课、出收工、就餐、文体娱乐等集体活动中的行为训练，培养他们令行禁止、一切行动听指挥的意识。三是狠抓内务卫生，开展经常性的检查评比活动，表扬先进，批评落后，让其养成良好的生活行为习惯。

2. 加大文化、职业技术教育力度

针对未成年犯文化程度普遍较低的现状，立足于未成年犯的实际和未成年犯管教所的改造职能及未来社会的需要，应该加大文化、职业技术教育力度，将其列为日常教育改造工作的首要任务。不仅要扫盲，更要办好小学、初中班的教学，大力倡导未成年犯自觉接受中等和高等教育，采取灵活多样的教育方式，进行文化知识补课，真正提升未成年犯的知识层次和水平。同时还要大力开展职业技术教育，免费提供劳动技能培训，使其掌握生存发展的一技之长，并帮助他们与社会无缝对接——就业或创业，使其成为自食其力、遵纪守法的公民。

3. 丰富监区文化生活，营造良好改造氛围

根据未成年犯的身心特点，组织他们开展形式多样、丰富多彩的文化娱乐活动。监内黑板报、宣传栏、图书馆、阅览室和监狱小报，让未成年犯自己写，自己编，自己读，自己感悟。定期开展健康有益的读书会、朗诵会、演讲会，发展未成年犯的智力。开展经常性的歌咏比赛，举办文艺晚会，自编自演，小型多样，活跃监内生活。开展经常性的体育活动，举办运动会，开展球类、棋类活动，在促进他们身体素质提高的同时，也给他们一个展示自己才能的机会。同时，还可以组织他们看电视、看电影，或走出去，参观名胜古迹，接受革命传统教育，全方位培养其健康向上的心理，转移他们的再犯心理，营造出一种安宁、和谐的改造教育环境。

4. 强化亲情教育，培养美好感情

大多数未成年犯都有一部心酸的家庭史或成长史，家庭关爱的缺失或者不当的家庭教育是他们走上犯罪道路的重要原因。在未成年犯管教所内营造积极、温暖、善良、有爱的亲情氛围对未成年犯的心灵成长、人格发展是有意义的。譬如利用未成年犯 18 岁生日的契机，组织他们过集体生日，与监狱民警和亲人一起包饺子、分蛋糕，举行成人宣誓仪式，共同庆贺他们的成长与成熟，时刻记住“母难日”，永远不忘感恩时。积极动员亲人探视，让未成年犯感到亲情温暖，坚定改造信心。

5. 加强情绪管理，塑造健全人格

未成年犯情绪化特征比较明显，要结合改造实际，导入情绪管理的教育，引导他们认识情绪以及情绪的种类、了解情绪对人的影响，学会调控、管理情绪，做自己情绪的主人。通过在监舍设置“心理晴雨表”，定期组织有周期性情绪障碍的罪犯开展团体心理训练等形式，积极防范疏导，使未成年犯逐渐养成理智的行为习惯，

塑造健全人格。

二、未成年强制隔离戒毒人员的教育

(一)未成年强制隔离戒毒人员的概念

未成年强制隔离戒毒人员(以下简称未成年戒毒人员)是指吸毒成瘾严重,通过社区戒毒难以戒除毒瘾,在强制隔离戒毒场所接受强制戒毒的未成年吸毒人员。

(二)未成年戒毒人员的特点

1. 对毒品的危害性认识不足

对未成年吸毒人员对毒品、毒品危害、吸毒违法性认识的调查结果显示,大部分的人都知道是毒品,而只有少部分的人知道毒品的危害,毒品的违法性只有极少数的人知道。由此可见,未成年戒毒人员对毒品的认识是模糊的,对吸毒行为的违法性更是不了解、不知道。未成年戒毒人员的吸毒行为与他们对毒品的无知及对吸毒行为的盲从有直接的关系。

2. 行为养成差,自我控制力差

大多数未成年戒毒人员没有接受良好的家庭教育和学校教育,社会化过程不是缺失就是接受了错误的社会化,因此在行为上不愿受约束,没有良好的行为习惯,缺乏自我控制能力,易冲动,常违规违纪,极端自私,常为一点小事不惜争吵打架,有的为了达到自己的目的甚至不惜暴力对抗管理。

3. 好奇心重,可塑性强

这个时期的青少年心理不稳定,好奇心重,喜欢新奇事物及表现奇特,是非辨别能力不完善,易冲动,以挑战规则来表现自我,从而易突破正常轨道,染上吸毒行为,难以自拔。但是由于毒龄短,中毒程度浅,有很大的教育矫治空间。

4. 表现欲望强,集体观念差

未成年戒毒人员中独生子女所占的比例很大,他们在家庭中被娇生惯养,过分强调自我,劳动中讨价还价,集体生活中标新立异,在所内高消费,讲排场,张扬“个性”。自我表现欲望受到妨碍时,很容易产生抵触、对抗情绪,顶撞民警。

(三)未成年戒毒人员的教育

1. 加强毒品知识教育,充分认识毒品危害性

从脱毒期开始,就要强化未成年戒毒人员对毒品危害性的认识,让他们从心灵深处惧怕毒品,达到“不敢吸”。教育内容:(1)系统地认识毒品。将毒品知识教育纳入教学计划,通过印发宣传教育读本、组织专题讲座等形式,让每一位未成年戒毒人员都了解毒品的属性、致病原理、成瘾机理。(2)直观地看到危害。通过集中

学习典型案例、开展真人真事教育、张贴宣传挂图、民警系统讲解等方式，将吸毒造成的家破人亡、精神分裂、寿命缩短、暴病猝死、人性泯灭、亲情丧失、诱发犯罪等严重危害充分展示在他们面前，让他们的思想受到震撼，进而从内心深处产生对毒品的恐惧。

2. 强化行为训练，养成良好习惯

行为训练不仅是一种管理手段，而且是一种教育措施。在戒毒所对未成年戒毒人员开展行为训练具有独特优势，应从以下三个方面开展：一是通过纪律约束提高自控能力。通过所规队纪训练、列队科目训练、半军事化管理、集体行动、板块移动，使令行禁止内化于心，促使他们在遇到选择时首先考虑后果，不冲动、不盲动，进而学会管理自己的情绪。二是通过训练养成、匡正行为习惯。落实《戒毒人员一日行为规范》，组织学习《弟子规》，开展行为养成竞赛，让积极的言行不断重复和强化，使之养成知礼节、有礼貌、知感恩的好习惯，进而外化于行，主动配合戒毒。三是通过拓展训练弥补人格缺陷。抓住未成年戒毒人员群体的心理特点，经常开展有较强针对性的团体活动，如信任摔背、快乐传球、齐心协力跑等心理运动项目，帮助他们团结互助，体验团队的力量，寻回自尊自信，进而支持戒毒行为。

3. 开展技能培训，掌握一技之长

让未成年戒毒人员在所内掌握一技之长，增强谋生本领，是防止其复吸的重要手段。一方面，要多渠道组织职业技能培训。培训机制上，除了所内自行办班外，还要与社会上的职业技术学院合作，形成联合办学机制，定期开办各类培训。项目设置上，以市场需求为导向，根据未成年戒毒人员不同的兴趣爱好、性格特点、从业基础，开办简单易学、周期短、实用性强的培训项目，实行“菜单式”选学。通过培训，使他们真正学到一门手艺，获取相关资格证书。另一方面，要用足、用活、用好国家政策。利用国家对戒毒人员参加职业技能培训、出所后从事相关工作出台的优惠政策，积极与社会保障、民政等部门协调，解决好师资、费用、安置等具体问题，拓展技能培训平台，加大职业技能教育工作力度，建立就业培训基地，形成从场所到企业的直通车，让戒毒人员得到无缝的后续照管。

4. 加强亲情教育，落实帮教工作

未成年戒毒人员由于年纪轻，离开家庭、亲人，失去自由，易产生孤独感、被遗弃感，从而渴望得到家庭、亲人和民警的关爱。未成年戒毒人员知识水平低、辨别能力差，世界观、人生观等各种观点尚未形成，依附心理极强。因此把戒毒所民警看作命运的主宰者、希望的寄托者。这就要求民警要身体力行，以身示范，坚持在管教中落实“三像”政策，像父母照顾孩子、医生照顾病人、教师教育学生一样去教育未成年戒毒人员。同时,戒毒所民警应和未成年戒毒人员家庭及社会力量签订帮戒协议,重视亲人对未成年戒毒人员的规劝工作。通过家属来所探访、视频会见、亲情电话、亲情会餐和设置亲情倾诉室等形式,让未成年戒毒人员与其家人相互交流,表达情感,弥合心灵创伤。同时主动协调当地社区、街道、公安、民政等组织机构,定期沟通信息,及时通报情况,力所能及地帮助解决未成年戒毒人员在处理家庭关系上遇到的问题,实现帮教工作社会化。

5. 强化同伴教育,传递积极影响

未成年人通常愿意听取年龄相仿、知识背景相似、兴趣爱好相近的同伴、朋友的意见和建议。要利用未成年戒毒人员的趋众倾向,开展参与式的同伴教育,形成积极的同伴影响。具体做法如下:一是同伴例会。以组为单位每周组织一次例会,由学员自行组织,只要不偏离戒毒这个主题,不预谋违法犯罪,谈论什么都可以。民警不参与,不干涉,不指导,给学员充分的自由空间。二是同伴调整。每周在组与组之间调整一到两人,使这个松散的组织不断有新鲜血液流入。三是同伴外延。定期邀请期满出所人员或者戒毒成功人士来所,以"曾经的同伴"这种特殊身份现身说法,民警只联系、不参与,只组织、不指导。通过开展同伴教育,使未成年戒毒人员在活动中去感悟、去体会积极的情感和文化,培养积极的、良性的互动、互助群体。

三、未成年社区矫正对象的教育

(一)未成年社区矫正对象的概念

未成年社区矫正对象是指已满 12 周岁不满 18 周岁,因实施犯罪行为而触犯刑律,依法受到刑罚处罚,在社区服刑的未成年罪犯。

(二)未成年社区矫正对象的特点

1. 依附性强,好结团伙

由于未成年社区矫正对象在心理上还不完全成熟,社会经验不足,判断能力差,虽然有了独立性意向,但仍然具有一定的依赖性,他们往往难以独立地认识事物和作出决定,而需要借助他人来形成认识、作出判断和证实自己的价值。

这就使未成年社区矫正对象在社会生活中更愿意依赖他人,愿意和别人结为关系密切的群体,合群愿望强烈,喜欢广交朋友并成群结伙地活动。不仅在实施犯罪行为的过程中是如此,在犯罪之后的社区矫正期间也是如此。易结群这一特点给对未成年社区矫正对象的监督、管理和教育带来大量问题。

2. 缺乏自我控制能力

未成年社区矫正对象由于年龄较小,身心正处在快速发育和生长阶段,新陈代谢功能强，精力旺盛，思想发展不成熟，认识能力低下，社会经验不足，遇事缺乏自我控制能力，情绪容易冲动，行为容易盲从，不计后果。同时，未成年社区矫正对象在心理和行为上冲动但不固执，容易悔改但不够稳定。导致未成年社区矫正对象很容易在周围环境的影响下又一次进行不良行为。

3. 可塑性强

未成年社区矫正对象是一个可塑性较强的特殊社区矫正对象群体。他们正处在从儿童阶段向成人阶段过渡的时期，一方面，他们度过了儿童期，摆脱了对父母和其他关系密切成人的依赖；另一方面，他们还没有进入成年期，因此，他们在各方面都不成熟，他们的各种社会心理品质正处在形成过程之中，人生观、价值观等还不固定，人格尚未形成。而且，由于缺乏社会经验和相关知识，他们对事物的认识和判断能力较差，在形成认识和作出决定的时候，往往要参照别人的情况。这些都决定了未成年社区矫正对象具有较强的可塑性。

（三）未成年社区矫正对象的教育

《社区矫正法》第 52 条规定："社区矫正机构应当根据未成年社区矫正对象的年龄、心理特点、发育需要、成长经历、犯罪原因、家庭监护教育条件等情况，采取针对性的矫正措施。社区矫正机构为未成年社区矫正对象确定矫正小组，应当吸收熟悉未成年人身心特点的人员参加。对未成年人的社区矫正，应当与成年人分别进行。"据此，对未成年社区矫正对象的教育矫正，应当与成年社区矫正对象分开进行。《社区矫正法》第 55 条第 1 款规定："对未完成义务教育的未成年社区矫正对象，社区矫正机构应当通知并配合教育部门为其完成义务教育提供条件。未成年社区矫正对象的监护人应当依法保证其按时入学接受并完成义务教育。"未成年社区矫正对象在校学习期间，社区矫正机构可以委托学校对其进行教育矫正。寒暑假期间，社区矫正机构应联合未成年社区矫正对象的监护人、共产主义青年团、妇女联合会、未成年人保护组织等社会力量共同对其进行专门的教育矫正。尽管未成年社区矫正对象受到不良因素污染，但他们的世界观、人生观、价值观还在发展与形成之中，具有极强的可塑性。根据未成年社区矫正对象生理、心理特点和健康成长的需要，在建立矫正小组时，社区矫正机构应当吸收熟悉未成年人身心特点的人员参加，并对未成年社区矫正对象开展针对性的教育矫正措施。

1. 坚持教育为主，惩罚为辅原则

《未成年人保护法》第 113 条第 1 款规定："对违法犯罪的未成年人，实行教育、感化、挽救的方针，坚持教育为主、惩罚为辅的原则。"因为未成年社区矫正对象的身体正处于发育期，从生理角度上讲，正值内分泌活跃和亢进期，如果受到过度的思想压力，易因为分泌活动失常而影响身体发育；从心理角度上讲，未成年社区矫正对象还不是心理成熟的个体，如果给以强刺激，易引起他们感知的偏颇和扭曲，使他们的人格发展偏离正常，进而影响其心理的健康发展。基于此，我们在教育矫正过程中，应始终坚持以教育为主、惩罚为辅的原则。

未成年社区矫正对象的生理和心理尚未完全成熟，知识水平低、辨别能力差，依附心理极强。因此，矫正教育者应当将自己树立为未成年社区矫正对象的榜样。这就要求矫正教育者要身体力行，以身示范，坚持在矫正教育中落实“三像”政策，像父母照顾孩子、像医生照顾病人、像教师教育学生一样去教育犯罪未成年人。在教育过程中，矫正教育者要注意以下方面：首先，矫正教育者要正确对待未成年社区矫正对象，要给他们更多的关怀、鼓励和帮助，而粗暴式、命令式的管理方法，特别是歧视他们，容易使其失去再社会化的信心，并产生对抗心理。其次，矫正教育者还要尊重未成年社区矫正对象的人格，善于发现他们自身的积极因素和潜在优势，培养他们积极向上的自信心以及克服困难的意志力。最后，矫正教育者可以运用“移情换位”的方法，即设身处地，站在未成年社区矫正对象的位置上，从他们的角度体会其内心感受，将心比心，进行说服教育，同时，也可用自身的亲身经历教育他们，使其改正错误的认知结构，认清江湖义气的虚伪性和危害性，用真正的友谊代替江湖义气。

2. 精选教育内容，适应身心发展

根据我国对未成年犯的教育要“以学习文化和生产技能为主”的法律规定，对未成年社区矫正对象应主要开展制度化、正规化、经常化的思想道德教育、文化知识教育和职业技术教育，以适应未成年犯身心健康的发展。

思想道德教育以塑造社会品格为主。未成年社区矫正对象普遍缺乏责任意识、集体意识及社会意识，道德教育严重不足。开展思想道德教育的目标是让未成年社区矫正对象在社会规范上识对错，在道德伦理上断善恶，在交往处事中明是非，在意识追求中分美丑。同时，矫正教育者要加强法制教育。法制教育的目的是教会未成年社区矫正对象在遇到问题时利用法律加以解决，而不是非法使用暴力等手段解决；帮助他们形成法治理念，增强法律意识，远离违法犯罪行为，做守法的社会公民。

文化知识教育以初等教育为主。未成年社区矫正对象大多数文化水平偏低，许多未成年人违法犯罪主要是因为文化基础差、缺乏法律知识，因此对未成年社区矫正对象进行文化教育是十分必要的。同时，随着互联网的发达，未成年人获取信息的渠道多样化，一些负面信息对部分未成年社区矫正对象的价值观、交友观、金钱观等产生不良影响，加之不良同辈群体的外在影响，容易导致其产生偏差行为。文化教育有利于提高未成年社区矫正对象的文化素质与认识水平。对于尚处在学龄阶段的未成年社区矫正对象，社区矫正机构及教育部门要帮助他们复学，安排在适合的学校及年级中学习，并督促其监护人履行监护责任，承担抚养、管教等义务。监护人拒不履行监护职责的，社区矫正机构通知有关部门依法作出处理。

职业技术教育以学习生产技能为主。职业技术教育是为了提高未成年社区矫正对象的职业技能水平而进行的教育。对未成年社区矫正对象进行的职业技术教育，以学习生产技能为主。在内容上，要加强基础知识培训、生产习艺性训练和技能教育。年满16周岁的社区矫正对象有就业意愿的，社区矫正机构可以协调有关部门和单位为其提供职业技能培训，给予就业指导和帮助。此外，社区矫正机构还可以通过政府购买服务的方式，出资聘请适合的职业教育机构专门对未成年社区矫正对象进行职业技术培训。

3. 加强亲情教育，落实帮教工作

在教育过程中，矫正教育者应当充分利用未成年社区矫正对象的社区环境资源，发挥其家庭、亲属、学校和其他社会力量的教育、感化作用。矫正教育者应与未成年社区矫正对象的家庭及其他社会力量签订帮教协议，重视监护人、亲人、家属的规劝工作。安全感和归属感是人的基本心理需求，未成年社区矫正对象也不例外。大部分未成年社区矫正对象渴望得到家庭的认可、接纳、关心与爱护，与家庭成员建立起和谐、温暖的家庭关系。家庭成员及其他社会力量的感化、帮助和监督，有利于未成年社区矫正对象改变不良心理和行为，也有利于实现再社会化的目标。

第三节　女性矫正教育对象的教育

一、女犯的教育

（一）女犯的概念

女犯是指因实施犯罪行为而触犯刑律，依法受到刑罚处罚，在监狱服刑的女性罪犯。女性犯罪主要有杀人、伤害、抢劫等暴力犯罪，盗窃、诈骗、贪污、拐卖人口、贩毒等财产犯罪，重婚、强奸及强迫、引诱、容留妇女卖淫犯罪等婚姻家庭和性犯罪几种类型。

（二）女犯的特点

1. 感情脆弱，易于反复

女犯一般情感比较细腻、脆弱，其言语行动多受情绪影响。遇到矛盾、问题时不善于控制自己的感情，情绪变化激动强烈，加上自身意志力薄弱，经受不住挫折，遇有其他服刑人员讽刺挖苦或没有及时得到好评的情形，很容易产生气馁情绪。脆弱的心理素质，使女犯在改造中时好时坏，常出现阶段性反复。

2. 心胸狭隘、敏感多疑

多数女犯文化水平低、素质差，导致其理解及判断能力差，狭隘多疑，偏见固执。女犯之间常因一些小事而纠缠不清，甚至互相报复。自己被批评后，便怀疑为其他服刑人员所检举揭发，或认为民警有意和自己过不去。有的女犯特别注意观察周围人的言行，无端地认为她们在议论、讽刺自己，严重的会产生被害妄想，精神萎靡消沉。

3. 爱慕虚荣，贪恋享受

不少女犯好吃懒做，贪图享乐，有强烈的虚荣心，好出风头，爱表现自我。不顾监规纪律的约束，在有限的条件下，想尽各种办法来梳妆打扮，讲究穿着，显示出极强的攀比心理。

4. 渴望亲合，依附性强

女犯多有较强的归属感，在监狱这个特殊的环境中，迫切需要在狱内寻找友情，故选择同监舍或同案情或同乡的女犯，相互结成“对子”，在生活上相互关心、照料，在精神上互相寄托、慰藉，在与其他罪犯发生矛盾时相互支持。

5. 思亲恋家，渴望亲情

绝大多数女犯平素很少长时间离开家，如今身陷囹圄，归期遥遥，思亲念家之苦时时刻刻折磨着她们。轻者因思念亲人而神不守舍，严重者竟不进饭食，终日哭泣，悲痛欲绝。亲人的接见、来信和包裹，能使其感受到幸福和安慰，并增添几分积极的改造动力。但若长期与家庭缺少联系，则易情绪低沉，对改造失去信心，甚至产生消极抗工的行为。

（三）对女犯的教育改造

1. 强化“三课”教育，提高法制观念、文化程度、生存能力

针对女犯法制观念淡薄的特点，重点应以刑法、监狱法、婚姻法、继承法等法律规范对其进行法制教育。通过讲解条文、以案说法、现身说法等方式，促使她们提高认识，加深认罪感，心悦诚服地接受改造。针对女犯因文化程度低而犯罪的特点，对其进行文化教育必不可少。要在她们原有的基础上提高一个层次，鼓励她们自学

成才,为她们接受新事物和其他教育创造条件。职业技术教育应着眼于回归后的就业出路,对女犯的技术培养要因人制宜,应考虑适合女性特点的项目,如裁剪、美发、烹调、纺织、刺绣、家禽饲养、医疗卫生等,真正使她们掌握一种适应生存和当前社会需求的劳动技能。

2. 强化情感教育,实施以情感人

由于女犯的情绪、情感居第一位,因此改造女犯需要重视他们的情绪、情感变化,强化其积极的情绪、情感,弱化其消极的情绪、情感。积极的情绪、情感的培养离不开感化教育,管教民警应满怀热情地对待女犯的生活、改造和学习,注意发现其心灵深处的“闪光点”,在可能的范围内尽最大努力帮助女犯解决情感纠葛、家庭矛盾、孩子抚养、身体疾病等问题。同时也应注意其思想动态。对出现的违规行为及时、准确处理,对其改造中的虚假言行及时揭露,坚决打击,不给可乘之机。

3. 强化社会帮教,帮助女犯亲近社会

注意发挥社会和家庭在女犯改造中的作用,动员和利用社会力量,参与、支持女犯改造工作。譬如邀请英雄模范、道德模范、特级教师、女法官、女检察官、女律师、女企业家来监狱对女犯实施帮教;定期组织罪犯家属来监狱参观、恳谈、联欢、共餐,进行亲情教育,促进女犯转化;发动社会文化、文艺、医疗机构和团体送书、送艺、送医进监;利用社会的专家优势资源,在女犯中开展法律咨询、心理辅导等活动。让女犯感受到社会关爱与温暖,从而减少入狱的挫折感,重新萌生亲近社会的愿望,为女犯将来顺利回归社会做好心理准备。

4. 注重心理健康教育和心理咨询工作,培养健康心理

女犯是情绪色彩特别浓的一类罪犯,也是容易产生情绪障碍和人格障碍的一类罪犯。因此,管教民警要运用心理学的有关知识,以心理健康知识讲座、心理辅导、面谈、电话咨询、书信咨询等方式对女犯进行心理健康教育和心理咨询,以化解她们的郁结情绪,消除她们的压抑感和对立情绪,建立双方信赖关系,寻求针对性的矫治方法,培养她们的健康心理和良好人格。

5. 运用艺术教育,矫治改造女犯

艺术矫治是一种让罪犯乐于参加、乐在其中、收效显著的思想教育和心理健康教育形式。运用美术、音乐等基本原理和方法,使女犯在绘画、唱歌、跳舞的过程中,受到潜移默化的艺术熏陶,学会欣赏、表达真善美,逐步实现自我教育,自我反思,自我提高,自我超越。

二、女性强制隔离戒毒人员的教育

(一)女性强制隔离戒毒人员的概念

女性强制隔离戒毒人员是指吸毒成瘾严重,通过社区戒毒难以戒除毒瘾,在强制隔离戒毒场所接受强制戒毒的女性吸毒人员。

(二)女性强制隔离戒毒人员的特点

1. 吸毒成因方面

女性往往由于好奇、同伴影响、感情受挫、受教育程度低和减肥等具体情境吸毒①,同时,由于家庭或者社会生活挫折,许多女性企图通过吸毒寻找寄托、缓解心理压力、摆脱无助或者追求"时尚"生活。② 有学者指出,婚姻和感情问题是引发女性情感缺失、情绪悲观甚至冲动吸毒的重要原因。③

2. 行为特点方面

女性的易感性常常使她们在别人的唆使下吸食毒品,甚至贩毒。④ 许多研究都指出女性首次吸毒往往都是与性伴侣或者家人一起,受同伴特别是亲近的人影响较大。⑤

3. 身体危害方面

女性吸毒后精神病性、躯体性、强迫和抑郁程度都要显著高于常人,心情苦闷、缺乏自尊、悲观失望、敏感、多疑、无安全感和信任感、情绪冲动、缺乏信心和对社会的归属感都使吸毒女性脆弱不堪。⑥ 女性吸毒成瘾比男性成瘾要强一些,治疗的困难也大一些,女性同时患有其他精神疾患的概率也会高一些。

4. 社会支持方面

女性戒毒人员囿于社会地位和传统思维模式,往往珍视与家人、朋友的关系,在乎情感联系,如果家人、朋友能够对戒毒者给予足够的关注以及鼓励,将有效提

---

① 参见赵子慧等:《女性吸毒人员的吸毒因素、社会化状况及应对措施》,载《中国药物依赖性杂志》2005 年第 2 期。

② 参见王祎:《浙江省女性吸毒人员调查分析》,载《中国人民公安大学学报(社会科学版)》2008 年第 6 期。

③ 参见郭秀丽、姜峰:《87 例女性劳教吸毒人员心理健康水平分析》,载《中国健康心理学杂志》2010 年第 3 期。

④ 参见佟新:《女性违法犯罪解析》,重庆出版社 1996 年版,第 115 页。

⑤ 参见赵子慧等:《女性吸毒人员的吸毒因素、社会化状况及应对措施》,载《中国药物依赖性杂志》2005 年第 2 期。

⑥ 参见郭秀丽、姜峰:《87 例女性劳教吸毒人员心理健康水平分析》,载《中国健康心理学杂志》2010 年第 3 期。

升戒治效果。

（三）女性强制隔离戒毒人员教育

1. 纠正错误毒品认知、强化认知教育

据调查，女性戒毒人员普遍对毒品的毒害认识不清，她们不认为所吸食的毒品有毒，特别是对新型毒品认识不够，总觉得吸食新型毒品并没有吸食传统毒品的感觉和戒断反应，就否认自己已经形成“心瘾”，进而否认自己吸毒成瘾的事实，这也是她们复吸率居高不下的一个原因。因此，要强化认知教育，一是向女性戒毒人员宣讲戒毒常识和法律常识，以《毒品的生理危害》《毒品的心理危害》《毒品的家庭危害》《毒品的社会危害》《毒品的违法性》等系列课程教学活动，使戒毒人员彻底认清毒品危害性。同时，强化所规所纪教育、明确身份权利和义务，在强调尊重戒毒人员人权，保护其生命权利的基础上，使其主动、自愿接受所内各项教育活动。二是开展禁戒毒宣传教育，明确国家的禁戒毒方针和目的，介绍所内具体的戒毒流程和诊断评估标准，使戒毒人员了解戒毒工作，特别是对以人为本、科学戒毒、综合矫治、关怀救助原则的理解，强化她们在尊重自我、挽救自我的基础上，树立戒毒信心，增强从“要我戒”到“我要戒”的动力。三是鼓励女性戒毒人员撰写吸毒史和生活史，启发她们对毒品的认知，增强戒毒的主动性。这是一种自我反思的过程，也是她们消化理解戒毒理念的过程，更是将心动内化为行动的过程。

2. 重视文化知识教育和职业技术教育，提升其生存能力

文化知识水平的高低直接影响到人们分析、判断和解决问题的能力。女性戒毒人员的文化水平普遍较低，因此，要加强对女性戒毒人员的知识技能教育，通过各种层次的文化知识教育，消除她们的愚昧，使她们掌握一定的自然科学知识和社会科学知识，提高其思维能力和认知水平，使其真正成为有一定知识修养的遵纪守法的公民。除了对女性戒毒人员进行文化知识教育外，还要强化职业技能培养的力度，强化她们的社会谋生本领，这是防复吸的基本保障。结合女性特点和市场需求，开设家庭服务员、中医理疗按摩、电子商务、美容、美发、美甲等培训项目，在理论培训学习的基础上，运用职业技能培训基地开展技能操作训练，帮助女性戒毒人员设计职业生涯规划，培养创业意识，建立创业计划，实施就业指导。建立职业技能培训实习基地，同时与社会劳动保障部门积极联系，开展职业技能鉴定，实施就业指导，为女性戒毒人员重返社会铺设回归之路。

3. 引入关爱教育，促进自我成长

首先，广泛开展女性生理健康教育、心理健康教育，普及健康知识，举办女性健康卫生讲座，传授正确的生活方式，引导女性戒毒人员关心自我身心健康，关注自

我生命价值,激发她们积极的心理和向上的人生态度。其次,引导女性戒毒人员从关心自我出发,关心身边的人,关心世界上所有人,关心动植物,关心人类创造的物质世界,关心知识和学问。根据女性身心特点,开展广场舞、健美操、瑜伽、太极、唱歌等文娱活动,开办美术、音乐、书法、读书、礼仪、刺绣、服装设计等兴趣小组,引导女性戒毒人员关心自我。在妇女节、母亲节、儿童节等时间节点举办特色教育活动,教育女性戒毒人员用劳动报酬感恩回馈家人,引导关心家人。组织关爱困难戒毒人员子女的帮扶活动,唤起情感共鸣。通过团体辅导、文体竞赛、集体生活等,让女性戒毒人员学会关心他人,改善人际关系,促进再社会化。

4. 构建女所文化,增强教育效果

结合女性戒毒人员特点,遵循客观戒治规律,契合女性柔美、细腻、坚韧等特点,探索推进富有女所特色的戒毒文化建设。首先,可以在物质文化上,选取花草、小动物等作为标志物,选取红、紫、黄等相对鲜艳一点的色彩,建筑风格凸显一些“柔”性元素,在外部形象上展示女性化特征。其次,在精神文化层面上,总结提炼女所精神和文化核心。例如,湖南省白马垅强制隔离戒毒所运用蝴蝶蜕变新生象征女性吸毒人员戒毒历程,将“蛹动—破茧—化蝶”对应急性脱毒、身心康复和回归适应三个阶段,打造蝶美、蝶韵、蝶舞等特色品牌,引导戒毒人员积极参与到文化建设中来,共同营造温馨的氛围,实现以文育人、以文化人、以文促发展。

5. 重视亲情帮教,弥补情感缺失

以重建社会支持系统为目标,积极联系女性戒毒人员家属,开通“亲情热线”,拍摄亲情互动视频短片、视频家书。通过戒毒人员书写忏悔书、感恩书、决心书、戒治感悟等向家人汇报个人戒治情况。通过召开亲情家属联谊会,同女性戒毒人员家属签订《帮戒协议》,通过三方配合、多方联动,发挥亲情感召优势,帮助女性戒毒人员恢复自信,再建情感地带,提升戒毒意愿。

三、女性社区矫正对象的教育

(一)女性社区矫正对象的概念

女性社区矫正对象是指因实施犯罪行为而触犯刑律,依法受到刑罚处罚,在社区服刑的女性罪犯。

(二)女性社区矫正对象的特点

1. 理性思维较差,感性思维较强

其主要表现为:一是认知范围的狭窄性。女性社区矫正对象对自己的罪行不能正确评价,对法律法规、政策等不能正确理解,不是牵强附会,就是发生抵触。

二是认知过程的直观性。女性社区矫正对象对抽象概念较难接受,相信经验,否定理性,抽象思维能力低于男性社区矫正对象,但感知觉的敏锐性常超过男性社区矫正对象。三是认知的独立性差。缺乏主见,易受他人暗示影响,认知易反复,思想不稳。

2. 感情丰富细腻,情绪波动大

大多数女性社区矫正对象情感丰富,情绪稳定性差,波动幅度大。同时,一些女性社区矫正对象情感比较脆弱,受不得半点委屈,而且虚荣心强,难以在众目睽睽之下接受批评。她们易激动,难以控制自己的情绪、情感,往往失去理智,感情用事。同时,一些女性社区矫正对象不满于生存状况,时常感到焦虑,控制力也相应减弱,情绪波动大,当愤怒或烦恼时,波动尤为明显。因此,在矫正教育过程中,矫正教育者应当重视个别教育和感化方式。

3. 意志缺乏自制性和自觉性

一般来说,女性社区矫正对象缺乏意志自制力,保持操守之行为需依靠外界之干预,否则容易越轨。同时,一些女性社区矫正对象意志自觉性相对较低,难以按照预定的矫正计划和方案行事,其矫正表现时常反复,特别是遇到重大事件或生活挫折等。此外,一些女性社区矫正对象往往过度地追求狭隘的个人目的和利益,当面对物质诱惑时,不能很好地调节自己的行为。

4. 行为上好逸恶劳、贪图享受

一些女性社区矫正对象,特别是涉及财产犯罪、性犯罪的,没有形成自食其力的生活意识,过分追求物质利益和生活享受,养成了好逸恶劳、不劳而获的不良品质。在价值取向方面,一些女性社区矫正对象崇尚利己主义,缺乏集体意识和利他思想。部分女性社区矫正对象缺少女性常有的怜悯、同情之心,缺乏应有的道德素养和品质,甚至把自己的享受建立在他人的痛苦之上。

(三)女性社区矫正对象的教育

由于女性自身生理、心理及行为的特殊性,要求教育过程应坚持以普遍教育为基础,以特殊教育为重点的原则。

1. 感化教育与感性教育相结合

在分类矫正过程中,矫正教育者要根据女性的性别特征,遵循宽严相济的原则来进行,寓管于教,坚持感化教育与感性教育相结合的原则。由于女性社区矫正对象感情丰富细腻,情绪容易受客观环境影响,且不稳定,特别是在审判后、入矫之初、节假日、纪念日及生病或遇到困难时,社会交往异常时,解除矫正之前,情绪波动极为明显。矫正教育者应当把握时机,以情对情,以自己的真挚感情和工作热情来感化教育她们。

同时,矫正教育者要加强感性教育。由于大多数女性社区矫正对象知识文化水平较低,倾向于直观、形象的思维方式。因此,对她们的矫正应当避免教条式、空洞式的理论说教,尽量采用她们喜欢又易于接受的直观、具体、生动、形象的教育方式,如组织文艺表演、开展手工制作、参观等,这种感性教育方式有利于提高教育效果。例如,上海市社区矫正系统组织的女性社会公益实践活动中的爱心小兔制作和捐赠活动,极具借鉴意义,值得复制、推广。在这个活动中,女性社区矫正对象在老师的指导下亲手完成爱心小兔的制作。一个小兔从最初的布料裁剪,到各部分的缝制、填充塞棉,直至最后的组装完成,将花费 8—10 小时的人工,这是对制作者耐心和爱心的一次磨炼。凭借自身努力,一针一线地完成,由此带来的成就感和自我肯定对这些女性社区矫正对象起到了积极的作用。爱心小兔的成品认领后所得款项将以爱心捐款的形式全部赠与宝贝之家。①

2. 个别教育与家庭教育相结合

部分女性社区矫正对象虚荣心强,不喜欢在公开场合表达自己的真实思想及内心世界,害怕在公众面前被批评。因此,矫正教育者应当坚持个性化教育的原则,运用个别教育的方法,这对解决女性社区矫正对象的特殊问题,调动她们矫正的积极性,具有明显的作用。

同时,由于犯罪性质、犯罪恶习等方面差异显著,不同类型的女性社区矫正对象具有不同的特点,这要求矫正教育者要根据各类女性社区矫正对象的实际情况,开展个别教育。例如,针对眼浅心细的女性社区矫正对象,要“以细对细”进行教育;针对心存疑虑的女性社区矫正对象,则要以诚开导,开展心理健康教育或心理咨询;针对心灰意冷的女性社区矫正对象,则要“以热对冷”,给予鼓励;针对爱慕虚荣的女性社区矫正对象,则要注意尊重她们的人格;针对情感脆弱的女性社区矫正对象,则应以情动人、循循善诱。

此外,社区矫正机构工作人员要充分发挥家庭教育优势。女性社区矫正对象具有家庭观念重、对亲人依附感强的特点。社区矫正小组要与其亲属建立帮教协议,充分发挥家庭成员的帮助、支持、配合及监督作用。特别是女性社区矫正对象与其家庭成员关系不融洽的,矫正教育者应当多走访其家庭,动员家庭成员规劝女性社区矫正对象努力改造,让她们感受到亲情和真情,消除被亲人鄙视、抛弃的顾虑,重新树立家庭责任感和生活信心,以提高矫正教育质量。

---

① 参见陈耀鑫主编:《上海市社区矫正“三分矫正”工作实务指南》,上海人民出版社 2019 年版,第 88－89 页。

3. 精选教育内容

首先，注重女性生理、心理知识教育。女性有其特殊的生理现象和与其相伴的心理反应，但部分女性社区矫正对象对女性基本的生理卫生常识知之甚少，在遇到月经期和更年期这样的生理反应时，不能适当调节心理变化和情绪反应，这给她们的正常生活与矫正工作带来诸多麻烦。因此，对女性社区矫正对象开展基本的女性生理、心理知识教育十分必要。其次，加强伦理道德和法律教育。有关道德发展理论的研究认为，与男性相比，妇女更具有“关怀道德”，即考虑别人的感情和关怀别人的道德的特点，“关怀道德”水平的降低会导致女性犯罪的发生。因此，对女性社区矫正对象进行矫治时要重视关怀道德的培养，从而减少女性的犯罪行为。同时，加强法律教育，让她们学会通过正当手段来维护自己的合法权益。其内容不仅应包括宪法、刑法等内容，而且还应包括妇女儿童权益保障法等与妇女自身权益密切相关的法律知识。最后，重视文化知识教育和职业技术教育。文化知识水平的高低直接影响到人们分析、判断和解决问题的能力。女性社区矫正对象的文化水平普遍较低，因此，要提高她们的文化知识水平，通过各种层次的文化知识教育，使她们掌握一定的自然科学知识和社会科学常识，提高其思维能力和认知水平。同时，还应该进行烹调、缝纫、裁剪、理发、美容、插花等职业技术教育，使她们习得一技之长，避免因不能自食其力而再次走上犯罪的道路。

第十三章　个 别 教 育

个别教育是针对矫正教育对象的特殊问题，采取的专门化教育方法，是因人施教原则的具体体现。个别教育具有针对性强、灵活性强和渗透性强等特点。个别教育可以分为个别谈话、个别感化、个别训练和个案矫治等类型。提升个别教育质量，既要做好教育准备，寻求最佳教育时机，也要讲求一定的策略和技巧。

第一节　个别教育概述

一、个别教育的概念

马克思主义哲学认为，矛盾具有特殊性。事物的矛盾及其每一个矛盾的侧面都各有其特点，不同的事物有不同的矛盾；同一事物的矛盾在事物发展不同阶段有不同的特点；矛盾双方各有其特点，因此，在日常生活中，我们观察和处理问题应当具体问题具体分析。同理，教育活动的对象是人，而人又具有其自身发展的特点和规律。因此，在教育活动中，应当从受教育者自身发展的规律和特点出发，做到对症下药、因人施教，否则便不能收到良好的教育效果。个别教育是指基于刑事个别化原则，由专门机构和专职人员围绕教育目的，针对矫正教育对象个别、特殊、具体问题，运用个别谈话、个别感化等方式，采取的一种单独的面对面的思想影响、情感沟通和知识传递的活动。它是贯彻刑事个别化原则、体现因人施教原则，教育矫正罪犯、戒毒人员和社区矫正对象的重要方法和手段。

《社区矫正法》《监狱教育改造工作规定》《教育改造罪犯纲要》《强制隔离戒毒人员教育矫治纲要》等法律法规和规范性文件均对个别教育作出了规定和要求。比如，司法部2003年6月颁布的《监狱教育改造工作规定》第14条规定："监狱应当根据每一名罪犯的具体情况，安排监狱人民警察对其进行有针对性的个别教育。"司法部2007年7月颁布的《教育改造罪犯纲要》第5条明确规定，"教育改造罪犯，要根据不同类型、不同罪犯的实际情况，实施分类教育和个别教育，尤其对重点类型、重点罪犯，要重点采取教育改造措施，实现教育改造效果的最大化”。司法部2014年7月颁布的《强制隔离戒毒人员教育矫治纲要》规定的教育矫治的基本原则：“坚持因人施教的原则。根据戒毒人员的认知规律、生理、心理和行为特点，确定个性化的教育矫治方案，帮助个体戒除毒瘾，实现不同程度的改变和成长。”2020年7月1日开始实施的《社区矫正法》第36条第2款规定：“对社区矫正对象的教育应当根据其个体特征、日常表现等实际情况，充分考虑其工作和生活情况，因人施教。”

二、个别教育的特点

个别教育旨在解决矫正教育对象个体的具体问题，它是集体教育的深化和补充。相较集体教育，个别教育具有三个突出特点：

（一）针对性强

每个个体的情况千差万别，面临的问题亦各不相同。个别教育根据矫正教育对象的认知规律、生理、心理和行为特点，确定个性化的教育方案，采取针对性的教育措施，帮助个体实现不同程度的改变和成长。在教育矫正罪犯过程中，个别教育要求综合罪犯的犯罪成因、犯罪性质、犯罪动机与目的、犯罪情节、在犯罪中的地位和作用等犯罪情况，以及年龄、性别、民族、成长经历、家庭环境、性格爱好、文化水平、被捕前职业等基本情况，结合罪犯日常改造表现、危险性评估报告等各方面情况，进行详细地研究与分析，选择相应的教育方法，开展针对性较强的个案矫正工作。同样，戒毒人民警察对强制隔离戒毒人员开展个案化教育矫治工作，也具有极强的个性化。戒毒人民警察和心理咨询师，参照心理测评结果、个人成长史、现实表现等情况和诊断评估标准，逐个制订个案化教育矫治方案，运用多种手段开展教育矫治工作，并做好跟踪管理。

（二）灵活性强

个别教育在时间、地点和对象的选择上具有较大的灵活性，可以随时随地，因人而异，因材施教，符合矫正教育对象的个体差异特点。个别教育方法多种多样，教育者还可以根据矫正教育对象所存在问题的轻重缓急程度区别对待，灵活掌握，分别进行，以求收到良好的教育效果。在强制隔离戒毒中期，戒毒人民警察会综合考虑戒毒人员的法制观念，道德水平，文化素质，心理、生理健康状况等方面的情况，调整教育矫治方案，灵活选用个别谈话、个别训练、心理疏导等个别教育方法。

（三）渗透性强

由于教育者和矫正教育对象的身份和地位不同，双方往往容易产生隔阂和对立,这种天然的障碍会影响矫正教育效果。在个别教育过程中,双方直接接触,面对面交流,进行持续的情感交流和思想沟通。个别教育通过摆事实、讲道理的疏通引导,耐心的规劝和严肃的警告,表扬鼓励和批评帮助,直接接触中的情感交流,生活上的体贴关怀和解决实际问题的感化等方式,增进监狱人民警察与罪犯之间的心理沟通,促进罪犯的思想改造。特别是针对顽危罪犯,个别教育可以做到了解情况深入,分析把握问题准确,解决问题及时正确,能及时有力地作用于罪犯思想,产生良好的教育效果。个别教育讲究精雕细琢,费时多,费力大,更符合罪犯思想转化渐进性的特点。个别教育一旦收效,就会深深地影响到罪犯的思想情感和性格特征。因此,通过个别教育,罪犯思想转变的基础比较稳定牢固,更经得起时间的检验,经过个别教育的罪犯在一定阶段内出现反复的可能性较小。

三、个别教育的原则

个别教育原则是指导个别教育的一般原理,是对个别教育的基本要求,是进行个别教育的依据和行动准则。我国个别教育的原则主要有:系统化原则、催化剂原则、巩固性原则等。

(一)系统化原则

个别教育的系统化原则是指根据个别教育内容的逻辑顺序,矫正教育对象认识过程和发展顺序,进行系统的循序渐进的教育的原则。监狱人民警察应当根据发展的观点,对罪犯进行有层次、有系统的个别教育。在灵活的前提下定期或不定期听取罪犯的反映,使个别教育更具针对性,完善反馈系统。此外,个别教育的系统化原则也要求监狱人民警察的配备要稳定统一,从上至下,形成系统。

(二)催化剂原则

催化剂原则是指个别教育的分化瓦解作用和加速教育效果作用,这是个别教育较其他教育方式更为突出的一个特点。心理学研究证明:教育对象的心理会朝积极主动或消极被动两种截然不同的趋向转化。戒毒期间,戒毒人员大都存在首尾两端的矛盾心理,一方面存在盼望戒除毒瘾、重新做人的悔改心理;另一方面又存在意志力薄弱、行为退缩、信心不足的消极心理,这种矛盾的心理常常由于客观条件的影响使其思想向不同的方向转化。因此,戒毒人民警察在进行个别教育时,必须致力于促使戒毒人员消极心理状态逐步分化瓦解,促使其新生的积极主动状态的心理结构日趋稳定。

(三)巩固性原则

巩固性原则是指根据矫正教育对象的特点,对其已形成的良好习惯、正确思想,不断地加深印象,促使其建立新的改恶从善心理定型。矫正教育工作是一个长期、持续、反复、复杂的过程,因此,在完成每一次个别教育之后,都要做好记录,就本次教育效果进行认真分析、跟踪和巩固,做到循序渐进,实现从“量变”到“质变”的飞跃。在监管改造罪犯过程中,监狱人民警察要根据罪犯的个体情况,区别对待;及时打预防针,巩固改造成果;正确对待罪犯出现的反复,耐心做好巩固工作,做好预测并跟踪教育效果。比如,经过个别教育,罪犯是否有了新的认识,新的认识是什么,这种认识是否具有稳定性和深刻性;又如,罪犯遇到的问题是否通过教育得到解决,希望融洽的关系是否通过教育得到改善,希望化解的矛盾是否通过教育得以化解等,以及这些内容是否具有持续性和非反复性。如果教育工作确实还需强化和提升,监狱人民警察就应进一步制订和实施巩固性的个别教育方案。内容包括针对已取得的成果如何趁热打铁,巩固深化;针对已经发现的问题如何更好地摸准罪犯的脉搏,抓住其思想症结,不拖延改造时机;针对谈话目的做好下一步工作规划,促成罪犯的思想转化。

第二节 个别教育的类型

一、个别谈话

个别谈话是指教育者与矫正教育对象之间进行的面对面的交流思想观点和情况,解决矫正教育对象思想和实际问题的一种方法。个别谈话是个别教育最常用的方式。《监狱教育改造工作规定》第 16 条规定:“监狱各监区的人民警察对所管理的罪犯,应当每月至少安排一次个别谈话教育。”《司法行政机关强制隔离戒毒工作规定》第 47 条明文规定:“强制隔离戒毒所应当对戒毒人员开展有针对性的个别教育。戒毒大队人民警察应当熟悉分管戒毒人员的基本情况,掌握思想动态,对分管的每名戒毒人员每月至少进行一次个别谈话。戒毒人员有严重思想、情绪波动的,应当及时进行谈话疏导。”

(一)约谈式谈话

约谈式谈话是指教育者主动与矫正教育对象谈话,及时、全面地了解矫正教育对象的思想、心理动向和行为表现,以采取针对性对策的一种方法。这种谈话方式是谈话教育主要方式,其特点在于教育者是谈话的启动者,谈话对象确定、目的明确、方案预定、准备充分。根据个别教育任务和目的的不同,约谈式谈话又可分为收集情况、启发引导、突击触动、表扬警戒、辅导教育、安慰问候等类型。

（二）接谈式谈话

接谈式谈话是指矫正教育对象主动来找教育者谈话的一种方式。罪犯、戒毒人员和社区矫正对象在矫正教育过程中，在遇到现实困难时，会希望通过向监狱人民警察、戒毒人民警察或社区矫正工作人员反映，从而获得关心、帮助、答疑和解惑。在接谈式谈话过程中，教育者应妥善处理好以下几个方面的问题：一是要热情接待，不可漠视和推脱。二是要认真聆听矫正教育对象的谈话内容，判断其谈话意图，尽量将本次接谈变被动为主动。三是要区别情况，妥善处理。具体来说，能够当场解决的事情，将谈话延续下去，实现解决问题的目的；在工作职权范围内但不能够当场解决的事情，不要轻易下结论，可以约定时间再谈；如果是超越职权范围的事情，可以如实告知对方自己无权处理，告诉其正确的反映途径，也可代为上报，待有权部门处理后，再将事情处理结果反馈给矫正教育对象。监狱人民警察要严格落实"首问负责制"。所谓首问负责制度，是指监狱人民警察在对罪犯进行个别谈话的过程中，首先受到罪犯询问或接到口头谈话请求的罪犯教育警察，要负责进行给予罪犯指引、答疑、建议等必要的处理。首问负责制度的对象包括全体罪犯。首先受到罪犯咨询或接到口头谈话请求的监狱人民警察即为首问警察。

二、个别感化

个别感化是指通过真情实意、满腔热情去教育和影响矫正教育对象，以达到潜移默化效果的一种方法。个别感化在个别教育中是一种很有效的"催化剂"，是充满关爱的人性化的教育方法。运用好个别感化，必须做到以下两点：一是尊重对方人格。尊重是一种接纳他人的基本态度。尊重矫正教育对象人格是运用感化法的前提基础。罪犯和戒毒人员普遍存在敏感、多疑、戒备、抵触的消极心理，因此，监狱人民警察、社区矫正工作人员和戒毒人员警察如果不能做到对其人格上的尊重，生活上的关心，就很难获得对方的认同和信任，也就无法实施感化教育。二是注重情感引导。个别感化时，监狱人民警察、戒毒人民警察和社区矫正工作人员要帮助矫正教育对象认识、表达和调节自己的情绪，使其学会面对逆境，学会与他人相处，进而使其拥有良好的心理状态和人际关系，重塑人格，重拾信心。

三、个别训练

个别训练是指监狱人民警察和戒毒人民警察在布置任务时，有针对性地要求个别罪犯和戒毒人员按照一定的规范，从事某些改造活动，以形成良好的思想品质和行为习惯的教育形式。个别训练的内容极为广泛，既可以是单独的队列训练，个别的劳动技能训练，也可以是单独的行为矫正训练等。要使个别训练有针对性，必须做到以下三点：一是明确问题。做好调研工作，明确问题，对症下药。比如，监狱人民警察要明确罪犯是劳动技能的缺陷，还是学习能力的缺陷，抑或行为习惯缺陷，只有找准问题所在，才能开展针对性训练。二是布置任务。针对罪犯或戒毒人员存在的某一方面的缺陷，结合其自身的特点，有意识地布置训练任务，使矫正教育对象经受锻炼。三是巩固强化。罪犯和戒毒人员的恶习并非一朝一夕能改正的，在训练过程中可能会出现反复，因此，要经常检查，及时修正，反复巩固，强化效果。

四、个案矫治

个案是指个别的、特殊的事件或案例。个案矫治是指基于刑罚个别化原则，对罪犯或戒毒人员个体开展的具有针对性的教育、调适、治疗、干预措施，达到特定矫治目的的专门教育活动。开展个案矫治，一般由一名主管和若干名警察组成个案矫治小组，必要时，心理医生、教育专家、戒毒专家、社会工作者等也可以参加个案矫治小组。通过举行定期或不定期的个案矫治小组会议，就教育矫治对象的评估结论，矫治计划的制定、审查与修改等重大问题作出决策。个案矫治方案包括矫治对象个体情况分析评估、目标设定、步骤措施、注意要点等内容。下面以某省监狱对罪犯冯某的个别矫治为例来介绍。

某省罪犯冯某个别矫治案例①

【罪犯基本情况】

冯某，男，1976 年 7 月 21 日出生于辽宁省抚顺市，现年 45 岁，初中文化，离婚。冯某母亲去世，家庭经济状况一般。2013 年因犯故意杀人罪被判处无期徒刑，现在运河监狱服刑，入监查体各项生理指标正常。2013 年 8 月入运河监狱某监区服刑改造。冯某在入改初期，情绪低落，寡言少语，不善与人交际，上课精力不集中，消极怠工，也不参加文体活动，郁郁寡欢，悲观绝望，经常一个人躲在角落里唉声叹气。

冯某心胸狭隘，盲目冲动，报复心理较重；性格外向，不擅交往；自卑心理严重，改造信心不足，自杀心理倾向明显。COPA - PI 测评报告结果：(1) 情绪稳定性 51 分，行为反应属于一般。(2) 攻击性 68 分，不安守本分，恃强霸道。渴望刺激和冒险，不甘于现状。为人武断霸道有魄力，充满力量，胆大妄为，喜欢寻事挑衅，惹是生

① 来自司法行政（法律服务）案例库：http://alk.12348.gov.cn/Detail? dbID = 22&dbName = JYJG&sysID = 4968。

非,独出心裁。崇尚和迷信暴力,解决分歧容易诉诸暴力。生活态度独立,求变。野心或抱负感强。(3)报复性64分,有较强的报复欲。喜欢争强好胜,发号施令。自视极高,与人冲突时绝不退让,不择手段,易走极端,不留余地。为人斤斤计较,气量狭小,睚眦必报。富有反抗精神,不易屈服。测评结果:冯某性格内向,心理偏执,焦虑、抑郁,悲观厌世,对前途缺乏信心,思想包袱大,易出现不理智的行为,具有明显的自杀倾向。

【罪犯教育改造方案的制定和实施】

一、案例分析

(一)心理测验结果(测验时间:2013年6月)

SCL-90测验各因子分统计表:

因子名称	分数	因子名称	分数
1. 躯体化	1.5	6. 敌对	1.6
2. 强迫症状	1.6	7. 恐怖	1.4
3. 人际关系敏感	1.8	8. 偏执	2.2
4. 抑郁	2.4	9. 精神病性	1.1
5. 焦虑	2.5	10. 其他	1.3

通过SCL-90测验各因子分统计表来看,冯某抑郁因子分为2.4;焦虑因子分为2.5;偏执因子分为2.2;其余各因子分均小于2。

(二)主诉和个人陈述

1. 主诉

冯某心理压力大、缺乏上进心,导致其情绪低落,不能适应改造环境,缺乏改造信心,不能正常投入改造生活。

2. 个人陈述

冯某于2019年8月21日会见时,获知母亲病故,大哭一场,自述该死的人死不了,自己做了坏事想死却死不了,母亲那么善良,却去世了,自己活着还有什么意思。

(三)干警观察了解到的情况

1. 其他罪犯:冯某近几日经常独自流泪,唉声叹气,自述活着没意思。

2. 犯罪史:2012年5月19日,冯某到费县探视离婚后由其前妻抚养的女儿(受害人),并将其带走,在其前妻多次电话催促并称已报警后,冯某遂感生活无望并意图杀死女儿后自杀,次日3时许,冯某在沂水县用刀片反复切割受害人颈部致其死亡,后自杀未遂。

3. 自杀史:冯某杀死女儿后企图自杀未遂。

4. 疾病史:一是因自杀未遂导致脑颅骨还剩2/3;二是患有强直性脊髓炎;三是患有双下肢股骨头坏死。长期靠服用止疼药维持生活。

5. 平时表现:鉴于以上原因,冯某在改造中经常流露出轻生的念头。经常说:"想死的人死不了,老天太不公了。"其他服刑人员反映:冯某平时能遵规守纪,生活自理能力差,不能够安守本分,不大关心他人但十分挂牵家人,有恃强霸道的表现。最近几个月,情绪比较差,易感情用事,不爱说话。

二、转化目标

(一)具体目标与近期目标

根据冯某当前改造情况,对其进行心理测验及综合分析,找准导致冯某当前状态的根本因素,并采取多方面手段,改变冯某的不合理认知,积极调动其改造积极性。通过心理咨询来改善冯某的情绪低落、悲观的精神状态;帮助冯某有效缓解心理压力。

(二)最终目标与长期目标

决定帮助冯某在认知方式、思维过程以及情绪和行为表现等方面重建新的反应模式,树立合理信念,减少他在以后生活中出现情绪困扰和不良行为的倾向,充分实现内在的潜能,促进冯某自我心理的健康发展。同时提高其适应能力和职业技能水平,以便出狱后能够在社会上正常生存。

三、转化过程

(一)深入了解,全面掌握情况

为真正摸清冯某的脉搏,找准切入点,以便对症下药,干警通过查阅档案、与其家人和原押犯单位联系沟通、反复谈话、仔细观察,听取其他罪犯汇报,及在犯群中调查了解等渠道,全面掌握了冯某的基本情况。

冯某由于夫妻离异留下的阴影较深,缺乏家庭温暖,在小学时期就无心学习,成绩较差,感觉老师和同学都瞧不起他,致其心理严重扭曲,不能像正常孩子一样成长,凡事一意孤行,我行我素。步入社会后与不良青年为伍,沾染了许多恶习,逐渐走上了犯罪的道路。入狱不久母亲离世,冯某虽然表面不说,却心如刀绞,犹如伤口撒盐,雪上加霜。家庭变故和复杂的成长经历,使其又产生了自卑心理和厌世心理。面对漫长的刑期,倍感前途渺茫,心灰意冷,有了绝望轻生的念头。表现为不与他犯交往,喜欢独处,经常一个人发呆,又因没有什么特长,无所事事,异常空虚。

（二）管教结合，重树改造信心

鉴于冯某自杀倾向明显，干警采取了24小时无缝隙管控。在充分利用监听监控等设施的同时，最大限度地发挥制度的作用，将冯某的行为表现全方位、全天候地掌控在干警的视线之内。强调监规纪律的约束力，增强其身份意识和规范意识，逐步使冯某养成遵规守纪的行为习惯。同时，在冯某心理最脆弱、情绪最低落的时候，抓住适当时机，伸出温暖之手。例如，当其患病住院时，及时到医院探望，对其表达人文关怀，逐步打消冯某的思想顾虑，用真情使其逐渐打开了心扉，抓住契机，及时进行疏导教育，引导其学会换位思考，正确对待和处理母亲离世对于自己的影响。同时，安排表现较好的罪犯与其多接触，多帮助，并充分利用亲情帮教的机会，用浓浓亲情暖化其如冰的心灵，帮助其逐步树立起积极改造信心。

（三）正面引导，矫正扭曲心理

针对自杀犯的心理压力普遍较重等特点，干警着重开展了心理健康教育，以缓解其紧张、焦虑情绪，增强自我调控能力，提高承受困境的耐力，减缓思想压力。根据自杀犯心理特点，找准其思想变化的规律，开展有针对性的心理矫治活动，如开展团体心理辅导活动，开展个别心理咨询，加强心理互助等方式，调适冯某扭曲的心理，矫治其恶习，消除其心理阴影。通过持续开展心理健康教育，培养其健康心理。

因冯某自卑心理、仇视心理根深蒂固，必须打破常规，改变和一般罪犯违规违纪所采用直接谈心、关心帮助等传统教育模式，对冯某先进行心理敲击，包夹管控，采用厌恶疗法，对其厌世轻生邪念给予最严厉的批评，对其身上沾染的恶习进行揭露，彻底撕开他虚荣的伪装，击溃其自卑防线，迫使其灵魂在阳光下暴晒，无须再掩盖自己的自卑，再以平和的话语教育宽慰冯某，引导其学会面对现实，做好改造规划，一步一步走向正轨。

任何罪犯都有自尊心，冯某对管教干警的肯定和认可也是极为渴望的。一次，两名罪犯发生了争执，刚一动手，就被冯某及时制止，避免了事态的扩大。监区按照规定对冯某给予了奖励，并在管教大会上对其进行了表扬。为此，冯某深受鼓舞，改造更加积极主动。

（四）法德结合，提高思想认识

干警始终坚持对罪犯进行传统美德教育、法律法规教育和形势政策前途教育，用先进的文化占领其思想阵地，以严格的法律制度规范其言行举止。在政策法规教育中，对当前形势和法规进行正确解读，增强其法制观念，真诚地认罪悔罪，努力矫治恶习，提高思想道德素质。在传统美德教育中，突出"孝文化"直击心灵，使冯某在对过去的行为进行深深忏悔的同时，能够看到希望，知道家人和政府不但没有抛弃他，还不遗余力的对其进行挽救和教育，使其充满信心。通过多种形式的法制道德教育，提高了冯某的思想认识，促进了良好行为的养成。

（五）丰富形式，注重寓教于乐

开展丰富多彩的文体活动，引导冯某积极参加象棋、书法、绘画兴趣小组，参加演讲会、文艺演出等文体娱乐活动，让其时时处处有事干，避免无事生非，展示自我，缓解压力。在一次以“假若我是受害者”为主题的演讲比赛中，冯某动情地说：“通过参加今天的演讲会，使我真正认识到，只有踏踏实实地改造，才是对受害者最大的安慰，才是对亲人最好的回报！”他曾在以“活在当下”为主题的征文中写道：“为了报答养育我的亲人，担当起一个儿子、一个父亲的责任，我一定要认真过好每一天，努力使自己的人生多彩丰富！”

（六）技术教育，点燃新生希望

开展职业技术教育，不但能提升罪犯的职业技能，更重要的是能够点燃他们的新生希望。对于冯某的教育，在做到晓之以理、动之以情的基础上，引导其变刑期为学期，掌握一技之长，增强谋生就业能力，是一项行之有效的措施。干警根据冯某的年龄、文化程度、捕前职业、兴趣爱好等进行定向技术培训指导，使其有了明确的改造目标，看到了改造希望，特别是在2020年举办的技术比武活动中，冯某通过自己的努力和拼搏，最终荣获二等奖，激发了其学技术、用技术的热情，为将来回归就业打下了良好的基础。

【教育改造成效】

一、罪犯自述

冯某自我报告情绪好转，现在能够静下心来专心学习技能知识，对自己的改造前景也充满希望，表示会凭借自己最大的努力，缩短剩余的刑期，向往新生活，表示希望早日回归社会，与家人团聚。

二、干警总结转化效果

通过其包教干警及监区管教干警的跟踪教育以及回访，了解到其基本转化目标已实现，有效地改善了冯某的情绪状态，冯某已经摆脱了自卑、消极的改造情绪，对自己的新生充满希望与寄托，能够积极地投入改造生活了。通过采取以上各种措施，目前，冯某已经走上了正常改造之路。他不但能够积极参加三课学习和生产劳动，还能充分利用工余时间学文化、学书法、学绘画、学演唱等。现在的冯某正以阳光的心态，每天都忙碌着、快乐着。他不仅成为了劳务加工生产骨干，而且也变成了改造积极分子。

三、心理测验(测验时间:2020年9月)

SCL-90测验各因子分统计表:

因子名称	分数	因子名称	分数
1. 躯体化	1.4	6. 敌对	1.3
2. 强迫症状	1.3	7. 恐怖	1.4
3. 人际关系敏感	1.5	8. 偏执	1.6
4. 抑郁	1.3	9. 精神病性	1.1
5. 焦虑	1.6	10. 其他	1.3

分析:冯某各项因子分均小于2,属于正常水平。

第三节　个别教育的准备与时机

“不打无准备之仗”,个别教育是教育者对矫正教育对象展开的面对面的说理斗争,要达到预期目标,就需要认真做好教育准备,寻求最佳教育时机。

一、个别教育准备

(一)收集和分析教育对象信息

“知己知彼,百战不殆”,受教育者的个体情况与信息是开展个别教育之前制定相应战略和构想的基础,也是影响过程发展和结果实现的重要因素,因此,开展个别教育之前,应当全面仔细收集教育对象相关信息,做到心中有数,有的放矢。

监狱人民警察可以通过档案查阅法、相关当事人询问法、量表测试法、作业检查法等各种可行的科学的方法,全面了解罪犯的一般情况资料,资料至少包括四个方面,即“四知道”:一是罪犯的基本情况,如罪犯的姓名、年龄、特征、文化程度、捕前职业、婚姻状况、身体情况、特长爱好等;二是罪犯的犯罪情况,如犯罪事实、犯罪性质、犯罪情节、犯罪原因、原判刑种、刑期、刑期变动、释放日期等;三是罪犯的家庭和社会关系情况,如罪犯的家庭成员情况、主要社会关系情况、同案犯状况等;四是罪犯的改造表现情况,如罪犯的认罪态度、行为表现、奖惩情况、罪犯潜在的安全隐患等。此外,还可以掌握罪犯的个性特点,有无特殊成长经历等。在全面收集信息的基础上,监狱人民警察要对各种渠道收集的资料相互验证,去伪存真,确保信息真实可靠。

（二）准备个别教育计划

1. 明确教育目的

个别教育要有明确的教育目的，即通过个别教育，引导和帮助教育对象解决什么问题，实现什么目标。个别教育旨在重点解决矫正教育对象在服刑期间或隔离戒毒期间出现的问题、困难和疑惑，应当根据其所需解决问题的轻、重、缓、急，确定教育目的。常见的教育目的有转变思想、矫正行为、沟通情感等。转变思想，是指通过个别教育转变矫正教育对象错误的世界观、人生观、价值观、道德观和法纪观，促进其正确的思想观念的形成。矫正行为，是指通过开展个别教育，矫正罪犯的行为恶习，使其养成良好的行为习惯；通过运动戒毒、抗复吸训练等手段，促使戒毒人员彻底解除毒瘾、养成良好的生活习惯。沟通情感，即通过开展深度情感交流，促进互信，为教育改造个体罪犯、戒毒人员奠定基础。为了达到教育效果，个别教育要尽量集中围绕教育目的进行。

2. 选择教育方法

俗话说，"到什么山，唱什么歌；见什么人，说什么话"，教育方法的选择应当根据教育对象的主要需要和个性而定。教育的方法主要有说理法、谈心法、点拨法、目标激励法等。比如，在教育改造罪犯时，首先，应考虑到罪犯的主要需要，当罪犯或其家属遭受不幸时，罪犯会产生悲伤的情绪，监狱人民警察要用共情语言、谈心的方法让他释放情绪，使他痛苦的心灵得到抚慰，让他从痛苦中解脱出来；当罪犯迷茫受挫时，用目标激励法助其重新振作，树立改造信心。其次，应考虑罪犯的个性。人是复杂的，罪犯个性各不相同，在充分了解了罪犯的性格特征后就可以有针对性地采用适当的教育方法。现代心理学的鼻祖之一，瑞士著名心理学家、精神分析学家卡尔·古斯塔夫·荣格把性格分为外向型和内向型两大类。一般来说，性格外向的人，乐观、开朗，遇事大部分靠自己消化，回归正轨。而性格内向的人，常常把生活中不顺心的事都藏在心里，会对某些事一直耿耿于怀，并且不能自拔，甚至会影响工作和生活。相较而言，性格内向的罪犯更需要关注和鼓励。

二、个别教育时机

时机，是指特定时间的特殊机会，具有时间限制性。"有机不可失，无机不乱抓"，说话做事都要善于发现和把握最佳时机，时机还未成熟或时过境迁，都很难实现预期目标。个别教育时机是指教育者为实现教育目的，针对教育对象个体实施教育，准确把握切入时间的机会。在开展个别教育，尤其是个别谈话时，必须掌握好时机。因为它不仅影响着谈话的深入程度、进度，更直接影响着谈话的效果和成败。

把握住了时机,教育就能找准突破口,抓住教育主动权,使个别教育达到事半功倍的效果。司法部《监狱教育改造工作规定》第17条规定了监狱人民警察必须开展个别谈话教育的十种情形:"罪犯有下列情形之一的,监狱人民警察应当及时对其进行个别谈话教育:(一)新入监或者服刑监狱、监区变更时;(二)处遇变更或者劳动岗位调换时;(三)受到奖励或者惩处时;(四)罪犯之间产生矛盾或者发生冲突时;(五)离监探亲前后或者家庭出现变故时;(六)无人会见或者家人长时间不与其联络时;(七)行为反常、情绪异常时;(八)主动要求谈话时;(九)暂予监外执行、假释或者刑满释放出监前;(十)其他需要进行个别谈话教育的。"由此可见,往往罪犯思想斗争最激烈,情绪波动较大,抵触或对抗心理最薄弱的时候,就是罪犯最易接受教育的有利时机。

(一)罪犯新入监时

罪犯新入监后往往背负巨大的思想压力,以及不适应监狱环境和制度。此时,对新犯开展个别教育,摸清新犯的基本情况,向新犯宣传党的监狱工作方针和政策、介绍监狱的日常管理制度及行为规范,可以使新犯消除紧张、恐惧等不良心理,尽快适应监狱的改造环境,为今后的改造开好头、起好步。

(二)罪犯改造环境变化时

面对新的陌生的改造环境,罪犯往往感到孤独或压抑。比如,罪犯从其他监狱(监区、分监区)调入,与其他同犯之间缺乏了解;对警察的管理、教育方式也有一个适应的过程。此时,应及时对罪犯开展个别教育,弄清罪犯调动的原因,掌握罪犯的思想动态,对其今后的改造提出明确的要求,使其尽快适应新的改造环境,积极投身改造。

(三)罪犯受到奖励时

罪犯受到表扬、物质奖励,特别是被评为劳动改造积极分子,获记特殊表扬、减刑等时,应及时对罪犯开展个别教育,帮助罪犯总结经验,进一步树立改造信心,珍惜来之不易的改造成果,切记戒骄戒躁,防止罪犯产生自满情绪,鼓励罪犯以此为动力,做到百尺竿头,更进一步。

(四)罪犯改造遭遇挫折时

罪犯如果在改造过程中,碰到了困难,遇到了障碍,改造目标难以实现,就会产生挫折。挫折会导致罪犯在心理上、生理上和行为上产生一系列负面效应。具体表现为情绪上的抑郁、消极、愤懑等;生理上,会诱发心脑血管等疾病;行为上,会表现为反常,抗拒改造。在服刑期间,罪犯如果受到惩罚(如批评、扣分、警告、记过、禁闭、降低管理级别、加刑等),应及时对罪犯开展个别教育,帮助罪犯认真分析受到处罚的原因，并吸取教训，鼓励罪犯正视错误、勇于改过。此外，罪犯由于政策等客观原因而减刑不顺或是罪犯身体不适，也容易产生挫折，这时也需要及时介入个别教育，防止罪犯自暴自弃。

（五）罪犯出现家庭变故时

近亲属是罪犯服刑改造最大的支持力量与责任力量，当罪犯遭遇近亲属病故、离异、妻子下岗及子女辍学等家庭问题时，应及时对罪犯开展个别教育。针对罪犯的实际问题，帮助罪犯理清思路，教育罪犯冷静对待所发生的一切变故，切勿冲动或感情用事，同时尽最大努力帮助罪犯解决实际困难，解除其后顾之忧，稳定其改造情绪。

（六）传统佳节前后

“每逢佳节倍思亲”，在中秋、过年等传统节日时，罪犯的思亲恋家情绪往往加剧，因此，监狱人民警察应根据罪犯的具体情况，尤其关注老病残罪犯、外省籍罪犯和“三无”罪犯，在节日前后对罪犯开展个别教育，此时往往会事半功倍。

（七）罪犯某种不良行为抬头时

大量事实证明，恶习的养成往往与第一次发生不良行为时未能获得及时纠正密不可分。刚出现某种不良行为时，很多罪犯不自知或是抱着侥幸的心理，因此，监狱人民警察应当及时开展个别教育，指明是非，详陈利弊。

（八）罪犯之间发生矛盾冲突时

日常改造生活中，罪犯因争生产工具、就餐（洗漱、列队）时拥挤抢位而发生矛盾或冲突的现象时有发生，对此，应及时对罪犯开展个别教育，查清事情经过，并对罪犯进行严肃认真的谈话教育，防止矛盾激化。

（九）其他情形

如司法部《监狱教育改造工作规定》第17条规定的“离监探亲前后”、“无人会见或者家人长时间不与其联络时”、罪犯“主动要求谈话时”、“暂予监外执行、假释或者刑满释放出监前”以及“其他需要进行个别谈话教育时”，都属于其他对罪犯进行个别教育的最佳情形。此外，与亲友会见或参加社会帮教后，罪犯往往情绪波动较大，监狱人民警察也应趁热打铁，及时捕捉罪犯情绪或思想变化的关键节点，有针对性地进行个别教育。

作为戒毒人民警察，也应当善于发现、积极创设时机和把握好教育时机。这就要求戒毒人民警察多关注戒毒人员康复训练情况与思想动态，敏锐洞察戒毒人员细微的变化，善于捕捉各种有利于开展个别教育的时机。有些教育时机的获取，需要戒毒人民警察在关注戒毒人员的隔离戒毒过程中去积极开发和挖掘，而不是消极等待时机，要善于人为设计和制造个别教育的时机。

第四节 个别教育的策略和技巧

在开展个别教育时，监狱人民警察、戒毒人民警察和社区矫正工作人员在全面掌握矫正教育对象个体情况的基础上，认真研究其言行表现的缘由，进而采取有的放矢的措施，提高个别教育的针对性。《监狱教育改造工作规定》第 15 条规定："个别教育应当坚持法制教育与道德教育相结合，以理服人与以情感人相结合，戒之以规与导之以行相结合，内容的针对性与形式的灵活性相结合，解决思想问题与解决实际问题相结合。"

一、个别教育策略

个别教育在策略上主要是做到"四个注重"：第一，注重情理融合。个别教育要"动之以情、晓之以理"，其中"动之以情"就是一种感化，即以情感人。开展个别教育工作，要从平时入手、小事入手，善于心理和情感沟通。"晓之以理"，就是采取具体问题具体分析的方法，不讲假话、大话和空话，坚持实事求是、以理服人。如果双方情感真挚、态度诚恳、语气亲切，就能引起思想情感上的共鸣，促进思想问题的解决；反之，如果缺乏真情实感、态度傲慢、语气生硬，必然会引起受教育者的恐惧心理、防御心理和颓废心理，就难以达到教育的预期目的。当然，动之以情，不是感情用事，不能忘记晓之以理，更不能忽略真理，甚至悖理换情，一味满足迁就对方不合理的要求。这样，不仅放弃了政策原则，还坑害了受教育的罪犯和戒毒人员，同时难免责任追究到自己头上。第二，注重及时性与反复性相统一。教育对象由于性格、恶习程度、文化程度等原因，有时会出现服刑心理、戒毒心理的波动性，因此，个别教育应及时跟上，而不应该抱有"一劳永逸"的态度。第三，注重教育技巧和方法的综合运用。个别教育技巧包括倾听、观察、语言组织与表达和非语言行为等技术；个别教育的方法多种多样，有鼓励法、规劝感化法、劝诫法、疏导法、汇报法、揭批法、点评法、转移法、反向思维法等。针对罪犯在劳动、学习、生活三大现场不同阶段出现的不同问题，罪犯教育警察要有针对性地采取最为有效的方法，以达到最佳的效果。第四，注重深入分析与反思。对于罪犯、戒毒人员暴露出来的问题，监狱人民警察、戒毒人民警察要善于去伪存真，挖掘其内心真实想法，深入运用心理学手段进行分析，然后制定相应的教育对策，解决问题。

二、个别教育技巧

（一）倾听

与人沟通，要尽可能少说而多听。个别教育是一种双向活动，原本就应当有说有听，否则就会不畅通。很多教育失败的原因，都是不懂得倾听。在进行个别教育时，教育者要积极倾听，寻找教育突破口。个别教育中的倾听，应当做到以下几个方面：一是认真。教育者在个别教育过程中必须认真倾听矫正教育对象的陈述。比如，在沟通过程中，如果监狱人民警察不认真倾听罪犯的陈述，对罪犯的发言表现得漫不经心，或不耐烦，或急于打断罪犯以便尽快表达自己意见，一方面，难以了解罪犯的具体与真实情况；另一方面，由于不尊重罪犯，所以当监狱人民警察开展教育时，罪犯也有可能会用同样的态度回敬，这样个别教育就无法进行下去。二是专注。在倾听中，教育者应该对罪犯的谈话内容表现出极大的兴趣，罪犯讲话时，监狱人民警察应该注视对方的眼神，并用一些体态语言，如点头、微笑等来表示专心和关注，以调动罪犯主动陈述的积极性，鼓励罪犯认真讲述相关情况信息。三是全面。为了全面掌握罪犯的信息材料，在罪犯陈述时，尽量让罪犯开口，把一切都听进去；如果有不明白的地方，及时提问，让罪犯再重复一遍甚至几遍，直至完全明白而清楚地把握罪犯的思想动态。

（二）观察

科学有效的观察是教育者有目的、有计划地获取教育过程中矫正教育对象状态资料的重要方法。有效的观察需要做到以下几点：第一，敏锐、仔细观察。“横看成岭侧成峰，远近高低各不同”，一个观察能力强的人，能从司空见惯的事物中发现不同，从十分熟悉的现象中发现别人没发现的东西。教育者要准确而全面地去进行观察，抓住对方的主要特征。第二，有目的性地观察。针对教育主题的需要，根据事先设计的教育内容，观察也要按照设计的步骤进行，突出目的性和计划性。第三，非干扰观察。观察往往具有情感性，容易受到个人感情色彩和“先入为主”的成见的影响。在个别教育过程中，教育者应当避免这些主观因素的影响，作出尽量客观的判断。

在个别教育过程中，教育者通过认真倾听和观察，可以把握罪犯的心理定式和个性特征，获得正常的信息反馈，形成有效的思想交流，开展针对性的个别教育。比如，某监狱有一个顽固犯王某，屡次违反监规监纪。一天下午，该犯又因违反劳动现场纪律被值班警察叫至办公室谈话。王某一开始装出一副无所谓的样子，值班警察知道他入监后家人没有来会见过，平时也总是一个人，防备心强，对别人从不愿多谈经历和内心真实想法,就对他说:"你不想说,没关系,但你今天下午情绪不好,就不要参加生产了,坐在这里休息一下吧,不然的话,有可能操作不当不小心伤了自己。"听了这些话,王某显得有点不自在了,值班民警见机继续发动情感攻势,最后王某终于没有控制住情绪,向警察讲起了自己的经历,为什么走上了犯罪的道路以及家人对他的失望。其间,值班警察没有因为过了下班时间,打断该犯,而是继续耐心地听其倾述,使他在倾述的过程中,尽情地释放情绪,也从其倾述中进一步了解该犯的内心世界和人生经历。由此可见,监狱人民警察与罪犯好比两条平行线,若彼此之间没有桥梁,始终就没有交集。要改造好罪犯,必须与罪犯搭起一座沟通的桥梁,找到突破口,才能做到真正掌握罪犯的思想动态,提高教育的针对性。

(三)语言组织与表达

1. 语言内容要简洁、得体

监狱人民警察在对罪犯进行个别教育时,语言内容既要紧扣主题,又要简洁明快、得体。也就是说,要注意谈话的对象、目的、背景、场合和气氛,做到语言得体。比如,在不同性别、年龄、犯罪经历、犯罪类型、改造态度及性格、气质、修养不同的罪犯面前,语言的内容选择要有所不同;在正式与非正式场合,谈话内容要有所区别。与初犯、顽危犯、反改造尖子等谈话,不能随随便便,无所顾忌;与老犯、女犯等谈话时,不要讲该犯忌讳的话。过年过节或喜庆日子里,非特殊情况下一般不要对罪犯进行批评式教育或让罪犯难堪的谈话内容,即使要谈,也应在事后委婉地表达;在罪犯碰到伤心的事情时,应说些慰籍的语言、开导的语言。

2. 语言组织要设身移位,情理结合

个别教育要营造出一个情感融洽、气氛良好的环境,这就要求教育者要按照事物发展的客观规律和人的正确思维活动方式,把情与理紧密地结合起来。例如,针对罪犯因婚姻家庭发生重大变故、身体不适引起改造情绪波动等情形,监狱人民警察应抱有一定的同情心,在教育时适度开放自我,逐步启迪引导,往往会收到较好的效果。

3. 语言表达要注意技巧

在教育时语调要多变,感染力强。语调,通俗而言就是说话的腔调。在口语表达中,语调往往比语意(内容)更为重要,因为它是传情达意的重要手段。监狱人民警察在个别教育的口语表达中,要综合运用不同的语调要素,使自己的语调生动且富有感染力,对罪犯产生吸引、感化的效果。首先,要注意声音高低的变化。话语的表现力,很大程度来源于声音高低的变化。关键词或者重要的观点,应当把调子提高点,音量重一点。声音一定要有高低轻重变化,这样不仅能够突出重点,而且也让人舒服。没有高低轻重变化的声音,很容易让人昏昏欲睡。其次,要注意说话节奏的快慢。语速的快与慢,以及相应的节奏感,也是决定语调的重要因素。说话声音的快慢可以由自己掌控,要快慢交替着讲话,总是连珠炮式的语速不好,总是和风细雨、不紧不慢也不好,不能自始至终都一种速度,否则语调也不会发生变化。最后,要注意去掉不恰当的尾音。一个句子的结尾,若加上不必要的拖腔、奇怪的上滑音、令人不爽的缀语,会让语调变得令人不悦,是不恰当的,要坚决去掉。

4. 非语言行为

开展个别教育时,教育者要善于利用目光注视、面部表情、身体语言、空间距离等非语言行为。一般而言,有助于个别教育的非言语性技巧主要有:保持着装整齐,警容风纪端正;态度端正,表情自然,既不过于严肃,也不嬉皮笑脸,即使个别教育过程比较愉快或幽默,笑容也不宜过分张扬;坐姿不要后仰和跷二郎腿;非特定情况,个别教育过程一般不当面做记录;注意眼神交流,但不必长时间注视在一点,如对方回避或低头时,可以适当提醒其抬头进行目光交流。

“没有任何一个人可以孤立的存活在这个世界上,只有在心与心的拥抱中得以存活”,罪犯和戒毒人员也是一样的,他们虽然犯了错,但同样需要尊重,期待情感的交流。与其一味地惩罚与批评,不如设身移位开展有效的情感沟通,积极创造时机,利用亲情的力量感化罪犯和戒毒人员,以情动人、以理服人。通过理解和鼓励,他们才能敞开心扉,幡然醒悟,重新树立正确的改造目标。

第十四章　监所文化建设

文化改造是改造工作开展的内在驱动力量，落实文化改造，需要凸显文化育人的功能。监所文化建设是文化改造的重要组成部分，良好的监所文化氛围一旦形成，就会对矫正教育对象的价值观念、行为模式形成积极影响，抵制场所不良亚文化，发挥主流文化的影响力，从而维护场所安全稳定，提高矫正教育效果，促进矫正教育目标的实现。

第一节　监所文化概述

一、文化与监所文化的内涵

（一）文化

文化是一种社会现象，关于何为文化，存在众说纷纭的观点，这是一个内涵和外延不断发生变化的概念。中文语境中的“文化”一词最早见于《易经》，“刚柔交错，天文也；文明以止，人文也。观乎天文，以察时变；观乎人文，以化成天下”，“文化”即“人文化成”的简称。“文化”构成整词，始于西汉末年经学家刘向的《说苑·指武》：“凡武之兴，为不服也；文化不改，然后加诛。”胡适认为文化是人们生活的方式，梁漱溟先生关于文化则有“人类生活的样法”的判断。① 在西方，“文化”一词源自拉丁文 Culture，意为耕作、培养、教育、发展、尊重，是指人对自然界有目的的影响以及人自身的培养和训练。18 世纪开始，学者注意到文化现象与自然现象的区别，文化概念开始被科学地界定。康德认为，文化是在公民社会形成过程中产生和形成的，文化标志着人类从自然状态向社会状态的转变。黑格尔则认为，文化始终与人类劳动相联系，在人类劳动的基础上产生了实践文化和理论文化。一般认为，英

---

①　参见衣俊卿：《文化哲学：理论理性和实践理性交汇处的文化批判》，云南人民出版社 2001 年版，第 11 页。

国人类学家爱德华·B. 泰勒在《原始文化》中对文化所下的定义,对规范文化概念具有重要意义。泰勒认为文化是一个复合的整体,其中包括知识、信仰、艺术、道德、法律、风俗以及人作为社会成员而获得的任何其他能力的习惯。几乎所有关于文化的定义都注意把文化与人类的活动和结果联系在一起。综上,可以将文化定义为人类在改造自然、社会和自我过程中创造的物质财富和精神财富的总和。

(二)监所文化

监狱学研究领域关于监狱文化概念的界定可以为定义监所文化提供参考。20世纪80年代,理论界就开始关注监狱中的文化现象,关于何为监狱文化也形成了众说纷纭的观点,基于理论研究所形成的监狱文化一般共识和对文化概念的认识,可以将监所文化定义为矫正机构运用各种手段在矫正设施内构建的精神文化、物质文化、制度文化的总和。监所文化包括四重含义:

1. 监所文化是矫正机构的特殊文化

在对监狱文化的理论研究中,有一种观点从监狱作为一种文化现象的角度来理解监狱文化。沈家本曾援引西方学者"觇其监狱之实况,可测其国程度之文野"一说,认为"东西各国以囹圄之良窳觇政治之隆污",这些都是早期对监狱作为一种文化或文明现象的认识。有学者在研究监狱文化时,讨论的问题已经超出监狱的畛域,其主流是将监狱作为一种文化现象来进行考察。不过,在监狱学界多数学者看来,监狱文化并非是这种宏观意义上的文化现象,而是监狱内部有意识建设的特殊文化。[①] 本书讨论监所文化时采纳此种观点,将监所文化理解为矫正机构内部构建的特殊文化。在实践中,不同时期的监狱和戒毒场所都进行了具有时代特征、地域特点和监所特色的文化建设,如湖北琴断口监狱成立了"罪犯孝文化研究与教育实践基地",将中华孝文化精粹引入监内;山西沁水监狱推出了思善廊、向善联、学善书、劝善园、积善区、导善灯、播善音、诵善典、做善操九大"善"文化建设项目;湖南省白马垅强制隔离戒毒所将戒毒过程的急性脱毒期、身心康复期、回归适应期对应诠释为"蛹动—破茧—成蝶"过程,形成了"蝶变"文化理念。这些活动既有优秀主流文化的内核,又充分融合了监所环境的特点,集中体现了监所工作的理念、特色和价值追求。

2. 监所文化是矫正机构中的主流文化

文化有主流文化和亚文化的区别,在矫正机构中也同样如此。监所主流文化

---

① 参见王雪峰:《监狱文化:一个概念,三种理解》,载《河南司法警官职业学院学报》2011年第3期。

是由政府、法律推动或认可并作为标准在矫正机构中推行的文化。主流文化中蕴含着明确的矫正目标、良好的道德规范，主流文化潜移默化的影响，可以激发违法犯罪人员的矫正动机，使其树立对生活的信心，减少或消除其负面消极情绪，从而形成正确的世界观、人生观和价值观。监所亚文化既是人类亚文化体系的一部分，也是亚文化在特殊区域内的特殊表现。矫正机构中的违法犯罪人员生活在双重文化背景中，他们一方面要接受监所主流文化的教化，另一方面又受到监所亚文化的影响和制约。关于监所文化是否包含亚文化的问题，理论研究一直有不同的观点。孙平在《文化监狱的构建》中提出，监狱文化并非仅仅指监狱主流文化，它还包括监狱亚文化。另一种观点则认为，监狱文化仅指监狱中的主流文化，并将监狱文化作为大力倡导和建设的对象。如司法部监狱专业教材编辑部编审的《罪犯教育概论》一书明确指出："监区文化就是监狱这一特定环境中的文化现象，是相对于监狱亚文化的监狱主文化。"本书观点认为，从理论发展来看，监狱文化和戒毒（场所）文化从提出之初就有着明确的价值取向，承担着教育影响矫正教育对象的职责。因此，从主流文化的角度来理解和建设监所文化，是一条合理的路径。

3. 监所文化是矫正教育中的隐性课程

对于矫正教育对象而言，其之所以走上违法犯罪的道路，原因是多方面的，但是其中非常重要的一个因素就是社会亚文化的影响。矫正机构对这个群体进行思想、文化、职业技术教育的目的之一就是消除亚文化影响，以正确的观点取代他们头脑中的错误思想。矫正机构内普遍存在的亚文化对矫正教育对象产生的消极影响，不仅使这个群体的改造和再社会化倍加困难，而且可能加深其反社会程度，产生更多的重新违法犯罪者。这就要求矫正机构使用多种方法和手段提高教育效果，充分调动多种积极因素实现矫正目的。根据现代教育学的理论，课程可以分为显性课程和隐性课程两个方面。显性课程是学校教育中有计划的学科体系，而隐性课程是通过整个学校的环境、气氛、风气所施加给学生的影响来起到教育作用的。与思想、文化、职业技能等显性教育课程相对，监所文化就是矫正机构的隐性课程。做好监所文化建设，不仅可以拓展和强化显性课程的内容，还有助于丰富矫正教育对象的精神生活，潜移默化地净化其灵魂、陶冶情操，使矫正教育对象学习到非预期的、非计划的知识、价值观念、规范或态度，消解监所亚文化的消极影响。

4. 监所文化是物质文化、制度文化和精神文化的统一体

监所文化是由监所物质文化、监所制度文化和监所精神文化组成的统一体。监所物质文化是表层文化，具有符号化和具象性特征，主要是指矫正组织的物质设施及其组成等，包括建筑、设施形态、场所的绿化与美化、环境装饰以及各种物质文

化设施、文化标识等。监所制度文化是中层文化,主要是指由各种组织管理规范、规章制度、执法活动规程、管理体制、工作机制等构成的制度规范体系。监所精神文化是深层文化,主要是指矫正组织工作宗旨、价值观、精神特质、职业道德等理念文化,在监所文化结构中居于核心和支配地位。这三重文化相互联系、相互依存又彼此独立,共同构成了监所文化。

二、监所文化实践

监所文化的实践样态早已有之。新中国成立后,监狱作为国家的刑罚执行机关,在改造罪犯的过程中就非常重视开展罪犯文体活动、制作标语口号、美化监区环境,这些活动可以视作监狱文化的雏形。1954 年《劳动改造条例》(已失效)也明确规定,对罪犯可以组织他们进行适当的体育和文化娱乐活动。20 世纪 80 年代,社会兴起"文化热",监狱系统开始兴办特殊学校,在分析监狱文化建设产生的历史背景和动因时,多数学者认为监区文化建设与办特殊学校活动有关。有学者认为监区文化建设是监狱办特殊学校的一种表现。建设丰富多彩的监区文化,开展形式多样、有益于罪犯身心健康的各种辅助性教育,是现代化文明监狱监区文化教育制度的基本内容。[①] 陈士涵先生则明确指出,监狱文化建设是我国监狱工作历史新时期发展的产物,具有历史必然性。他将监狱文化产生的历史条件概括为三个方面:监狱的特殊学校化、行刑社会化、改造手段多元化。监狱的特殊学校化使文化建设在"高墙电网之内取得了生存和发展的土壤";行刑社会化则使监狱产生了适应社会文化建设的需要、有意识选择文化的需要、与社会交流的需要;改造手段多元化使文化学尤其是企业文化进入监狱工作者的视野。多方面的因素最终促成了监狱文化论题在 20 世纪 80 年代浮出水面,但是一直到 20 世纪 90 年代,监狱文化都仅仅是教育改造的一个组成部分。进入 21 世纪后,这种状况发生了变化,监狱文化论题"溢出"了教育改造范围,成为监狱的一项重要总体性工作。"文化监狱"观念的提出可以视作监狱文化的新发展,尽管文化监狱的倡导者试图证明其和监狱文化的差异,但两者的历史联系是不容置疑的。[②]在改造实践中,广大监狱人民警察为了实现重塑罪犯灵魂、提升罪犯文化素养、营造文化环境等目标,开展了一系列包含文化因素的影响活动。从某种意义上理解,文化也是一种改造手段。并且是有别于监管、教育、劳动这三大改造手段的另一种隐性手段。这种理解,可以看作是对长

---

① 参见夏宗素主编:《监狱学基础理论》,法律出版社 1998 年版,第 323 页。

② 参见王雪峰:《监狱文化:一个概念,三种理解》,载《河南司法警官职业学院学报》2011 年第 3 期。

期以来进行的监狱文化建设实践及取得的积极效果的肯定。

戒毒场所的文化建设大体也经历了和监狱文化一样的发展历程。通过戒毒治疗和身心康复等综合性干预措施帮助吸毒人员戒除毒瘾,控制和减少现有吸毒人员,是降低毒品非法需求的重要路径。2008 年实施的《禁毒法》重构了我国的禁毒体制,将公安机关的强制戒毒和劳教戒毒整合为强制隔离戒毒。在强制隔离戒毒所内,需要综合运用各种教育矫治方法和手段,帮助戒毒人员认清毒品危害,树立法制观念,提升道德情操和文化素养,改善不良心理,掌握就业谋生技能,增强社会适应能力。强制隔离戒毒所非常重视开展戒毒文化建设,在所区环境建设上,注意彰显戒毒文化,设置具有鼓励、引导、关怀和禁毒内容的宣传画、标语。所内建筑和设施体现和谐有序、文明健康、生动活泼的戒毒文化特点。经常性开展内容丰富、形式多样的文化活动,充分发挥文化育人、环境育人的作用。

第二节　监所文化的特征与功能

一、监所文化的特征

(一)法定性

监所文化建设最初体现为自发的、零散的实践,在发展过程中,其在教育、熏陶、影响矫正教育对象领域的重要价值逐渐凸显出来。《监狱法》《监狱教育改造工作规定》等法律、法规及规范性文件对监所文化建设的目的、内容、原则、任务等进行了规定,使监所文化建设逐步走上法治化、规范化的轨道。

(二)强制性

文化发挥作用的重要路径是强调文化认同,强调人的自主意识和主动性,文化的熏陶、渗透、影响都具一定意义上的非强制性。但环境的特殊性、矫正教育对象的特殊性和管理方式的特殊性决定了监所文化的强制性。这种强制性一方面体现在文化活动的开展和参与方面上:矫正教育对象开展的文化活动必须得到管理者许可;由矫正教育者组织开展的活动,矫正教育对象没有是否参加活动的选择权,更没有选择参加何种活动的权利。另一方面体现在规范、制度对矫正教育对象生活、行为方式、交往方式的约束上:违反各项规章制度的行为将会受到处罚,通过行为规范督促矫正教育对象养成良好的行为习惯。

(三)实践性

实践是检验真理的唯一标准。监所文化来源于实践,同时又指导实践,为实践服务。监所承担着教育、挽救违法犯罪人员的职责,监所文化是特殊的一种文化样态,其适用范围具有很大的局限性,它形成的文化包括建筑、环境、精神、制度等方面,在社会运行的其他方面是不能实现适配的。监所文化能否发挥好凝聚、激励、导向、约束、教育等功能,必须将其放到实践中检验。正确认识监所文化的这一特性,能够避免理论与实际脱节,避免监所文化建设落入形式主义的窠臼。监所文化建设起步较晚,可供借鉴的理论和资料不多,切忌照搬照抄、简单模仿,而应深入调查研究,反复实践总结,量力而行,探索文化建设路径。

(四)时代性

根据监所内外条件和社会文化的发展变化,监所主流文化也在不断吸收借鉴、调整完善,从而适应新的环境、条件和组织目标。监所实践也表明,不同时期,监所改革的理念、制度、规范都会以不同方式在监所文化中表现出来,使监所文化呈现出鲜明的时代性。以戒毒制度的改革为例,自《禁毒法》《戒毒条例》颁布实施以来,我国已在法律层面构建起中国特色的戒毒新体制、新机制,自愿戒毒、社区戒毒、强制隔离戒毒、社区康复等多元措施,充分体现了"以人为本、科学戒毒、综合矫治、关怀救助"的戒毒理念。戒毒理念的变化不仅促进了戒毒政策的调整,也使戒毒制度从规范层面到执行层面都发生了变化,"吸毒者是病人、违法者,也是受害者"的新观念深刻影响了强制隔离戒毒所的戒毒文化建设。各地戒毒场所均根据戒毒人员在不同强制隔离戒毒期的生理、心理特点,从急性脱毒、身心康复、回归适应"三期"充实文化内涵,形成以教育戒治为核心的特色鲜明、各有侧重的文化形态。

二、监所文化的功能

(一)规范功能

文化蕴藏规则制度,既有道德要求又有规章制度,既是无形的内心约束力量又是有形的外在行为规范。监所文化能够提供正确的价值观、行为规范和准则,直接或间接地影响参与者的思维、认识、情感,对矫正教育者和矫正教育对象均具有规范和约束作用。对矫正教育者而言,监所文化在规范执法行为,促进群体形成警察意识、警察价值观方面发挥着重要的作用。对矫正教育对象而言,由于其长期受亚文化影响,大多数矫正教育对象具有错误的价值观念和不良行为习惯,这些观念和习惯并不因为进入监所而自动消失,反而会以监所亚文化的形式保存呈现出来。监所文化作为主流文化要对亚文化发挥抑制作用,有目的、有计划、系统地对矫正教育对象施加影响,规范约束其言行,以逐渐提高此群体的伦理道德观念和法治素养,矫正其不良思想和行为。

(二)激励功能

文化蕴含着强大的精神动力,对文化的认同和理解激励群体成员朝着目标勇于献身、不断进取。监所一旦形成具有自身特色的文化,就会渗透到管理、教育、劳动等各个领域,也会在包括矫正教育者和矫正教育对象在内的所有人员的思想、行为、学习、生活各个方面体现出来。对矫正教育者而言,良好的监所文化塑造出的健康、积极向上的环境,有利于提升警察综合素质,唤起集体荣誉感、责任感,激发工作潜能、奋发进取。对矫正教育对象而言,监所文化能够激发罪犯自我改造的内驱力与积极性,激励罪犯从心理、品格和行为举止等方面向优秀文化靠拢,增强自我规范、自我管理、自我约束的意识和能力。

(三)协调功能

矫正教育者和矫正教育对象之间存在管理与被管理、教育与被教育、命令与服从的关系,这种关系客观表现为一种对立和对抗。为了更好地稳定监所秩序,促进矫正教育对象自觉改造,应该尽量消除或减少其对抗心理和抵触情绪,调动其改造积极性。要达到这个目的,除了在矫正过程中贯彻“教育、感化、挽救”政策外,还可以通过文化的协调功能,最大限度消除对立和隔阂,使各项管理、教育措施收到更好的效果。同时,多种文化活动的开展,还可以促使矫正教育对象之间团结、合作,促使他们树立集体主义观念和团队精神,在改造的过程中彼此激励,共同进步。

(四)濡化功能

文化是一种价值取向,具有渗透融通、暗示认同、教化整合、牵引导向的独特魅力和优势,在无形之中产生强大的力量,潜移默化地影响着人们的行为。中国传统文化中所描述的“性相近,习相远”“近朱者赤,近墨者黑”“蓬生麻中,不扶而直;白沙在涅,与之俱黑”,西方犯罪学中的差异交往理论、社会学习理论,都从不同的角度论证了文化是具有濡化功能的。良好的监所文化倡导的主流价值、人生观等,通过内化、渲染和熏陶等途径,直接或间接地影响矫正教育对象的认识、情感和行为等,产生随风潜入、润物无声的效果,促使他们的思想感情和行为方式与监所价值改造目标趋同,从而改变错误的思想观念和价值取向。

第三节　监所文化建设

监所文化建设是指矫正机构以自我理性认识为基础,对自身物质文化、制度文化和精神文化的改造和构建。良好的监所文化将潜移默化地激发矫正教育对象改造信心，促进其人格健康发展，改变其错误的行为模式。

一、监所文化建设的规范依据

（一）监狱文化建设的规范依据

1.《监狱法》

《监狱法》第66条至第68条明确规定，罪犯的文化和职业技术教育，应当列入所在地区教育规划，监狱应当设立教室、图书阅览室等必要的教育设施；监狱应当组织罪犯开展适当的体育活动和文化娱乐活动；国家机关、社会团体、部队、企业事业单位和社会各界人士以及罪犯的亲属，应当协助监狱做好对罪犯的教育改造工作。

2.《监狱教育改造工作规定》

《监狱教育改造工作规定》第五章对监区文化建设进行了详细的规定。按照规定的要求，监狱应当组织罪犯开展丰富多彩的文化、体育等活动，加强监区文化建设，创造有益于罪犯身心健康和发展的改造环境；监狱应当办好图书室、阅览室、墙报、黑板报，组织开展经常性的读书、评报活动，监狱图书室藏书人均不少于10本；监狱应当根据自身情况，成立多种形式的文艺表演队、体育运动队等，组织罪犯开展文艺、体育活动；监狱应当根据条件，组织罪犯学习音乐、美术、书法等，开展艺术和美育教育；监狱应当建立电化教育系统、广播室，各分监区要配备电视，组织罪犯收听、收看新闻及其他有益于罪犯改造的广播、影视节目；监狱应当根据教育改造罪犯的需要，美化监区环境，规范监区环境布置；监狱应当在国庆节、国际劳动节、元旦、春节和重大庆祝、纪念活动，以及每月的第一天，组织罪犯参加升挂国旗仪式。

3.《教育改造罪犯纲要》

《教育改造罪犯纲要》规定，要发挥改造环境和监狱文化氛围对罪犯的熏陶作用，要为罪犯营造良好的改造环境，做到规划合理，设施齐全，环境美化，监区整洁；要广泛开展丰富多彩的文化、体育活动，定期举行文艺演出、体育比赛，组织罪犯学习音乐、美术、书法等，丰富罪犯文化生活，陶冶罪犯情操，使罪犯在文明、人道，有利于身心健康，有利于矫治恶习，有利于重返社会的氛围中得到改造。

（二）戒毒场所文化建设的规范依据

1.《司法行政机关强制隔离戒毒工作规定》

为了规范司法行政机关强制隔离戒毒工作，帮助吸毒成瘾人员戒除毒瘾，维护社会秩序，根据《禁毒法》《戒毒条例》等法律法规和相关规定，司法部于2013年制定《司法行政机关强制隔离戒毒工作规定》。规定强调司法行政机关强制隔离戒毒工作应当遵循以人为本、科学戒毒、综合矫治、关怀救助的原则，教育和挽救吸毒成瘾人员。该规定第48条明确规定，强制隔离戒毒所应当开展戒毒文化建设，运用影视、广播、展览、文艺演出、图书、报刊、宣传栏和所内局域网等文化载体，活跃戒毒人员文化生活，丰富教育形式。

2.《强制隔离戒毒人员教育矫治纲要》

2014年，为进一步规范强制隔离戒毒人员教育矫治工作，提高教育矫治质量，司法部发布《强制隔离戒毒人员教育矫治纲要》，纲要明确要求营造尊重、信任、互助的人文矫治氛围，充分调动戒毒人员自觉、主动参与教育矫治的主体意识，发挥场所文化建设的教育矫治功能。具体措施包括：(1)培育场所戒毒文化环境。围绕戒毒文化主题，统筹规划，精心布置，在设施建设、环境营造中集中体现戒毒工作理念和特色。设置鼓励、引导、关怀和与禁毒内容相关的标识，突出整洁优美、和谐有序、活泼向上的氛围，充分发挥环境育人的功能。(2)构筑场所戒毒文化阵地。建立所内广播、自办报刊、宣传栏、局域网等宣传教育阵地，宣传国家戒毒政策、报道场所戒毒生活。(3)创新场所戒毒文化活动形式。定期举办“文化月”、“文化节”，利用“6·26”禁毒日开展专题教育活动，组织文艺表演、演讲、书画、摄影、歌咏比赛、读书征文、体育比赛等文化活动。(4)打造场所戒毒文化精品。结合本地文化特点，培育具有自身特色的文化品牌，形成“一所一品牌、一队一特色”的戒毒文化特色。

二、监所文化建设的原则

(一)以人为本

以人为本是坚持一切从人出发，以调动和激发人的积极性和创造性为手段，以提高效率和人的发展完善为目标的观念。矫正教育者是监所文化建设的主导力量，承担着建设、打造场所主流文化的责任。优秀监所文化的构建离不开具有优良职业精神和工作作风、具有责任感和使命感的矫正教育队伍。矫正教育对象是能动主体，需要他们积极参与、融入监所文化建设中。因此监所文化建设要以人为本，注重发挥和调动矫正教育者和矫正教育对象的积极性和创造性，激励他们主动参与，促进他们自觉认同，共同构建优秀监所文化。

(二)统筹兼顾

在监所文化建设中，应坚持系统思考，统筹兼顾，正确处理精神文化、制度文化、物质文化之间的关系，既要保持各层次文化在根本价值上的一致性，又要保持各层次文化在建设过程上的协调性。避免实践中碎片化、零星式的倾向，仅仅将文化建设停留在表面，将文化建设等同于环境布置、文娱活动，往往效果不佳。

(三)继承创新

中国传统文化中的很多价值观念都深深植根于现代社会,并潜移默化地影响着我们的一言一行,如爱国主义的民族精神、自强不息的进取精神、尊老爱幼的孝悌观念、仁者爱人的民本思想等。监所文化建设要立足中华优秀传统文化,认真发掘传统文化的精神宝库,引导矫正教育对象养成良好的道德品质。在继承传统文化的基础上,还要秉承创新的理念,积极开展监所文化建设理论研究,不断总结规律和经验,将矫正制度在改革过程中法治化、科学化、社会化发展的理念凝练呈现在监所文化建设中。同时,避免千篇一律,千所一面,立足不同监所工作实践,凝练文化理念和核心价值,体现创新和独特性。

知识链接:安徽监狱现代监狱文化特色建设研究①

监狱文化的实质,就是通过方针、政策、原则、制度来表达监狱核心价值理念。因此,鲜明的个性特点是监狱文化建设的成熟标志。监狱文化要力求摒弃狭隘的文化观点和抽象的建设教条,更加注重其民族性、区域注和独有性;要善于利用地域文化优势,建设富于个性文化特点的现代监狱文化,实现监狱文化创新和发展的终极目标。安徽是中华文化的重要发源地之一,文化底蕴深厚,文化发展源远流长,可概括为六大区域文化板块:(1)合肥区域文化——包公文化。(2)阜阳区域文化——道家文化和建安文学。(3)安庆区域文化——皖江文化。(4)皖南区域文化——徽文化。(5)皖西区域文化——大别山红色文化。(6)滁州区域文化——环滁文化。安徽监狱应重点研究和开发利用以下四种文化资源,并以此为辐射源,打造现代监狱文化的地域特色:(1)发掘"包公文化"资源,建设现代监狱警察文化。(2)发掘"道家文化"资源,建设新型监区文化。(3)发掘"徽商文化"资源,建设新型监狱企业文化。(4)发掘"红色文化"资源,构建监狱文化的精神内核。

三、监所文化建设的内容

(一)监所物质文化建设

监所物质文化建设通过打造符合监所功能定位的整洁卫生、富有文化内容和审美价值的场所硬件环境,以现代化的监所功能布局和建筑风格、设施环境,展示现代化监所的价值理念和文化形象。

1. 完善监所硬件环境

监所建设要符合《监狱建筑标准》《强制隔离戒毒所建设标准》等法律、法规的

---

① 参见秦心福:《安徽监狱现代监狱文化特色建设研究》,载《犯罪与改造研究》2016年第11期。

规定，符合监所的功能定位，从当地的实际情况出发，与经济、社会发展相适应，达到安全、坚固、适用、经济、庄重的标准。监所选址除符合城市建设总体规划要求外，还需符合交通便利、市政设施完善、通风良好、日照充足等条件。监所还应内部功能分区合理，基础设施完备，卫生条件良好，具有审美价值。

知识链接：戒毒场所建设

司法部与住建部和国家发改委联合发布了《强制隔离戒毒所建设标准》，戒毒场所一般建在交通便利、市政设施完善的大中城市周边，便于充分利用社会医疗和教育资源。戒毒场所收治规模分为小型、中型和大型三类。大型戒毒场所收治戒毒人员1500—3000人。按戒毒功能要求，戒毒场所设有收治、居住、治疗、康复、帮教、劳动等功能区。每个省（自治区、直辖市）至少有一个女性戒毒场所。戒毒场所每间寝室床铺数量为6—12张，以6人寝室为例，戒毒人员人均使用面积7.13平方米。

2. 建造富有文化内容的设施

配齐教室、演播室、图书阅览室、陈列室、教育堂、文体操场、宣传栏和荣誉室等场地，通过场所硬件承载文化内容。添置必需的教育设施，如多媒体教学、健身、医疗和劳动等设备，组织矫正教育对象学习文化知识、进行体育运动，广泛开展文化教育活动。以监狱、监区改造环境的设计为例，监狱根据实际普遍设立四室（图书馆、展览室、电话教育演播室、广播室）、二场（文艺演出场、体育运动场）、一楼（教学楼）、一中心（服刑指导中心）；监区建立三室（学习阅览室、心理咨询谈话室、问题活动室）、二栏（阅报栏、宣传栏）、一报（墙板报）、一园（学习园地）。

3. 设计监所文化标识。强制隔离戒毒所标志是场所视觉形象的核心，统一标准、意义明确的标志标识，可以充分体现建筑属性，展示场所文化，便于公众识别。

（二）监所制度文化建设

矫正制度的发展程度是确定一个国家法治水平的重要标尺，也是一扇文明之窗。自20世纪60年代以来，世界各国在行刑理念和实践上发生了较大变化，不断尝试用人道、文明、有效的方式解决违法犯罪问题，法治化、科学化、社会化已成为当今世界各国矫正制度变革的趋势，也是我国监所制度文化建设的价值取向。

1. 法治化

习近平总书记在中央全面依法治国工作会议上指出，只有全面依法治国才能有效保障国家治理体系的系统性、规范性、协调性，才能最大限度凝聚社会共识，强调要坚持在法治轨道上推进国家治理体系和治理能力现代化。法治化目标要求实现监所工作的制度化、规范化和程序化。一是要健全完备监所法律规范体系。将监所管理、教育矫正、医疗卫生、安全稳定、智慧戒毒、队伍建设等各项工作均能以宪法为依据纳入法律规范体系中加以调整，实现制度管人。二是健全高效的法治实施体系。法律的生命和权威均来自于有效的实施，需从严格执法、全员守法等方面完善司法行政监所法治实施体系。三是健全严密的法治监督体系。从“法律监督”发展到“法治监督”，多元监督主体、丰富监督内容，使动态性、整体性、有序性成为法治监督体系的主要特征，通过法治监督营造公平、公正、文明的执法环境以及和谐的矫正环境。四是健全有力的法治保障体系，包括政治保障、科技保障、人才保障、财政保障等内容。

2. 科学化

科学是反映人类对自然、社会和思维的理性认识的知识体系，是人们自觉遵循客观规律、探索真理性知识的特殊认识与实践活动。科学技术对矫正的认识和实践的影响日益深入，包括对矫正对象的认识、对矫正活动客观规律性的认识和对矫正技术方法的认识等，出现了一大批知识形态的认识成果，推动了以科学循证为基础的矫正组织结构与制度建设。以戒毒领域的制度建设为例，科学研究表明，毒品成瘾是慢性复发性脑疾病。戒毒所积极探索并遵循戒毒康复规律，围绕增强戒毒决心和信心，提升抗复吸能力，降低复吸率的工作目标，不断创新戒治载体，丰富戒治内容，探索戒治方法，建立完善了集生理脱毒、身体康复、心理康复、行为养成、生活技能培训、社会支持系统于一体的综合戒治体系。

3. 社会化

教育刑论认为，刑罚的目的不是对犯罪人的单纯惩罚和报应，而是教育感化犯罪人，使之改恶从善，复归社会。但是，这种目的和监禁的方式产生了一种不可避免的矛盾——监狱化和再社会化的矛盾。监狱化过程本身不仅可能使罪犯改造和再社会化倍加困难，而且可能会加深罪犯的反社会程度，产生更多的重新犯罪者。为此，有学者提出了行刑、教育的社会化要求，并付诸矫正实施。监所要顺应社会化的要求，通过制度建设，减少矫正教育对象与社会的区隔，如组织志愿者、社工协助矫正罪犯，实行开放式处遇制度，打破大墙思维，树立开放心态，推动监所文化与社会文化的有序衔接、有效互动。

（三）监所精神文化建设

精神价值层面的文化往往是潜在的、无形的，但这些无形的价值理念又深刻地影响着有形的存在，并反映在有形的物质层面上，如建筑、雕塑等，成为文化的表现形式。无形的监狱文化是“魂”或者“神”，而有形的监狱文化是“体”或者“形”，监所文化建设，必须形神兼备。监所精神文化建设是对价值层面文化之“魂”的提炼，

是文化最核心的内容。监所精神文化建设的内容极为丰富,具体体现在以下几个方面:

1. 鲜明独特的共同价值观

在监所精神文化建设中,提炼和形成的共同价值观,具有核心地位和导向、凝聚及生化作用。实践中,监所可以结合社会主义核心价值观,总结、提炼场所与工作目标、愿景、使命一致的核心理念,运用文化载体宣传展示,通过主题辩论、征文、知识竞赛与技能比武等活动渲染升华。例如,湖南省司法行政戒毒系统提炼了"崇法、唯实、尚爱、笃行"的系统精神和"知难克难、敢为有为"的局训,大大加快了场所文化建设步伐;①安徽监狱在实践中形成了"安全为先、改造为本、依法治理、科学发展"的新型治监理念,并借助"安徽新岸"、"安徽监狱"、"安徽监狱网"以及安徽金盾艺术团、安徽新岸艺术团等监狱文化组织,创作富含浓郁地方特色和丰富人文内涵的生动活泼的文艺作品。借助现代大众传媒,对内、对外广泛宣传监狱文化建设成果和现代监狱价值观。②

2. 良好的监所警察形象

监所警察形象是全体监狱警察、戒毒警察在长期的司法行政执行实践中,通过职务行为在社会和矫正教育对象心目中建立起来的总体印象。监所警察形象的好坏直接关系到监狱和戒毒所的工作能否达到预期的效果,能否得到社会公众对监狱、戒毒所的理解、支持和信任。树立良好的监所警察形象需要做到以下几点:

一是要有正确的政治方向。政治方向是否正确是检验监所警察为谁执法、为谁服务的根本标志。只有在政治上、思想上同党中央保持高度一致,保持忠于党、忠于人民、忠于祖国的政治本色,才能忠实地履行宪法、法律赋予的神圣职责。

二是要培养监所警察核心价值观。开展"忠诚、为民、公正、廉洁"的政法干警核心价值观教育实践活动,使监所警察有坚定公正的价值追求,坚守廉洁的职业操守,严格遵循警察职业道德,培育其优良的职业精神和工作作风。

三是要公正文明执法。以文化养成为目标推动法治文化的落实,通过岗位培训、执法检查等手段,严格规范执法行为,准确把握执法标准,明确工作要求和职业纪律,在日常管理、教育、奖惩、生产劳动等执法环节中体现科学文明,逐步养成自觉依法行使职权的行为习惯,营造和培育崇尚公平、正义的场所法治氛围。

---

① 参见龙桂芳等:《强制隔离戒毒场所文化建设的探索与实践》,载《中国药物滥用防治杂志》2017年第1期。

② 参见秦心福:《安徽监狱现代监狱文化特色建设研究》,载《犯罪与改造研究》2016年第11期。

3. 积极向上的改造风气

风气是人们的社会心理、道德素质、文化素养的外在表现，其内在核心是价值观念。可以通过多种手段和途径去创造和形成监所环境中的积极向上的改造风气，良好的改造风气一旦形成，就能在潜移默化中激发矫正教育对象的改造热情，引导其涵养文明礼仪，学会勤俭节约，懂得崇德尚义，知道守法自强。改造风气的形成不能依赖强制，而是通过环境熏陶、榜样示范等方式来达到目标，需要在教育内容和教育形式上不断创新。可以通过以下路径营造积极向上的改造风气：

一是激发矫正教育对象的参与热情。充分尊重矫正教育对象在场所文化建设中的主体地位，及时向他们公开相关信息，广泛征求意见、建议，满足他们的文化需求，激发他们主动参与文化建设的积极性和创造性，使他们在参与中受到熏陶和教育，切身感受到监所文化建设的益处，确保监所文化建设的各项措施落到实处。

二是拓展监所文化阵地。以文化角、论坛、沙龙，文学、艺术、绘画、书法和摄影等兴趣小组、协会；尝试“互联网+”思维，运用网络、微信、微博、电子图书和网络阅读等新媒体，深入开展读书、宣讲、座谈、讨论、文娱、体育、宣誓、典礼、仪式和文明创建等活动，浓厚场所文化氛围。

三是重视推进监所文化多元共建。既要引入专业文化传播公司或专业人员策划、组织场所文化布置、文化宣传、文化活动，还要加强对外文化宣传，扩大社会影响，共享社会资源、共担社会责任。实现监所文化与社会文化的开放互动、有效融合。

第十五章　社 会 教 育

为使罪犯、强制隔离戒毒人员、社区矫正对象顺利回归社会、成功融入社会，教育者应当遵循社会教育的理念，采用社会教育的方法。社会教育的实践依据是社会治安综合治理、“枫桥经验”和“三个延伸”，其理论依据可以从系统论、行刑社会化和系统综合的教育理念方面进行分析。监狱、强制隔离戒毒和社区矫正领域，都在积极推进具有各自特色的社会教育实践。

第一节　社会教育的内涵和依据

社会教育是中国监狱工作实践初期就已经总结出的一条十分重要和行之有效的经验，具体来看，就是对罪犯的教育在组织和内容上都注意与社会相适应。在开展教育活动时，注意狱内教育与狱外教育相结合，利用社会的发展情况和社会联系、信息影响罪犯，转化其情感和思想。利用社会力量是狱外教育的一个优势。①扩展到矫正教育领域，社会力量参与对矫正教育对象的教育，也是提升教育质量不可忽视的重要因素。

一、社会教育的内涵

（一）社会教育的定义

在普通教育领域中，社会教育的概念有广义和狭义两种解释。广义的社会教育“指一切社会生活影响于个人身心发展的教育”；狭义的社会教育“指学校教育以外的一切文化教育设施对青少年、儿童和成人进行的各种教育活动”。② 在罪犯教

---

① 参见孙晓雳：《中国劳动改造制度的理论与实践——历史与现实》，中国政法大学出版社 1994 年版，第 115 页。

② 参见中国大百科全书总编辑委员会《教育》编辑委员会等编：《中国大百科全书 · 教育卷》，中国大百科全书出版社 1985 年版。

育学领域,关于社会教育,学者的认识大体一致,但是不同人强调的重点有所不同。

有人从手段的角度来理解:所谓社会教育,是指劳改机关借助社会力量的积极影响转变罪犯消极意识,使之成为新人的一种手段。① 所谓社会教育,是指监狱借助各种社会力量的积极影响,加速罪犯的思想改造,提高改造质量的一种重要手段。② 有的学者将之称为运用社会力量改造罪犯,认为社会教育是“以监狱为主体,在各级党委、政府的领导下,依靠各个部门、各群众团体、企事业单位、各基层组织、学校和社会各界人士,以及罪犯的亲属等,配合监狱共同做好对罪犯的改造工作,提高改造质量,维护社会的安定”③。

有的强调社会力量。认为所谓社会教育,就是监狱人民警察利用监狱以外的社会力量对罪犯进行的教育改造活动。④

还有一种综合性的定义方式,即认为社会教育是监狱借助社会力量的积极影响,加速罪犯的思想改造,提高改造质量的一种教育影响活动。⑤

现有的四本矫正教育学著作并未涉及社会教育问题,但是在教育方法部分提及了“设施内教育与设施外教育相结合”,认为各国矫正机构都十分重视将设施内教育和设施外教育相结合,而设施内教育和设施外教育相结合有重要的意义:(1)可以更好贯彻罪刑相适应和刑罚个别化原则;(2)有助于降低行刑成本和合理配置行刑资源;(3)有利于鼓励社会力量参与矫正教育,提高矫正教育质量,降低重新犯罪率;(4)从刑事立法精神上更加符合行刑社会化的要求。⑥

综上所述,我们将社会教育的概念归纳为:社会教育是指矫正教育机构发动社会力量,使用多种形式,以促进矫正教育对象顺利回归社会、融入社会为目的的矫正教育活动和方法。具体来说,社会教育实际上就是监狱、戒毒所、社区矫正机构利用社会力量协助做好罪犯、戒毒人员、社区矫正对象的教育改造、教育矫治、教育矫正工作,使之顺利回归社会、成功融入社会的教育方法和形式。

---

① 参见中央劳改劳教管理干部学院《罪犯教育学》编写组等:《罪犯教育学》,陕西人民出版社 1989 年版,第 292 页。

② 参见杜雨主编:《监狱教育学》,法律出版社 1996 年版,第 293 页。

③ 杨殿升、张金桑主编:《中国特色监狱制度研究》,法律出版社 1999 年版,第 250 页。

④ 参见王明迪主编:《罪犯教育概论》,法律出版社 2001 年版,第 101 页。

⑤ 参见周雨臣:《罪犯教育专论》,群众出版社 2010 年版,第 217 页。

⑥ 参见夏宗素主编:《矫正教育学》,法律出版社 2014 年版,第 293、294 页。

(二)对社会教育的解读

1. 社会教育起源于对监禁刑罚负面效应的反思

剥夺其自由权是一种"必要的非正义"。[①] 英国社会学家安东尼·吉登斯对监禁刑的弊端有过精彩的点评,他指出,罪犯"不仅被剥夺了自由,也被剥夺了正当的收入、家人和从前朋友的陪伴、异性恋的关系、它们自己的衣物和其他个人物品。他们的居住条件经常过于拥挤,而且不得不接受严格的纪律约束以及对他们日常生活的管辖。这种环境往往会使监狱中的囚犯与外部社会分离,而不能使他们的行为适应那个社会的规范。狱中囚犯不得不屈服于与'外部社会'截然不同的环境,而且他们在监狱中所学的习惯与态度,常常与他们所应该学到的恰恰相反。例如,他们可能会对普通公民逐渐产生怨恨,学会把暴力行为当作正常的东西来接受,与有经验的罪犯发生接触,并在获得自由后仍与之保持联系,而且还可能会获得他们以前所知甚少的犯罪技能"[②]。因此,在矫正教育过程中,应当尽量减小监禁带来的负面影响,以便让矫正教育对象顺利回归社会。

2. 三个不同领域中,社会教育的适用不同

社会教育在监狱中的倡导最早,也最为成熟,有许多经验和理论。戒毒领域由于涉及戒毒人员回归和融入社会问题,所以也对社会力量参与矫正工作颇为重视。社区矫正本来就被视为"非监禁刑",[③]似乎在社会上服刑,不存在社会力量参与的问题。实际上并不是这样,家庭、社区是否接纳矫正对象,矫正过程中如何引入社会志愿者、社会专家等,同样是影响矫正质量的重要因素。

3. 社会教育的目的在于使矫正对象回归社会,融入社会

罪犯由于监禁刑的影响,可能会出现"监狱化"(Prisonization)的问题。根据学者的研究,监狱化的核心内容和结果是对罪犯亚文化的学习和接受。其不良影响具体表现为四点:[④]第一,监狱化是一个社会化过程,或者说是社会化过程的特殊类型——反社会化过程,最终结果是使罪犯接受罪犯社会的价值和习惯,并逐渐加入

---

① 参见王雪峰:《论保护和增进罪犯受教育权》,载《人权》2006年第3期。

② [英]安东尼·吉登斯:《社会学》,赵旭东等译,北京大学出版社2003年版,第301-302页。

③ 关于社区矫正是否有惩罚性问题,理论界有不同认识,尤其是《社区矫正法》颁布前后,关于社区矫正对象是否应该被称作"服刑人员"的认识不一。但对于管制、缓刑、假释、赞誉监外执行者都属于罪犯,则没有争议。对于管制犯、假释犯和暂予监外执行人员属于社区服刑人员,也没有争论。争论最大、而且争论不休的是缓刑人员是不是社区服刑人员。参见王平:《社区矫正对象的身份定性与汉语表达》,载《中国司法》2020年第2期。刘强、吴玉红提出,社区矫正的本质属性仍是惩罚性,缓刑属于刑罚执行,因此这类社区矫正对象也是服刑人员。

④ 1940年,美国社会学家唐纳德·克莱默(Donald Clemmer)在其《监狱社会》(*The Prison Community*)一书中提出监狱化这个概念。参见赵宝成:《罪犯"监狱化"初探》,载《政法论坛》1992年第4期。

和适应罪犯社会。第二,监狱化是一个个性化过程,罪犯人格会发生一定程度的变异或者重塑。一个监狱化了的罪犯的特点是人格退化或萎缩:极度自卑,缺乏自主性、自尊心和责任感,刻板、麻木和迟钝。第三,一定程度上,监狱化也是一个犯罪化过程。其表现之一是,罪犯之间传授犯罪技巧和其他恶习,罪犯从原来的“一面手”变成“多面手”。第四,监狱化还是一个烙印化过程。所谓烙印化,就是把罪犯这一“恶名”与某一个人或者某一类人固定地联系在一起。这些都说明,监狱这一制度设计是有其缺陷的,是一种“必要的恶”。因此,要达到犯罪人融入社会、重新社会化的目的,以适当形式保持其与社会的联系、对其施以社会教育无疑是必需的。戒毒所、社区矫正过程中的社会支持,也是一样的。

4. 社会教育的关键是调动社会力量参与对矫正教育对象的教育矫正,共同提高矫正效果

在这一过程中,矫正教育机关是行为核心,是社会教育活动的发起者、组织者和协调者。尽管形式丰富多彩,不拘一格,但是其最终的目的都是一致的。活动应该围绕矫正教育目的开展,依法依规进行。

5. 社会教育的主体具有多元性

以罪犯改造为例,监狱机关是罪犯教育的主体,承担着惩罚和改造罪犯的任务,具体教育改造工作由监狱人民警察来履行。在社会教育过程中,监狱机关自然就是社会教育的主体。同时,社会教育的主体还包括各种社会力量,如各种社会职能部门(公、检、法机关、人大、政协及工、青、妇、团等群众团体等)、社会知名人士(著名的劳动模范、英雄人物、教育工作者、专家学者、作家、演员等)、罪犯亲属、改过自新的刑满释放人员等。

二、社会教育的依据

(一)实践依据

1. 社会治安综合治理

“文化大革命”结束之后,我国的社会治安出现了严重问题,刑事犯罪发案率高,青少年犯罪问题突出。这种背景对预防犯罪、维护社会安定提出了新的要求。1978 年至 1981 年间,中央文件和领导讲话中已经开始出现综合治理的原则、措施、手段的雏形。例如,1978 年 10 月,中央批转的《第三次全国治安工作会议纪要》就提出要统筹解决社会治安问题。1979 年 12 月彭真在一次讲话中指出,做好政法工

作和社会治安工作,必须党政军民学一起行动。①

1979 年 6 月,中央宣传部等 8 个单位向中共中央提交了《关于提请全党重视解决青少年违法犯罪问题的报告》。1979 年 8 月,中共中央 58 号文件批转了该报告。报告指出:解决青少年违法犯罪问题,必须实行党委领导,书记动手,全党动员,依靠学校、工厂、机关、部门、街道、农村社队等城乡基层组织和全社会的力量,来加强对青少年的教育。1981 年 6 月 14 日中共中央 21 号文件批转了中央政法委《京、津、沪、穗、汉五大城市治安座谈会纪要》,1982 年 1 月 13 日《中共中央关于加强政法工作的指示》出台,这两个文件先后明确确立了综合治理的方针。

综合治理方针的具体内容是:在各级党委和政府的领导下,充分发挥公安司法机关的职能作用,广泛组织社会各方面的力量,依靠广大人民群众,运用政治的、经济的、行政的、教育的、文化的、法律的各种手段,预防和惩罚违法犯罪行为,预防和处置治安事件和治安事故,教育改造违法犯罪人员,逐步限制和消除产生违法犯罪的环境和条件,建立良好稳定的社会秩序,保障经济建设和改革开放的顺利进行,保护人民安居乐业,维护国家的长治久安。② 从方针内容来看,对违法犯罪人员的改造和矫正是社会治安综合治理的重要构成部分;站在矫正教育的视角,贯彻社会教育的方法和理念,就是为社会治安综合治理做出的贡献。

2. 枫桥经验

"枫桥经验"是全国政法战线的一面旗帜,它诞生于 20 世纪 60 年代,从浙江诸暨枫桥走向全国。

1963 年 2 月,中共中央决定在全国农村开展社会主义教育运动,中共浙江省委选择诸暨、萧山、上虞等县作为试点。枫桥干部群众经集体讨论,决定采取发动群众、依靠群众的方式对"四类分子"进行改造,取得了良好效果。同年 10 月,公安部领导到浙江视察,发现了枫桥区"没有捕人"的经验,向正在杭州视察的毛泽东主席作了汇报。毛主席肯定地说,"这叫矛盾不上交,就地解决",并指示要好好进行总结。根据毛主席的指示,公安部调查组赶赴枫桥,在调查核实后,主持起草了《诸暨县枫桥区社会主义教育运动中开展对敌斗争的经验》,即"枫桥经验"。其主要精神是捕人少,矛盾不上交,依靠群众,以说理斗争的形式把绝大多数"四类分子"就地改造成新人。11 月 20 日,毛泽东在公安部递呈的全国人大二届四次会议书面发言稿上批示:"要各地仿效,经过试点,推广去做。"1964 年 1 月,中共中央发出了《关于

---

① 参见彭顺祥:《社会治安综合治理治国方针的历史考察与反思》,华中师范大学 2007 年硕士学位论文。

② 参见莫德升、荆长岭主编:《社会治安综合治理专题研究》,群众出版社 2003 年版,第 1 页。

依靠群众力量,加强人民民主专政,把绝大多数“四类分子”改造成新人的指示》,把“枫桥经验”推向全国。此后,全国各地掀起了学习推广“枫桥经验”的热潮。1964年也成为新中国成立以来捕人最少的一年,治安情况比历年都好。2003年,时任浙江省省委书记的习近平同志指示,要充分珍惜“枫桥经验”,大力推广“枫桥经验”,不断创新“枫桥经验”。自此,“枫桥经验”开始向更高水平治理转型。①

“枫桥经验”强调走群众路线,依靠广大人民群众,做好社会治理。可以说,发动和依靠群众是“枫桥经验”的精髓所在,灵魂所在。② 在矫正教育领域借鉴“枫桥经验”,就要做到发动和依靠群众,动员各种社会力量,做好对矫正教育对象的社会教育。

3. 三个延伸

“三个延伸”是我国改造罪犯工作的基本经验,“三个延伸”是指改造工作要向前延伸、向外延伸、向后延伸。其中,向前延伸的含义是,在预审、起诉、审判过程中,公安、检察、法院等各个部门要加强对罪犯的认罪服法教育;向监狱移送罪犯的时候,有关部门要及时送交案件副本,并切实负责介绍案情、犯罪原因和罪犯的思想状态。向外延伸,是指监狱在教育改造罪犯的时候,要发动罪犯的亲属、罪犯原所在地单位和全社会都来关心他们,发动政法院校和科研单位加强在预防犯罪和改造罪犯方面理论和实务的研究,配合做好对罪犯的教育转化工作。向后延伸则,是指在罪犯刑满释放出狱之后,监狱要向当地公安机关和有关单位介绍出狱人在监狱的改造表现,落实接茬帮教工作,并协助当地有关部门认真做好出狱人员的安置工作,以巩固改造成果,最大限度地降低重新犯罪的可能性。③

1989年,在中共中央批准的全国政法工作座谈会上提出了“三个延伸”的要求,在中央批转的《全国政法工作座谈会纪要》里第一次系统、明确地提出了“三个延伸”。在“三个延伸”中,向外延伸是核心部分,主要是指监狱运用社会力量来帮助教育改造罪犯。“三个延伸”工作是社会治安综合治理的重要组成部分,是广大监狱干警在长期工作实践中摸索和总结出的行之有效的经验。它把教育改造工作的空间从狱内扩展到社会,将时间从罪犯服刑这一特定时期延伸到刑前和刑后。“三个延伸”是系统观念在教育改造工作中的生动体现,也是社会教育的基本形式,它有利于发动社会各界力量、调动一切可能的因素教育和转化罪犯,最终达到预防和

---

① 参见陆健、严红枫、张颖:《枫桥经验:基层社会治理的中国方案》,载《小康》2021年第11期。

② 参见陆健、严红枫、张颖:《枫桥经验:基层社会治理的中国方案》,载《小康》2021年第11期。

③ 参见王明迪、兰洁、王平:《监狱工作与监狱理论研究改革述评》,载王明迪、郭建安主编:《岁月铭记——新中国监狱工作50年》,法律出版社2000年版,第49-50页。

减少犯罪的目的。①

（二）理论依据

1. 系统论

监狱、强制隔离戒毒所、社区矫正机构对矫正教育对象的矫正教育受到各种因素的影响，按照系统论的观点，这些影响因素实际上都是矫正教育系统中的要素。要做好矫正教育工作，就不能孤立地看问题，要建立系统观念，在注意局部的同时，还要看到各个部分间的相互关系，看到系统内部的各个环节、部分，系统内外部的环境等因素是相互联系、相互影响、相互制约的。这一思维方式的理论基础就是系统论。

系统论的主要创立者是美籍奥地利生物学家贝塔朗菲，1945 年他发表《关于一般系统论》一文，标志着这一学科的诞生。简单来说，系统论就是把事物当作一个有机的整体来研究它的内部联系和外部联系的理论。这种理论按全面、普遍的，联系的观点去把握自然界和社会的现象和过程。系统论有四条基本的原则：整体性原则、相互联系的原则、有序性原则和动态原则。这四条原则说明研究客观对象时要注意系统的整体性，注意系统内部不同要素之间有机的联系，系统具有一定的内部结构和规律，而且处于不断的运动变化过程之中。②

这种全面、联系、整体、系统性的观点，为矫正教育领域的社会教育提供了重要的理论基础。

2. 行刑社会化

由于监禁刑出现的"监狱化"弊端，行刑社会化思想受到了普遍重视。③ 行刑社会化思想，是 19 世纪中期前后随着刑事社会学派的出现而出现的罪犯的处遇趋势。这种思想主张："监狱行刑时要借助社会力量，吸收社会人士参与监狱管理，组织有关的协会，以矫正犯人的恶习，使之重返社会。"④

关于行刑社会化的内涵，学界解释略有出入，但是基本精神是一致的。有的学者认为，行刑社会化"应该是指在自由刑的执行上，放宽行刑机构的社会隔离和严格的纪律，使机构内的生活条件与自由社会相接近，避免受刑人因长期与社会隔离而监狱化，使其改过迁善、顺利地复归社会"。⑤ 有的学者则认为，行刑社会化指在

---

① 参见王雪峰：《新中国监狱教育改造的历史发展与观念更新》，载夏宗素、朱济民主编：《中外监狱制度比较研究文集》，法律出版社 2001 年版，第 76－77 页。

② 参见沈小峰：《系统论、控制论、信息论》，载《中学政治课教学》1982 年第 1 期。

③ 参见翟中东主编：《自由刑变革——行刑社会化框架下的思考》，群众出版社 2005 年版，第 1 页。

④ 潘华仿主编：《外国监狱史》，社会科学文献出版社 1995 年版，第 11 页。

⑤ 陈兴良主编：《刑种通论》，人民法院出版社 1993 年版，第 185 页。

执行刑罚过程中，通过放宽罪犯自由、拓宽罪犯与社会联系、促使罪犯掌握生活技能与相关社会知识、塑造罪犯符合社会正常生活的信念和人格，最终促成罪犯回归社会。①

由此可见，行刑社会化以避免监禁的弊端，确保罪犯顺利回归社会为目的。这与我们在矫正教育实践中倡导的社会教育具有相同的价值取向。正如马克昌先生在解释刑罚的社会化原则时指出的，“在刑罚执行过程中，要调动监狱外的一切社会因素，合力救助改造犯罪分子并保证和巩固刑罚执行效果，确保行刑目的的实现”②。虽然这是对刑罚的社会化原则的解释，但是仍然有助于我们理解行刑社会化。

3. 系统综合的教育理念

有学者梳理了20世纪90年代以来学界关于中国监狱工作理念的各种论述，概括出罪犯教育领域四个具有统领作用的“观念”（即罪犯教育理念）：“人是可以改造的”理念、“我们的监狱其实是学校”理念、教育改造是监狱的中心任务理念、系统综合的教育改造理念。③

系统综合的教育理念的内涵是，在教育改造罪犯的过程中，始终用系统、综合的观点看问题，注重监狱系统与社会系统、监狱内部各子系统之间的联系，综合运用狱内外诸多手段，形成合力，以取得教育改造罪犯的最佳效果。

教育本身就是一项“系统工程”，就教育改造来说，系统综合的教育改造理念可以从两个层面来分析，即监狱内部和监狱外部。从监狱内部来看，我们把劳动、监管都看成是一种教育过程，也就是人们经常说的“大教育观”。并且，正规教育和辅助教育相结合其实所体现的也是系统综合的教育改造理念。从监狱外部来看，罪犯改造工作实际是社会治安综合治理的组成部分，我们长期倡导的“三个延伸”正是这种理念的反映。

第二节 社会教育的实施

一、监狱的社会教育

监狱的社会教育实践出现的最早，也最为成熟。可以说，社会教育是有效改造

① 参见谢望原、翟中东：《对我国行刑社会化的思考》，载《法学评论》2000年第1期。

② 马克昌主编：《刑罚通论》，武汉大学出版社1999年版，第514页。

③ 参见王雪峰：《中国教育改造工作的四个重要理念》，载《中国司法》2012年第12期。

罪犯,提高教育改造质量的一个不可缺少的重要手段。我国《监狱法》第 61 条规定,教育改造罪犯要实行“狱内教育与社会教育相结合的办法”,这一规定可以视为社会教育实施的法律依据。

有社会学者对监狱服刑人员进行访谈后认为,经过监狱的教育改造,服刑人员大多已有悔改之意,渴望与家人早日团聚,同时希望社会能给予他们及其家庭更多的理解、关爱和支持,而不是歧视和排斥。并且,服刑人员还希望政府有关部门制定相关政策使他们出狱后能够更好更快地融人社会,开始新的生活。①

2003 年颁布的《监狱教育改造工作规定》有多项条款涉及社会教育,如规定“监狱应当积极争取社会各方面和社会各界人士的支持”“应当与罪犯原所在地的政府、原单位(学校)、亲属联系,签订帮教协议”“应当鼓励和支持社会志愿者参与对罪犯的思想、文化、技术教育等方面的帮教活动,并为其帮教活动提供便利”等。监狱开展社会教育的形式主要有三种,即“请进来”、“走出去”以及签订帮教协议,建立帮教组织。

(一)“请进来”的形式

“请进来”是监狱根据改造罪犯的需要,有目的地邀请狱外社会力量对罪犯进行帮助和教育,也就是利用亲朋好友和其他社会人士参与帮教,对罪犯进行规劝的形式。这是目前我国监狱利用社会力量改造罪犯运用最广泛的一种形式。具体包括以下几种形式:

1. 邀请各级党政机关领导,到监狱视察,向罪犯作形势政策报告,召开座谈会听取并回答罪犯关心的热点问题等。这一形式充分体现了党和国家对罪犯的教育挽救政策,有利于罪犯了解改革开放和国家建设的大好形势,增强积极改造、重返社会的信心。

2. 邀请监狱当地或罪犯原判所在地的公、检、法、司机关人员来监狱对罪犯进行法制宣传和认罪服法教育;听取罪犯的申诉、控告、检举;由原办案单位针对罪犯的有罪不认情况,进行讲理、讲法、批驳、解答咨询等。

3. 邀请社会先进人物,如英雄人物、劳动模范等到监狱做先进事迹报告,并与罪犯一起座谈,起到良好的榜样教育作用。

4. 邀请社会科学、自然科学方面的专家、学者到监狱做形势政策、科技进步、爱国主义等方面的报告;请心理专家或心理医生为罪犯开展心理咨询,进行心理辅

---

① 参见陈钟林、杨娜:《从服刑人员的社会支持看社区矫治的必要性和可行性》,载《南开大学法政学院学术论丛》2002 年第 S2 期。

导等。

5. 邀请社会上的一些企事业单位和社会团体与监狱联合办学，到监狱参观、演讲、座谈和演出等。

6. 邀请罪犯亲属到监狱机关参观，并参与对罪犯的帮教。我国监狱中普遍实行罪犯家属定期接见制度、通信制度、同居制度；部分地区监狱为罪犯开设了亲情电话以便利其与亲人交流感情；还有少数具备条件的监狱开设了亲情餐厅和狱内购物超市，供接见家属和服刑罪犯使用。这一系列亲情教育制度充分体现了我国政府对广大服刑人员的人文主义关怀，也是人道主义行刑思想的具体体现。邀请罪犯亲属配合监狱机关对罪犯进行规劝和帮教，具有针对性，可对症下药；同时以情感为突破口，用亲情感化罪犯，罪犯对其亲属的规劝易于接受，有利于消除罪犯的对立情绪，调动其改造的积极性。

7. 邀请犯罪被害人（包括被害单位、被害的自然人等）到监狱揭露、控诉犯罪的危害，以唤醒罪犯的良知，从而使其认罪服法，并发自内心地悔罪。

8. 邀请一些在社会上取得显著成绩、做出突出贡献的刑满释放人员到监狱现身说法，起到典型示范作用。这些人对罪犯有很大的影响力，更具亲近性、可学性和感染性。有计划地组织这些“回头浪子”到监狱以自己的亲身经历进行沟通，往往对罪犯触动大、影响深，能帮助罪犯消除顾虑，树立改造的信心，积极配合教育改造活动，收到特有的教育效果。

9. 邀请社会上的新闻媒体到监狱了解情况，以专题的形式采访报道监狱依法治监、教育、挽救、改造罪犯的实际情况，营造良好的舆论氛围，增进狱内外的相互了解，增强罪犯改造的积极性。

10. 积极吸收社会志愿者参与罪犯的帮教工作。

（二）“走出去”的形式

“走出去”就是有计划地组织一定范围的罪犯到社会上参观学习、参加社会服务和有益的活动，接受社会教育。具体形式主要有：

1. 组织罪犯就近到社会上参观当地城乡改革开放建设成就，参观风景名胜，参观展览馆、博物馆、纪念馆，瞻仰烈士陵园，接受社会主义和爱国主义教育。

2. 组织一些表现好的罪犯到社会上参加一定的劳动或公益活动，培养集体主义精神和公德意识。

3. 组织罪犯参加一些健康的社会活动，如参加社会上的文艺、体育、诗歌、书画比赛；组织监狱文艺队到帮教协议单位或其他单位进行义务演出，加强罪犯与社会的联系，增进社会对罪犯的了解。

4. 积极创造条件,组织罪犯参加电大、函大、刊大的学习及社会上的职业技能培训、考核等,提高罪犯自身的素质,为其重新回归社会奠定基础。

5. 组织一些表现好的罪犯到党政机关、企业、学校等进行演讲,汇报改造情况,培养积极进取的精神,接受群众监督。

6. 组织罪犯离监探亲或通过亲情电话与亲属联络感情,通过亲情感化罪犯,帮助罪犯积极改造。

(三)签订帮教协议,建立帮教组织

帮教协议是监狱与有关党政机关、基层组织或个人,为了开展好社会帮教工作、明确各自的责任而订立的书面契约。签订帮教协议或帮教合同,是促使帮教活动经常化、制度化的一项措施。自北京市监狱管理局于20世纪80年代中期首次与各城区人民政府签订帮教协议以后,各地相继推广该形式,并在实践中不断完善。签订帮教协议可以将帮教活动的内容、形式及对各方的权利、义务、监督检查等长期地固定下来。帮教协议有的是监狱与帮教方的"双方协议",但大多是由监狱或中队、帮教者(社会组织、各界人士)和帮教对象(罪犯)三方签订。监狱部门应主动和有关部门、人士相联系,通过签订帮教协议,建立经常化、制度化的社会帮教模式。

为使这一工作正规化、经常化,政府应建立社会帮教中心,统一指挥协调该项工作,并建立各种帮教组织。

社会帮教组织主要有地方各级党政机关与有关部门,包括安置帮教工作领导小组及其办公室、关心下一代工作委员会、政法委员会及公安局、检察院、法院、司法局和村镇、街道等基层党政组织。安置帮教工作领导小组及其办公室是社会帮教活动的重要组织部门。关心下一代工作委员会多由担任过领导职务的老同志组成。党政机关对罪犯的犯罪原因等方面有深刻的了解,教育的针对性也较强。其他组织,包括地方人大、政协、民主党派、共青团、妇联、工会等群众团体及学校、新闻机构、工矿等单位。

我们应该大力发展现有的社会帮教制度。社会帮教应以有效改造罪犯为核心目标,弥补监狱教育的不足并使其向社会延伸。当前,社会帮教的重点应定位于解决服刑罪犯的思想教育、技能培训和刑满释放人员的帮扶、接纳工作。

二、社区矫正领域的社会教育

行刑社会化一方面要求监狱行刑方式进行改革,另一方面要求推进社区矫正。虽然社区矫正是将符合条件的矫正对象置于社会环境中,矫正其犯罪心理和恶习,与监狱行刑相比具有开放性这一显著特点,但是实践中我国社区矫正的社会参与度仍然比较低。

从国际经验来看，发达国家和地区的社区矫正，在工作机构上，既有国家机关，又有民间团体；在人员配置上，既有国家机关工作人员，又有志愿者，在政府主导模式下充分激发社会参与的能量。① 反观我国社区矫正，实践中普遍存在社区化程度不高、行政化倾向严重、社会力量参与程度低、特别是有心理学等专业背景人士的参与不够等问题。②

为充分发挥社会力量参与社区矫正工作的积极作用，2014 年 11 月，司法部等六部委联合出台《关于组织社会力量参与社区矫正工作的意见》，从引导政府购买服务，提高社会组织参与度，发挥村（居）民委员会作用，加强社区矫正志愿者、社会工作者队伍建设，强化矫正小组建设等方面明确了社会力量参与社区矫正工作的任务。意见指出要落实社会力量参与对社区矫正对象的监管教育、帮扶救助领域，并进一步提出组织社会力量参与的组织建设、政策制度、职能协调、资金保障、服务平台等措施。

在 2003 年 12 月召开的学术研讨会上，与会者提出，社区矫正的基础是在社区。西方发达国家普遍适用社区矫正，是因为他们有一个相对成熟的社区。我国试点省市是否具备“成熟的”社区，这是一个值得讨论的问题。研究表明，矫正对象的回归或重新与社会结合，需要得到社会的支持、家庭的支持，最大限度地减少社会的歧视。这一方面需要社区矫正工作者转变观念，提高服务意识；另一方面需要社区的居民对他们给以应有的理解、沟通、尊重、开导、鼓励和扶助。③

2013 年 12 月，“社区矫正十周年‘回顾与展望’研讨会”在上海政法学院召开。上海市社区矫正办陈耀鑫主任介绍了上海初步建成的“三个一”框架，即一套公、检、法、司职责明确、相互配合的非监禁刑罚执行体系，一套以个别化矫正为指向的教育矫正措施，一支以司法行政机关为主、矫正社会工作者和社会志愿者参与的工作队伍。④

近年来我国在吸收社会力量参与社区矫正领域方面有了进步。江苏省着力推

---

① 参见金俊杰：《社会力量参与社区矫正工作研究综述》，载《佳木斯职业学院学报》2019 年第 9 期。

② 参见社区矫正十周年“回顾与展望”研讨会会务组：《社区矫正十周年“回顾与展望”研讨会综述》，载《河南司法警官职业学院学报》2014 年第 2 期。

③ 参见刘强、李少兵、张凤军：《上海社区矫正理论与实务研讨会综述》，载《法治论丛》2004 年第 1 期。

④ 参见社区矫正十周年“回顾与展望”研讨会会务组：《社区矫正十周年“回顾与展望”研讨会综述》，载《河南司法警官职业学院学报》2014 年第 2 期。

动以社区、社会组织、社工人才为主体的“三社联动”，融合发展；培育扶持管理规范、服务专业、作用明显、公信力强，能够承接矫正服务的社会组织和社会工作服务机构，如“扬州珍艾”“昆山邦和”“太仓光辉”等社会工作事务所；以村（居）司法行政服务站为平台，组织引导社区工作者、社会工作者、“五老”志愿者参与社区矫正教育，协助落实矫正措施；以社区矫正协会为载体，主要吸收社会组织、企事业单位、乡镇政府部门等参加，促使协会成员对社区服刑人员结对帮扶、安置就业，形成社会参与的长效机制。①

三、强制隔离戒毒领域的社会教育

《戒毒条例》第 2 条第 2 款规定：“戒毒工作坚持以人为本、科学戒毒、综合矫治、关怀救助的原则，采取自愿戒毒、社区戒毒、强制隔离戒毒、社区康复等多种措施，建立戒毒治疗、康复指导、救助服务兼备的工作体系。”其中，自愿戒毒、社区戒毒、强制隔离戒毒、社区康复这样一种制度设计，本身就贯穿着社会化的思维方式。

对于强制隔离戒毒人员的社会教育形式，有学者提出的建议是加强内外联系，共建帮扶体系。学者认为应当注重所内教育与社会教育相结合，充分做到场所教育与社会帮扶的“无缝对接”。

一是建立“家属学校”。场所内设置“家属学校”，定期召开家属会，一方面介绍戒毒人员在所内的戒治情况，使戒毒人员家属实实在在感受戒毒工作，争取家属对戒毒工作的理解和支持；另一方面提高家庭对戒毒人员的接纳度，为其回归社会后保持操守提供良好的家庭和社区环境。

二是疏通社会帮扶通道，与公安机关、司法安置帮教部门以及社区建立协作机制，使戒毒人员的戒治教育不因出所而中断，形成无缝对接社会帮扶教育体系。

三是适时开展公益活动，开展诸如“毒品危害法制讲座”、“现身说法活动”以及戒毒人员自行组织的文艺团体，编导富有教育意义的文艺节目，走出“围墙”到学校、社会开展巡讲（演）活动。②

---

① 参见《全国社区矫正教育管理工作会议综述》，载《中国司法》2015 年第 9 期。

② 参见贾东明、郭崧：《1412 名强制隔离戒毒人员教育现状的调查分析》，载《健康教育与健康促进》2016 年第 1 期。

第十六章　矫 正 项 目

矫正项目作为旨在实现某种特定矫正目标的系统化、规范化、模块化干预措施或课程，具有科学性、专业性、规范性、整合性和开放性等特征，在矫正教育工作中发挥着重要的作用，具有广阔的应用前景。

第一节　矫正项目概述

一、矫正项目的产生与发展

（一）矫正项目的产生

矫正项目（Correctional Program）产生的萌芽可以追溯到教育刑思想的兴起。发端于 19 世纪末期、形成于 20 世纪初期的教育刑思想把教育视为刑罚的本质与目的，主张通过对罪犯施加教育影响，矫正其错误认知、不良行为并使之在释放后顺利回归社会，从而降低重新犯罪率。随着刑罚执行理念从报应刑向教育刑的转变，矫正逐渐成为现代刑罚变革的基本导向，许多国家的学者纷纷提出了立足于矫正的行刑模式。在此背景下，监狱系统开始把转变罪犯认知、矫正罪犯恶习、实现罪犯再社会化作为根本目标，设计了涉及教养感化、学业补习①、兴趣指导、纪律规训②、职业培训③等诸多方面的干预措施、介入手段和处理方式，并进行了积极的实践探索和工作尝试。到了 20 世纪 20 年代，这些措施、手段、方式初步构成早期的矫正项目

---

① See Charles W. Coulterand Orvo E. Korpi, *Rehabilitation Programs in American Prisons and Correctional Institutions*, Journal of Criminal Law and Criminology 44, 1954, p. 613.

② See Close & O. H., *What should be the training program of a correctional school?*, Journal of Juvenile Research 15, 1931, p. 251.

③ See Morline M. Anderson, *Vocational Guidance in a Correctional Program*, Crime and Delinquency 6, 1960, p. 152.

目。[①] 但是,由于受到当时传统的刑罚观念、滞后的监狱管理体制以及素质较低的监管人员等因素的影响,早期的矫正项目成效并不明显。[②]

(二)矫正项目的发展

20世纪60年代至20世纪90年代,刑事司法界人士对以往实施或正在进行的矫正项目有效性开展了多次考察、评估和检验。美国犯罪社会学家马丁森·罗伯特(Martinson Robert)受托对1945—1967年关于矫正项目的成果报告进行检验性研究,并于1974年发表了题为《有什么效果?监狱改革问题与答案》的研究报告。他的结论是,“我们的矫正项目还不够好——我们为罪犯开展的教育质量仍然很差,我们为罪犯实施的矫正疗法还不够熟练,我们为罪犯提供的强化监督和咨询服务还不能符合个性化支持的要求”,[③]进而提出了矫正对减少重新犯罪方面没有明显的效果即“矫正无效”(nothing work)的论断。对此,不少学者提出了批驳,认为马丁森所采取的研究方法不充分,同时没有考虑到矫正项目的执行情况。尽管后来马丁森在众多批评声中修正了自己原来的结论,表示部分矫正项目对累犯有一定的效果,但关于矫正无效或矫正有效的争论仍在持续中。[④]

1980年,美国犯罪学家威尔逊·詹姆斯(Wilson Q. James)对有关争论进行了全面的评价,进一步指出对适当的罪犯采用适当的矫正项目是有效的,而对不适当的罪犯采用不适当的矫正项目就很有可能是无效的。[⑤] 1985年,美国犯罪学家卡罗尔·加勒特(Carol J. Garrett)通过元分析的方法,在研究了1960—1984年发表的相关文献后得出的结论是,对已判决的青少年违法者实施的寄宿矫正项目(residential treatment adjudicated delinquents)在降低累犯率、改善学业成绩以及提高心理适应和社会适应能力等方面均有一定的效果。[⑥]

20世纪90年代,以马里兰大学帕克分校犯罪学家劳伦斯·谢尔曼教授(Lawrence W. Sherman)为首的研究小组受美国司法部的委托和资助,对500多个犯罪预防项目的效果进行了评估,并于1998年发表了题为《预防犯罪:哪些有效?哪些无

---

① 参见周勇:《矫正项目:教育改造的一种新思路》,载《中国司法》2010年第4期。

② 参见高莹主编:《矫正原理与实务》,法律出版社2014年版,第65-66页。

③ See Martinson Robert, *What Works? —Questions and Answers About Prison Reform*, Public Interest 35, 1974, p. 49.

④ 参见田新民等主编:《顽危犯教育转化与循证矫正的理论与实践》,中国法制出版社2017年版,第248页。

⑤ 参见吴宗宪编著:《国外罪犯心理矫治》,中国轻工业出版社2004年版,第388页。

⑥ See Carol J. Garrett, *Effects of Residential Treatment on Adjudicated Delinquents: A Meta-Analysis*, Journal of Research in Crime and Delinquency 22, 1985, p. 287.

效？哪些还在进行中？》的研究报告。该研究小组在报告中指出，那些结构化、目标明确、重点突出、使用多种矫正措施、注重培养技能（社会技能、学业能力和职业技能）和采用认知—行为干预方法的矫正项目是有效的；而那些针对低危险性罪犯、行为目标模糊不清、执行水平差的矫正项目在减少重新犯罪方面是无效的。[①] 此后，人们越来越意识到，在司法矫正实践中应尽可能采用那些经过实践证明有效的矫正项目，从而提高矫正效果，实现矫正资源利用率的最大化。

20 世纪 90 年代末以后，刑事司法界人士通过不断反思、总结矫正实务经验以及积极引进和借鉴监狱学、教育学、心理学、社会学等相关学科的理论、技术，研发、改进了一系列目标更加具体明确、体系更加完整、内容更加充实、程序更加规范、操作更加可行的新型矫正项目。这种现代意义上的矫正项目与早期的矫正项目相比，在科学性、专业性、规范性、可操作性和有效性方面均有明显增强，成为司法矫正界的一大亮点。[②] 其中，以美国、英国、加拿大为代表的西方国家非常重视矫正项目的研制开发、系统实施和科学评估，并规定只有权威机构认证为具有良好效果的矫正项目才能推广应用于司法矫正领域。例如，被美国权威机构认证为"控制重新犯罪有效果"的矫正项目包括狱内治疗社区项目、狱外治疗社区项目、认知行为治疗项目、道德认知治疗与推理矫正项目、职业技能教育项目、多要素的矫正劳动项目、社区就业项目等。[③] 英国"矫正局认证专家组"（The Correctional Service Accreditation Panel）认证有效的矫正项目包括理性化矫正项目、强化的思维技能项目、思维第一项目、滥用毒品罪犯矫治项目、降低个体滥用毒品项目、认知自我改变项目、攻击替代训练项目、愤怒控制与管理项目等。[④] 加拿大司法矫正局在 21 世纪初已基本形成了涉及文化知识、职业技术、药物滥用、暴力行为、生活技能等诸多方面的矫正项目，得到"矫正项目认证专家组"（Correctional Programs Accreditation Panel）认可的

---

① See Lawrence W. Sherman, Denise C. Gottfredson & Doris L. MacKenzie, et al., *Preventing Crime: What Works, What Doesn't, What's Promising*, Corrections Forum 7, 1998, p. 19 – 23.

② 参见周勇：《矫正项目：教育改造的一种新思路》，载《中国司法》2010 年第 4 期。

③ 参见翟中东：《矫正的变迁》，中国人民公安大学出版社 2013 年版，第 329 页。

④ 参见邵雷主编：《中英监狱管理交流手册》，吉林人民出版社 2014 年版，第 47 页。

矫正项目包括教育项目、“对位”项目①、暴力预防项目、认知技能项目、生活技能项目、戒毒干预项目、医疗服务项目等，其中教育项目又分为成人基础教育项目、中等教育项目、中等以上教育项目和职业教育项目四类。这些矫正项目不仅在加拿大司法矫正系统被普遍运用，还被美国、英国、澳大利亚、新西兰等国家的矫正机构采用或借鉴，在国际矫正界享有较高的声誉和较大的影响力。②

总体而言，西方国家的矫正项目大多数针对罪犯普遍面临的四个问题，即不适当的文化教育、欠缺的职业培训、不完全的就业、有缺陷的社会和心理学治疗，③因此矫正项目主要包括教育项目、职业培训项目、生活技能项目、医疗服务项目、心理矫治项目、娱乐休闲项目等大的种类，并且在每个大的项目之下还有系统的专题教育项目。比如，在生活技能项目之下，有更为具体明确的求职技能、消费技能、社区融合能力、健康和安全技能、子女教育和家庭技能、公民基本素质技能等专题的教育指导项目。④

近年来，我国刑事司法领域开始运用项目化的方式开展各类矫正工作，如未成年犯不良交往矫正项目、女犯心瘾戒断矫正项目、暴力犯愤怒控制矫正项目、盗窃犯理财能力矫正项目、罪犯职业技能培训矫正项目、罪犯社会功能矫正项目、罪犯家庭关系调适项目、罪犯亲情修复项目、罪犯环境适应项目、“新启航 法护航”心理分类教育矫正项目、“蒲公英回家”社区矫正帮教项目、社区矫正分类教育项目等，均取得良好的效果。

二、矫正项目的概念与特征

（一）矫正项目的概念界定

矫正项目的概念有广义和狭义之分，就广义而言，任何旨在实现矫正目标的干预措施、介入手段和处遇方式都可称为矫正项目；就狭义而言，矫正项目是司法矫

---

① “对位”项目（counter – point program）的理论依据是，重新犯罪是众多危险性因素的综合结果，一旦这些危险性因素发生了变化，那么就会显著地降低重新犯罪的可能性。基于这一观点，“对位”项目将导致重新犯罪的危险性因素作为干预的对象，通过干预和改变危险性因素进而实现减少重新犯罪的矫正目标。目前，被“对位”项目确定为适当的干预目标的危险性因素包括两方面：一是犯罪态度、错误的价值观和信仰，正是它们使罪犯为其犯罪行为寻找借口，忽略犯罪后果或找到饶恕的理由；二是诸如自我控制、自我管理等方面的技能的缺乏（参见周勇：《加拿大罪犯矫正项目概述》，载《中国监狱学刊》2003年第2期）。

② 参见周勇：《加拿大罪犯矫正项目概述》，载《中国监狱学刊》2003 年第 2 期。

③ 参见吴宗宪：《当代西方监狱学》，法律出版社 2005 年版，第 640 页。

④ 参见王金亮：《罪犯矫正项目界定与运用研究》，载《犯罪与改造研究》2019 年第 5 期。

正机构专门用来实现某种特定矫正目标的系统化、规范化、模块化干预措施或课程。[①] 具体而言，矫正项目是指为了实现某种特定的、明确的矫正目标，在限定的时间、场所、人员、经费、资源范围内，依据系统的、规范的矫正程序而开展模块化矫正活动的有机集合体。对于这一概念，应从特定明确的矫正目标、系统规范的矫正程序和模块化的矫正活动三个方面加以全面理解和认识。

1. 矫正项目应具有特定明确的矫正目标

这里的矫正目标是指矫正对象在参与矫正项目之后应达到的状态或程度要求。矫正目标不仅是矫正项目实施的出发点和归宿，而且是设计矫正方案、制定矫正程序、执行矫正措施、取舍矫正内容、选择矫正方法的根本依据。矫正目标如果设定得过于泛化、笼统、抽象，则既不利于矫正项目的组织实施，也会使参与矫正项目的工作者无所适从。因此，在设计研发矫正项目时，应深入分析矫正对象的矫正需要，把帮助矫正对象成为“顺利回归社会的守法公民”的这一总体目标分解和细化成特定的、明确的、分层的矫正目标，以便矫正项目工作者不仅能清楚地知道自己承担着怎样的工作任务、如何完成目标以及做到何种程度，而且能在特定区域、特定时段内确定优先实现的重点目标。

2. 矫正项目应遵循系统规范的矫正程序

无论是在监狱、社区矫正机构还是在强制隔离戒毒所，矫正项目往往受到场所、经费、资源的制约，加之其本身的时限性与周期性，矫正项目工作者必须在明确的时间段内或规定的时间点前完成活动任务，同时参与其中的矫正对象也难免受到服刑期限或戒毒期段的制约。为了提高矫正效果、实现矫正资源利用率的最大化，通常只有经过权威机构认证或项目评估专家组鉴定认可的、具有系统且规范程序的矫正项目才能得以推广应用。因此，每一个矫正项目都是在限定的时间、场所、人员、经费、资源范围内，依据系统的、规范的矫正程序而完成的特定的活动任务。

3. 矫正项目应由一系列模块化的矫正活动组成

矫正项目活动的模块化是依据不同层级的矫正目标要求，把矫正内容划分成若干相对独立的部分，每一部分再细分为若干相互联系的单元，这些部分或单元内容通常对应各自特定的矫正目标、干预方式方法和过程评估标准，并按照规定的程序依次逐级推进。

（二）矫正项目的主要特征

通过分析矫正项目的概念及其内涵，可以把矫正项目的特质简要地概括为：具

---

① 参见周勇：《矫正项目：教育改造的一种新思路》，载《中国司法》2010年第4期。

有矫正内容、矫正量、矫正方法与矫正程序的矫正模块。[①] 矫正内容是指对罪犯、戒毒人员或社区矫正对象开展的干预范畴、课程结构及其知识体系，是一定的思想、观点、信念、知识、技能、行为、习惯、言语的总和。例如，未成年犯不良交往矫正项目由“认知”“回避”“取代”“控制”4个模块的13个单元组成，其中“认知”模块包括人际交往与社会化、不良交往与犯罪、不良交往状况分析3个单元内容；“回避”模块包括常见不良交往群体、不良交往的信息识别、不良交往的回避、不良交往“识别+回避训练”4个单元内容；“取代”模块包括三方沟通内容评议、健康网络交流活动、兴趣爱好养成引导3个单元内容；“控制”模块包括建立自我控制计划、寻求家庭亲情支持、签订社会帮教协议3个单元内容。[②] 矫正量是指实施矫正项目所需的干预活动总量、课程时间与次数。例如，教养技能项目由18个团体课程和2个讲座组成，每个课程或讲座大约2小时。[③] 矫正方法是指实施矫正项目时采用的课堂教育、团体辅导、个别辅导、角色扮演、认知重建、行为训练、拓展训练、情境模拟等干预方式和手段。例如，职业技能培训矫正项目主要采用了团体辅导、个别分享、互动交流、角色扮演、行为训练、拓展训练、结构化面试、情境模拟等方法，其中团体辅导贯穿该项目的始终。[④] 矫正程序是指矫正项目的设计研发、前期准备、实施过程、评估总结的基本次序、步骤和相应的规程。例如，盗窃犯理财能力矫正项目遵照了设计、准备、实施、评估、结论的先后顺序，其中实施步骤包括矫正导入、理念—理财先导、知识—理财基础、技能—理财方法、应用—理财工具、矫正总结6个阶段。[⑤] 又如，社区矫正社会工作服务项目包括项目对接、接案、预估、计划、介入、结案、评估、跟进8个步骤。[⑥]

尽管不同的矫正项目在矫正内容、矫正量、矫正方法与矫正程序上不同，但从其本质上分析，都具有科学性、专业性、规范性、整合性和开放性的特征。

---

① 参见翟中东：《中国社区矫正制度的建构与立法问题》，中国人民公安大学出版社2017年版，第215页。

② 参见管荣斌主编：《未成年犯不良交往矫正项目研发报告与指导手册》，中国法制出版社2018年版，第114－273页。

③ 参见周勇：《加拿大罪犯矫正项目概述》，载《中国监狱学刊》2003年第2期。

④ 参见史永福主编：《职业技能培训矫正项目研发报告与指导手册》，中国法制出版社2018年版，第21页。

⑤ 参见王洪生主编：《理财能力矫正项目研发报告与指导手册》，中国法制出版社2018年版，第17－351页。

⑥ 参见张书颖、曹海英主编：《社区矫正社会工作服务项目操作指南》，知识产权出版社2013年版，第21－76页。

1. 科学性

任何一个合格的矫正项目都要经过数轮严密的临床实验和修订完善，以保证矫正项目具有充分的实证依据，反映较高的科学性。[①] 同时，矫正项目的每一项内容、每一个环节、每一种方法、每一轮程序都并非主观臆想的结果，而是依据实际需要与原理知识精心编制出来的，具有合理的现实基础和科学的理论支撑。

2. 专业性

矫正项目的专业性主要体现在研发人员的专业化水平和组织项目实施的专业人员。[②] 其一，矫正项目是由专业人员基于其专业知识、工作技能和实践经验而研发出来的，因此项目本身通常具有较高的专业水准和技术含量。[③] 其二，矫正项目是由心理咨询师、教育工作者、社会工作者等专业人员来组织实施的，以便从项目之初就能深入理解、准确把握矫正项目的核心要领与总体架构，从而保证矫正项目的顺利实施和有效操作。

3. 规范性

为了最大限度地减少实施过程中的随意化、盲目化、粗略化现象，矫正项目非常注重规范化建设。矫正项目的规范性不仅有利于矫正项目的实施、管理和推广，而且是矫正项目取得预期成效的重要保证。因此，矫正项目不仅在项目目标、适用对象、干预方式、进度安排、考核评估等大的方面进行统一规定和要求，而且对每一个干预措施或课程、每一个重要环节等都制定了详细而明确的操作规程。

4. 整合性

作为旨在实现某种特定矫正目标的系统化干预措施或课程，矫正项目是将矫正理念、内容、方法技术等诸多方面有机联结在一起的综合载体。同时，在矫正项目的研发、实施和评估中，根据实现矫正目标的要求，往往需要综合运用教育学、心理学、社会学、管理学、犯罪学、法学、统计学、医学、行为学、伦理学等多门学科的知识及技术。所有矫正项目中，既有关于矫正原理、矫正技术、矫正教育、心理矫治的基本理念与工作原则，又有实现矫正项目的梯次性内容设置与安排，还有开展矫正活动所需的具体方式方法和技术技能。

5. 开放性

研发和实施矫正项目的工作者在秉承科学精神、坚守规范管理的同时还要能

---

① 参见周勇：《矫正项目：教育改造的一种新思路》，载《中国司法》2010 年第 4 期。

② 参见邵晓顺、薛佩琳主编：《矫正机构中期教育理论与实务》，群众出版社 2015 年版，第 279 - 280 页。

③ 参见周勇：《矫正项目：教育改造的一种新思路》，载《中国司法》2010 年第 4 期。

够积极借鉴、善于引介相关领域的最新研究成果。① 无论是理念、思想还是方法、技术，只要有利于矫正目标的实现、矫正效果的提高，都可以科学合理地纳入矫正项目中，充分彰显其开放先进、兼容并包、富于生命力的特征。

三、矫正项目的分类与功用

（一）矫正项目的分类

根据不同的划分标准和维度，可以把矫正项目分为不同的类型。

1. 根据项目认证情况的不同，可分为未经过认证的矫正项目、经过认证的矫正项目。②

2. 根据矫正时间跨度的不同，可分为速成矫正项目和中长期矫正项目。

3. 根据矫正项目规模的不同，可分为大型矫正项目、中型矫正项目、小型矫正项目。

4. 根据矫正对象性别、年龄的不同，可分为男犯矫正项目、女犯矫正项目、未成年犯矫正项目、成年犯矫正项目、老年犯矫正项目。

5. 根据矫正对象违法犯罪类型的不同，可分为性犯罪罪犯矫正项目、暴力犯矫正项目、盗窃犯矫正项目、戒毒人员矫正项目等。

6. 根据矫正对象危险程度的不同，可分为针对一般危险性矫正对象的矫正项目、针对中度危险性矫正对象的矫正项目、针对高度危险性矫正对象的矫正项目。

7. 根据矫正对象再犯危险与矫正效果的不同，可分为惯犯和累犯的矫正项目、再犯高风险的罪犯矫正项目、顽危犯矫正项目等。

8. 根据矫正目标的不同，可分为认知行为矫正项目、情绪控制矫正项目、社会交往技能矫正项目、生活技能项目、心瘾戒断矫正项目、体能训练项目等。

9. 根据矫正内容的不同，可分为思想道德教育项目、法制教育项目、文化知识教育项目、心理分类教育矫正项目、职业技能培训矫正项目、公益劳动矫正项目、社区矫正帮教项目等。

司法矫正实践中，通常根据矫正需要把上述不同标准、维度的矫正项目进行组合分类，如未成年犯社区矫正教育项目、暴力犯愤怒控制矫正项目、盗窃犯理财能力矫正项目、戒毒人员体能训练项目等。

---

① 参见周勇：《矫正项目：教育改造的一种新思路》，载《中国司法》2010 年第 4 期。

② 未经过认证的矫正项目通常处在试用研究或申报认证阶段，经过认证的矫正项目是被证明有效的矫正项目，常常以矫正项目指南、用户操作手册等形式被推广应用于司法矫正领域。参见张庆斌：《矫正项目：突破矫正效益的利器》，载《中国监狱学刊》2017 年第 3 期。

(二)矫正项目的功用

从宏观层面而言,矫正项目的功能在于通过充分利用矫正资源,有效实现矫正目标,不断提高矫正效果。从微观层面而言,矫正项目的功用是实现矫正目标的根本途径、执行矫正方案的重要载体、提供矫正活动的基本规范、搜集矫正证据的主要来源。

1. 矫正项目是实现矫正目标的根本途径

司法矫正的总目标是把矫正对象转化为顺利回归社会的守法公民,减少乃至消除其重新违法犯罪的可能性。矫正项目根据矫正对象的矫正需要,将这一总体目标分解和细化成某一项或某一类特定的、明确的、分层的矫正目标,并有计划、有组织、有系统地付诸实施。① 矫正目标在矫正项目实施之前只能算作纸上谈兵,只有通过矫正项目的实施、评估、总结,才能把矫正蓝图的纸上谈兵转为现场实战,在身经百战之后最终取得良好的成效。

2. 矫正项目是执行矫正方案的重要载体

矫正方案作为实现矫正目标的计划安排,是科学有序地开展矫正活动的基本保障。矫正方案相当于医生的处方,矫正项目则相当于处方上的药物,而药物是治疗疾病最直接、最根本、最有效力的东西。如果缺乏矫正项目这些"药物"的话,治疗矫正对象身上"疾病"的矫正目标也就无法实现。由此可见,矫正项目作为关键措施、重要载体,在司法矫正中发挥着不可或缺的重要作用。②

3. 矫正项目提供矫正活动的基本规范

矫正项目工作者通常编制项目说明、活动方案、指导手册、实施指南等书面文本,对课程内容、进度安排、实施要点、步骤流程和操作要求等各个方面进行详尽的规定和说明,为顺利进行矫正活动、实务操作提供了基本规范与方向引导。

4. 矫正项目是矫正证据的主要来源

循证矫正(evidence - based correction)是现代科学精神对刑事司法实践的渗透,为矫正教育工作带来了一场方法论革命。循证矫正以其独特的优势与价值回答了"标准是什么"、"是否有效"和"怎样证实"的问题,将理论与实践有效地整合在矫正项目、技术、系统中。现代矫正项目也正在不断发展、完善,其数量种类日益繁多,成为循证矫正工作搜集、整理、应用矫正证据的主要来源。

---

① 参见张庆斌:《矫正项目:突破矫正效益的利器》,载《中国监狱学刊》2017 年第 3 期。

② 参见周勇、张灵:《初论矫正项目》,载《河南司法警官职业学院学报》2009 年第 4 期。

第二节　矫正项目程序

一、矫正项目的研发

矫正项目的研发主要是指司法矫正管理部门、研究机构对矫正工作中出现的新问题、疑难问题进行立项，组织设计、研发。这些问题可能涉及矫正对象的新需求、新的犯因性因素①，也可能涉及传统的矫正项目无法解决的新问题或者使用不理想等情况。②

（一）矫正项目的研发方式

矫正项目的研发一般有自上而下式、自下而上式两种方式。

1. 自上而下式

司法矫正管理部门和研究机构根据矫正工作发展规划，围绕矫正实践中迫切需要解决的现实问题来设计，从中提炼并确定矫正研发项目，向基层矫正机构或矫正研究者公布招标。

2. 自下而上式

基层矫正工作者、研究者、管理者在矫正工作实践中，针对矫正工作中的重点、难点，申请设立矫正项目，上报审批。

（二）矫正项目的研发步骤

由于矫正项目设计和研发的专业性较强、难度较大，对研发人员的综合素质要求很高，因此矫正项目的研发常常由相关专家、学者和具有丰富行业经验的实务工作者组成研发小组来完成。其研发步骤主要包括确立矫正项目、编制矫正项目、实验矫正项目、项目鉴定推广。

1. 确立矫正项目

一般从查找矫正对象犯因性问题、现实危险性问题或者重新违法犯罪问题等

---

① 犯因性因素是指对犯罪心理的产生和犯罪行为的实施起诱发、推动和助长作用的各种因素，简言之，就是具有犯罪原因性质的因素。其中，“犯因性”（criminogenic）是指“犯罪原因性的”“具有犯罪原因性质的”“起犯罪原因作用的”。参见吴宗宪：《吴宗宪文集》，中国法制出版社 2016 年版，第 420 页。

② 参见高莹主编：《矫正原理与实务》，法律出版社 2014 年版，第 369 – 370 页。

相关因素入手,[①]该类问题具有较强的代表性、典型性,可以在某种程度上影响和改变矫正对象,将此确立为矫正项目具有现实意义和应用价值。对于那些属于静态性质的,无法影响和改变矫正对象的问题,一般不能确立为矫正项目;对于有些不属于犯因性因素或非犯罪动因的问题,也不宜确立为矫正项目。对于确立的矫正项目,应通过阅读矫正对象档案、开展访谈调查、采取量表评估、检索相关文献资料等方式,在矫正目标可行性、矫正技术可行性、矫正需求可满足度、矫正资源可利用度等几个维度对其进行充分的论证。

2. 编制矫正项目

编制矫正项目就是对矫正项目的各个实施要素进行设计组合。矫正目标的设计要具体明确,矫正步骤要清晰且具有可操作性。编制矫正项目的重点是对干预措施或课程的规划及安排,要为每次干预措施或课程制订实施方案,且方案的每个环节应当包括具体步骤、实施要点、方式方法、辅助手段等内容。

3. 实验矫正项目

对于初步研制的矫正项目,为了检验其可行性、实用性和有效性,可预先进行矫正实验,验证该项目的矫正效果。通过预先实验、科学评估,可以发现矫正项目中存在的问题和不足,以便对其进行修改和完善。经过数轮严密的临床实验并获得认可的成效后,矫正项目才能基本定型。

4. 项目鉴定推广

对于基本定型的矫正项目,要组织相关领域专家进行鉴定,根据专家意见再次对矫正项目进行标准化、规范化的修正,使其成为可以推广使用的矫正项目。

二、矫正项目的准备

在矫正项目实施前,需要在组织机制、测评工具、物质环境等方面做好充分的准备工作。这些准备工作的好坏在很大程度上关系到矫正项目的实施情况和最终效果。

(一)组织机制准备

组织机制准备主要包括建立组织管理机构、组建项目运作团队和制定实施细则。

---

① 在西方国家,识别罪犯的犯因性问题,主要采用审前调查、量表评估、专家会诊等方法进行。目前,我国主要采用面谈、阅读罪犯档案、函调和采用一定的评估工具等方法进行综合识别。综合分析的依据,即是犯因性问题的识别证据。参见宋行:《循证矫正项目研究》,载《中国监狱学刊》2014 年第 2 期。

1. 建立组织管理机构

组织管理机构是负责对矫正项目进行集中协调管理的组织部门，其职责范围可从提供项目管理支持涵盖到直接管理项目。例如，为了未成年犯不良交往矫正项目的顺利推进，在监所和管区两个层次上分别建立了矫正项目管理办公室、矫正项目经理，前者主要提供项目管理支持，后者直接管理项目。①

2. 组建项目运作团队

尽管项目运作团队是一个来自不同职能部门或不同机构的临时性团队，它将伴随项目任务的完成而解散，但它一经组建便是由相互之间知识与技能互补、具有共同信念和价值观且愿意为共同的矫正目标而奋斗的一群成员组建的团体。例如，社区矫正社会工作服务项目的运作团队由司法警官、司法行政机构的司法助理员、司法行政机构的社会工作者、社区矫正社会工作者、社区志愿者、矫正专家等成员组成。②

3. 制定实施细则

控制好项目实施过程，需要出台矫正项目实施细则，编制项目实施文本以及过程控制文件等。例如，在盗窃犯理财能力矫正项目实施之前，制定了《代币制度与实施方案》《矫正对象参与集中矫正活动效果评估分级评分标准》《组织集中矫正活动的规范程序》《关于实验监区服刑人员参与循证矫正项目的加分细则》《矫正对象狱内开账物品结构化分类标准》《矫正民警工作日志管理制度》《项目激励办法》，并编制了相应的过程控制文件和矫正活动记载簿册；③在职业技能培训矫正项目实施之前，制定了《监狱职业技能培训矫正项目实施方案》《职业技能培训矫正项目教学管理规定》《职业技能培训矫正项目质量管理实施细则》等。④

（二）测评工具准备

测评工具准备是针对矫正项目所要使用的测量、评估和分析工具所做的准备。不同的矫正项目需要准备不同的测评工具。例如，未成年犯不良交往矫正项目的测评工具主要为样本筛选工具和犯因改善评估工具，前者包括《不良交往诊断问

---

① 参见管荣斌主编：《未成年犯不良交往矫正项目研发报告与指导手册》，中国法制出版社2018年版，第29页。

② 参见张书颖、曹海英主编：《社区矫正社会工作服务项目操作指南》，知识产权出版社2013年版，第1－2页。

③ 参见王洪生主编：《理财能力矫正项目研发报告与指导手册》，中国法制出版社2018年版，第38页。

④ 参见史永福主编：《职业技能培训矫正项目研发报告与指导手册》，中国法制出版社2018年版，第44页。

卷》《不良交往结构分析问卷》《心理认知行为量表》《人身危险性检测表》《重新犯罪预测简评表》，后者包括《不良交往认知状况测试问卷》《不良交往回避能力测试问卷》《不良交往取代能力评价表》《不良交往控制能力测试问卷》《不良交往结构分析评价表》；[①]职业技能培训矫正项目的测评工具包括《职业道德与法律常识测试问卷》《就业创业法律政策测验问卷》《结构化面试评分表》《劳动态度调查表》《罪犯发言记录表》《量表检测记录》等。[②]

（三）物质环境准备

为了保障矫正项目的顺利开展，满足项目运行阶段的各种软硬件需求，需要从场地、设施、设备等方面做好相应的物质环境准备。例如，在监狱内设立暴力犯愤怒控制矫正项目实验基地，开辟250平方米电化教室，配置教学投影设备、愤怒控制训练活动设施和工具；[③]在盗窃犯理财能力矫正项目实施之前，专门配备实验监狱、独立监舍、多媒体教室、机房以及开展“代币制”模拟理财训练所需的学习手册、书籍、音视频资料、点购清单、代币（练功钞）、点钞机、钱包、文具等。[④]

三、矫正项目的实施

（一）矫正项目的实施方案

矫正项目的实施方案是指负责矫正工作的组织部门，为了实现矫正目标和任务，而对某一项目的工作目标、步骤以及方法、措施等谋划和安排而制定的指导性文件。它既是指导矫正项目实施的重要手段，又是开展矫正活动的重要依据。

1. 矫正项目实施方案的内容

矫正项目实施方案的内容主要包括任务与目标、方法与措施、步骤与时间安排三个方面。第一，任务与目标是关于“做什么”，以及达到怎样的程度的内容，是某矫正项目实施所要达到的预期目的，是矫正方案的核心内容。第二，方法与措施主要涉及“怎样做”的问题。在任务和目标“做什么”的问题确定之后，怎样去完成这些任务，并达到某个目标，就成了计划的关键。在设计矫正项目计划时，应根据矫正

---

① 参见管荣斌主编：《未成年犯不良交往矫正项目研发报告与指导手册》，中国法制出版社2018年版，第33－37页。

② 参见史永福主编：《职业技能培训矫正项目研发报告与指导手册》，中国法制出版社2018年版，第44页。

③ 参见刘洪主编：《暴力犯愤怒控制矫正项目研发报告与指导手册》，中国法制出版社2018年版，第57－58页。

④ 参见王洪生主编：《理财能力矫正项目研发报告与指导手册》，中国法制出版社2018年版，第39－40页。

对象的矫正需求和改造特点,设计所应采取的方法、措施。例如,针对盗窃犯责任感差、羞耻感淡漠、恶习深的特点,主要从引导他们深挖犯罪的主观根源、认识犯罪危害、树立正确的人生观、强化劳动意识等方面去预设切实可行的方法和措施。第三,步骤与时间安排是指为达到某个项目目标所作的阶段性任务、目标的设想与时间安排。一个涉及时间较长的项目或一个较大的目标,往往都是分步骤、分阶段实现的。阶段性小目标的实现是实现所预想的大目标的基础和保障。所以在制订矫正项目实施方案时,应当明确先做什么后做什么,什么时间完成什么项目等,以使整个计划有条不紊、有步骤地实施。

2. 矫正项目实施方案的编制

编制矫正项目实施方案时应注意明确指导思想、科学设定目标、具体分解目标、便于操作实施四个方面。第一,明确指导思想。在制订矫正项目实施方案时,必须以国家有关法律、法规和政策为依据,围绕"以习近平新时代中国特色社会主义思想为指导,深入学习贯彻党的十九大和十九届二中、三中全会精神,坚持以人民为中心的发展思想,坚持规范化执法、人文化管理、专业化矫正、社会化帮教的工作理念",确定矫正目标、内容、方法和措施等。第二,科学设定目标。矫正机构必须实事求是地科学设定矫正工作目标。在制订矫正项目实施方案时,既要以国家有关法律、法规和政策为依据,也应结合本系统、本地方或本矫正机构的实际情况来确定矫正项目任务和目标。所确定的目标,既不能过高,也不能过低。过高则难以实现,过低则对工作起不到应有的促进作用,二者皆不可取。在设定目标的过程中,必要时可进行决策论证和可行性分析,最终形成为各方所接受的、能够引领矫正发展的目标。第三,具体分解目标。目标确定后,需要对目标进行分解,即把矫正目标按矫正机构设置和矫正对象需求依次分解,形成一层接一层、一环套一环的目标体系。分解要求是纵向到底,横向到边,一直分解到每一个岗位和个人、每一个矫正环节和内容。第四,便于操作实施。制订的矫正项目方案必须便于操作实施,即提出的任务、目标、方法、措施以及步骤等一定要具体、明确、可行。同时又不能定得太死,要留有余地,以便在实施过程中根据情况的变化,对计划进行调整、修改,使之更符合实际。

(二)矫正项目的实施要素

从国内外矫正项目的实施情况来看,一个完整的矫正项目主要包括项目名称、项目目标、适用对象、工作原理、干预方式、进度安排、实施要点、考核评估八个方面。①

1. 项目名称

项目名称,即矫正项目的名称。矫正项目既可用该项目拟实现的矫正目标、内容来命名,也可用该项目的适用对象来命名。前者如“情绪易变性矫正项目”“适应性缺失矫正项目”“自控力缺失矫正项目”等,后者如“未成年犯矫正项目”“女犯矫正项目”“暴力犯矫正项目”“盗窃犯矫正项目”“假释犯矫正项目”等。

2. 项目目标

项目目标,即矫正项目拟达到或实现的具体矫正目标,也就是矫正对象经过项目矫正后应达到的状态或程度。例如,未成年犯不良交往矫正项目的目标是“帮助未成年犯学习与训练不良交往阻断技能,提升其处置与阻断不良交往的能力,消除其不良人际交往的犯因,改善其社会交往状况,满足其社会化需求,促成其在监禁状态下和未来回归社会后的再社会化,从而降低再犯风险”;②女犯心瘾戒断矫正项目的目标是“吸毒女犯心瘾的犯因性问题得到改善,此类罪犯的再犯率明显降低”;③暴力犯愤怒控制矫正项目的目标是“使矫正对象应用掌握愤怒控制技术,减少减轻愤怒情绪,防止将愤怒升级为攻击行为,以减少重新暴力犯罪倾向”;④盗窃犯理财能力矫正项目的目标是“通过提高服刑人员理财能力,继而提高其生活技能和再社会化水平,增强其社会适应能力,降低其再犯罪风险”。⑤

3. 适用对象

适用对象,即根据矫正对象的矫正需求或犯因性差异、个体社会化程度,确定矫正对象类型和矫正项目类型。例如,未成年犯不良交往矫正项目适用于“再犯风险高、‘不良交往’是导致其犯罪直接原因的未成年犯”;⑥女犯心瘾戒断矫正项目适用于具有中高再犯风险且瘾癖需求突出、有参与矫正意愿的涉毒女犯;⑦暴力犯愤

---

① 参见周勇:《矫正项目:教育改造的一种新思路》,载《中国司法》2010 年第 4 期。

② 参见管荣斌主编:《未成年犯不良交往矫正项目研发报告与指导手册》,中国法制出版社 2018 年版,第 10 页。

③ 参见吴晓凤主编:《女犯心瘾戒断矫正项目研发报告与指导手册》,中国法制出版社 2018 年版,第 53 页。

④ 参见刘洪主编:《暴力犯愤怒控制矫正项目研发报告与指导手册》,中国法制出版社 2018 年版,第 91 页。

⑤ 参见王洪生主编:《理财能力矫正项目研发报告与指导手册》,中国法制出版社 2018 年版,第 39 - 40 页。

⑥ 参见管荣斌主编:《未成年犯不良交往矫正项目研发报告与指导手册》,中国法制出版社 2018 年版,第 99 页。

⑦ 参见吴晓凤主编:《女犯心瘾戒断矫正项目研发报告与指导手册》,中国法制出版社 2018 年版,第 72 页。

怒控制矫正项目适用于“具有愤怒控制问题并具有暴力犯罪史或重新暴力犯罪风险较高的罪犯”；[①]盗窃犯理财能力矫正项目适用于“缺乏理财意识和理财知识，存在理财能力缺陷或理财行为障碍的服刑人员”。[②]

4. 工作原理

工作原理，即为了达到或实现矫正目标而运用的作用机制和基本原理。科学、合理、恰当的工作原理是提高矫正项目效果的重要基础。例如，未成年犯不良交往矫正项目主要运用了“风险—需求—响应”循证矫正原则、社会学习理论、差异交往理论、犯罪动力定型理论的基本原理；[③]女犯心瘾戒断矫正项目主要运用了“风险—需求—响应”循证矫正原则、社会学习理论、认知理论、行为分阶段转变理论的基本原理；[④]暴力犯愤怒控制矫正项目主要运用了社会学习理论、认知行为理论、愤怒控制训练学说的基本原理；[⑤]盗窃犯理财能力矫正项目主要运用了社会学习理论、认知行为理论、人的社会化理论的基本原理。[⑥]

5. 干预方式

干预方式，即矫正项目围绕目标具体采取的干预方式方法。根据实现矫正目标的需要，在一个矫正项目中可以灵活地采取多种多样的方式方法，包括讲解、示范、讨论、游戏、案例分析、角色扮演、团体训练等。例如，未成年犯不良交往矫正项目主要采用专题讲座、个别辅导、团体活动、矫正作业、系统训练、社会帮教等实施方式，运用的具体方法包括个别谈话、话题讨论、互动交流、案例分析、自我剖析、观看视频、布置作业、测试评估、点评反馈、看微电影、主题辩论、撰写心得、冥想活动、网络沟通、资料学习、自我反思、写承诺书、观察记录、问卷测试、兴趣培训、成果展览、情境模拟、心理剧、家长开放日、主题帮教、签订协议、建立爱心妈妈 QQ 群、填写爱

---

① 参见刘洪主编：《暴力犯愤怒控制矫正项目研发报告与指导手册》，中国法制出版社 2018 年版，第 91 页。

② 参见王洪生主编：《理财能力矫正项目研发报告与指导手册》，中国法制出版社 2018 年版，第 28 页。

③ 参见管荣斌主编：《未成年犯不良交往矫正项目研发报告与指导手册》，中国法制出版社 2018 年版，第 10 – 14 页。

④ 参见吴晓凤主编：《女犯心瘾戒断矫正项目研发报告与指导手册》，中国法制出版社 2018 年版，第 36 – 41 页。

⑤ 参见刘洪主编：《暴力犯愤怒控制矫正项目研发报告与指导手册》，中国法制出版社 2018 年版，第 91 – 92 页。

⑥ 参见王洪生主编：《理财能力矫正项目研发报告与指导手册》，中国法制出版社 2018 年版，第 29 页。

心联系卡、建立交往档案等；[①]女犯心瘾戒断矫正项目主要采用认知行为疗法、动机晤谈法、团体训练、分组辩论、案例分析等多种方法。[②]

6. 进度安排

进度安排，即矫正项目具体的内容安排和时间进度。在进度安排中需要说明矫正项目设置了哪些矫正内容、环节和任务，预计花费多长时间来完成以及如何使用这些时间。例如，暴力预防矫正项目共有 124 个单元课程（每单元课程约 2 小时），包括 120 个团体课程和 4 个个别课程，其中的团体课程划分为以下 10 个模块：（1）促使改变：定位和变化过程（8 个单元课程）；（2）暴力认知：探究暴力的个人根源（16 个单元课程）；（3）愤怒控制：控制愤怒和焦虑情绪的基本技能（8 个单元课程）；（4）问题解决：社会化的问题解决和信息加工技能（16 个单元课程）；（5）社会态度：探究和改变支持暴力行为的观念（16 个单元课程）；（6）积极关系：减少伤害与暴力行为（8 个单元课程）；（7）解决冲突：沟通和协商技能（8 个单元课程）；（8）积极生活方式：改变激发暴力行为的生活方式（8 个单元课程）；（9）自我控制：建立短期、长期的自我控制机制（16 个单元课程）；（10）暴力预防：形成一个全面的暴力预防方案（16 个单元课程）。计划每天安排 2 个单元课程，每周 4 天，安排完全部的课程通常需要 16 个星期左右的时间。[③]

7. 实施要点

实施要点，即在矫正项目实施过程中需要重点关注的若干关键性问题。这些关键性问题常常会影响矫正项目的效果。例如，盗窃犯理财能力矫正项目的实施要点是，项目采用日常矫正活动与集中矫正活动相结合的方式，同时推进理财知识学习与理财行为训练，同时操作过程中要注意强化矫正意愿、做到因人施矫以及尽量采用通俗化的讲解和具体化的操作。[④]

8. 考核评估

考核评估，即考核和评价矫正项目效果的方法与措施，主要包括矫正对象的知识考核、行为考核、任务测验、量表检测、模拟考试以及矫正项目的中期评估、最终评估等。

---

① 参见管荣斌主编：《未成年犯不良交往矫正项目研发报告与指导手册》，中国法制出版社 2018 年版，第 98 页。

② 参见吴晓凤主编：《女犯心瘾戒断矫正项目研发报告与指导手册》，中国法制出版社 2018 年版，第 42－51 页。

③ 参见周勇、张灵：《初论矫正项目》，载《河南司法警官职业学院学报》2009 年第 4 期。

④ 参见王洪生主编：《理财能力矫正项目研发报告与指导手册》，中国法制出版社 2018 年版，第 29－30 页。

四、矫正项目的评估

（一）矫正项目的评估程序

矫正项目的评估程序主要包括项目评估申请、组织项目评估、出具评估意见三个环节。

1. 项目评估申请

矫正项目完成后，矫正项目负责人应向矫正项目管理机构提出项目评估申请，填写项目评估申请表。

2. 组织项目评估

矫正项目管理机构受理审核矫正项目负责人的申请，经审核同意后，组织专家对矫正项目进行评议。评议专家的人数通常为5—7人。一般项目采取通讯评议的方式，重大项目采取专家组会议评议的方式。通讯评议是指矫正项目管理机构将项目申请书、成果主件、附件及项目实施总结报告等需要评议的材料寄给评估组每位专家，经专家独立审阅后，根据寄回的评审意见决定取舍。专家组会议评议是指矫正项目管理机构事先把项目申请书、成果主件、附件及项目实施总结报告等需要评议的材料提交专家组，并邀请专家在指定的时间和地点参加评审会，通过讨论与交流形成集体评审意见。

3. 出具评估意见

评估组专家应本着科学的精神，坚持实事求是的原则，依据矫正项目申请书预期要达到的目标，对矫正项目提出客观、公正、全面的评估意见，并由评估组长形成评估组集体意见。

（二）矫正项目的评估方式

矫正项目的评估方式分为内在性评估和外在性评估两种。

1. 内在性评估

内在性评估主要评估矫正项目的可靠性、真实性。内在性评估的内容主要包括：（1）矫正项目的所循证据是否科学、可靠，是否反映最新研究成果或者亟待解决的矫正问题，是否有理论支撑，是否为实践所检验和证明，其所用方法是否科学恰当，其负面影响如何；（2）矫正项目是否能够满足矫正对象和矫正机构的需求，是否在了解矫正对象或矫正机构需求的基础上制定和实施；（3）矫正项目本身干预方式方法是否具有针对性，进度安排是否合理，程序是否清晰，操作是否简便可行，内容设计、时间安排是否规范，内容表述是否清晰；（4）矫正项目的效果如何，即矫正项目实施后是否达到了矫正目标，并用比较法、测评法等方式方法对矫正项目进行效果评估。

2. 外在性评估

外在性评估主要评估矫正项目的可行性、可推广性等。外在性评估的内容主要包括:(1)矫正项目的绩效评估,即实施该项目所需投入的物力、人力和财力如何,这些投入获得了怎样的收益,是否达到了预期的目的;(2)矫正项目的创造性、先进性和成熟程度如何;(3)矫正项目的推广条件和前景如何,以及对矫正项目适用对象的类型情况、矫正项目实施的条件情况、矫正项目的实践操作性等进行评估。

第三节　矫正项目管理

一、矫正项目的管理组织

由于矫正项目具有科学性、专业性、规范性、整合性和开放性的特征,加之矫正内容丰富多彩、矫正方法各具特色、矫正资源五花八门,因此必须对矫正项目加以科学、系统、专门的管理。矫正项目管理是指通过组织、领导、控制矫正项目实现既定矫正目标的管理活动,是协调矫正机构中有关的人、财、物、信息等资源的过程。矫正项目管理组织是指为实施矫正项目管理而建立的组织机构,以及该机构为实现矫正项目目标所进行的各项组织工作的简称。目前的矫正项目管理组织主要包括矫正项目管理机构和矫正项目经理。

(一)矫正项目管理机构

如前所述,矫正项目管理机构即矫正项目管理办公室,是负责对矫正项目进行集中协调管理的组织部门,其职责范围可从提供项目管理支持涵盖到直接管理项目。矫正项目管理办公室通常设主任一名,副主任两名,主任由监所分管矫正教育工作的领导兼任。① 在矫正项目开始阶段,矫正项目管理办公室是决策者,对矫正项目的目标实现享有建议权,对矫正项目的共有或专项资源有一定的选择、管理和调配权等,如建立和管理矫正证据库等,同时通过各种方式支持、督导矫正项目经理。其支持、督导矫正项目经理的内容主要包括:管理所辖全部矫正项目的共享资源;识别和开发矫正项目管理方法、最佳实践和标准;指导、辅导、培训和监督矫正项

① 参见管荣斌主编:《未成年犯不良交往矫正项目研发报告与指导手册》,中国法制出版社 2018 年版,第 29 页。

目经理;审计、监督矫正项目经理对矫正项目管理标准、政策、程序的遵守程度;开发和管理矫正项目政策、程序和其他共享文件等。①

(二)矫正项目经理

矫正项目往往需要教育学、心理学、社会学、管理学、法学、医学等不同学科背景的专业人才组成团队共同实施和完成。矫正项目的实施,不仅涉及物质资源的调用,而且涉及与其他相关职能部门和相关人员的沟通等。为了有效利用矫正资源,强化矫正团队建设和管理,进而最终实现矫正目标,需要在矫正团队中设置矫正项目负责人,也可称为矫正项目经理。矫正项目经理直接管理矫正项目,其矫正项目管理工作主要包括九个方面。第一,识别矫正需求,编制矫正需求报告;第二,组建、建设和管理矫正团队;第三,与矫正团队一起编制矫正项目可行性论证报告;第四,依据矫正需求分析报告、矫正项目可行性论证报告,编制立项文件,以便获得上级部门委派而启动矫正项目;第五,规划矫正项目执行,和矫正团队、矫正对象一起编制具有规划性质的矫正项目实施进程方案;第六,规划和合理利用矫正团队的人力资源、环境资源,与矫正项目管理办公室、职能部门以及其他相关人员沟通、协调,负责矫正知识、技术和工具的运用,在矫正项目实施过程中,负责不同管理过程需要的物质采购和资金使用;第七,制定质量监控规划,编制质量标准和控制流程;第八,识别风险,规划风险应对;第九,在矫正项目完成并经过质量评估之后,撰写矫正项目结项总结报告。② 如果矫正项目经理希望有效管理矫正项目,除了必须具备矫正知识、技能和经验之外,还需要具备通用的管理知识和管理能力,以及项目管理知识、项目管理能力、必要的指导矫正项目团队实现矫正项目目标和平衡矫正项目制约因素的领导力。③

二、矫正项目的督查考核

矫正项目督查考核是指上级司法行政机关和矫正项目管理机构对矫正项目运行的情况定期进行督导检查,切实保证国家有关矫正工作方针、政策、法律、法规的贯彻执行,以及各个矫正目标和各项工作措施的实现。

(一)矫正项目督查考核的内容

矫正项目督查考核的内容主要包括对矫正组织管理、矫正内容、矫正方式、矫

---

① 参见宋行:《循证矫正项目研究》,载《中国监狱学刊》2014 年第 2 期。

② 参见宋行:《循证矫正项目研究》,载《中国监狱学刊》2014 年第 2 期。

③ 管荣斌主编:《未成年犯不良交往矫正项目研发报告与指导手册》,中国法制出版社 2018 年版,第 29 – 30 页。

正实施过程、矫正项目工作者、矫正设施、矫正质量的考核。

1. 矫正组织管理的考核

矫正组织管理的考核主要包括:(1)对基层矫正机构的考核,主要涉及处(科)室工作者人数占矫正对象的比例、工作者个人基本情况、工作尽职尽责情况、工作能力与实绩状况等;(2)对矫正活动的考核,主要涉及工作人员数量、工作分配情况、开展矫正活动情况等;(3)对教育组织形式的考核,主要涉及班级类别、课程设置、参加学习的矫正对象数量占总体矫正对象的比例等。

2. 矫正内容的考核

矫正内容是影响矫正效果的重要因素之一。考核应侧重服矫正内容的完整性、系统性,同时还要考核其内容的针对性、适用性。此外,考核其对不同矫正对象的个别辅导、团体训练是否符合其矫正需求与特点等。

3. 矫正方式的考核

矫正方式也是影响矫正效果的重要因素。考核的内容主要包括矫正方式是否行之有效。例如,是否把课堂教育与个别教育、正规教育与辅助教育、设施内教育与设施外教育相结合等。

4. 矫正实施过程的考核

矫正实施过程的考核内容主要包括:(1)矫正资料的考核,主要包括矫正计划、教育大纲、授课计划、矫正对象学习情况记录、矫正项目工作者业务档案、工作总结、帮教协议,以及课堂教育、个别谈话、团体训练、社会帮教的实施方案和活动情况记录等;(2)矫正管理制度的考核,主要涉及组织机构管理制度、矫正项目工作者管理制度、矫正对象学习管理制度等。

5. 矫正项目工作者的考核

对矫正项目工作者进行考核的内容主要包括矫正项目工作者的思想政治素质、专业素质以及执行矫正方案情况、组织实施各类教育活动等矫正项目实绩。

6. 矫正设施的考核

矫正设施是实施矫正项目的必备条件。考核的内容主要包括:(1)教室和活动室,具体涉及教室和活动室的数量、采光情况和空气流通情况等;(2)桌凳设备,具体涉及课桌、凳椅的数量、质量和完好程度等;(3)图书馆和阅览室,具体涉及图书馆藏书量、种类及利用率,阅览室的报刊种类、数量及座位数、利用情况等;(4)教学器具,具体涉及可供教学的实物、标本、教具和电化教育设备等;(5)体育器材;(6)文化宣传设施等。

7. 矫正质量的考核

矫正质量的考核主要包括对矫正对象的知识考核、行为考核、任务测验、量表检测、模拟考试、矫正项目工作者评议以及矫正对象互评等。此外，对矫正项目质量的考核应由设施内延伸到设施外，即对刑释人员、解戒人员、解矫人员进行追踪考察和评估。

(二) 矫正项目督查考核的方法

1. 分项量化考核法

分项量化考核法可分为两个步骤。首先，预先制定矫正项目评估指标体系。制定指标体系时，应把矫正项目分为几个大项目及若干子项目，如确定矫正组织管理、矫正内容、矫正方式、矫正项目工作者素质、矫正设施等项目后，再确定每个项目的分值、子项目的分值以及子项目内不同等级的分值。其次，具体考核得分阶段，即根据某矫正机构的实际工作情况所达到的程度，确定不同的等级分值。这种考核方法的关键在于，确定一个科学的量化标准，以使考核结论能够比较客观、公正，能够比较准确地反映矫正项目效果与工作实绩。

2. 考试、考查法

考试、考查的对象主要为矫正项目经理和矫正项目工作者。考试的内容主要包括组织管理知识与处理问题的能力以及对矫正项目所熟悉的程度。考查的内容主要涉及考查对象的思想政治素质、专业知识与专业能力以及科学文化水平等。考试的形式可以采取笔试、口试、开卷、闭卷等多种方法，考查的形式可以采取听取汇报、现场问答、实务操作、材料审核、绩效考核等多种方法。

3. 综合分析评价法

综合分析评价法，即综合多方面因素，判断事物的性状的方法。就矫正项目而言，综合分析评价特别重要。在考核时应注意以下四个方面：(1) 个别与整体相结合，不能以个别先进代表整体先进，或以个别落后代表整体落后，不能搞以点代面；(2) 过去与现在相结合，不能以过去的成绩说明现在的成绩，也不能以过去的问题否定现在的进步，要坚持实事求是；(3) 问题与成绩相结合，不能以问题全面否定成绩，也不能以成绩掩饰问题，而要分析出现问题的原因、性质和程度等；(4) 工作与效果相结合，既要考查做了哪些工作、怎么做的，更要考查矫正项目的工作效果。总之，注重对矫正项目进行综合因素的评价，才能对其工作质量做出比较科学的结论。①

---

① 参见王祖清、赵卫宽主编：《罪犯教育学》，金城出版社 2003 年版，第 326 – 327 页。

三、矫正项目的台账管理

矫正项目台账作为收集、整理、保管矫正项目实施过程中形成的原始账册,既是矫正项目活动的真实反映,也是矫正项目工作者工作质量和业务素质的体现;既是矫正项目的原始凭证或原始资料,具有存查、利用价值,也是矫正项目总结过去、规划未来发展的依据。因此,矫正项目台账是建立矫正项目档案的基本条件和基础,矫正项目台账不齐全或不完整,将直接影响矫正项目档案的建立和完善。

(一)矫正项目台账的构成

矫正项目台账通常由矫正计划、矫正对象登记册、花名册、点名册、成绩册、活动记录以及作业、试卷、教案或备课笔记等能反映矫正项目全过程的要素组成。

1. 矫正计划

矫正计划是矫正项目台账的重要组成部分。矫正计划一般包括矫正目标、时间、内容、方法和途径等。矫正计划在时间上要落实到分,如“19:30—21:30 安排矫正对象分组角色扮演、训练拒毒技巧”,这样便于实施。

2. 矫正对象登记册、花名册、点名册、成绩册

登记册、花名册是相同类型的簿册,参加思想道德教育、职业技术教育的矫正对象名册为登记册,参加文化知识教育的矫正对象名册为花名册。点名册是开展课堂教育或其他矫正活动时用来点名的簿册,只需写上名字,打上“√”即可。成绩册是考试后登记成绩的簿册,内容比较简单,只有姓名和成绩。

3. 活动记录簿、矫正日志

活动记录簿是矫正项目活动情况的真实记录,内容包括活动时间、活动人数、活动内容、纪律情况等。矫正日志的内容基本上与活动记录簿相似。两者不同的是活动记录以次为记录单位,矫正日志以天为记录单位。

4. 作业簿、试卷

作业、考试是巩固、检验矫正项目成效的基本手段。矫正对象在提交作业、参加考试后分别留下的作业簿、试卷也是矫正项目台账的重要组成部分。

5. 个别谈话记录簿、个别谈话记录检查登记簿

个别谈话记录簿是指每个有谈话任务的矫正项目工作者,在与矫正对象谈话后记录谈话内容的簿册。内容包括谈话目的、谈话对象主诉、矫正项目工作者教育、谈话对象表态等。记录的方法既可以是提问式,也可以是追记式。个别谈话记录检查登记簿是矫正机构对矫正项目工作者个别谈话记录进行检查登记的簿册,内容包括检查时间、检查对象姓名、谈话次数、谈话记录质量、改进意见等。

(二)矫正项目台账的建立与管理

1.资料积累

矫正项目工作者积累原始资料,平时必须做到“五勤”,即眼勤、口勤、腿勤、脑勤、手勤。每完成一次矫正项目活动,就要把过程写下来或者记录下来,这些就是原始资料。要在工作过程中去收集、去积累,工作过后发现缺少的资料,应及时补上。

2.资料归类

资料归类是指矫正项目工作者把项目实施中所积累的原始资料,按相关规定的主要内容进行整理归类。例如,职业技能培训矫正项目中的职业道德教育台账,可按以下方法整理:首先是封面,封面写上《职业道德教育资料》,下方写明单位名称、建立的时间,即××矫正机构,××××年××月××日;第二页为目录;第三页应为职业道德教育成绩统计表,注明参学率、优秀率、合格率;从第四页开始按以下顺序整理:职业道德教育计划,矫正对象花名册、点名册、成绩登记册,课堂记录,作业簿、试卷等。

3.台账管理

矫正项目台账应由专人负责管理。负责矫正项目台账管理的矫正项目工作者,应尽心、尽力、尽责。为了搞好矫正项目台账的规范化管理,要制定规范化的管理制度;要符合数据准确、内容齐全、字迹清楚的整体要求;格式、标题、大小统一;装订规范,装订部位一般位于左侧离沿1公分处且装订要四边对齐;要放置有序;台账建立不跨年度。

第十七章　矫正教育评估

矫正教育是以实现矫正教育对象再社会化为目的，有计划、有系统地影响和改变其不良的思想观念、心理状态与行为方式，使之顺利回归社会的教化活动。要想及时了解矫正教育目的是否逐步实现、计划是否合理可行、系统是否完善有效，就必须进行科学的评估。评估是依据一定的原则和标准对某种事物或某项活动作出的评述与估价。其中，评述侧重于定性描述；估价侧重于定量判定。矫正教育评估则是根据矫正教育目标，运用可操作的科学手段与工具，通过系统收集、整理、分析有关信息和数据资料，对矫正教育各项工作进行定性或定量价值判断的活动过程。① 矫正教育评估作为矫正教育工作的基本范畴和重要任务，不仅可以促使矫正教育活动始终朝着既定的目标推进，而且可以帮助矫正教育者准确把握矫正教育工作现状，及时发现矫正教育工作中存在的问题与不足，进而采取合理、有效的措施加以调控和改进。

第一节　矫正教育评估概述

一、矫正教育评估的概念

矫正教育评估是根据矫正教育目标，运用可操作的科学手段与工具，通过系统收集、整理、分析有关信息和数据资料，对矫正教育各项工作进行定性或定量价值判断的活动过程。对于这一概念界定，可以从明确的目标指向、科学的手段工具、综合的价值判断三个方面加以系统理解和认识。

（一）矫正教育评估是具有明确目标指向性的活动过程

从学理层面上讲，矫正教育目标是矫正教育目的的下位概念。矫正教育目的可以理解为矫正教育总体目标，其内涵是从社会发展的需要和个体矫正的需求出

① 参见夏宗素主编：《矫正教育学》，法律出版社 2014 年版，第 312 页。

发,教育、感化和挽救矫正教育对象,帮助他们顺利回归社会,使其转化成为守法公民。矫正教育目标是把矫正教育目的分解为一系列阶段化、层次化、具体化的标准和要求,其作用在于使各级各类矫正教育工作具有明确而具体的行动规则和努力方向。矫正教育评估的功能主要是通过检测、评价矫正教育目标的实现程度,从而改进和完善矫正教育工作,为矫正教育决策提供依据,不断推动矫正教育发展。因此,矫正教育评估内容的选择、标准的确定、方法的运用都应以矫正教育目标为依据,具有明确的目标指向性。

(二)矫正教育评估是运用科学评估手段与工具的活动

评估主体在对评估客体进行评定时,通常会受到个人主观态度、价值取向的影响。为了保证矫正教育评估结论的公正性、客观性,评估主体必须摒弃个人的主观臆测,采取实事求是的科学态度,在系统收集相关数据信息的基础上,严格选用科学而规范的定性或定量评估方法、手段与工具,对矫正教育各环节、各要素给予客观的测量、判定和评价。从这个意义上来说,矫正教育评估可以在很大程度上避免人为因素的干扰,成为运用科学的评估手段与工具进行评估的系统活动。

(三)矫正教育评估是进行综合性价值判断与评定的过程

矫正教育评估是对各部分有机联系进行综合性价值判断与评定过程。首先,矫正教育评估内容具有综合性。例如,对监狱罪犯的教育评估内容并非单一化的,而是涉及法制道德、文化技术、心理健康等诸多方面的。其次,矫正教育评估方法具有综合性,一般都是采用定量与定性相结合的方法。例如,监狱教育评估突出"以适当数量化为主,以必要的定性结论为辅"的组合型评估方法。①

二、矫正教育评估分类

依据矫正教育评估的功能、对象、主体、方式等的不同,可以把矫正教育评估分为不同的类型。

(一)依据矫正教育评估的功能分类

依据矫正教育评估的功能,矫正教育评估可以分为诊断性评估、形成性评估、总结性评估。②

1. 诊断性评估

诊断性评估是指在某项活动开始之前对评估对象的基础、条件等方面进行的

---

① 参见魏荣艳主编:《罪犯教育学》,法律出版社2015年版,第194页。

② 参见夏宗素主编:《矫正教育学》,法律出版社2014年版,第313-314页。

预测性评估。诊断性评估就像医生为患者进行诊断以确定病情、对症下药一样。例如,矫正教育对象入监(所)或入矫的诊断性评估、矫正教育对象人身危险性评估等。诊断性评估的结论一般是拟定矫正教育方案、计划、内容的重要依据,其特点主要包括三个方面:第一,主要集中于矫正教育活动之前对评估对象基本情况的评估;第二,其根本性质是一种事前评估;第三,其主要作用在于使矫正教育者更准确、更全面地了解评估对象,做到有的放矢、对症下药。

2. 形成性评估

形成性评估又称过程评估,是对评估对象在实现目标的过程中所处的状态进行的评估。形成性评估诊断的是矫正教育的方案、计划、内容、方法以及矫正教育对象平时参与学习活动的情况等,重在提供一定的反馈信息,从而适时地调节控制正在进行的矫正教育活动。例如,对矫正教育对象定期进行的周小结、月评议活动就属于形成性评估。由于影响矫正教育效果的诸多要素之间存在错综复杂的联系,而总结性评估往往不能完全反映矫正教育要素之间的因果关系与制约机制,形成性评估就显得必不可少。形成性评估的特点主要包括三个方面:第一,主要集中于矫正教育过程中对评估对象表现进行的评估,一般暂时不考虑最终结果;第二,其根本性质是一种事中评估;第三,其主要作用在于为评估对象提供阶段性反馈信息,并给予监督调控,及时改进工作。

3. 总结性评估

总结性评估又称终结性评估,是对评估对象完成某项任务之后的成绩、效果进行的价值判断。总结性评估考查的是矫正教育的最终结果,重在对矫正教育全过程的检验。例如,罪犯"三课"教学质量评估、矫正教育对象出监(所)或解矫的终结性评估等。这类评估通常用来判断矫正教育工作达到阶段性矫正教育目标的程度,其特点主要包括三个方面:第一,以预先设定的矫正教育目标为基准,主要集中于对矫正教育活动结果的评估,基本上不涉及矫正教育的过程;第二,其根本性质是一种事后评估;第三,其主要作用在于对评估对象进行鉴定或评比。

(二)依据矫正教育评估的对象分类

依据矫正教育评估的对象,矫正教育评估可以分为对矫正教育机构的评估、对矫正教育者的评估、对矫正教育对象的评估。①

1. 对矫正教育机构的评估

这类评估是把矫正教育机构作为评估对象,诊断、考查、评定其整体情况或某

---

① 参见夏宗素主编:《矫正教育学》,法律出版社2014年版,第315-316页。

一方面的具体情况，主要包括达标或合格评估、评优评估两种。其中，达标或合格评估是依据上级部门制定的规章制度、考评标准，对矫正教育机构相关工作是否达到标准要求而进行的一种评估；评优评估是对若干矫正教育机构的矫正教育工作开展情况进行综合考量，评选出工作先进单位的一种评估。

2. 对矫正教育者的评估

这类评估是把矫正教育者队伍整体或个体作为评估对象，诊断、考查、评定其开展矫正教育工作的情况，主要包括综合素质评估、单项评估和评优评估。其中，综合素质评估主要包括德、能、勤、绩、廉五个方面，①内容一般涉及矫正教育者的年龄、健康状况、学历与学位、工作年限、政治思想状况、道德品质、工作态度、工作能力、工作业绩等；单项评估则是重点考查德、能、勤、绩、廉的某一个方面，如评选个别教育能手、心理矫治能手、青年讲课能手、某项工作先进个人等；评优评估主要包括评选先进工作者、年终评优等。

3. 对矫正教育对象的评估

这类评估是对矫正教育对象群体或个体相关情况进行的诊断、考查与评定。对矫正教育对象群体或个体的评估是矫正教育质量评估实践中最为重要的评估类型。其中，对矫正教育对象个体的全面评估，影响矫正教育对象群体评估的结果，而且个体矫正教育质量的评估结果可以作为群体矫正教育质量评估的重要指标。②矫正教育对象个体的评估内容因其所处矫正教育机构、矫正期段的不同而有所差异，主要包括入监（所）或入矫教育评估、中期矫正教育评估、出监（所）或解矫教育评估。

（三）依据矫正教育评估的主体分类

依据矫正教育评估的主体，矫正教育评估可以分为自我评估和外部评估两大类。

1. 自我评估

自我评估是指评估对象根据预设的评估指标，参照一定的评估标准，对自身矫正教育状况进行的评估。这类评估比较容易进行，可以经常开展，而且能够激发评估对象的自信心、主动性。此外，自评还能增强评估对象的反思意识、自评意识和评估能力，有利于其及时自我反馈、自我调节。但自评是在封闭的状况下进行的，不便于进行横向比较，同时主观性较大，容易出现偏差。

---

① 参见陈连喜主编：《监狱人民警察概论》，中国政法大学出版社2013年版，第90页。

② 参见边文颖主编：《罪犯教育工作实务》，中国政法大学出版社2015年版，第190页。

2. 外部评估

外部评估是指评估对象以外的机构、团体或个人按照一定的评估标准,对评估对象进行的评估。这类评估包括矫正教育管理机构的鉴定性评估、专家和同行的评估。外部评估较为严谨、客观,可信度较高,但组织工作较为复杂,同时在获取矫正教育评估所需的资料等方面存在一定的困难和局限性。

(四)依据矫正教育评估的方式分类

依据矫正教育评估的方式,矫正教育评估可以分为定量评估和定性评估两大类。

1. 定量评估

定量评估是一种采用数据统计方法的量化评估,通过运用测试法、测量法、统计法等具体方法,对评估对象的特性用数值进行分析和判断,从而达到评估目的。例如,对戒毒工作中的行为表现进行的量化考核、运用量表进行心理测试等都属于定量评估。矫正教育工作中有不少内容是可以数量化的,这为开展定量评估提供了有利条件。定量评估的优势在于可以提高矫正教育评估的精确化、客观化,增强矫正教育评估结果的说服力。

2. 定性评估

定性评估是一种采用定性描述方法的质性评估,通过运用调查法、观察法、哲学分析法、系统分析法和逻辑分析法等具体方法,搜集、处理评估对象的信息,对其作出价值评判,从而掌握评估对象的基本情况、判断其基本性质。例如,通过观察法、调查法获取戒毒人员相关信息,对其思想状况进行评估后形成的总结、评语。[①] 定性评估的优势在于其具有较高的灵活性,不会局限在所谓的数据、数值、数量之中,适用于难以量化或不宜量化的评估内容。

三、矫正教育评估的原则

为了确保矫正教育评估工作的顺利实施和评估结论的真实可靠,评估人员应当遵循导向性原则、科学性原则、适时性原则、标准化原则和可操作性原则。[②]

(一)导向性原则

导向性原则是指在进行矫正教育评估时,要有明确的目标指向,能够在一定程度上引导矫正教育工作的发展方向,并通过达成评估指标要求来促进矫正教育工

---

① 司法部戒毒管理局组编:《司法行政强制隔离戒毒教育矫正实务》,法律出版社 2021 年版,第 214 页。

② 参见夏宗素主编:《矫正教育学》,法律出版社 2014 年版,第 317－324 页。

作的完善。

1. 矫正教育评估的导向性原则的含义主要包括三个方面:第一,目标导向,即明确矫正教育目标要求,逐步实现将矫正教育对象转化为“守法公民”的目的;第二,发展趋向,即揭示矫正教育工作的变化规律和发展趋向,不断改进与提高矫正教育机构的管理、教育水平,改善矫正教育机构的人文环境和物质条件,进而提高矫正教育整体质量;第三,工作指导,即促使矫正教育者明确岗位责任,深入研究矫正教育的本质与特点,不断提高自身的工作能力。

2. 贯彻矫正教育评估导向性原则的具体要求是:(1)通过开展矫正教育评估,强化矫正教育工作的重要性,既为建立科学的矫正教育机构工作制度和模式提供依据,又促使矫正教育机构本职功能回归,避免出现矫正教育机构职能泛化的倾向;(2)通过开展矫正教育评估,指导矫正教育工作顺利开展,既可以为矫正教育机构和矫正教育者的工作提供一定的标准样本与规范参照,又能够指导矫正教育者充分认识矫正教育工作特点,克服对矫正教育对象认识的表面性、肤浅性,及时做好有针对性的教育转化工作;(3)通过开展矫正教育评估,调动评估对象的积极性、主动性,既帮助矫正教育者主动检验和评判自身的矫正教育工作水平,促进他们在工作中自我反思、自我发展,又引导矫正教育对象认清自身在心理、认知、行为等方面存在的缺陷,促使他们由被动接受教育走向主动自觉转化,实现从“要我矫正”到“我要矫正”的转变。

(二)科学性原则

科学性原则是指矫正教育评估方案的制定、评估指标的选择、评估方法的使用以及评估结果的判定都应合理、规范、真实,要遵循矫正教育工作的客观规律,尤其要保证评估的结果具有准确性和可靠性。

1. 矫正教育评估的科学性原则的含义主要包括三个方面:第一,要建立科学的矫正教育评估标准与考核体系;第二,在进行矫正教育评估时,要有科学合理的考评方法、客观全面的测评内容;第三,对矫正教育的评定结果要科学应用。①

2. 贯彻矫正教育评估科学性原则的具体要求是:(1)开展矫正教育评估时,要客观公正、实事求是,通过科学合理的评估程序、方法、技术,达到科学评估矫正教育质量的目的;(2)开展矫正教育评估时,要定量评估与定性评估相结合,凡是能采用数据统计方法的,都要在取得大量数据资料的基础上进行量化分析,凡是不能进行量化分析的,也要在充分掌握客观事实的基础上秉持科学求真的精神,进行规范的

---

① 参见于爱荣等:《矫正质量评估》,法律出版社 2008 年版,第 22 页。

定性评估并得出中肯的结论;(3)开展矫正教育评估时,要全面综合评价,尽量由不同的评估人员从不同层次、不同角度进行多维立体式评估,以提高矫正教育评估的准确性。

(三)适时性原则

适时性原则是指矫正教育评估人员应当根据矫正教育对象、内容、形式、方法的不同,适时开展评估工作,尽量避免过多的、不合时宜的评估。

1. 矫正教育评估的适时性原则的含义主要包括两个方面:第一,选择合适的时间,对各项或某个阶段的某项矫正教育工作进行评估,如入监阶段的认罪悔罪教育评估、服刑中期的文化素质教育评估、出监阶段的回归教育评估等;第二,抓住合适的时机,对特定时间内发生变化的评估对象及时进行评估,以便适时加以教育引导、纠偏归正。

2. 贯彻矫正教育评估适时性原则的具体要求是:(1)矫正教育评估次数尽量少而精,过多过滥的评估不仅会加重评估对象的负担,而且会导致评估作用的降低甚至产生负面影响;(2)矫正教育评估应有一定的准备期,除了个别情况下需要突击性即时评估之外,其他情形应当在评估之前向评估对象通报评估的项目、内容、标准、方法和时间安排等,以便给评估对象充足的准备时间、充裕的自查与整改时间,从而充分发挥矫正教育评估的导向、激励和促进作用。

(四)标准化原则

标准化原则是指在进行矫正教育评估时,应尽量减少人为因素的干扰,对可能出现的误差予以最大限度的控制,以保证评估指标体系和方法的有效性、评估结果的准确性。①

1. 矫正教育评估的标准化原则的含义主要包括三个方面:第一,确保矫正教育评估指标体系的标准化;第二,坚持矫正教育评估方法的标准化;第三,实现矫正教育评估结果应用的标准化。

2. 贯彻矫正教育评估标准化原则的具体要求是:(1)开展矫正教育评估时,要依据测评后的结果分值所对应的评估指标,作出标准的评定;(2)开展矫正教育评估时,应统一规定时间要求、指导语要求、测评方法要求和测评场景要求,同时尽量将评估表格设计为机读卡,并通过计算机进行数据汇总和分析,形成标准的评估结果;(3)在完成矫正教育评估之后,要对评估结果作系统分析,并将评估结果与对评估对象的表扬、奖励、批评、处罚挂钩。

---

① 参见魏荣艳主编:《罪犯教育学》,法律出版社 2015 年版,第 198 页。

(五)可操作性原则

可操作性原则是指矫正教育评估的指标、项目和内容应符合评估工作的实际情况,简明扼要、便于操作。

1. 矫正教育评估的可操作性的含义主要包括三个方面:第一,矫正教育评估指标的选定必须基于实际情况,做到合理适用;第二,矫正教育评估项目要重点突出、简明实用;第三,矫正教育评估内容的选用应具有可测性,力求数据易得、计算简便。

2. 贯彻矫正教育评估可操作性原则的具体要求是:(1)在前期调查研究的基础上,选择那些能够反映矫正教育本质特征的评价指标,同时合理设置权重,既不能过分拔高任意一项指标的权重,又不能过分压低任意一项指标的权重;(2)矫正教育评估项目应与现行的矫正教育工作考核标准总体衔接,同时要突出重点、抓住关键,以保证矫正教育评估工作的顺利开展;(3)矫正教育测评量表的设计应简明扼要、表述清晰,既有利于评估人员实施操作,又有利于评估对象理解和接受;(4)矫正教育评估内容应以定量测评为主、定性测评为辅,对于能测量的内容要采取量化的方法,对于不能测量的内容要用可判定等级的表述方式,以便于实施操作。

四、矫正教育评估的作用

矫正教育评估是矫正教育管理的重要组成部分,对矫正教育工作起着诊断鉴定、激励促进、沟通反馈的作用。

(一)有助于了解矫正教育目标实现的程度

矫正教育评估具有诊断与鉴定的功能,可以帮助了解矫正教育目标实现的程度。矫正教育工作以实现矫正教育目标为主要任务,通过一系列有计划、有组织、有步骤的教育影响活动,逐步达成把矫正教育对象转化成为守法公民的目的。开展矫正教育评估,能够系统地诊断与鉴定矫正教育目标实现的程度、矫正教育工作的进展、矫正教育内容与方式方法的效果,及时了解矫正教育活动与矫正教育目标之间是否存在偏差以及偏差的症结所在,进而明确今后的改进方向。

(二)有助于增强矫正教育机构的工作动力

矫正教育评估具有激励与促进的功能,可以增强矫正教育机构的工作动力与活力。矫正教育评估要求矫正教育机构依据国家相关法律法规、矫正教育工作目标及其考评标准,进行自评、自查、自检,并接受上级主管部门组织的达标评估、合格评估、定级评估、评优评估等。通过这些评估,可以肯定矫正教育机构的优点与成绩,发现其缺点与不足,在激励矫正教育机构以评促改、以评促建、以评促管的同时充分调动矫正教育者和矫正教育对象的积极性、主动性,使矫正教育机构的工作迈上新台阶。

（三）有助于加强矫正教育机构与社会的联系

矫正教育评估具有沟通与反馈的功能，可以加强矫正教育机构与社会的密切联系。矫正教育评估的内容之一，是搜集社会各界对矫正教育期满后回归社会的人员的评价与反映，以便依据社会的需要改进矫正教育工作。[①] 从这个意义上讲，开展矫正教育评估是矫正教育机构主动适应社会经济、政治、文化、科技发展的需要，也是矫正教育机构加强社会沟通、取得社会支持的重要途径。

第二节　矫正教育评估流程

一、矫正教育评估的准备阶段

准备阶段是顺利开展矫正教育评估工作的前提和基础，直接影响着矫正教育评估功能的发挥。准备阶段的具体工作主要包括三个方面，即制订矫正教育评估方案、建立矫正教育评估指标体系、准备矫正教育评估的相关工具和资料。

（一）制订矫正教育评估方案

矫正教育评估方案是指评估组织者在实施评估之前制定的矫正教育评估指导性文案，主要包括评估目的、评估依据、评估主体、评估对象、评估项目、评估方法、评估结果要求等基本内容。

1. 评估目的

评估目的主要说明为什么要进行评估，通过评估要达到什么样的预期效果。例如，有的矫正教育评估是为了评选优秀的矫正教育机构，有的矫正教育评估是为了提高课堂化教育水平，还有的矫正教育评估是为了检验某个矫正教育项目实施的效果。不同的评估目的决定了不同的评估项目、标准、方法和结论。

2. 评估依据

评估依据是指评估工作所需要依据的相关法律、法规、规章或政策。例如，《监狱法》第56条规定："监狱应当建立罪犯的日常考核制度，考核的结果作为对罪犯奖励和处罚的依据。"《教育改造罪犯纲要》明确指出："探索建立改造罪犯评估工作机制。要积极创造条件，开展对罪犯的改造评估工作，按照认罪悔罪、遵守规范、认真学习、积极劳动的要求，分阶段对罪犯进行评估，并据此制定和调整改造方案，开

① 参见夏宗素主编：《矫正教育学》，法律出版社2014年版，第316页。

展有针对性的改造工作”。《监狱教育改造罪犯工作目标考评办法》进一步规定，“监狱教育改造罪犯工作目标考评，依据《教育改造罪犯纲要》，突出量化指标和保障措施，结合具体工作实施，客观评价监狱教育改造罪犯工作水平”。《强制隔离戒毒人员教育矫治纲要》明确指出：“要把教育矫治工作作为评价各级司法行政戒毒机关工作成效的重要内容，定期进行考评，将考评结果作为评价领导班子和民警业绩的重要内容。”《强制隔离戒毒诊断评估办法》首先申明，“强制隔离戒毒诊断评估结果，是强制隔离戒毒所对戒毒人员在强制隔离戒毒期间的生理脱毒、身心康复、行为表现、社会环境与适应能力等情况进行综合考核、客观评价”，接着详细规定了诊断评估的内容、标准与程序。

3. 评估主体

评估主体是组织、承担评估职责的机构和人员，可以分为上级机关评估机构及其成员、本级评估机构及其成员、受委托的第三方评估机构及其成员。在当前的矫正教育评估中，上级部门评估与本级部门评估较多见。例如，《监狱教育改造罪犯工作目标考评办法》规定，“对监狱教育改造罪犯工作目标考评，由监狱的上一级管理机关定期组织进行。考评结果作为评判监狱工作成效和考核监狱领导班子、监狱民警业绩的重要依据，定期予以通报”。又如，《监狱教育改造工作规定》明确要求，监狱（监区）不仅在入监教育结束后“应当对新收罪犯进行考核验收”，而且“应当对刑满释放人员回归社会后的情况进行了解，评估教育改造工作的质量和效果”。矫正教育评估结论质量的优劣取决于评估主体的专业水平、综合素质及其对评估的态度。因此，在矫正教育评估的准备阶段，需要对参与评估的人员进行选拔培训，要求其熟悉矫正教育评估对象和内容，了解矫正教育评估方法和基本要求。

4. 评估对象

评估对象是一个多层次、多要素的复杂系统。矫正教育评估的对象既可以是矫正教育机构，也可以是矫正教育者队伍整体或个体，还可以是矫正教育对象群体或个体。

5. 评估项目

评估项目是依据评估目的和评估对象的特点拟定的评估要素总和。在矫正教育评估中，每一个评估项目都会影响整体评估结果，同时每一个评估项目的评估结果都不具有独立性，而是与其他评估项目联系在一起，对评估整体发挥作用。矫正教育评估需要通过一个由分解后的众多评估项目所构成的评估指标体系或评估考查提纲来实现。

6. 评估方法

评估方法是指评估时所采用的手段、方式等,主要包括获取信息的方式(如面谈、走访调查)、量化的方式(如问卷调查、观察、实地采访、量表测试、考试)、数据统计分析的方式(如描述性分析、推断性分析)等。目前矫正教育质量评估的具体方法主要有考试法、问卷法、面谈法、观察记录法、心理测验法。

7. 评估结果要求

评估结果要求包括评估成绩的表达(如百分制、等级制)、评估结果的书面表述方式(如评估报告、意见与建议、统计表格等)。例如,《监狱教育改造罪犯工作目标考评办法》第 15 条规定:"监狱教育改造工作考评,采取百分考核的方式,根据本办法规定的考评标准,按照《监狱教育改造罪犯工作目标考评评分标准》逐项进行考核,作出整体评价。"第 16 条规定:"根据考核得分情况,考核结果区分为优秀、良好、合格、不合格四个等次。综合得分在 90 分(含)以上的为优秀;80 分(含)以上、90 分以下的为良好;60 分(含)以上、80 分以下的为合格;60 分以下的为不合格。"

(二)建立矫正教育评估指标体系

矫正教育评估指标体系作为一种常用的矫正教育评估项目集合体,需要将评估的矫正教育目标逐步分解为相互联系的各级指标,并形成系统化的指标群。从构成要素上来看,矫正教育评估指标体系包括层级指标内容、评估指标权重、评估标准要求。

1. 层级指标内容

矫正教育评估指标从层级上可分为一级指标和多级指标。一级指标在总目标下只有一个指标层级,指标不再进一步划分,各指标之间的关系是并列的;多级指标还要对一级指标进一步分解,形成二级指标、三级指标等,整个指标结构呈金字塔状,分解到最后一级不能再分解的指标称为末级指标,末级指标是可操作、可测量的指标。评估指标从矫正教育内容上可以分为目标指标、过程指标和条件指标。目标指标是指反映评估对象水平与质量特征的指标,主要指成果、成效方面的数量与质量。过程指标是指反映在达到终极目标的过程中各项或某项工作完成状况的指标。条件指标是指反映实现评估目标所必需的硬件条件和软件条件的指标。从理论上说,目标指标最为重要。这是因为矫正教育工作开展得如何、是否达到了预定目标,主要通过目标指标来反映。此外,矫正教育目标的实现与矫正教育的条件有着密切的联系。对过程的评估,可以及时发现矫正教育中存在的问题,有助于工作的改进与提高。[①] 因此,矫正教育评估的目标指标、过程指标、条件指标应合理配置、互相补充,形成一个严密的评估内容架构,从而客观、全面、准确地反映矫正教育情况。

2. 评估指标权重

权重是对各指标在评估指标体系中重要程度的数值规定。权重规定了每一项指标在整个评估指标体系中的重要性、各指标之间的相互关系以及相应的量化方法。具体来说,矫正教育评估指标的权重分配应注意三个方面的要求:第一,确定评估指标权重大小的依据是各指标要素在指标体系中的作用、地位和重要程度。如果某项指标对应的矫正教育工作非常重要,对矫正教育效果的影响非常突出,就应当给予该指标较高的权重,以确定它在整个指标体系中的重要地位。需要说明的是,如果某项指标所对应的矫正教育工作相对来说是次要的,但在某个特定时期对整体的影响较大,为了突出它的地位,也应当给予该指标较高的权重。第二,合理地对各个指标赋予不同的权重。要全面分析矫正教育效果的各个影响因素,根据其在矫正教育中的实际作用,确定合理的分值,各项分值相加之和为一个定值,即为 1 或满分值(常用满分值为 100)。各项指标的权重值定位不能过高或过低,否则会影响其他指标权重值,致使权重分配不合理,进而影响评估结果的科学性和准确性。第三,确定指标权重时应尽量将指标转化为可量化计分的分值,对于难以量化的指标应采用定量与定性相结合的方式,即在定量测评的同时进行记分式的定性评价。例如,对罪犯道德水平的量化,可以通过道德理论考试测验得出分值;对于道德实际状况的隐性特征,通常难以把握和测量,这就需要作为评估主体的矫正教育者深入罪犯生活实际,通过面谈交流、观察记录等方法作出定性评价,定性评价的优秀、良好、中等、及格、不及格可对应记分为 90 分、80 分、70 分、60 分、50 分等不同分值。这样,便于汇总统计和考核评比,使评估结果最大限度地避免主观随意性,保证权重的精确度和可信度。

3. 评估标准要求

评估标准是评估内容应该达到某种程度的规定,用于划定等级、鉴定好坏、评定优劣。矫正教育评估标准主要是指评估指标体系中各项指标的判断标准或者评估考查提纲中各个纲目的考查标准。矫正教育评估标准是矫正教育评估工作开展的参照系,其合理程度是矫正教育评估是否客观真实、权威可信、科学规范的关键前提。在制定矫正教育评估标准时要充分考虑下列三个方面的要求:第一,评估标

① 参见夏宗素主编:《矫正教育学》,法律出版社 2014 年版,第 330 页。

准的制定应适用于所有的评估对象,即评估标准应具有普适性。例如,对矫正教育对象而言,不能因为个体与整体的差异和特殊性而造成其对评估标准的不适用,这是确定评估标准的基本要求。第二,构成评估标准的要素不仅要周全,做到不漏项,而且每一项要素的界定都应准确明晰、语义连贯,不含交叉关系。第三,评估标准的构建应在科学的前提下予以简化。例如,矫正教育质量评估涉及法制观念、道德水平、心理健康水平、就业能力、文化素质等诸多方面,对此进行测评时应在调查研究和统计分析的基础上,剔除多余的、交叉重复的因素和环节,以保证评估标准整体的精简合理,进而提高评估功能。①

(三)准备矫正教育评估的相关工具和资料

准备矫正教育评估的相关工具和资料是准备阶段的一项重要工作,它是依据具体的矫正教育评估方案和评估指标体系进行的。这项工作的内容包括三个方面:第一,根据矫正教育评估指标体系的项目和要求,设计各种有关的量表,如专家评审表、干警评定表、矫正教育对象自评表、心理健康水平测试量表、文化技术等级审核验证表以及文化测试、技术测试、法律常识测试等方面的数据统计表和评价表等。第二,为评估对象准备相关的考核、测试提纲,使评估对象能按照矫正教育评估的各项要求,提供评估所需的资料和信息。第三,为矫正教育评估准备必要的文件、材料纸、调查资料、测量和计量用具、计算器等工具。

二、矫正教育评估的实施阶段

实施阶段是矫正教育评估的实际考核、测评阶段,是整个矫正教育评估流程的中心环节和工作重点。其主要任务是尽可能全面地收集矫正教育的各项信息,并对信息进行评议评分和汇总整理,考核矫正教育目标的实现程度。实施阶段的具体工作主要包括三个方面,即做好矫正教育评估的宣传动员、正式开展矫正教育评估、进行矫正教育评估的综合判定。

(一)做好矫正教育评估的宣传动员

首先,要使评估人员、评估对象充分认识到矫正教育评估的意义,调动双方参与评估的积极性。其次,要使评估人员掌握矫正教育评估的方法和步骤,理解各项评估指标在矫正教育评估工作中的作用、地位与重要程度,并能按照相关评价标准及程序参与评估活动。最后,要使评估人员了解矫正教育评估工作的具体进程安排,使他们能够分工协作、配合默契,保证矫正教育评估工作有效开展。

---

① 参见魏荣艳主编:《罪犯教育学》,法律出版社2015年版,第203-205页。

（二）正式开展矫正教育评估

首先，评估人员要根据矫正教育评估指标体系中的各项要求，利用多种方法、渠道、手段，全面收集有关矫正教育方案制订、实施、影响、效果等方面的信息资料。实施阶段的重点是采集大量有关矫正教育的信息并按评估指标的要求加以分项。其次，评估人员对收集到的信息资料进行系统的整理、归类。最后，评估人员选择科学的评估方法和量表工具，对整理、归类的信息资料进行统计、分析和分项评定，坚持信息资料的完整性和统计分析的科学性，力求客观公正地反映矫正教育效果。

（三）进行矫正教育评估的综合判定

评估人员在收集、整理、归类、统计、分析矫正教育信息资料的基础上，根据矫正教育评估标准，运用教育学、心理学、统计学、数学的有关理论和方法，把各个分项评定结果汇总成整体的综合判定。这项工作要求评估人员根据汇总的评估结果，对矫正教育工作进行准确的、客观的、定量或定性的评价，形成评估意见，尤其说明矫正教育工作的实际结果与预期目标之间的差距状况，并对评估对象进行优秀、良好、中等、及格、不及格或者优秀、合格、不合格的等级程度区分，或说明是否达到应有的矫正教育标准。

三、矫正教育评估的总结阶段

总结阶段是矫正教育评估准备、实施阶段之后的收尾阶段，具体工作主要包括四个方面，即出具评估报告、分析诊断问题、反馈评估信息和总结评估工作。

（一）出具评估报告

评估报告就是对评估对象的矫正教育效果作出鉴定性结论。一般来说，评估报告还需要对评估对象是否完成矫正教育目标以及完成等级程度加以评定。评估报告应以书面报告的形式，提交有关领导和部门，为上级部门完善决策和基层单位改进工作提供参考。①

（二）分析诊断问题

诊断问题是在评估报告的基础上，对矫正教育工作的得失成败作出系统的分析，对存在的问题进行深入的研究，找出其中主要原因，有针对性地提出改进意见和建议，以便提高矫正教育工作质量。

（三）反馈评估信息

矫正教育评估信息的反馈工作应做到“三个及时”：一是要及时向主管的上级

---

① 司法部戒毒管理局组编：《司法行政强制隔离戒毒教育矫正实务》，法律出版社 2021 年版，第 212－213 页。

部门报告,为修改矫正教育工作的决策提供依据;二是要及时向基层单位反馈,通报评估工作的开展情况及结论性意见,使其认清当前存在的主要问题,有针对性地改进矫正教育工作;三是要及时在一定范围内公布评估结果,以便互相学习、互相借鉴、互相勉励,共同促进矫正教育工作的持续发展。

(四)总结评估工作

对于一些大型的、重要的矫正教育评估工作,评估人员还要对评估工作本身进行评价。其主要内容是总结评估活动本身的质量和效果,分析评估方案中可能存在的评估项目可行性、评估方法适用性、评估结论准确性、评估程序合理性等问题,为完善评估方案提供建议,以提高矫正教育评估工作本身的科学性。

第三节　矫正教育质量评估

一、矫正教育质量评估的标准

矫正教育质量评估是指对矫正教育对象个体的悔改程度和“守法公民”状态程度的评定与测量。矫正教育质量评估主要评估矫正教育对象的法制观念、道德水平、心理健康、就业能力和文化素质。

关于矫正质量评估的标准,理论界和实务界提出了多种观点。以罪犯矫正为例,2002 年司法部在南京召开“改造质量标准”研讨会,提出了改造质量评估的标准为“认罪悔罪、遵纪守法、服从管教、认真学习、积极劳动、心理健康”。2007 年颁布的《教育改造罪犯纲要》提出:“教育改造罪犯的主要目标是:在罪犯服刑期间,通过各种教育改造手段和方法,使其成为守法守规的服刑人员。”“守法守规服刑人员”的基本条件是认罪悔罪、遵守规范、认真学习、积极劳动,这相当于矫正质量的四项指标。以强制隔离戒毒为例,2013 年印发的《强制隔离戒毒诊断评估办法》指出,强制隔离戒毒所要对“戒毒人员在强制隔离戒毒期间的生理脱毒、身心康复、行为表现、社会环境与适应能力等情况进行综合考核、客观评价”,诊断评估内容包括“生理脱毒评估、身心康复评估、行为表现评估、社会环境与适应能力评估。生理脱毒评估、身心康复评估、行为表现评估结果分为‘合格’、‘不合格’两类;社会环境与适应能力评估结果分为‘良好’和‘一般’两类”。2014 年颁布的《司法行政强制隔离戒毒所强制隔离戒毒人员行为规范》,对戒毒人员在强制隔离戒毒期间的生活、学习、医疗康复、生产劳动等行为的评估提供了基本参照标准,主要内容有生活规范、学习规范、医疗康复规范、生产劳动规范、文明礼貌规范五个方面。2015 年颁布的《司法行政机关强制隔离戒毒所教育矫治工作考核办法》要求,强制隔离戒毒所应当依据《强制隔离戒毒人员教育矫治纲要》开设相应课程,其中法律常识教育、思想道德教育、戒毒常识教育、心理健康教育等课程不得少于30课时,文化素质教育不得少于20课时,在此基础上重点考核教育矫治工作目标落实情况。此处,我们综合以上观点,提出五项标准。

(一)法制观念的评定标准

矫正教育对象法制观念的评定标准主要包括四个维度:第一,能够正确认识自身违法犯罪行为的危害,真诚悔过,有改过自新的愿望;第二,掌握必要的法律知识;第三,树立守法意识,树立法律面前人人平等的法治理念;第四,自觉遵守法律、法规和相关规章制度,自觉接受司法矫正机构的监管、教育。

(二)道德水平的评定标准

矫正教育对象道德水平的评定标准主要包括三个维度:第一,具有正确的道德认知,能够正确区分是非、善恶、荣辱,并在大是大非的问题上立场鲜明、态度坚定;第二,有正确的道德情感,遵守公民道德,有社会责任感和家庭责任感,能对自己的言行负责任;第三,有正确的道德行为,能够自觉遵守基本的道德规范。

(三)心理健康的评定标准

矫正教育对象心理健康的评定标准主要包括五个维度:第一,能够调节控制自己的情绪,情感表达恰如其分;第二,有正确的自我认知,思维方式理性正常,具有一定的耐受力和抗挫力;第三,行为协调,言行表里一致,有完整的人格;第四,正确认识和评价社会,对人、对事能够正确归因,具有较强的生活环境适应能力;第五,有一定的社交能力,与人交往适度,能理性地认识和处理人际关系。

(四)就业能力的评定标准

矫正教育对象就业能力的评定标准主要包括三个维度:第一,有正确的劳动态度,克服不劳而获、贪图享受的错误观念;第二,有自食其力的愿望,择业观念切实可行;第三,掌握一定的劳动技能,有就业信心。

(五)文化素质的评定标准

矫正教育对象文化素质的评定标准主要包括三个维度:第一,认识到提高文化素质的重要性;第二,有一定的学习兴趣和学习能力;第三,科学文化知识水平有所提高。

在实际操作中,不少监所把上述五个方面的分数分别设置为30、25、20、15、10,共计100分。同时,根据矫正教育对象的特点,在法制观念和心理健康项目中设定了减分项。矫正教育质量评估的结果用定量与定性相结合的方式来反映。定量表述包括五个方面的单项得分和总分两部分。定性表述要通过对五个方面评估标准的分析,用文字描述出各方面的评估结论及总体结论。[①]

二、矫正教育质量评估的内容

矫正教育质量评估通常分为三个阶段,即入监(所)或入矫评估、中期评估和出监(所)或解矫评估,每个阶段的评估内容各有侧重、各有特色。为了叙述的方便,下面以监狱为例,说明这三个阶段的主要评估内容。

(一)入监评估

入监评估是罪犯评估工作的起点,其工作质量的高低决定着罪犯入监后改造目标的实现、关押等级的确定、处遇计划的落实。监狱要用科学的手段和方法,掌握新入监罪犯的基本情况、认罪态度和思想动态,对其危险程度、恶性程度、改造难度进行评估,提出关押和改造建议。从罪犯入监开始,综合分析罪犯的心理机能、文化程度、犯罪原因、社会阅历、犯罪危害、恶习程度等,建立罪犯个别化改造方案和分阶段的具体教育改造目标,进而对具体改造目标和个别化改造方案的实施情况进行全过程、全方位的跟踪考评。在入监教育即将结束之前,要对罪犯进行改造难度评估,主要包括10项,即身体健康状况、家庭关系、犯罪情况、对定罪量刑的认识、悔罪程度、心理健康状况、对监狱的认识、服刑态度及身份意识、对人生目的及前途的认识、入监教育期间的表现。要对每一名罪犯进行个体改造难度评估并进行等级划分、结果分析,提出下一步的矫正教育建议,制订矫正教育方案。[②] 评估完成后由评估责任人填写《矫正教育质量评估手册》。

(二)中期评估

每名罪犯的中期评估每年应不少于一次。评估时间可以根据矫正教育的需要按年度进行,也可以在某项教育活动或教育工作暂告一个段落时进行。中期评估可以进行法制观念、道德水平、心理健康、就业能力和文化素质的全面评估,也可以有重点地进行某一方面的单项评估,以便了解矫正教育质量的变化情况,及时调整工作重点,提高矫正教育措施的针对性。中期评估由罪犯所在监区或分监区直接组织实施,使用相关评估量表进行评分,每一名罪犯的评估人员通常不少于2人,取平均分为最终评定分值。定量测评完成后,由评估人员对评估结果进行分析与判断,形成定性评估结论,提出矫正教育建议,并由评估责任人填写《矫正教育质量评

---

① 参见夏宗素主编:《矫正教育学》,法律出版社2014年版,第331-332页。

② 参见赵卫宽主编:《罪犯教育》,中国政法大学出版社2016年版,第29-31页。

估手册》。

（三）出监评估

出监评估是针对即将出监的罪犯的矫正教育状况及其效果、质量的考查与分析的评价活动，是全面检查罪犯服刑期间矫正教育质量的一个重要环节。出监评估应与入监评估、中期评估结果相对照、比较，客观地反映出罪犯矫正教育工作的最终结果。监狱应当根据罪犯在服刑期间的考核情况、奖惩情况、心理测验情况，对其改造效果进行综合评估，并依照有关规定，向罪犯原户籍所在地的公安机关和司法行政机关提供评估意见和建议。在各地监狱机构实践的基础上，为了科学评价监狱矫正教育工作，提高罪犯改造质量，降低刑满释放人员重新犯罪率，2009 年司法部下发了《监狱教育改造罪犯工作目标考评办法》。办法规定罪犯的出监评估率是监狱教育改造罪犯工作目标考评的 10 项内容之一，这进一步凸显了出监评估的重要性。[①] 在实施出监评估时，应按照相关评估量表进行逐人逐项评分，取平均分为最终评定分值。定量测评完成后，由评估人员根据评估分值，对评估对象的矫正教育作出终结性评定，并由评估责任人填写《矫正教育质量评估手册》。

三、矫正教育质量评估的管理

（一）矫正教育质量评估管理的含义

矫正教育质量评估管理是指对实现或达到评估目标所开展的各项活动进行的指导、组织、协调和监督。它由基础管理、过程管理和绩效管理三部分组成，每一部分都有各自的特点。

矫正教育质量评估的基础管理包括评估机构的建立与完善、标准化的管理、评估人员的管理、评估信息的管理、评估文件的管理等。矫正教育质量评估的过程管理包括对矫正教育对象入监（所）或入矫评估的管理、中期评估的管理及出监（所）或解矫评估的管理等。矫正教育质量评估的绩效管理包括评估人员的配置及评估工作的组织实施等。矫正教育质量评估管理不是某一个或几个管理职能的独立发挥，而是一系列职责与权限相互协调、相互补充、相互作用的有机整体所进行的活动。

（二）矫正教育质量评估管理的作用

1. 有助于具体落实矫正教育质量评估方案的内容。矫正教育质量评估方案的内容很多，主要是解决为什么评估、评估什么以及怎样判断评估对象所达到的矫正

① 参见赵卫宽主编：《罪犯教育》，中国政法大学出版社 2016 年版，第 79 – 80 页。

教育目标程度等问题。为此,必须具有科学可行的评估程序及与其相对应的管理措施,以便合理设计与实施评估方案中的具体内容。

2. 有助于顺利实现矫正教育质量评估的目的。矫正教育质量评估是对矫正教育对象的矫正质量进行价值判断的过程。这个过程涉及面广,工作量大,且很容易受到各种主客观因素的影响,造成评估误差。为了避免或减少这些影响,就需要有效地对矫正教育质量评估的全过程实施管理,使评估活动在制度的规范下有条不紊地进行,以顺利实现矫正教育质量评估的目的。

3. 有助于提高矫正教育质量评估的效度与可信度。在矫正教育质量评估过程中,评估人员和评估对象的活动对评估的影响很大。评估效果的取得,在很大程度上是与评估过程中诸多人际因素的融洽直接关联的。在对评估实施管理的过程中,要强化管理、规范要求、科学安排、严格程序、严明责任,以此提高评估的效度与可信度。

(三)矫正教育质量评估管理的机构

建立矫正教育质量评估机构分为两个层次:一是成立推动矫正教育质量评估和调动资源并提供实施环境的上级机构,即矫正教育质量评估办公室,同时建立矫正教育质量评估专家组;二是组建矫正教育质量评估的具体实施机构,即各监所矫正教育质量评估办公室。

1. 省级矫正教育质量评估办公室和评估专家组。省(自治区、直辖市)矫正教育管理机构应成立矫正教育质量评估领导小组,由主要领导担任正副组长,推动评估工作的开展。下设矫正教育质量评估办公室,作为具体实施质量评估管理工作的常设机构。其主要职责是:负责研究、部署、协调、指导全省(自治区、直辖市)的矫正教育质量评估工作;负责拟订全省(自治区、直辖市)矫正教育质量评估的规划以及矫正教育质量评估的检查和督促整改工作;负责组织专家对相关的评估量表进行修订、完善和再检测工作;负责对疑难案例进行协调、指导和督办工作;负责对矫正教育质量评估工作进行理论调研等。矫正教育质量评估办公室根据需要设立矫正教育质量评估专家组,作为非常设机构,聘请在矫正教育理论与实务方面有丰富理论基础和工作经验的专家、学者。在必要时,可以聘请相关院校、研究所的专家参与矫正教育评估重要议题的研究。专家组的主要职责是:对相关评估量表进行修订、完善与抽查检测;对典型的矫正教育对象进行会诊、会商;对矫正教育质量评估人员进行培训与工作指导;对矫正教育质量评估中存在的重要的原则性、技术性、政策性问题进行咨询论证等。

2. 监所矫正教育质量评估办公室。监所矫正教育质量评估办公室是质量评估工作的具体实施机构。监所矫正教育质量评估办公室由分管矫正教育工作的副监狱长(副所长)直接负责,其工作接受省(自治区、直辖市)矫正教育质量评估办公室的领导。监所矫正教育质量评估办公室的基本职责是:指导、检查和监督基层的矫正教育质量评估工作;审核矫正教育对象的行政奖励和法律奖励情况;对矫正教育对象申诉的评估结果进行复核;负责对少数监狱顽危人员或戒毒场所重点人员、在监所内有一定影响的人员以及其他特殊类型矫正教育对象进行评估、矫正个案设计、矫正过程跟踪以及开展相关调研工作;建立矫正教育质量评估档案库,负责对相关档案的管理;如实填写省(自治区、直辖市)质量评估办公室下发的各种报表,每季度向省(自治区、直辖市)质量评估办公室书面汇报一次评估工作的开展情况等。同时,在监区或分监区(大队或中队)成立矫正教育质量评估小组,由监区或分监区(大队或中队)主要负责人和相关人员组成,具体负责监区或分监区(大队或中队)的矫正教育质量评估工作。